MEHR KRAFT
ZUM LOSLASSEN

MELODY BEATTIE

Mehr Kraft zum Loslassen

Neue Meditationen
zur inneren Heilung

WILHELM HEYNE VERLAG
MÜNCHEN

Die Originalausgabe erschien 2000 unter dem Titel
MORE LANGUAGE OF LETTING GO. 366 New Daily Meditations
bei Hazelden, Center City, Minnesota

Umwelthinweis:
Dieses Buch wurde auf chlor- und säurefreiem Papier gedruckt.

Copyright © Melody Beattie, 2000
Copyright © 2001 der deutschen Ausgabe
by Wilhelm Heyne Verlag GmbH & Co. KG, München
Umschlaggestaltung: Eisela Graphik Design, München
Satz: Leingärtner, Nabburg
Druck und Bindung: RMO-Druck, München
Printed in Germany

ISBN 3-453-19698-8

Dieses Buch ist Gott gewidmet, meinen Lesern
sowie Brady Michaels und seiner Familie –
Mutter, Vater und Bruder.
Man muss sich im Leben etwas Großes vornehmen,
das hast Du uns gelehrt, Brady.
Wir vermissen und lieben dich.

INHALT

Einleitung   9

Januar:	Vertrauen Sie darauf, dass Ihnen Gutes zuteil wird	11
Februar:	Rufen Sie *Juchhu!*	51
März:	Lernen Sie, *Ich nehme es, wie es kommt,* zu sagen	91
April:	Lernen Sie zu sagen, *was* Sie sich wünschen .	133
Mai:	Lernen Sie, nach dem *Wann* zu fragen	169
Juni:	Lernen Sie, *Entspann dich* zu sagen	213
Juli:	Lernen Sie, Ihre Gefühle zu akzeptieren und auszudrücken	247
August:	Lernen Sie, *Danke* zu sagen	285
September:	Lernen Sie, *Das bin ich* zu sagen	327
Oktober:	Sagen Sie: *Das sehe ich*	365
November:	Lernen Sie, *Ich kann* zu sagen	407
Dezember:	Wie schön es doch ist!	453

Danksagung 496

EINLEITUNG

Dies ist ein Buch mit Geschichten, Meditationen und Übungen für jeden Tag des Jahres. Sie können damit das Jahr am 1. Januar beginnen – oder an Ihrem Geburtstag, der für einige Menschen ja den Anfang *ihres* neuen Jahres markiert. Es ist ein Pendant zu (also weder ein Ersatz für, noch eine überarbeitete Ausgabe von) *Kraft zum Loslassen** und kann für sich, aber auch in Verbindung mit dem anderen Buch gelesen werden. Das heißt, Sie leben wie gewohnt weiter und nehmen das vorliegende Buch zur Hand, um sich mit anstehenden Problemen auseinanderzusetzen. Oder Sie betrachten es als Arbeitsbuch – meinetwegen sogar als »Spielbuch« –, um bestimmte Bereiche und Fragen, auf die Sie sich gerne im kommenden Jahr konzentrieren würden, ins Auge zu fassen: etwa, um eine inzwischen unpassende Beziehung oder Verhaltensweise aufzugeben, um wünschenswerte Ziele zu erreichen oder bei der Arbeit, in der Liebe, im Leben auf die nächste Stufe zu gelangen.

Der Text, der auf den ersten Tag eines neuen Monats fällt, dient als eine Art Einführung in das Thema des ganzen Monats. All diese Themen stellen wichtige Teilbereiche im Prozess des Loslassens dar. Darüber hinaus werden Sie feststellen, dass sich das Fallschirmspringen, meine neue Leidenschaft, als eine wunderbare Metapher für die Kunst des Loslassens erweist – für die Fähigkeit, Gott machen zu lassen, was wir allein nicht schaffen.

Ich verwende »Gott« als Sammelbegriff für Gott, Höhere Macht, Jehova oder Allah. Je nach Stimmung identifiziere ich diese Macht mit dem Pronomen »Er« oder »Sie«. Ich will niemanden verletzen, diskriminieren oder beleidigen. Setzen Sie einfach jenen Begriff ein, der Ihre Vorstellung von Gott am besten zum Ausdruck bringt.

---

* Erschienen 1991 im Wilhelm Heyne Verlag.

Die Gebete und Fingerzeige sind als Vorschläge gedacht.

Möge Gott Sie, Ihre Familie, Ihre Freunde und alle, die Sie lieben, in diesem Jahr segnen. Lassen Sie sich freudig auf jenem Weg führen, den Sie für sich gewählt haben – oder auf den Sie gerufen wurden.

Januar

Vertrauen Sie darauf,
dass Ihnen Gutes zuteil wird

Vertrauen Sie darauf, dass Ihnen Gutes zuteil wird

1. JANUAR

Es war ein träger, langweiliger Januartag in der Blue Sky Lodge. Wir waren gerade eingezogen. Im Haus herrschte Chaos. Die Umbauarbeiten hatten noch nicht begonnen. Das Einzige, was wir besaßen, waren ein Plan und ein Traum. Es war zu kalt und regnerisch, um zum Fallschirmspringen zu gehen oder sich überhaupt draußen aufzuhalten. Die Möbel waren noch nicht da. Wir lagen auf dem Fußboden herum.

Ich weiß nicht, wer zuerst die Idee hatte, er oder ich. Jedenfalls nahmen wir fast gleichzeitig Filzstifte zur Hand und malten damit auf die Wand.

»Was wünschst du dir?«, fragte ich ihn. Er malte Wasserflugzeuge, Berge und Boote, die das Ufer verlassen. Ein Bild zeigte einen Mann mit Videokamera, der aus einem Flugzeug sprang. »Ich wünsche mir Abenteuer«, antwortete er.

Ich malte Bilder einer Frau, die durch die Welt wandert. Sie besuchte vom Krieg zerrissene Länder, setzte sich dann auf einen Zaun und sah zu. Sie stieg auf Berge, reiste an Meere und andere aufregende Orte. Schließlich zeichnete ich ein Herz um das ganze Bild, und die Frau saß inmitten ihrer Erlebnisse auf einem hohen Bücherstapel.

»Ich wünsche mir Geschichten«, sagte ich. »Geschichten mit viel Herz.«

Quer über sein Bild schrieb er in großen Buchstaben »Juchhu!«.

Nachträglich malte ich eine Fallschirmspringerin, die gerade aus dem Flugzeug gesprungen war. Sie hatte Angst und verzog das Gesicht. Daneben schrieb ich die Worte »Entspann dich einfach«.

Und auf das untere Ende der Wand notierte ich: »Die Zukunft wird nur durch das begrenzt, was wir momentan sehen können.« Er nahm einen Stift, strich das Wörtchen »nur« durch und ersetzte es durch »niemals«.

»Na bitte«, sagte er, »fertig.«

Schließlich waren die Umbauarbeiten beendet und das Haus aufgeräumt. Die Möbel trafen ein; gelbe Farbe bedeckte die Bilder auf der Wand. Erst Monate später dachten wir wieder an sie. Jedes der Bilder, die wir gemalt hatten, begann, konkrete Gestalt anzunehmen – mal langsamer, mal schneller und manchmal auch auf eine Art und Weise, mit der wir am wenigsten gerechnet hätten.

»Es ist eine Zauberwand«, sagte ich.

Selbst wenn Sie keine Ahnung haben, was als Nächstes kommt – entspannen Sie sich. Die guten Bilder verschwinden nicht. Bald ist die Wand bedeckt von der Geschichte Ihres Lebens. Gott sei Dank wird die Zukunft niemals durch das begrenzt, was wir momentan sehen können.

Denn nicht die Wand ist zauberkräftig. Der Zauber steckt in uns und in unseren Überzeugungen.

Ehe wir die Sprache des Loslassens sprechen, müssen wir verstehen, welch ungeheure Kraft dem Loslassen innewohnt – und wie befreiend es ist, Gott machen zu lassen.

Hilf mir, Gott, meinen Beitrag zu leisten. Und hilf mir dann, loszulassen und zuzulassen, dass du deinen Beitrag leistest.

Übung: Meditieren Sie kurz über das kommende Jahr. Erstellen Sie eine Liste der Ereignisse, die eintreten sollen, der Eigenschaften, die Sie erwerben möchten, der Dinge, die Sie gerne bekommen oder tun würden, der Veränderungen, die Sie herbeisehnen. Sie brauchen diese Liste nicht auf dieses Jahr zu beschränken. Was soll in Ihrem Leben geschehen? Erstellen Sie eine weitere Liste der Orte, die Sie besuchen möchten, und der Objekte, die Sie gerne sehen würden. Lassen Sie Platz für das Unerwartete und Unbeabsichtigte, aber schaffen Sie auch Platz für die Möglichkeiten, die Sie ergreifen möchten – für Ihre Pläne, Wünsche, Träume, Hoffnungen und Ziele. Listen Sie außerdem auf, was Sie bereitwillig loslassen – Dinge, Menschen, Einstel-

lungen und Verhaltensweisen. Wenn wirklich alles möglich wäre –
was würden Sie dann gerne tun und erleben?

Den eigenen Beitrag leisten
2. JANUAR

*Die sicherste Methode, angespannt, unbeholfen und verwirrt zu
sein, besteht darin, einen Geist zu entwickeln, der sich allzu sehr
anstrengt und zu viel denkt.*

Benjamin Hoff, *Tao Te Puh.*
Das Buch vom Tao und von Puh dem Bären

Das Universum wird uns helfen, aber auch wir müssen unseren
Beitrag leisten. Als Eselsbrücke gebe ich Ihnen das Akronym *My
Part*:

Manifest **Y**our **P**ower, **A**ccept, **R**elax, **T**rust
(Mein Beitrag: Verwirkliche Deine Stärke, Akzeptiere, Entspann
dich, Vertraue).

Allzu oft sagen wir uns, die einzige Möglichkeit, von A nach B –
oder Z – zu kommen, bestehe darin, sich anzuspannen, ein wenig
(oder sehr) obsessiv zu sein und in Angst und Sorge zu leben, bis
schließlich das eintritt, was wir uns wünschen.

Das aber ist nicht der Weg zum Erfolg, sondern zu Angst und
Sorge.

Akzeptieren Sie; entspannen Sie sich; atmen Sie. Vertrauen
Sie sich selbst, Gott und dem Universum, bauen Sie darauf, dass
Ihnen genau zum richtigen Zeitpunkt die günstigste Fügung
offenbart wird.

*Hilf mir, Gott, dass ich mich meiner Angst und meines Kon-
trollverhaltens entledige, um loszulassen und meiner wahren
Kraft teilhaftig zu werden.*

Verwirklichen Sie Ihre Ideale   3. JANUAR

Es gibt eine Zen-Geschichte über zwei Mönche, die nach einem
heftigen Regen eine Straße entlang gehen. An einer Ecke begegnen sie einem schönen, fein gekleideten Mädchen, das die schlam-
mige Straße nicht überqueren kann, ohne sich schmutzig machen.
»Warten Sie, ich helfe Ihnen«, sagt einer der Mönche. Er hebt
sie hoch und trägt sie auf die andere Seite. Daraufhin gehen die
beiden Mönche lange schweigsam weiter.

»Wir haben das Gelübde der Keuschheit abgelegt und dürfen
uns keiner Frau nähern. Es ist gefährlich«, sagt der zweite
Mönch zum ersten. »Warum also hast du das getan?«

»Ich habe das Mädchen an der Ecke zurückgelassen«, erwidert der erste Mönch. »Trägst du es immer noch?«

Bisweilen finden wir uns in einer Situation wieder, in der sich
unsere Ideale widersprechen. Einem Menschen freundlich und
liebevoll gegenüberzutreten ist vielleicht nicht immer mit der
Priorität zu vereinbaren, uns selbst liebevoll und fürsorglich zu
behandeln.

Sobald ein Ideal mit einem anderen kollidiert, sollten Sie Ihr
gesundes Urteilsvermögen entscheiden lassen. Tun Sie das Richtige für die Menschen, aber tun Sie auch das Richtige für sich
selbst. Lassen Sie dann zu, dass das Ereignis seinen Lauf nimmt,
und schreiten Sie weiter voran.

Für die Mönche in der Geschichte bestand die richtige Handlungsweise gewöhnlich darin, jeden Kontakt mit Frauen zu mei-
den. Als sie jedoch eine hilflose Frau auf der Straße trafen, war
es richtig, ihr Beistand zu leisten. Die Ideale – geradliniges Denken, angemessenes Verhalten, wahrhaftige Rede – bleiben, aber
der Weg dorthin mag voller Biegungen und Windungen sein.
Seien Sie sensibel, und machen Sie sich bewusst, dass Sie einem
Ideal folgen – nicht einer starren Überzeugung.

Hilf mir, Gott, wenn es Zeit ist loszulassen.

Übung: In der ersten Übung haben wir unsere Träume und Ziele untersucht. Jetzt bestimmen wir die ethischen Grundsätze und Ideale, nach denen wir leben möchten, den Verhaltenskodex, den wir zu befolgen gedenken. Was ist für Sie von größter Bedeutung? Ob Sie Ihre Träume verwirklichen oder nicht, ob Sie Ihre Ziele erreichen oder nicht? Ideale könnten sein, clean und trocken zu bleiben – oder das Engagement für andere ebenso zu respektieren wie das Engagement in eigener Sache. Viele Menschen wählen zusätzlich geistige Werte wie Mitgefühl, Ehrlichkeit, Toleranz. Einige entschließen sich, nach einem Ideal zu leben, das sie »Christus-Bewusstsein« oder »Buddha-Bewusstsein« oder »Zwölf-Schritte-Programm« nennen – oder auch nach den Zehn Geboten. Erstellen Sie eine Liste Ihrer Ideale und legen Sie diese zu der Liste mit Ihren Zielen. Lassen Sie diese Ideale ein Licht sein, das Ihnen die Richtung anzeigt und erlaubt, dass Sie mit sich selbst und anderen in Harmonie leben.

Seien Sie sich darüber im Klaren, wann Sie Kompromisse schließen müssen   4. JANUAR

Manchmal ist es wichtig, einen Kompromiss einzugehen. Manchmal ist es besser, sich den Wünschen eines anderen zu fügen, um in der Partnerschaft oder in der Gruppe Freude zu haben oder um für das Team einen positiven Beitrag zu leisten. Manchmal jedoch ist der Kompromiss gefährlich. Wir müssen aufpassen, dass wir unsere Maßstäbe nicht gegen faule Kompromisse eintauschen, nur um die Anerkennung oder Liebe eines Menschen zu gewinnen.

Finden Sie heraus, wann Sie einen Kompromiss schließen können und wann nicht. Tun Sie dies, wenn er Ihnen nicht schadet und wenn Sie unentschieden sind. Wenn er hingegen dazu führen könnte, dass Ihre Wertvorstellungen verletzt werden, ist ein Kompromiss nicht ratsam.

Ist es in Ordnung, mit einer attraktiven Kollegin zu Mittag zu essen, wenn man verheiratet ist? Möglicherweise schon, aber nicht, wenn auf das Mittagessen ein Abendessen folgt, darauf dann eine Reihe von weiteren Treffen, die in einer Affäre gipfeln. Ist es richtig, nach der Arbeit mit Freunden eine Bar aufzusuchen? Vielleicht, aber nicht, wenn man daraufhin immer wieder ganz bewusst dorthin geht, bis das eigene Versprechen, nüchtern zu bleiben, gebrochen ist.

Vergessen Sie nicht: Was einem anderen Menschen als akzeptabler Kompromiss erscheint, mag für Sie völlig inakzeptabel sein. Vergewissern Sie sich Ihrer Grenzen, Ihrer Werte – und achten Sie auf die Gefahren, die daraus erwachsen können, dass Sie jene durch Kompromisse überschreiten beziehungsweise verwässern.

Hilf mir, Gott, dass ich mir meiner Grenzen bewusst bin. Verleih mir die Stärke, durch Kompromisse nicht die Werte zu verraten, die ich auf meinem Weg brauche.

Setzen Sie sich in Bewegung, wenn die Zeit dafür gekommen ist
5. JANUAR

Wir besuchten die Ruinen des Hovenweep National Monument im Südwesten der Vereinigten Staaten. Die Schilder am Weg enthielten Berichte über die Anasazi, die sich vor langer Zeit in dem kleinen, schmalen Canyon niedergelassen hatten. Die Archäologen hatten sich alle Mühe gegeben, um herauszufinden, wie diese indianischen Ureinwohner ihr Leben gestaltet hatten. Es wurde zum Beispiel die strategische Position der Gebäude erörtert, die gefährlich am Rand einer Felswand hingen, und danach gefragt, welche Faktoren zum plötzlichen Verschwinden jener Menschen geführt hatten.

»Vielleicht waren sie einfach ihres Wohnorts überdrüssig und gingen anderswohin«, bemerkte mein Freund.

Wir lachten, als wir uns vorstellten, wie einige dieser weisen Ureinwohner eines Nachts ums Lagerfeuer saßen. »Weißt du«, sagte einer von ihnen, »ich habe diese Wüste satt. Lass uns an den Strand ziehen.« In der Geschichte, die wir uns ausmalten, machten sie sich tatsächlich auf den Weg. Es gab keinen geheimnisvollen Grund, keinen Außerirdischen, der sie entführte. Sie zogen ganz einfach weiter, fast so, wie wir es tun.

Es ist leicht, das, was wir nicht wissen, in ein romantisches Licht zu tauchen und anzunehmen, dass jemand anders eine größere Vision hat, ein ehrenwerteres Ziel, als nur zur Arbeit zu gehen, eine Familie zu gründen und den Alltag zu bewältigen. Menschen sind Menschen, seit Urzeiten. Unsere heutigen Probleme sind weder neu noch einzigartig. Das Geheimnis des Glücks hat sich im Laufe der Epochen nicht verändert. Wenn Sie also mit Ihrem Aufenthaltsort unzufrieden sind, dann wechseln Sie ihn. Gewiss, Sie sind jetzt an dieser Stelle und lernen vielleicht schwierige Lektionen – aber nichts zwingt Sie, für immer hier zu bleiben. Wenn Sie sich an einem bestimmten Ofen die Hand verbrennen, dann berühren Sie ihn eben nicht. Wenn Sie gerne woanders wären, dann setzen Sie sich in Bewegung. Wenn Sie einen Traum verfolgen möchten, dann wagen Sie den ersten Schritt. Eignen Sie sich das jeweils notwendige Wissen an, doch ignorieren Sie nicht Ihre Fähigkeit, weiterzuziehen und in der Ferne neue Erfahrungen zu sammeln.

Sind Sie einverstanden mit der Richtung, die Sie eingeschlagen haben? Wenn nicht, mag es an der Zeit sein, eine andere zu wählen. Es muss kein wichtiger, geheimnisvoller Grund dafür vorliegen. Manchmal ist es schlicht zu heiß und zu trocken, und der Strand ruft Ihren Namen.

Seien Sie dort, wo Sie gerne sein möchten.

Gott, gib mir den Mut, dank der Stimme des Herzens den richtigen Weg zu finden. Hilf mir, dass ich aufbreche, sobald es nötig ist.

Übernehmen Sie die Verantwortung für Ihr Leben

6. JANUAR

Bevor Sie mit dem Fallschirm abspringen können, bevor Sie eine Floßfahrt auf dem Wildbach unternehmen oder Bungeejumping machen können, müssen Sie eine Erklärung unterschreiben.

Darin heißt es, dass Sie sich der Gefahren Ihrer Unternehmung bewusst sind, dass allein Sie die Entscheidung getroffen haben, daran teilzunehmen, und dass nur Sie die Verantwortung für den Ausgang tragen.

Sie verzichten auf das Recht zu klagen, zu jammern, zu protestieren – irgendetwas anderes zu tun, als Ihr Leben für eine neue Erfahrung zu riskieren.

Sie unterzeichnen das Papier, damit im Falle eines Unglücks die Haftung Dritter ausgeschlossen ist. Ich denke, solche Erklärungen erinnern uns nachhaltig daran, dass jeder für sein Leben selbst verantwortlich ist. Niemand anders kann verantwortlich gemacht, verklagt, um eine Entschädigung angegangen werden. Jeder trifft tagtäglich seine eigenen Entscheidungen und muss mit deren Konsequenzen zurechtkommen.

Das gilt für mich ebenso wie für Sie.

Es ist Ihr Leben. Unterzeichnen Sie die Erklärung, dass Sie die Verantwortung dafür übernehmen. Befreien Sie sich und die anderen Menschen.

Hilf mir, Gott, dass ich meine inneren Kräfte erkenne, für meine Entscheidungen die Verantwortung trage und die für mich besten Alternativen wähle.

Übung: Lesen Sie die folgende Erklärung aufmerksam durch. Füllen Sie unten die Leerstellen aus und machen Sie sich klar, was Sie da unterschreiben – schließlich ist das Ihr Leben. Übernehmen Sie die Verantwortung für Ihr Tun.

ERKLÄRUNG

Ich verstehe, dass ich während meines Lebens zahlreiche Entscheidungen treffen muss, zum Beispiel die, an welchem Ort ich wohnen möchte, mit wem ich zusammenlebe, wo ich arbeite, wieviel Freude ich empfinde, wie ich mein Geld und meine Zeit investiere – einschließlich jener Zeit, in der ich darauf warte, dass bestimmte Situationen eine günstigere Wendung nehmen oder bestimmte Personen sich ändern – und wen ich liebe.

Ich verstehe, dass viele Ereignisse meinem Zugriff entzogen sind und dass alle meine Beschlüsse Gefahren und Risiken bergen. Das Leben und die Menschen sind in keiner Weise verpflichtet, meinen Erwartungen gerecht zu werden; ebensowenig bin ich verpflichtet, die Erwartungen von jemand anders zu erfüllen. Das Leben ist ein Sport mit hohem Risiko, und es kann durchaus sein, dass ich hier und da Blessuren davontrage.

Ich bestätige, dass ich sämtliche Entscheidungen selbst treffe, auch die, wie ich auf jene Begebenheiten reagiere, auf die ich keinen Einfluss habe.

Hiermit verzichte ich auf das Recht, in der Opferrolle Zuflucht zu suchen; weder werde ich jammern oder mich beklagen noch jemand anders die Schuld daran geben, dass ich eine bestimmte Richtung einschlage. Ich bin verantwortlich für meine Teilnahme – oder mein Desinteresse – am Leben. Darüber hinaus übernehme ich die volle Verantwortung für die Konsequenzen jeder meiner Entscheidungen, eingedenk dessen, dass es letztlich mir überlassen bleibt, ob ich froh, glücklich und unabhängig werde – oder aber unglücklich und abhängig.

Auch wenn mich einige Menschen von sich aus umsorgen und lieben, bin doch ich allein dafür verantwortlich, für mich zu sorgen und mich zu lieben.

Datum   _____

Unterschrift _____

Halten Sie Ihr Leben in einem Tagebuch fest

7. JANUAR

Vergegenwärtigen Sie sich Ihr Leben, indem Sie Tagebuch schreiben?

Manchmal benutze ich eine Datei in meinem Computer als Tagebuch. Wenn ich schwafle, schimpfe oder schwärme – also etwas schreibe, das, wenn es bekannt würde, mich in Verlegenheit bringen könnte –, sichere ich das Dokument durch einen Geheimcode. Die Aufzeichnungen in meinem Tagebuch, ob sie nun dem Computer oder einem grünen italienischen Notizbuch anvertraut werden, sind nur für mich bestimmt.

Es gibt viele Möglichkeiten, Tagebuch zu führen. Wir können seitenlang das wiedergeben, was uns passiert ist. Das ist durchaus hilfreich, zumal wenn wir im Leben gerade nicht weiterkommen. Wir können unser Tagebuch als eine Art Protokoll betrachten, in dem wir notieren, was wir an dem jeweiligen Tag gemacht haben. Außerdem eignet es sich gut dafür, die eigenen Ziele zu fixieren und Fantasien oder Träume näher zu untersuchen. Wir können auch Gedichte oder Kurzgeschichten hineinschreiben. Wir können darin Briefe an Gott oder an unseren Schutzengel verfassen und um Rat bitten. Oder wir können einfach zum Ausdruck bringen, was uns aufgrund der täglichen Ereignisse in den Sinn kommt.

Einige Leute vertreten die Ansicht, es gebe eine richtige und eine falsche Methode, Tagebuch zu führen, aber damit bin ich nicht einverstanden. Es existieren diesbezüglich keine Richtlinien; wir zeichnen lediglich auf, was in unserem Leben geschieht.

Glauben Sie, dass Ihr Leben es wert ist, schriftlich festgehalten zu werden? Ich schon. Falls Sie diese Tätigkeit vernachlässigt haben, sollten Sie sich die Frage stellen: »Warum eigentlich?«

Gott, hilf mir, dass ich die Details meines Lebens bewusst wahrnehme und achte.

Übung: Übertragen Sie Ihre Liste mit Zielen in ein Tagebuch und beginnen Sie, Ihre Antworten auf die Meditationen und Übungen als Teil des täglichen Eintrags niederzuschreiben. Benutzen Sie Ihr Tagebuch als Logbuch, um aufzuzeichnen, was Sie tun und mit wem Sie es tun, während Sie Ihren Träumen nachgehen. Oder benutzen Sie es als Hilfsmittel, um zu erforschen, wie Sie sich fühlen, wer Sie sind und was Sie vorhaben. Halten Sie Ihr Leben in eben der Weise fest, die Ihnen zweckmäßig erscheint.

Loslassen, um das eigene Leben zu retten 8. JANUAR

Ich kauerte am Ausgang des Flugzeugs, neben meinem Trainer für das Fallschirmspringen. Mit der rechten Hand hielt ich mich am Griff fest, um im Gleichgewicht zu bleiben. Mit der linken Hand umklammerte ich die wattierte Lasche am Overall meines Trainers.

Ich sollte den Einsatz geben. »Auf die Plätze«, schrie ich. »Fertig ...«

Ich lehnte mich zurück und atmete noch einmal tief durch. »Auf die Plätze, fertig ...«

Ich hörte ein Kichern. »Raus aus der Kiste«, rief jemand. »Los.«

Ich ließ den Griff los, schloss die Augen und tauchte kopfüber in die Luft, während meine linke Hand förmlich festklebte am Overall meines Trainers. Einen Moment lang taumelten wir. Wir hatten verabredet, uns zu drehen und uns einander zuzuwenden. Ich sollte die zweite Lasche an seiner Schulter ergreifen, ins Gleichgewicht kommen und mich dann von ihm lösen.

Er drehte sich zu mir hin. Ich fand die Lasche. Jetzt fiel ich, ohne zu schwanken, und hielt mich mit beiden Händen fest. Er nickte, gab mir das Zeichen, ihn loszulassen.

Ich schüttelte den Kopf – ganz vorsichtig, um nicht die Balance zu verlieren.

Er schaute mich verwirrt an, nickte noch einmal.

Ich schüttelte erneut den Kopf, klammerte mich fester an ihn.

Ich warf einen Blick auf meinen Höhenmesser. Sechstausend Fuß. Gott sei Dank. Gleich musste die Reißleine gezogen werden. Ich lockerte meinen Griff, ließ einfach los. Natürlich konnte ich sie nicht ziehen, solange ich an meinem Trainer hing.

Es war Zeit, mein Leben zu retten.

Er wich von mir.

Ich signalisierte ihm, dass ich die Reißleine ziehen würde, und tat es auch. Mein Fallschirm gab einen angenehmen zischenden Laut von sich, den er – wie ich gelernt hatte – immer dann macht, wenn er sich richtig öffnet und mit Luft füllt, um den freien Fall zu verlangsamen und in ein Schweben zu verwandeln.

Wow! dachte ich. *Das macht richtig Spaß!*

Manchmal sind wir so ängstlich, dass wir nichts anderes im Sinn haben, als uns festzuhalten. In diesem Fall war das eine dumme Illusion: Wir stürzten beide durch die Luft. An einer Beziehung festzuhalten, die nicht funktioniert, einem negativen Selbstbild, einem ungeeigneten Job, an vergangenen Momenten oder Emotionen wie Angst und Kummer – das kann ebenfalls eine dumme Illusion sein.

Um unser Leben zu retten, müssen wir manchmal zuallererst loslassen.

Gott, zeige mir, was ich loslassen muss und wann die Zeit dafür gekommen ist.

Lösen Sie sich liebevoll 9. JANUAR

In meinem Buch *Kraft zum Loslassen* habe ich die Geschichte von der Wüstenspringmaus erzählt. Da sie zu meinen bevorzugten Anekdoten zu diesem Thema gehört, gebe ich sie hier noch einmal wieder.

Vor vielen Jahren, als ich in Stillwater, Minnesota, lebte, wollten meine Kinder ein Haustier. Sie wünschten sich einen kleinen Hund, aber ich sagte nein. Wir versuchten es mit einem Vogel, doch dem fielen die Federn aus. Ich schlug einen Goldfisch vor, aber stattdessen einigten wir uns auf eine Wüstenspringmaus.

Eines Tages nahm sie Reißaus. Sie entfloh ihrem Käfig und flitzte über den Fußboden. Sie rannte so schnell, dass niemand von uns sie einfangen konnte. Wir beobachteten nur, wie sie unter einem Spalt in der Wand verschwand. Dann standen wir herum und überlegten, was zu tun sei – aber da war nicht viel zu tun.

In den folgenden Monaten ließ sich die Wüstenspringmaus ab und zu blicken. Sie kam hinter der Wand hervor, schnellte durchs Zimmer und wieder zurück hinter die Wand. Wir jagten sie, versuchten uns schreiend auf sie zu stürzen.

»Da ist sie. Fang sie!«

Obwohl ich sie kaum zu sehen bekam, machte ich mir ihretwegen Sorgen. Das ist nicht gut, dachte ich. Ich kann nicht dulden, dass eine Wüstenspringmaus frei im Haus herumrennt. Wir müssen sie fangen. Wir müssen etwas unternehmen.

Ein kleines Tier in der Größe einer Maus versetzte den ganzen Haushalt in Aufruhr.

Als ich einmal im Wohnzimmer saß, bemerkte ich, wie sie über den Flur huschte. Wie gewöhnlich hastete ich hinter ihr her, hielt dann aber inne.

»Nein«, sagte ich mir. »Ich bin fix und fertig. Wenn diese Maus unbedingt in den Winkeln und Spalten dieses Hauses leben will, dann lasse ich sie. Ich habe keine Lust mehr, mir deswegen Sorgen zu machen. Ich habe es satt, sie zu jagen.«

Ich ließ die Wüstenspringmaus an mir vorbeirennen, ohne zu reagieren. Meine neue Reaktion – nämlich nichts zu tun – bereitete mir zunächst ein leichtes Unbehagen, aber ich behielt sie bei. Bald war ich regelrecht zufrieden mit der Situation. Ich hatte aufgehört, die Maus zu bekämpfen. Wenige Wochen nachdem ich begonnen hatte, meine neue Einstellung zu praktizieren, flitzte die Maus eines Nachmittags wieder einmal durchs

Zimmer und ich beachtete sie kaum. Sie stoppte, drehte sich um, schaute mich an. Ich sprang in ihre Richtung und sie lief weg. Ich entspannte mich.

»Schön«, sagte ich. »Mach, was du willst.« Das meinte ich auch so.

Etwa eine Stunde später kam sie, setzte sich neben mich und wartete. Ich hob sie sanft in die Höhe, brachte sie in ihren Käfig, wo sie sich erneut zufrieden einrichtete.

Stürzen Sie sich nicht auf die Wüstenspringmaus! Sie ist bereits verängstigt, und wenn Sie sie durchs Haus jagen, bekommt sie nur noch mehr Angst – und Sie werden allmählich verrückt.

Ist da jemand, dem Sie gerne nahe wären? Gibt es in Ihrem Leben einen irritierenden Umstand, den Sie nicht ändern können? Es hilft, innerlich loszulassen, zumal wenn es liebevoll geschieht.

Gott, zeige mir, wie wirkungsvoll es ist, die innere Loslösung als Mittel in all meinen Beziehungen zu benutzen.

Drücken Sie einen anderen Knopf 10. JANUAR

Wenn Sie immer wieder denselben Knopf drücken, erhalten Sie stets die gleichen Resultate. Und wenn Sie gleiche Resultate nicht mögen, könnten Sie vielleicht versuchen, einen anderen Knopf zu drücken.

»Ich nehme einen Anlauf nach dem anderen. Nichts scheint sich zu ändern. Ich weiß nicht, warum er unfähig ist, sich anzustrengen und mir ein bisschen mehr Freude zu machen. Ich habe so viel für ihn getan.« – »Die Arbeitskollegen schätzen meine Bemühungen einfach nicht, nach all dem, was ich geleistet habe.«

Wenn Sie merken, dass Sie auf die gleichen Situationen stets in der gleichen Weise reagieren und trotzdem eine Änderung erwarten, müssen Sie innehalten! Wenn Sie dauernd denselben

Knopf drücken, werden Sie wahrscheinlich nur das Resultat erzielen, das sich vorher schon ergab.

Nehmen Sie Ihre Beziehungen einmal unter die Lupe. Gibt es eine Situation, die sich trotz bestem Vorsatz, den richtigen Knopf zu drücken, ständig verschlechtert? Stellen Sie fest, dass Sie auf die gleichen Situationen immer wieder in der gleichen Weise reagieren und nie zufrieden sind mit dem, was dabei herauskommt? Sind Sie pausenlos mit derselben Sache beschäftigt in der Hoffnung, dass sich in der Außenwelt etwas ändert – anstatt selbst etwas anders zu machen? Vielleicht ist es dann an der Zeit, nicht mehr diesen einen Knopf zu drücken, Abstand zu gewinnen und eine neue Methode auszuprobieren.

Gott, gib mir die innere Klarheit, meine Lebensumstände aufrichtig zu betrachten und in meinen Beziehungen ebenso klug wie verantwortungsvoll zu handeln.

Werfen Sie den Ball   11. JANUAR

»Loslassen heißt für mich soviel, wie einen Baseball zu werfen«, erklärte mir ein Freund. »Das Problem ist nur, dass ich ihn nicht loslassen will.« Wir sind versucht, den Ball festzuhalten. Immerhin liegt er in unserer Hand. Warum sollten wir ihn nicht da lassen? Wenn wir über ein Problem nachgrübeln, haben wir wenigstens das Gefühl, etwas zu tun. Aber dem ist nicht so. Wir klammern uns regelrecht an den Ball, weshalb es durchaus sein kann, dass wir das Spiel verzögern.

Es ist nicht verkehrt, ein Problem lösen oder einen dringend erbetenen Rat geben zu wollen. Doch wenn wir alles Mögliche getan haben und uns nichts mehr bleibt, als irgendwelchen Zwangsvorstellungen nachzuhängen, müssen wir uns Einhalt gebieten.

Dazu einige Faustregeln:

- Wenn Sie dreimal versucht haben, ein bestimmtes Problem zu lösen – fixe Ideen zählen nicht zu den Methoden, die dabei behilflich sind –, müssen Sie sich zur Räson bringen. Lassen Sie los. Werfen Sie den Ball, zumindest für heute.
- Wenn andere Menschen Sie um Rat fragen, so erteilen Sie ihn einmal. Werfen Sie ihnen dann den Ball zu. Sagen Sie nichts mehr.
- Wenn eine Person Sie gar nicht um Rat gefragt hat oder wenn Sie einen Rat erteilt und keinen Dank dafür geerntet haben, gibt es nichts zu werfen. Der Ball befindet sich nicht in Ihrer Hand.

Erinnern Sie sich an Situationen, in denen Sie bereitwillig losließen. Überlegen Sie, wie anschließend alles zu Ihren Gunsten ausging. Und erinnern Sie sich nun an die Situationen, in denen Sie darauf beharrten, nicht loszulassen. Ob Sie es wollten oder nicht – haben Sie nicht am Ende den Ball geworfen?

Gott, bitte zeig mir die Vorteile des Loslassens.

Beenden Sie das Tauziehen 12. JANUAR

Loslassen kann einem Tauziehen mit Gott gleichen.

Haben Sie je Tauziehen mit einem jungen Hund gespielt und versucht, ihm eine Socke oder ein Spielzeug zu entreißen? Sie ziehen, er zieht. Sie ziehen den Gegenstand aus seinem Maul, er schnappt ihn erneut und schüttelt sich und knurrt. Je fester Sie zerren, desto fester zerrt er. Schließlich lassen Sie einfach los. Dann kommt er winselnd zurück und will das Spiel fortsetzen.

In meinem Leben konnte ich noch nie ein Problem durch Zwangsvorstellungen oder Kontrollmaßnahmen in den Griff bekommen oder lösen. Meine Manipulationen haben noch kein einziges positives Ergebnis gezeitigt. Aber das vergesse ich manchmal, weil ich alle meine Ziele dadurch zu erreichen versuche, dass ich mir Sorgen mache.

Das beste Ergebnis kommt zustande, wenn ich loslasse. Das heißt nicht, dass ich jedes Mal meinen Kopf durchsetze. Aber die Dinge klären sich und schließlich wird auch die Lektion deutlich. Wenn wir unbedingt ein Tauziehen veranstalten möchten, so können wir das tun – doch es ist kein wirkungsvolles Mittel, um Hindernisse zu beseitigen.

Gott, steh mir bei, damit ich mich deinem Willen füge.

Gehen Sie fürsorglich mit sich selbst um
13. JANUAR

Sobald ein Mensch diesen Weg des Wissens beschreitet, richtet er den Blick nach innen und lernt, sich um sich selbst zu kümmern, anstatt die Probleme anderer Leute lösen zu wollen.

Rav Brandwein

Loslassen bedeutet weder, dass uns alles egal ist, noch dass wir einfach zumachen.

Es bedeutet, dass wir nicht mehr versuchen, Ergebnisse zu erzwingen und das Verhalten der anderen zu manipulieren. Loslassen zeigt an, dass wir vorübergehend unseren Widerstand gegen die äußeren Verhältnisse aufgeben. Es beinhaltet, dass wir aufhören, das Unmögliche – etwa die Kontrolle über andere – zu erstreben, und uns lieber auf das Mögliche konzentrieren, was vor allem heißt, auf uns selbst Acht zu geben. Und das tun wir, so weit es geht, mit Sanftmut, Freundlichkeit und Liebe.

Haben Sie sich eingeredet, eine bestimmte Person kontrollieren zu können? Wenn ja, sollten Sie den Tatsachen ins Auge sehen. Hören Sie auf, Ihre Macht dort zu demonstrieren, wo Sie gar keine besitzen. Bringen Sie Ihren Willen lieber so zum Ausdruck, dass er ebenso greifbare wie nützliche Resultate bewirkt. Über *eine* Fähigkeit verfügen Sie immer – nämlich loszulassen und sich selbst etwas Gutes zu tun.

Hilf mir, Gott, das Loslassen und den fürsorglichen Umgang mit mir selbst zu einer Lebensform zu machen.

Sagen Sie ja zu sich selbst

14. JANUAR

Sind Sie ausgeglichen? Teilen Sie Ihre Zeit, Ihre Kraft, Ihr Leben ebenso sehr mit sich selbst wie mit den Menschen ringsum? Wir alle wissen, wie einfach es ist, immer wieder ja zu sagen, sobald jemand eine Bitte an uns richtet. Schließlich stimmt uns das froh; wir haben das angenehme Gefühl, gebraucht und geliebt zu werden. Je öfter wir ja sagen, desto mehr verlangt man von uns. Und so glauben wir, dass dies ein Beweis für noch größere Liebe sei.

Doch bald sagen wir zu allzu vielem ja. Mit der Zeit werden wir ganz bitter wegen der anderen. *Können die denn überhaupt nichts alleine machen? Hier würde überhaupt nichts klappen, wenn ich nicht dahinter her wäre. Gibt es denn niemanden sonst, der mal helfen kann?* Und irgendwann geht dann gar nichts mehr, Versprechen bleiben unerfüllt und Beziehungen brechen auseinander – wie wir selbst.

Das braucht nicht so zu sein. Erkennen Sie Ihre Grenzen. Sie gehören zu den wichtigsten Menschen, nach denen Sie schauen und die Sie lieben müssen. Teilen Sie Ihre Zeit, Ihre Kraft, Ihr Leben vernünftig mit den Ihnen nahe stehenden Menschen ein. Dann werden Sie ihnen großzügiger und freudiger etwas geben können und zugleich empfänglicher sein für die Gaben des Universums.

Es ist nicht verkehrt, für die anderen da zu sein; aber es ist auch in Ordnung, zu sich selbst ja zu sagen.

Hilf mir, Gott, ein ausgeglichenes Leben zu führen und zu lernen, wann es Zeit ist, zu mir selbst ja zu sagen.

Erziehen Sie sich zum Loslassen 15. JANUAR

Es mag seltsam klingen, aber man befreit sich aus dem Zustand übermäßigen Beherrschtseins, indem man um so disziplinierter losläßt.

Stella Resnick, *The Pleasure Zone*

Eines Tages saß ich besorgt zu Hause, als ein Freund anrief. Er fragte, wie es mir gehe. Ich antwortete, dass ich mir Sorgen machte. Tatsächlich war ich gerade im Begriff, wegen einer damaligen Angelegenheit fast verrückt zu werden. »Du kannst nichts daran ändern«, sagte er. »Entspann dich einfach. Die Sache entzieht sich deiner Kontrolle.«

Im Grunde meinte er, dass ich die Disziplin einüben müsse, innerlich loszulassen. Nachdem ich den Hörer aufgelegt hatte, ignorierte ich meine Sorgen und Zwangsvorstellungen ganz bewusst. Ich fügte mich ins Unabänderliche, entspannte mich. Es war, als würde ein Wunder geschehen: Plötzlich konnte ich den nächsten Schritt tun und meinem Leben eine neue Richtung geben.

Wenn wir loszulassen beginnen, mag es uns fast unmöglich erscheinen, lockerer zu werden und loszulassen. Wie in jedem anderen Bereich werden wir auch hier durch Übung und Wiederholung geschickter. Das heißt nicht, dass wir uns nicht immer wieder anstoßen müssten, es wirklich auch zu tun. Nein, es heißt, dass uns das Loslassen mit der Zeit leichter fällt.

Wenn Sie dazu neigen, sich Sorgen zu machen, fixen Ideen nachzuhängen oder alles kontrollieren zu wollen, dann sollten Sie gezielt lernen, sich zu entspannen und loszulassen, bis Sie das gut können.

Hilf mir, Gott, die Entspannung und das Loslassen zu einem täglichen Bestandteil meines Lebens zu machen. Bringe mir bei, mit Anmut, Würde und Leichtigkeit inneren Abstand zu gewinnen.

Lassen Sie es fallen   16. JANUAR

Wie läßt man los? *Ich kann einfach nicht loslassen. Es ist unmöglich, das loszulassen.* Solche Gedanken gehen uns durch den Kopf, wenn wir besorgt sind, grübeln und Obsessionen haben.

Nehmen Sie etwas zur Hand, ein Buch zum Beispiel. Halten Sie es fest. Lassen Sie es dann einfach fallen. Befreien Sie sich davon. Lassen Sie es aus der Hand gleiten.

Genau das tun Sie mit allem, worüber Sie zwanghaft nachdenken. Falls Sie ein bestimmtes Thema erneut aufgreifen, lassen Sie es noch einmal fallen. Sehen Sie? Loslassen ist eine Fähigkeit, die jeder erwerben kann.

Leidenschaft und Konzentration können uns führen und helfen, den richtigen Weg zu finden. Manie dagegen deutet darauf hin, dass wir die gesunde Grenze abermals überschritten haben. Wir sind imstande, uns selbst und andere Menschen ebenso einfühlsam wie konsequent zu behandeln, während wir lernen, unseren festen Griff zu lockern und die Dinge einfach loszulassen.

Gott, hilf mir einzusehen, dass ich nicht gezwungen bin, mir wegen eines Problems dauernd den Kopf zu zerbrechen. Ich habe immer die Wahl, es fallen zu lassen.

Entspannen Sie sich.
Sie werden die Lösung finden. 17. JANUAR

Lassen Sie zu, dass die Antworten sich von selbst ergeben.

Kam es schon einmal vor, dass Sie in ein Zimmer gingen, um etwas zu holen, und dann vergaßen, was Sie eigentlich holen wollten? Oft ist unser Gedächtnis um so schlechter, je intensiver wir uns zu erinnern versuchen.

Aber wenn wir uns entspannen und kurzzeitig etwas anderes tun – also loslassen –, fällt uns spontan ein, woran wir uns vorher beim besten Willen nicht erinnern konnten.

Wenn ich vorschlage loszulassen, schlage ich nichts anderes vor als das. Ich sage nicht, dass das Problem unwichtig ist oder dass wir alle Gedanken an den Gegenstand völlig auslöschen müssen oder dass die Person, an der uns liegt, nicht mehr zählt. Ich sage nur, dass wir in der betreffenden Angelegenheit wahrscheinlich längst etwas geändert hätten, wenn dies möglich gewesen wäre. Indem wir unsere Ohnmacht erkennen, fällt uns das Loslassen leichter.

Hilf mir, Gott, dass ich mich entspanne und die Frage, was als Nächstes zu tun sei, auf natürliche Weise von Dir beantworten lasse.

Lassen Sie die Vergangenheit los 18. JANUAR

Eines Morgens saß ich draußen auf der Terrasse. Ein nebliger Dunst bedeckte sanft die Bergspitzen des Ortega Mountain Range. Die Vögel sangen. Ich erinnerte mich an die Zeit vor zehn Jahren und mein damaliges Leben in Minnesota mit meinen beiden Kindern Shane und Nichole.

Shane lebte noch und Nichole wohnte noch zu Hause. Unsere Liebe, unsere Familienbande waren sehr stark. »Unsere Geburtstage verbringen wir immer zusammen«, hatten wir geschworen. »Unsere Liebe, unser Zusammengehörigkeitsgefühl wird überdauern.« Ich hatte gerade das beste und glücklichste Jahr meines Lebens hinter mir. Ich sehnte mich danach zurück. *Wenn ich meinen Sohn doch nur für einen Augenblick wieder sehen könnte. Wenn wir drei einfach einen Tag lang wieder zusammen sein könnten,* dachte ich wehmütig, *dann wäre das Leben wunderbar.*

Später am Vormittag nahm ich eine Osho-Zen-Meditationskarte zur Hand – nicht um die Zukunft vorherzusehen, sondern um Einblick in die Gegenwart zu gewinnen.

Der Text auf meiner Karte handelte vom »Festhalten an der Vergangenheit«.

Da stand: »Es ist Zeit, sich mit der Tatsache abzufinden, dass die Vergangenheit vorbei ist und dass jeder Versuch, sie zu wiederholen, zwangsläufig in die Sackgasse der alten Verhaltensmuster führt, die Sie bereits hinter sich gelassen hätten, wenn Sie sich nicht so fest an Ihre bisherigen Erfahrungen klammern würden.«

»Ich bin dumm«, dachte ich, als ich auf die Terrasse zurückkehrte. »Obwohl sich mein Leben geändert hat und ich die Kinder vermisse, geht es mir doch ziemlich gut.«

Lassen Sie all Ihren Verlustgefühlen in Bezug auf die Menschen und Augenblicke, die Sie geliebt und geschätzt haben, freien Lauf. Seien Sie so traurig, wie es Ihnen angemessen erscheint. Grämen Sie sich. Aber entledigen Sie sich dann dieser Gefühle und der Vergangenheit. Lassen Sie nicht zu, dass die Erinnerungen Sie davon abhalten zu erkennen, wie kostbar und herrlich jeder Moment Ihres jetzigen Lebens ist.

Hilf mir, Gott, das Gestern loszulassen, damit ich mein Herz den Geschenken des Heute öffnen kann.

Sie sind mit dem Leben und dem Universum verbunden

19. JANUAR

»Meine Freundin starb und ich war völlig durcheinander«, erzählte mir ein Mann. »Ich unternahm eine Reise, fuhr im Südwesten umher, durchwanderte den Bryce Canyon. Ich sah die dunkelroten, wie gemeißelten, zum Himmel aufragenden Gipfel. Ich sah die unermessliche Weite des Universums und die Schönheit, die all dem innewohnt. Ich hatte mich auf den Weg gemacht, um mir zu beweisen, wie einzigartig und allein ich in meinem Kummer war. Am Ende der Reise aber wurde mir bewusst, wie fest ich mit dieser Welt verbunden bin.«

Das Loslassen besteht auch in der Einsicht, dass man Teil des Universums ist – dass man ihm also nicht fremd gegenübersteht.

Vielleicht hat sich in Ihrem Leben kürzlich eine Situation ergeben, die auf ein Ende hinweist – hervorgerufen durch den Tod eines Verwandten, das Scheitern einer Beziehung, den Verlust des Arbeitsplatzes. Die Menschen, die wir lieben, und die Dinge, die wir tun, beeinflussen unser Selbstbild. Wenn sie gefährdet oder weggenommen werden, können wir uns dagegen auflehnen. Wir klammern uns gern an das Bekannte und wollen nicht sehen, was sich jenseits davon befindet.

Lassen Sie das Unkontrollierbare los. Sie sind kein einsames Wesen in diesem Kosmos, das gegen all dessen Kräfte ankämpfen soll, sondern ein Teil des Ganzen. Und auch die eintretenden Veränderungen – ob beglückend oder betrüblich, ob leicht oder schwer zu bewältigen – sind nur ein Teil des Entwicklungsprozesses, den jeder von uns durchläuft.

Fühlen Sie den Schmerz, wenn Sie jemanden oder etwas verloren haben, empfinden Sie die Freude, wenn Sie triumphieren – und lassen Sie dann los, um weiter zu wachsen.

Entdecken Sie, wie fest Sie mit allem verbunden sind.

Gott, hilf mir zu erkennen, dass ich ein Teil deiner Schöpfung bin und mich nicht dagegen zu wehren brauche. Hilf mir, mein Leben in Frieden zu verbringen und es zu feiern.

Wir können nur bis zu einem bestimmten Punkt gehen

20. JANUAR

So etwas wie völlige Bejahung gibt es nicht. Wenn man sich mit etwas Abstand und viel weniger Schmerz an einen Verlust erinnern kann, hat man ihn in jeder Hinsicht betrauert und akzeptiert. Man sieht ein, dass das Leben jetzt anders ist, und setzt seinen Weg fort.

David Viscott, *Emotionally Free*

Es gibt bestimmte Ereignisse, die wir vielleicht nie ganz akzeptieren. Wir können jedoch einsehen, dass wir aufgefordert sind, mit diesen Verlusten zu leben und einen Weg zu finden, auf dem wir weiter gehen können.

Einige Menschen wurden als Kinder schrecklich misshandelt, weit über das Maß hinaus, das man jemandem zumuten kann. Einige von uns mussten später im Leben unvorstellbare Verluste erleiden. Vielleicht hat uns der Ehepartner betrogen; durch Unfall oder Krankheit mag unsere Gesundheit geschädigt sein; möglicherweise ist jemand gestorben, der uns sehr nahe stand.

Nicht mehr darauf zu hoffen, dass man Derartiges völlig akzeptiert, ist durchaus in Ordnung. Zugleich aber sollten wir jeden Tag mit einer behutsamen Geste zu erkennen geben, dass wir weiterhin bereit sind, im Leben voranzukommen.

Gewähre mir, Gott, Mitgefühl mit mir selbst und anderen Menschen. Hilf mir, dass ich lerne, mit gebrochenen Herzen – auch dem meinen – sanft umzugehen.

Übung: Erstellen Sie eine Liste all der Fragen, die Sie an Gott richten möchten, aller »Warum«-Fragen. Zum Beispiel: Warum musste der- oder diejenige sterben? Warum musste ich meine Familie verlieren? Warum musste mir das passieren? Grübeln Sie dann so wenig wie möglich über diese Fragen nach. Vertrauen Sie darauf, dass Sie die Antwort vielleicht später erhalten, wenn Sie einmal mit Ihrer Höheren Macht von Angesicht zu Angesicht sprechen können. Zählen Sie diese Fragen vorerst zu den ungelösten Geheimnissen des Lebens.

Versuchen Sie, andere an Ihrem Leben teilhaben zu lassen 21. JANUAR

Wenn wir horten, was uns zuteil wurde, verhindern wir, dass wir mehr bekommen. Falls Sie das Gefühl haben, dauernd auf der Stelle zu treten, sollten Sie ein wenig von dem, was Ihnen gegeben wurde, mit einem anderen Menschen teilen.

Lassen Sie einige Ihrer kummervollen Erfahrungen los, indem Sie darüber sprechen – und über das Mitgefühl, das Sie dadurch gelernt haben. Teilen Sie Ihren Erfolg, indem Sie jemand anders Ihre Methoden beibringen. Teilen Sie den Reichtum, den Sie erworben haben; spenden Sie für eine wohltätige Einrichtung Ihrer Wahl oder für die Kirche. Und auch wenn Sie nicht besonders erfolgreich oder vermögend sind – verschenken Sie etwas von Ihrem Geld, Ihrer Zeit, Ihren Fähigkeiten. Sobald Sie geben, bereiten Sie den Boden dafür, weitere Gaben zu empfangen.

Andere Menschen an den eigenen Erlebnissen, Stärken und Hoffnungen teilhaben zu lassen spielt im Zwölf-Schritte-Programm eine große Rolle. Hierin liegt ein Schlüssel zu sämtlichen Aspekten des Lebens, ob wir nun von einer Sucht genesen oder nicht.

Finden Sie eine Möglichkeit, etwas zu geben oder sich persönlich einzubringen. Vielleicht zahlen Sie einfach nach einem gemeinsamen Mittagessen die Rechnung. Oder Sie engagieren sich freiwillig für ein örtliches Projekt. Schon eine kleine Geste genügt. Geben Sie, ohne an irgendwelche Gegenleistungen zu denken. Verlangen Sie kein Dankeschön, geben Sie ohne jede Erwartung. Nehmen Sie bewusst wahr, wie Sie sich dabei fühlen, achten Sie auf das Glühen in Ihrem tiefsten Innern. Seien Sie dann erneut großzügig. Verschenken Sie immer wieder einen Teil Ihrer Gaben – Ihrer Erfahrung, Ihrer Stärke, Ihrer Hoffnung –, bis diese Handlung völlig selbstverständlich ist.

Öffnen Sie Ihr Herz für all das, womit Sie gesegnet sind, indem Sie es Ihrem Gegenüber zukommen lassen. Jener schwache Funke, der anfangs in Ihrer Seele aufglomm, wird bald überspringen in Ihr Leben. Und wenn Sie in gewissen früheren Situationen ebenso zwanghaft wie freudlos etwas hergegeben haben, so besteht die Lösung nun nicht darin, überhaupt nichts mehr zu geben, sondern zu lernen, wie man mit Freude schenkt.

Gott, hilf mir, überreichlich zu verschenken, was mir geschenkt wurde. Zeige mir, wie das geht, damit Geben und Empfangen im Gleichgewicht und nicht an Forderungen gebunden sind.

Lassen Sie Ihre Pläne los 22. JANUAR

Loslassen kann uns sehr unnatürlich erscheinen. Wir arbeiten hart für eine Beförderung, eine Beziehung, ein neues Auto, einen Urlaub. Und dann besitzt das Universum die Frechheit, dazwischenzufunken und unsere Pläne durcheinander zu bringen. Wie kann es nur so etwas wagen! Anstatt empfänglich zu sein für die daraus resultierenden neuen Erfahrungen, halten wir lieber an den eigenen Plänen fest. Oder wir sind verbittert darüber, dass sie schief gegangen sind.

Manchmal schmerzt uns der Verlust unserer Träume und Zukunftspläne wie der Verlust eines greifbaren Gegenstandes. Manchmal aber akzeptieren wir einen Verlust auch, geben unsere geplatzten Träume auf und akzeptieren, dass sie geplatzt sind.

Lassen Sie Ihre festen Erwartungen los. Das Universum tut, was es will. Ab und zu werden sich Ihre Träume erfüllen, doch nicht immer. Sobald Sie von einem geplatzten Traum Abschied nehmen, kann es durchaus sein, dass ein anderer behutsam an dessen Stelle rückt.

Achten Sie darauf, was geschieht – und nicht darauf, was Ihrer Meinung nach geschehen sollte.

Gott, bitte hilf mir, meine Erwartungen loszulassen und die Geschenke anzunehmen, die Du mir täglich machst – in der Gewissheit, dass das Leben voller Schönheit und Wunder ist.

Vergessen Sie nicht loszulassen — 23. JANUAR

Ein Freund rief mich ins Nebenzimmer. Ich hatte keine Lust, mich zu bewegen; ich war versunken in Zwangsvorstellungen, besorgt wegen etwas, das ich – zumindest im Moment – nicht ändern konnte. Widerwillig und in jenem steifen, unnatürlichen Gang, den wir bei derartigen Anwandlungen haben, trottete ich zum Fenster, wo er stand.

»Schau, wie das Mondlicht von den Wellen reflektiert wird«, sagte er.

Ich starrte auf die weiß schimmernden Meereswellen, die wie Diamantketten in der Nacht aussahen.

Wir sprachen kurz darüber, ob es sich um ein Phosphoreszieren handelte – jenes herrliche, seltene Phänomen, das das Meer in der Dunkelheit zum Leuchten bringt – oder ob sich einfach das Mondlicht in den Wellen spiegelte, und kamen zu dem Schluss, dass es das Mondlicht sei.

Als ich zurückging, war ich schon etwas entspannter. Wir lassen nicht los, um das Universum zu zwingen, nun endlich unsere Wünsche erfüllen, sondern um uns zu öffnen und die Geschenke zu empfangen, die das Universum für uns bereithält.

Gott, hilf mir, mich zu erinnern, dass ich heute nicht um jeden Preis loslassen muss, dass ich jedoch glücklicher bin, wenn ich es tue.

Lernen Sie, die Dinge geschehen zu lassen
24. JANUAR

Jemand sagte einmal: »Lass los und lass Gott machen«, und das ist ein wunderbares Rezept, um die eigene Angst zu überwinden oder sich aus der Bedrängnis zu befreien. Jedenfalls beruht die Schöpfung auf dem Grundsatz des Lassens.

Emmet Fox

Darren, einer meiner Freunde, veranstaltet in seinem Computer eine Art Light-Show. Es handelt sich um ein »Erleuchtungsprogramm«, das er selbst entworfen hat. Darin zeichnet er alle Ereignisse auf, die von göttlicher Führung, göttlichem Eingriff, beantworteten Gebeten und hellsichtigen Augenblicken in seinem Leben zeugen. Wann immer er an der Gegenwart einer wohltätigen Kraft zu zweifeln beginnt, wann immer er den Glauben an das Leben verliert, wann immer er sich verlassen fühlt oder sich inständig fragt, ob es klug ist, Gott zu vertrauen, widmet er sich seiner Light-Show, um sich daran zu erinnern, wie vernünftig und wirkungsvoll das Loslassen im Grunde ist.

Einige Leute können anderen mitteilen, welche Wunder das Loslassen tut, welche Vorteile eine zurückhaltende Einstellung birgt, wenn die Einmischung in fremde Angelegenheiten verlockend erscheint, wie atemberaubend es ist, Ziele loszulassen und die Natur frei walten zu lassen. Ich könnte Ihnen etwas darüber erzählen, wie förderlich das Loslassen ist, um gesunde Beziehungen aufzubauen.

Aber das ist *meine* Light-Show. Warum ersinnen Sie nicht Ihre eigene?

Bemühen Sie sich nicht allzu intensiv, erzwingen Sie nichts, bestehen Sie nicht darauf, dass etwas geschieht. Lassen Sie die Dinge geschehen.

Lassen Sie los und lassen Sie Gott machen.

Zeige mir, Gott, wie das Loslassen mein Leben positiv beeinflussen kann.

Übung: Erstellen Sie in Ihrem Computer ein Dokument zum Thema »Light-Show« – oder widmen Sie diesem einige Seiten in Ihrem Tagebuch. Halten Sie schriftlich fest, wie Sie versuchen, ein Problem, eine Person oder den Ausgang einer bestimmten Situation zu kontrollieren. Bringen Sie diese Erfahrungen in Ihre Light-Show ein. Üben Sie dann, innerlich loszulassen. Notieren Sie, was Ihnen dabei half und welche Hilfsmittel – etwa Meditation oder Gebet – Sie benutzten. Wenn das Problem gelöst beziehungsweise das Ziel erreicht ist, oder wenn Sie die Ruhe und Würde erlangt haben, mühelos mit dem ungelösten Problem zu leben, machen Sie auch darüber einen Eintrag in Ihrem Logbuch. Wenden Sie sich Ihrer Light-Show zu, wann immer Sie Rückhalt und Bestätigung brauchen.

Was möchten Sie? 25. JANUAR

Stellen Sie sich vor, Sie gehen zum Tresen eines örtlichen Schnellrestaurants und fragen, ob Ihre Bestellung schon fertig sei. »Welche Bestellung?«, würde die Angestellte erwidern. »Haben Sie denn schon bestellt?« – »Nein, aber ich dachte, Sie hätten bestimmt etwas Essbares für mich da.«

Das ist absurd, sagen Sie sich dann. *Wie konnte ich erwarten, dass die gewünschten Speisen für mich bereitstehen, wenn ich meine Bestellung noch gar nicht aufgegeben habe?*

Genau. Und wie können Sie erwarten, dass die magische Kraft des Universums Ihnen jene Dinge und Erfahrungen beschert, die Sie sich im Leben wünschen, wenn Sie sie noch gar nicht benannt haben?

Haben Sie Ihre Bestellung schon aufgegeben? Vielleicht haben Sie zu Beginn des Jahres daran gedacht, die Sache dann aber aufgeschoben, um sie irgendwann später eingehender zu erörtern. Und jeden Morgen wachen Sie auf, stehen am Tresen des Lebens und fragen: »Was hast du für mich?«

Wenn Sie um nichts gebeten haben, müssen Sie sich wohl mit dem zufrieden geben, was Ihnen aufgetischt wird. Warum nehmen Sie sich nicht die Zeit, um etwas zu bitten? Sie brauchen nicht zu sehr ins Detail zu gehen; bitten Sie einfach um das, was Sie haben möchten. Abenteuer? Wenn ja, setzen Sie es auf die Liste. Liebe? Wenn ja, fügen Sie sie dazu. Es gibt keine Garantie, dass all Ihre Wünsche erfüllt werden. Das Leben mag andere Pläne für Sie entworfen haben. Doch Sie werden nie wissen, ob Sie das bekommen können, was Sie möchten, wenn Sie nicht wissen, was es ist, und zunächst einmal darum bitten.

Gott, hilf mir, dass ich den Mut habe, meine Herzenswünsche dem Bewusstsein – und auch Dir – zu übermitteln.

Seien Sie ein Thermostat   26. JANUAR

Auf meiner hinteren Veranda befindet sich ein Thermometer. Es zeigt an, wann es warm genug ist, schwimmen zu gehen.

Im Innern des Hauses hängt ein Thermostat. Er zeigt nicht nur an, wie warm oder wie kalt es ist, sondern beeinflusst auch die Temperatur. Wenn sie zu sehr ansteigt, gibt der Thermostat der Klimaanlage den Impuls, die Luft abzukühlen. Wenn sie zu weit absinkt, sorgt der Thermostat dafür, dass es wärmer wird.

Was sind Sie? Ein Thermometer, das nur die Einstellungen der Personen ringsum widerspiegelt, oder ein Thermostat, eben weil Sie Ihren Kurs selbst bestimmen und ihn auch einhalten? Thermometer-Menschen wissen zwar meistens, wo sie sind, tun aber nichts dagegen. *Ich bin gefangen in dieser Beziehung und wirklich verärgert, wütend, durcheinander.* Thermostat-Menschen hingegen sind sich ihrer Lage ebenfalls bewusst, doch darüber hinaus beschließen sie, nötigenfalls etwas zu ändern. *Ich bin in dieser Beziehung und werde alles Mögliche versuchen, um sie zu verbessern. Wenn das nicht funktioniert, mache ich mich auf und davon.*

Thermostat sein heißt, die passenden Maßnahmen zu ergreifen, um das eigene Wohlergehen zu gewährleisten.

Gott, hilf mir, dass ich lerne, auf jede Umgebung zu reagieren, indem ich die entsprechenden Schritte unternehme, um mich zu schützen.

Entdecken Sie in Ihrem Leben das Abenteuer
27. JANUAR

Acht Wochen zuvor hatte er seinen Job aufgegeben – ein verlorener Sohn, der sich aufmachte, seine Geschichte in der Welt zu finden. Schmutzig, unrasiert, müde und lächelnd kehrte er nun in die Stadt zurück. Er hatte nur noch 4 Dollar und 38 Cent in der Tasche, wie er sagte – genug für einen Hamburger mit Pommes frites, vorausgesetzt, jemand würde ihn im Auto mitnehmen. In seinem war nicht mehr genug Benzin, um zum Restaurant und wieder zurück zu fahren. Wir machten uns gerade fertig, um zum Essen zu gehen, und jemand in der Gruppe fragte, ob er uns

43

begleiten wolle. »Ich lade Sie ein«, sagte der Freund, »aber nur, wenn Sie uns ein paar Geschichten erzählen.«

Das tat er dann auch.

Und was für Geschichten er uns über seine Reise durch den Westen der USA erzählte! Hohe Berge, tiefe Canyons, Höhenkrankheit, raue Nächte. Eine Episode folgte auf die andere, während wir, unsere gefüllten Tortillas verspeisend, ihm gebannt lauschten.

»Aber was werden Sie jetzt tun?«, fragte ich ihn später. »Sie sind doch fast pleite.«

»Das ist o. k.«, war seine Antwort. »Ich werde wieder eine Zeit lang arbeiten.«

»Und dann?«

»Dann unternehme ich die nächste Reise. Nächstes Jahr fahre ich nach Europa, um mich dort umzuschauen.«

Auch wir sollten ein Risiko eingehen. Wir brauchen uns nicht in der erstbesten sicheren und gemütlichen Kiste niederzulassen. Wir können im Hier und Jetzt leben, uns auftanken mit all dem, was die Gegenwart uns zu bieten hat, dann die Flügel ausbreiten und irgendwo anders hinfliegen. Ich sage ja nicht, dass Sie unbedingt Ihre Arbeit aufgeben und auf eine Rucksacktour gehen sollen – es sei denn, Sie haben diesen Wunsch. Ich sage nur, dass Sie vielleicht der Stimme Ihres Herzens folgen sollten. Lernen Sie zu kochen oder zu malen, vermitteln Sie Ihr Wissen, indem Sie einen Fortbildungskurs veranstalten. Entdecken Sie das Abenteuer, kalkulieren Sie das Risiko – und nehmen Sie es dann auf sich.

Gott, beschere mir wieder Abenteuer. Ich habe mich zu sehr eingerichtet in meiner kleinen Welt; hilf mir, ein Wagnis einzugehen und außergewöhnliche Dinge zu erleben.

Unsere Überzeugungen
sind voll magischer Kraft
28. JANUAR

In Chimayo, New Mexico, befindet sich eine Kirche. Man sagt, der Boden um diese Kirche besitze heilsame Kräfte. Lange bevor sie errichtet wurde, sprudelte in der Nähe eine Quelle. Die dort ansässigen Tewa-Indianer glaubten, dass diese über besondere magische Eigenschaften verfügte und körperliche Gebrechen heilte, wenn man daraus trank. Das Quellwasser versiegte schließlich und hinterließ nur ein Schlammbecken, aber die Pilger besuchten weiterhin den Ort, um seiner wohltuenden Wirkung teilhaftig zu werden. Am Ende vertrocknete sogar der Schlamm und wurde zu Staub – die Tewa jedoch kamen nach wie vor. Sie aßen den Staub oder vermischten ihn mit Wasser, um ihn zu trinken. Häufig wurden sie dadurch geheilt.

Dann bauten die Spanier die Kirche. Als die Geschichten über magische Heilungen nicht abbrachen, beschloss die Geistlichkeit, ihre religiösen Überzeugungen mit denen der Bewohner zu verbinden, statt weiterhin zu versuchen, deren Aberglauben auszumerzen.

Noch immer pilgern die Menschen zum Heiligtum von Chimayo, um gesegnet zu werden oder ein wenig Staub mitzunehmen von El Pocito, dem kleinen Brunnen in einem hinteren Raum. Sie sind auch heute noch davon überzeugt, dass dieser Staub sie heilen wird. Und das geschieht häufig.

Ist der Staub magisch? Ich weiß es nicht. Jedenfalls sind unsere Überzeugungen voll magischer Kraft.

Sie sagen mehr über unsere Zukunft als jede Kristallkugel. Wie ein Mensch im Herzen denkt, so ist er, steht in einem heiligen Buch. Geben Sie also Acht auf Ihre Gedanken und Überzeugungen. Was Sie heute denken oder glauben – ob *Ich kann nicht* oder *Ich kann* –, werden Sie morgen tun.

Vertreten Sie momentan Ansichten, die Ihnen zu schaffen machen? Wann sagen Sie *Ich kann nicht* und wann *Ich kann*?

Halten Sie kurz inne. Gehen Sie in sich. Finden Sie heraus, was Ihnen richtig und wahr erscheint. Gibt es einen Lebensbereich, der davon profitieren könnte, dass Sie Ihre Meinung ändern?

Benutzen Sie die Kraft Ihres Geistes, um eine positive Überzeugung auszubilden. Manchmal brauchen wir nicht mehr als ein klein wenig Magie, um unserem Leben eine neue Richtung zu geben.

Gott, hilf mir, vom Richtigen und Wahren in Bezug auf mich selbst, das Leben und andere Menschen überzeugt zu sein. Offenbare mir die magische Kraft dessen, was ich glaube, und mach sie mir begreiflich.

Schützen Sie sich gegen negative Einflüsse
29. JANUAR

Nach einem heftigen Regen in der Wüste beobachtete ich, wie kleine Wassertropfen eines Rinnsals von einer Felswand hinab in kleine Vertiefungen tropften. Jeder Tropfen traf genau auf die gleiche Stelle wie der vorhergehende, wodurch im Laufe der Zeit ein winziges Loch entstanden war. Ich betrachtete die anderen Felsen ringsum und sah, dass auch sie jene Narben aufwiesen, die die ebenso langsame wie beharrliche Erosion ihnen zugefügt hatte.

Ungesunde Beziehungen können den gleichen Effekt haben wie dieser Regen. Mit besten Absichten begeben wir uns auf den Weg des Lernens und der Persönlichkeitsentfaltung, aber allmählich werden unsere Bemühungen untergraben durch Beziehungen, für die wir uns ja frei entscheiden. Immerhin haben wir gegenüber Felsen einen Vorteil: Wir können unseren Standort wechseln.

Vielleicht haben Sie zugelassen, dass Ihre Bemühungen durch falsche Freunde, verkehrte Gedanken oder sonstige negative

Einflüsse vereitelt wurden. Sie haben die Wahl. Entweder stehen Sie weiterhin im Regen, der Sie stetig aushöhlt – oder Sie finden einen Unterschlupf: eine Selbsthilfegruppe gleichgesinnter Menschen, ein gutes Buch oder Programm, einen Pfarrer oder Mentor, einen hilfsbereiten und positiv denkenden Freund.

Seien Sie sich der negativen Witterungsverhältnisse bewusst. Wenn sogar ein Stein durch ständigen Regen ausgewaschen werden kann, müssen wir umso mehr auf äußere Einwirkungen achten. Finden Sie also heraus, was Ihnen gut tut, und entziehen Sie sich dem, was Ihre Entschlossenheit erschüttern kann.

Gott, bewahre mich vor negativen Einflüssen, die meine Überzeugungen aufweichen können. Hilf mir, mich selbst zu schützen. Umgib mich mit dem, was positiv und erbaulich ist.

Erkennen Sie das Gute auch bei sich selbst

30. JANUAR

»Lass mich deine Hände sehen«, sagte sie, während sie meine rechte Hand sanft neben die ihre hielt. »Schau«, erklärte sie, »wir haben die gleichen Hände.«

Meine Tochter war ganz aufgeregt, als sie entdeckte, dass unsere Hände die gleiche Größe und Form haben; sogar unsere Handgelenke gleichen einander aufs Haar. An diesem Nachmittag besuchte ich sie, ihr Kind und ihren Mann. Eine Zeit lang konnten wir in Ruhe miteinander reden. Später am Abend, als ich nach Hause zurückgekehrt war, rief sie mich an.

»Du scheinst dich ja leidenschaftlich für unsere Hände zu interessieren«, sagte ich.

»Ich fand immer schon, dass deine Hände sehr schön sind. Eines Tages betrachtete ich dann meine Hände und dachte, vielleicht sind sie wie deine, aber ich war mir nicht sicher, bis wir sie heute zusammen anschauten. Einfach cool, dass meine Hände genauso aussehen wie deine.«

Es ist leicht, bei anderen die Eigenschaften zu entdecken und bewusst wahrzunehmen, die wir schätzen. Manchmal jedoch ist es nicht gar so leicht, auch bei uns selbst die wunderbaren Eigenschaften zu erkennen. Zu erkennen, was unser Gegenüber auszeichnet, ist gut. Aber bisweilen sollten wir auch einen Moment innehalten und freudig überrascht sein über das, was *uns* zu besonderen Menschen macht.

Wir hören oft, dass andere unsere eigenen negativen Eigenschaften zu uns zurück spiegeln. Wissen Sie, wenn Sie an anderen etwas nicht mögen, dann ist es wahrscheinlich eben das, was Sie an sich selbst nicht mögen. Oft ist das tatsächlich der Fall. Aber die Leute können auch unsere Stärken, Sehnsüchte und Hoffnungen widerspiegeln. Es kann also durchaus sein, dass die Qualitäten, die Sie bei anderen bewundern, ein Abbild Ihrer eigenen Qualitäten sind.

Gott, hilf mir, das Gute und Schöne im Leben zu erkennen. Lass mich bewusst wahrnehmen, was ich bei anderen mag, damit ich genauer definieren kann, wie ich selbst gerne werden möchte.

Übung: Denken Sie an fünf Personen aus Ihrem Bekanntenkreis, die Sie mögen und achten. Erstellen Sie eine Liste ihrer Eigenschaften, die Sie bewundern. Finden Sie nun heraus, wie viele dieser Eigenschaften auch auf Sie selbst zutreffen. Wenn Sie nicht glauben, dass Sie diese ebenfalls besitzen – dann vielleicht deshalb, weil Sie sich unter Wert verkaufen? Oder charakterisieren derlei Qualitäten eine Persönlichkeitsstruktur, die Sie sich wünschen? Falls Sie dabei einige neue Ambitionen entdecken, setzen Sie sie auf Ihre Liste mit Zielen. Merken Sie, wie einfach es ist, die eigenen Träume allmählich zu verdeutlichen und festzuhalten?

Sprechen Sie die Sprache
des Loslassens
31. JANUAR

Manchmal gelingt es uns, spontan loszulassen. Wir stellen fest, dass eine bestimmte Situation uns dauernd beschäftigt oder regelrecht in Obsessionen treibt, und lassen einfach los. Wir machen uns frei davon. Oder wir begegnen jemandem, der ein Problem hat, und entwickeln instinktiv eine distanzierte Einstellung in der Gewissheit, dass wir nicht verantwortlich sind für das Wohlergehen der anderen. Wir sagen, was wir sagen müssen, lassen fast automatisch los und konzentrieren uns auf das eigene Wohlergehen.

Dann wieder ist das nicht ganz so leicht. Wir sind verwickelt in eine Sache, deren wir uns offenbar überhaupt nicht entledigen können. Ein Problem absorbiert uns völlig, oder eine Person scheint uns dazu zu zwingen, die Zügel noch straffer anzuziehen, während es doch das Beste wäre, sie loszulassen.

Wir wissen, dass wir keine Zwangsvorstellungen haben sollten, aber offenbar können wir ihnen nicht Einhalt gebieten.

Vor vielen Jahren, als wir noch in Stillwater, Minnesota, lebten, klammerte sich mein Sohn fest an mich. Er wollte nicht loslassen. Ich verlor das Gleichgewicht und kippte fast um.

»Shane«, schimpfte Nichole, »es kommt der Moment, in dem man loslassen muss.«

Manchmal vollzieht sich der Prozess des Loslassens in mehreren Etappen. Manchmal weist er darauf hin, dass wir unser Bewusstsein schärfen müssen. Und manchmal verlangt er eine intensivere Auseinandersetzung mit den Gefühlen, die einem bestimmten Verhalten zugrunde liegen. Wenn wir lernen loszulassen, erlangen wir dadurch vielleicht mehr Zuversicht und Selbstachtung – oder wir bekunden einfach unseren Dank für den Status quo.

Gehen Sie sanft mit sich und anderen Menschen um, während Sie die Sprache des Loslassens einüben.

Ganz gleich, wie weit Ihr Wissen reicht – bisweilen braucht das Loslassen Zeit.

Gott, erinnere mich daran, dass das Loslassen eine äußerst wirkungsvolle Verhaltensweise ist, die mein Leben verändern und das der anderen beeinflussen kann. Hilf mir, mit mir und mit ihnen geduldig zu sein, derweil das Loslassen zu einer Lebensform wird.

Februar

Rufen Sie Juchhu!

Rufen Sie Juchhu!   1. FEBRUAR

Ich schlüpfte in meinen Fallschirmspringeranzug und ging zum Flugzeug. Erneut hatte ich mich zum Absprung gerüstet. Meine Hände waren bereits feucht, und ich spürte das Zittern in meinen Lippen. Warum nur tat ich mir das alles immer wieder an?

In der Maschine begann ich meine routinemäßigen Vorbereitungen. *Ich brauche das nicht zu tun*, sagte ich mir. *Ich springe freiwillig ab, niemand zwingt mich dazu*. Da ich mir vor den anderen, erfahreneren Fallschirmspringern keine Blöße geben wollte, überspielte ich meine Angst durch nervöse Bewegungen. Ich fummelte am Höhenmesser und am Riemen meines Helmes herum.

Ich wollte meinem Trainer mitteilen, dass ich wegen eines Herzanfalls nicht springen könne, wusste aber, dass er mir nicht glauben würde. Meine Angst steigerte sich zu einer Panik, die ich nicht mehr im Griff hatte.

Ein Freund, der mir gegenübersaß, beobachtete mich. »Wie fühlst du dich, Mel?«, fragte er.

»Mir ist mulmig«, antwortete ich.

»Rufst du *Juchhu!*?«, fragte er.

»Was meinst du?«, fragte ich zurück.

»Wenn du zur Tür kommst und abspringst, rufst du *Juchhu!*, dann wirst du keinerlei Probleme haben.«

Ich ging zur Tür, lehnte mich nach vorn und wartete auf das Nicken meines Trainers, das mir zu verstehen gab, dass er bereit war für das Startkommando.

»Auf die Plätze«, sagte ich. »Fertig.« Dann schrie ich aus Leibeskräften »JUCHHU!« – so laut, dass die Fallschirmspringer im hinteren Teil des Flugzeuges mich hörten.

Mein Trainer sprang mir nach und brachte sich mir gegenüber in Stellung. Ich schaute ihn an und grinste, grinste noch mehr. *Deshalb also tue ich das*, dachte ich. *Weil es so viel Spaß macht.*

Es war der beste Sprung meines Lebens.

Wir springen ins Unbekannte – zum Beispiel, wenn wir ein Kind bekommen oder eine neue Arbeit beginnen.

Manchmal jedoch entscheiden wir uns nicht für eine bestimmte Erfahrung. Ich erinnere mich, wie ich nach Shanes Tod auf der Bettkante im Krankenhaus saß und wusste, dass die Reise, auf die ich mich nun begab, keinesfalls berauschend sein würde. *Gott, ich will das nicht durchmachen,* dachte ich. *Es wird nicht nur drei Monate oder ein Jahr dauern. Damit werde ich für den Rest meines Lebens zurechtkommen müssen.* Und ich erinnere mich auch, wie ich nach der Scheidung vom Vater meiner Kinder auf dem Parkplatz vor dem Gerichtsgebäude stand. Ich holte tief Luft, fühlte mich erleichtert und frei. Der nächste Atemzug aber erfüllte mich mit Angst und Schrecken. Mein Gott, ich war jetzt eine schwache allein erziehende Mutter mit zwei Kindern.

Manchmal springen wir freiwillig aus der Tür, dann wieder werden wir hinausgestoßen.

Empfinden Sie Ihre Angst, und lassen Sie sie dann los. Sie bezeugt nur unsere Voreingenommenheit gegenüber der Zukunft. Nachdem wir alle Möglichkeiten und Wahrscheinlichkeiten in Betracht gezogen haben, beschließen wir im Voraus, dass uns das Schlimmste widerfahren wird. Befreien Sie sich also von dieser panischen Angst.

Seien Sie unruhig, nervös, wenn Sie nicht anders können. Fragen Sie sich, was Sie hier eigentlich tun. Gehen Sie dann zur Tür und geben Sie das Startkommando. Entdecken Sie, wie vergnüglich es sein kann, ins Unbekannte zu springen und die Hochstimmung zu empfinden, die aus intensiver Lebendigkeit resultiert.

Hilf mir, Gott, tief durchzuatmen und Juchhu! *zu schreien.*

Lassen Sie unbegründete Ängste los 2. FEBRUAR

Wir hatten diesen Tag seit einem Monat geplant. Jetzt war es endlich so weit. Mein Freund und ich wollten in einem Kajak aufs Meer hinaus fahren – beide zum ersten Mal.

Wir hatten den Kajak und die Schwimmwesten besorgt. Mein Freund holte mich ab, bereit zum Aufbruch. Er trug einen Hut, ein Hawaiihemd und Sandalen. Die Sonne schien und der Wellengang war schwach genug, um ein Gefühl von Sicherheit zu vermitteln.

Wir streiften die Schwimmwesten über. Der Lehrer zeigte uns, wie man Kajak fährt. Zuerst war ich an der Reihe. Ich hatte Angst, aber nicht allzu sehr. Ich wusste, dass wir, falls wir umkippten, einfach auf dem Wasser treiben würden.

Ich sprang ins Boot. Der Lehrer schob es hinaus, bevor eine große Welle nahte, und sprang ebenfalls hinein. Wir paddelten wie verrückt. Als die Welle kam, schrie ich »Ah!« und hob das Paddel hoch über den Kopf – so, wie der Lehrer es mir nahegelegt hatte. Wir durchquerten drei weitere solche Wellen. Sie türmten sich auf und ich erschrak jedesmal. Aber wir passierten sie und gelangten dann an eine ruhigere Stelle. So bewegten wir uns eine Weile übers Wasser. Schließlich war es Zeit, zum Strand zurückzukehren, damit mein Freund ebenfalls unterwiesen werden konnte. Ich war aufgeregt. Noch ein wenig mehr Training und dann würden wir zu zweit in See stechen können.

Ich stieg aus dem Kajak. Der Lehrer hielt ihn fest, so dass mein Freund einsteigen konnte. Genau in diesem Augenblick kam die Welle. Er wurde nervös, zitterte und schrie. Das Boot kippte um und er fiel hinaus.

Er zappelte in der Brandung. Das Boot trieb auf seinen Kopf zu. Er schrie noch lauter.

»Es ist doch nur ein Stück Plastik«, sagte ich ruhig. »Du musst es nur wegstoßen.«

»Ich ertrinke«, stieß er hervor, den Mund voll Wasser.

»Nein, du ertrinkst nicht«, beschwichtigte ich ihn. »Du bist immer noch am Ufer. Durch das Schreien hast du Wasser geschluckt. Du brauchst dich nur aufzusetzen.«

Er tat es. Der Lehrer sagte höflich, dass die Wellen jetzt doch ein wenig zu hoch seien und dass er deshalb meinen Freund heute nicht weiter unterrichten könne. Dann verabschiedete er sich. In aller Ruhe räumten mein Freund und ich den Kajak weg.

Manchmal bedeutet *Juchhu!* zu rufen, dass wir uns mit den eigenen Ängsten auseinandersetzen. Angst kann etwas Positives sein, indem sie uns auf Gefahren hinweist und beschützt. Manchmal jedoch ist sie größer als das Leben und größer als notwendig.

Viele von uns leiden unter Panikattacken. Dafür brauchen wir uns nicht zu schämen. Aber oft können wir uns dadurch beruhigen, dass wir die Dinge wenigstens ein bisschen realistisch sehen. Vielleicht ertrinken wir ja gar nicht. Vielleicht müssen wir uns nur aufsetzen, um unser Leben zu retten.

Machen Sie sich klar, dass Ihre Ängste unrealistisch sind und es keinen Grund für übertriebene Sorgen gibt. Statt um Hilfe zu schreien und völlig aus der Fassung zu geraten, sollten Sie sich selbst zur Ruhe bringen.

Gott, hilf mir, dass ich unbegründete Ängste loslasse, die mich daran hindern, mein Leben zu leben.

Setzen Sie sich mit Ihrer Panik und Ihren Sorgen auseinander   3. FEBRUAR

An jenen Tag kann ich mich noch gut erinnern. Es war kurz nach meiner Scheidung. Ich war eine allein erziehende Mutter ohne Geld und mit zwei kleinen Kindern. Plötzlich, aus heiterem Himmel, überkam es mich: Ich konnte nicht mehr atmen. Meine Brust schmerzte. Mein Herz tat weh. Ich war völlig machtlos dagegen und geriet in Panik. Je größer meine Panik wurde, desto schlechter ging es mir.

Ich wählte die Nummer des Notrufs. Der Krankenwagen kam. Sie verabreichten mir Sauerstoff und forderten mich behutsam auf, unbesorgt zu sein; es handele sich lediglich um eine Panikattacke. Vor langer Zeit hatte ich schon einmal eine solche Attacke erlebt. Unmittelbar nach meiner Heirat mit dem Vater meiner Kinder hatte ich vor lauter Angst einfach zugemacht. Ich bekam keine Luft mehr, war aufgrund meiner Angst unfähig zu sprechen.

Viele Menschen erleiden Panik- und Angstattacken – möglicherweise auch Sie. Vielleicht ist Ihnen das bisher nur ein- oder zweimal passiert, vielleicht auch sind Sie immer wieder davon betroffen. Die meisten Menschen, die ich kenne, haben jedenfalls Erfahrung mit der Angst.

Im Folgenden gebe ich Ihnen einige kleine Fingerzeige, die mir geholfen haben, mit meinen Attacken fertig zu werden.

- Atmen Sie tief durch. Sobald Sie panisch werden, kommt der Atem in flachen, seltsamen Stößen. Indem Sie bewusst langsam und ruhig atmen, können Sie Ihre Panik reduzieren. Atmen Sie dagegen schnell, verstärken Sie sie nur; dann versetzen Sie Ihren Körper in die höchste Alarmstufe. Wenn Sie so atmen, als wären Sie entspannt, wird der Körper sich allmählich beruhigen.

- Reagieren Sie auf Ihre Panik nicht mit noch mehr Angst. Manchmal verdoppeln wir unser Leid, indem wir auf die anfängliche Reaktion noch eine emotionale Reaktion folgen lassen. Das heißt: Wir bekommen noch mehr Angst, weil wir Angst empfinden. Empfinden Sie nur das ursprüngliche Gefühl, ohne noch zusätzlich auf Ihre Reaktion zu reagieren.

- Anstatt sich auf die Angst zu konzentrieren, sollten Sie sich Ihre Angst einfach nur bewusst machen und dann gezielt etwas tun, das Sie beruhigt. Sie werden das nicht wollen. Die Panik wird Ihnen nahelegen, etwas zu unternehmen, das sie noch vergrößert. Versuchen Sie trotzdem, sich zu besänftigen, auch wenn Ihnen das unvorstellbar erscheint; lesen Sie beispielsweise eine Meditation, lauschen Sie einer ruhigen Musik, duschen Sie, oder sprechen Sie ein Gebet. Wir alle verfügen über bestimmte Methoden, um uns friedlicher zu stimmen. Finden Sie also heraus, welche für Sie am effektivsten ist.

Wenn Panik und Sorge Ihnen ständig zusetzen, sollten Sie ärztliche Hilfe in Anspruch nehmen. Doch wenn sie nur gelegentlich auftauchen, können Sie sich vielleicht selbst davon heilen. Ein Hilfsmittel, das bei mir nie versagt, wenn sich Angstgefühle einstellen, besteht darin, den Ersten Schritt des Zwölf-Schritte-Programms durchzuarbeiten. Ich gebe zu, dass ich machtlos bin gegen meine Panik und Sorge und dass ich mein Leben nicht mehr meistern kann. Dann frage ich Gott, was als Nächstes zu tun ist.

Gestatten Sie den Ängsten nicht, über Ihr Leben zu bestimmen. Setzen Sie es sich zum Ziel, sie zu überwinden. Achten Sie darauf, was sie Ihnen mitzuteilen versuchen. Unter Umständen haben Sie einen anderen Weg eingeschlagen, und Ihr Körper reagiert darauf. Außerdem kann es sein, dass sich hinter der Angst ein Gefühl verbirgt, das Sie nicht wahrnehmen wollen. Oder Sie und Ihr Leben verändern sich einfach so schnell, dass Sie mit völlig neuen Verhältnissen konfrontiert sind. Jedenfalls sollten Sie hierbei sich und die Menschen ebenso sanft wie liebevoll behandeln.

Gott, hilf mir, all meine neuen Erfahrungen gutzuheißen. Gib mir den Mut, meinen heutigen Weg in Ruhe zu beschreiten – und im Wissen, dass ich genau dort bin, wo ich sein muss.

Lassen Sie sich durch die Angst nicht aus dem Gleichgewicht bringen
4. FEBRUAR

Legen Sie eine Latte auf den Boden und gehen Sie darauf entlang, ohne abzurutschen. Das ist einfach, nicht wahr? Platzieren Sie jetzt ein paar Backsteine darunter, so dass sich die Latte mehrere Zentimeter über dem Boden befindet. Gehen Sie erneut darauf entlang. Fällt es Ihnen schon ein bisschen schwerer? Und nun stellen Sie sich vor, die Latte befinde sich in der Höhe Ihres Hauses, ohne ein Sprungnetz darunter. Würden Sie einen weiteren Versuch wagen?

Je höher die Latte liegt, desto schwieriger ist es, das Gleichgewicht zu halten. Das hat mit unserer Angst zu tun.

Wenn wir mit einer einfachen Situation konfrontiert sind, fällt es uns leicht, das Richtige zu tun. Aber wenn die Latte immer höher gelegt wird, haben wir umso mehr Mühe, uns auf die jeweilige Aufgabe zu konzentrieren. Wir malen uns aus, »was wäre, wenn« – was passieren würde, wenn wir scheiterten.

Vergegenwärtigen Sie sich die Latten, die Sie tagtäglich beschreiten müssen. Lassen Sie zu, dass die Angst vor dem Schlimmsten Ihr Gleichgewicht beeinträchtigt? Bringen Sie die Situation zurück auf den Boden der Tatsachen. Nur selten verursacht ein Misserfolg bleibende Schäden. Befreien Sie sich von der Angst, die Ihr Verstand angesichts eines möglichen Scheiterns erzeugt hat, und gehen Sie einfach über die Latte.

Hilf mir, Gott, die notwendigen Aufgaben in Angriff zu nehmen, und zwar ohne die aus Angst resultierende Verwirrung, die mich aus dem Gleichgewicht bringt. Steh mir bei, damit ich jeden Tag mühelos das Richtige tue.

Konfrontieren Sie sich
mit Ihren Ängsten
5. FEBRUAR

Untersuchen Sie Ihre Ängste.

Manchmal fürchten wir uns vor bestimmten Dingen, manchmal vor dem Unbekannten. Und manchmal sind wir einfach beklommen, eben weil wir uns meistens so fühlen.

Sind Sie nervös, ängstlich, verwirrt? Was jagt Ihnen im Moment Schrecken ein?

Führen Sie ein kurzes Selbstgespräch. Finden Sie heraus, wovor Sie sich fürchten. Beginnen Sie gerade eine neue Beziehung, eine neue Arbeit? Welche Risiken sind damit verbunden? Was könnte schlimmstenfalls geschehen? Manchmal hilft es, die eigenen Ängste der Reihe nach durchzugehen. Wir brauchen nicht über das Negative nachzugrübeln, aber wir müssen uns versichern, dass wir bereit sind, für etwaige Risiken die Verantwortung zu übernehmen.

Schauen Sie dann in die andere Richtung, und erkennen Sie alle dort sich bietenden Chancen. Was können Sie gewinnen, wenn Sie dieses oder jenes Risiko eingehen? Wiegt der besondere Reiz des Sieges mögliche Verluste mehr als auf?

Nach einer derartigen Bestandsaufnahme äußern wir vielleicht: *Nein, das will ich nicht riskieren.* Oder wir vergegenwärtigen uns die Risiken und erklären: *Ja, ich habe schon Schlimmeres durchgemacht. Ich werde auch das schaffen.*

Vor vielen Jahren sagte mir jemand, Angst sei etwas Positives. »Wenn du keine Angst hast, heißt das, dass du nie etwas anders machst. Du wiederholst immer nur die gleichen alten Geschichten.« Wenn die Angst Sie verfolgt, dann setzen Sie sich mit ihr auseinander. Überlegen Sie, woher dieses Gefühl kommt. Machen Sie dann einen Rückzieher – oder sehen Sie Ihre Angst so lange intensiv an, bis sie aufgibt und vergeht.

Gott, hilf mir, eine Angst nach der anderen »aufzuklären«. Leite mich bei der Entscheidung, welche Risiken ich eingehen sollte. Sorge dafür, dass ich nicht allzu tollkühn bin, zugleich aber meine Schüchternheit ablege.

Genießen Sie die Leerstellen   6. FEBRUAR

In meinem Buch *Kraft zum Loslassen* schrieb ich über die Zwischenräume in unserem Leben. Das sind jene angenehmen Orte auf der Reise, die anzeigen, dass Sie bereits aufgebrochen, aber noch nicht angekommen sind. Und ich führte aus, dass Sie diese Orte akzeptieren sollten, ganz gleich, wie schwer Ihnen das fallen mag.

Betrachten wir diese Orte noch einmal genauer. Nur zum jetzigen Zeitpunkt bezeichnen wir sie als »Leerstellen«. Denken Sie etwa an den Augenblick, wenn sich eine Tür hinter Ihnen geschlossen hat und Sie durch den dunklen Korridor gehen, ohne dass sich schon eine zweite Tür geöffnet hat. Oder Sie haben endlich losgelassen, was Sie so krampfhaft festgehalten haben, und stehen nun mit leeren Händen da. Sagen Sie nicht nur *Juchhu!*, wenn Sie etwas Neues beginnen, sondern empfinden Sie auch das *Juchhu!* dieses Moments! Heißen Sie die Leere willkommen! Denn dieser herrliche Zwischenraum birgt die Schlüssel zu jeder weiteren Schöpfung. Nach der biblischen Schöpfungsgeschichte begann Gott sein Werk in der Leere – und mit einer solchen Leere sind auch Sie nun vielleicht konfrontiert. Allein aus dem magischen Geheimnis der Leere ging diese wunderbare Welt hervor.

Wenn Sie in einem derartigen Zustand sind, sollten Sie ihn nicht nur akzeptieren, sondern auch genießen, in sich aufnehmen und die Gelegenheit, gleichsam am Geburtsort aller künftigen Ereignisse zu sein, freudig ergreifen. Geben Sie sich der Leere hin, und lassen Sie den Dingen freien Lauf.

Gott, hilf mir, die Leere zu bejahen und den von ihr in Gang gebrachten Entwicklungsprozessen vorbehaltlos zu vertrauen, anstatt etwas zu erzwingen, das nicht wirklich passt.

Statt sich zu fürchten, rufen Sie Juchhu!

7. FEBRUAR

Lassen Sie Ihre Furcht los.

Behandeln Sie sie wie jedes andere Gefühl. Erkennen und akzeptieren Sie sie, um sie dann loszulassen. Tun Sie alles Nötige, um sich von ihr zu befreien – denn die Furcht ist nicht nur ein Gefühl, sondern eigentlich ein Fluch.

Wir werfen diese dunkelgraue Decke der Furcht über unser Leben – für Stunden, manchmal auch für Tage, Monate oder gar Jahre. Wir reden uns ein, dass bestimmte Situationen schrecklich sein werden, und unsere Vorhersage bewahrheitet sich dann auch.

Wenn wir uns fürchten, leben wir nicht im gegenwärtigen Augenblick, sondern in der Zukunft, die weit vor uns liegt, und haben keinerlei Freude. Die Zukunft jedoch enthält viel Gutes, das wir nicht kennen. Sie können Ihre Kräfte ungehindert entfalten. Die Leere ist voll kreativer Energie. Sie besitzen die Fähigkeit, die Ereignisse intuitiv in den Griff zu bekommen. Und: Das Unbekannte enthält ein pulsierendes Potenzial, eine Lektion. Diese noch nicht realisierte Erfahrung mag wunderbare Ergebnisse zeitigen, mit denen Sie nicht gerechnet haben. Oder vielleicht müssen Sie sie ganz einfach durchmachen, um sich weiterzuentwickeln.

Wenn Sie glauben, aufgrund Ihrer Furcht verflucht zu sein, dann entledigen Sie sich dieses Fluchs.

Gott, hilf mir, offen zu sein für die zahlreichen Möglichkeiten, die jeder Augenblick meines Lebens bereithält.

Achten Sie auf dieses Juchhu!   8. FEBRUAR

Das nenne ich nicht Fliegen … sondern Fallen mit Stil.

Woody, *Toy Story*

Beim Fallschirmformationsspringen spricht man von *Parallelarbeit*. Das heißt, man steuert seinen freien Fall so, dass man mit den anderen Springern auf gleiche Höhe kommt und eine Formation bildet.

»Wir fliegen«, sagte ein Fallschirmspringer nach dem Absprung, noch ganz erfüllt vom Adrenalinrausch, »auf uns bezogen fliegen wir.«

»Gewiss«, erwiderte ich. »Aber im Verhältnis zur Erde fallt ihr, und allein darauf kommt es an.«

Es ist leicht, im *Juchhu!* des Augenblicks ganz aufzugehen. Dabei dürfen wir allerdings weder die Realität noch unsere Demut vergessen. Wir können die richtigen Bewegungen machen, uns behaupten, die eigenen Träume verwirklichen – letztlich aber müssen unsere Pläne mit den Tatsachen in Einklang gebracht werden.

Finden Sie von innen heraus einen Weg, und gehen Sie ihn. Seien Sie aktiv, und haben Sie Freude daran. Doch machen Sie sich auch Folgendes bewusst: Während Sie das Gefühl haben zu fliegen, rast ein grüner Planet mit mehr als 220 Stundenkilometern unerbittlich auf Sie zu. Das macht schon einen Unterschied.

Rufen Sie *Juchhu!* Haben Sie Selbstvertrauen. Und erinnern Sie sich zugleich daran, dass es immer eine Macht gibt, die größer ist als Sie.

Gott, hilf mir, dass ich nicht vergesse, in all meinen Tätigkeiten auf dem Boden zu bleiben und demütig zu sein.

Lernen Sie sich selbst kennen   9. FEBRUAR

Ich öffnete die Vorhänge meines Zimmers im King David Hotel, von dem aus man die ummauerte Altstadt von Jerusalem sieht. Diese ganze Reise war ein Abenteuer gewesen, doch nicht unbedingt eines von der aufregenden Sorte. Nichts war so gelaufen, wie ich es geplant hatte. Gewöhnlich begegnete ich auf meinen Exkursionen Menschen, kam mit ihnen ins Gespräch, lernte Lektionen, brach Brot und hatte Spaß. Diese Reise war anders gewesen. Ich hatte kaum ein Wort gesprochen.

Eines Abends gab mir eine Frau im Restaurant des Hotels ein Zeichen, ihr beim Essen Gesellschaft zu leisten. Sie sprach Hebräisch, ich Englisch. Wir saßen da und speisten schweigend. Ich war in Ägypten gewesen und auf der Halbinsel Sinai. Jetzt hielt ich mich hier auf. Und dies war mein bisher engster zwischenmenschlicher Kontakt auf der ganzen Reise.

In der Woche davor hatte ich Safad besucht, eine Stadt im Heiligen Land. Sie gilt als die Heimat der Kabbala, jener mystischen Richtung des Judaismus, und als einer der Orte, wo die reinste und intensivste Form der Meditation ersonnen wurde. Obwohl ich dieses Land nur gestreift hatte, war mir seit der Ankunft etwas Seltsames passiert: Ich konnte jeden meiner Gedanken hören und nahm jedes meiner Gefühle äußerst genau wahr.

Es war, als hätte sich mein ganzes Leben in eine Gehmeditation verwandelt.

Trotzdem war ich einsam und gelangweilt.

»Was ist los?«, fragte ich mich. »Warum bist du auf dieser Reise mit niemandem in Beziehung getreten?«

»Das stimmt nicht«, hörte ich eine sanfte innere Stimme sagen. »Du bist mit dir selbst in Beziehung getreten.«

In jenen ersten farbigen Augenblicken des Tages, da die Sonne den Himmel erobert, fluteten Lichtstrahlen durchs Fenster herein. Vom Hof unten stiegen Flötentöne empor. Vielleicht ist auch dann alles gut, wenn wir einsam und gelangweilt sind.

Nehmen Sie sich regelmäßig etwas Zeit, um in Ihr Tagebuch zu schreiben, um zu meditieren – oder um beides zu tun. Dann werden Sie einer interessanten und bezaubernden Person begegnen: Sie werden sich selbst kennenlernen.

Gott, hilf mir, jene ruhigen Phasen in meinem Leben als Gelegenheit zu betrachten, die mich mit dem eigenen Ich in Berührung bringt.

Rufen Sie selbst dann Juchhu!, *wenn Sie Ihren gegenwärtigen Zustand ablehnen* 10. FEBRUAR

»Sobald Sie in der Wüste sind, gibt es kein Zurück«, sagte der Kameltreiber. »Und wenn Sie nicht zurück können, brauchen Sie sich nur darüber zu sorgen, wie Sie am besten vorankommen.«
Paul Coelho, *Der Alchimist*

Manchmal geraten wir in Situationen, aus denen wir uns schnell wieder lösen können. Wir sind seit kurzem mit jemandem zusammen, merken, dass es nicht der oder die Richtige ist, und beschließen, ihn oder sie nicht mehr zu sehen. Wir experimentieren mit Alkohol oder Drogen, gelangen zu der Überzeugung, dass das nichts für uns ist, und hören auf damit. Wir übernehmen einen Job, der sich nicht so gestaltet, wie wir es wollten oder erhofften, kündigen und finden einen anderen. Vielleicht heiraten wir sogar jemanden, der nicht zu uns passt, und lassen uns dann scheiden. Keine Kinder. Keine großen Vermögenswerte oder finanziellen Verwicklungen. Das Ganze war ein Fehler, und es tut uns Leid. Wahrscheinlich sind Gefühle mit im Spiel, aber die Korrektur ist relativ schmerzlos und leicht.

Andere Situationen sind nicht gar so einfach. Wir sind mit diesem Menschen nicht nur zusammen, sondern heiraten ihn, bekommen ein Kind oder mehrere und stellen schließlich fest, dass wir uns getäuscht haben. Wir fangen an zu trinken oder Drogen zu nehmen, und eines Tages wachen wir auf in der Gewissheit, dass unser Leben ein einziges Chaos ist. Wir müssten auf den Alkohol oder die Drogen verzichten, aber gerade dazu sind wir nicht imstande, zumindest nicht ohne fremde Hilfe. Oder wir nehmen einen Job an beziehungsweise unterzeichnen einen Vertrag, der mit ernsten rechtlichen Pflichten und Konsequenzen verbunden ist.

Derartige Situationen zwingen uns in die Knie. In solchen Phasen bestimmen wir unser Schicksal. Wenn wir in einer Angelegenheit den Punkt erreicht haben, von dem aus es kein Zurück gibt, dann bleibt uns nur ein Ausweg, nämlich sie bis zum Ende durchzustehen.

Fügen Sie sich den Umständen. Das haben Sie wohl weder erwartet noch gewollt. Lernen Sie dennoch, *Juchhu!* zu rufen. Sie begegnen direkt Ihrem Schicksal. Ein geistiges Abenteuer hat soeben begonnen.

Gott, hilf mir, mit anderen Menschen und mit mir selbst sanft umzugehen, während jeder von uns mit seinem Schicksal oder Karma ins Reine kommt. Gewähre mir den Mut, den Beistand, die Einsicht, die Spannkraft und die Würde, all die Lektionen zu lernen, mit denen ich mich hier auseinandersetzen muss.

Übung: Schreiben Sie Ihre Memoiren. Das ist eine umfangreiche Arbeit. Wenn Sie dafür genügend Zeit erübrigen, werden Sie viel über sich selbst erfahren. Keine Sorge, Sie brauchen kein literarisches Meisterwerk zu verfassen. Unterteilen Sie Ihr Leben in einzelne Abschnitte, und schreiben Sie auf, was Sie jeweils gelernt haben. Erzählen Sie, was Sie durchgemacht haben – was Sie sich vorstellten, welche Wendungen dann eintraten, wie Sie dagegen ankämpften, wodurch Sie schließlich das Licht am Ende des Tunnels sahen und die anstehende Lektion lernten. Wir alle orientieren uns an einer gewissen Chronologie der Ereignisse wie etwa Schul- oder Universitätsabschluss, Heirat, Scheidung, beruflicher Ein- oder Aufstieg, Beginn der Abstinenz. Dieses Tagebuch sollten Sie ständig ergänzen und für alle Zeit weiterführen, denn es ist das Buch Ihres Lebens. Eine interessante Variante dieser Tätigkeit besteht darin, die Aufzeichnungen Ihren Kindern zu übergeben oder Ihre Eltern zu bitten, ebenfalls Memoiren zu schreiben. Diese zu lesen, kann eine erhellende und heilsame Erfahrung sein.

Kummer   11. FEBRUAR

Niemand hat mir je gesagt, dass Kummer sich so anfühlt wie Angst. Ich habe zwar keine Angst, aber diese traurige Empfindung ähnelt ihr doch sehr. Das gleiche Flattern im Magen, die gleiche Rastlosigkeit, das Gähnen. Ich muss immer wieder schlucken ... Nicht dass ich (denke ich) in großer Gefahr wäre, den Glauben an Gott zu verlieren. Die eigentliche Gefahr besteht darin, allmählich so schreckliche Dinge in Bezug auf Ihn zu glauben. Ich befürchte nicht die Schlussfolgerung »Also gibt es letztlich keinen Gott«, sondern vielmehr diese: »Das also ist Gottes wahres Wesen. Täusche dich nicht länger.«

C. S. Lewis, *A Grief Observed*

Es gibt keine Möglichkeit, sich auf einen tiefen Kummer vorzubereiten – auf den Schmerz, der uns erschüttert, wenn ein geliebter Mensch fortgeht.

Niemand kann uns derlei beibringen. Diejenigen, die dazu in der Lage wären, die genau wissen, wie *sie* sich damals fühlten, die alles detailliert beschreiben könnten, würden es nicht tun, um diesen intimsten Teil unserer Beziehung zu einem geliebten Menschen unangetastet zu lassen. Und diejenigen, die beiläufig fragen: »Bist du immer noch nicht darüber hinweg?«, haben keine Ahnung.

So viel will ich Ihnen über den Kummer sagen: Wenn Sie je vermuteten oder wussten, dass Sie im Innersten von jemandem betrogen wurden, den Sie liebten, und wenn dann ein stechender Schmerz Ihr Herz in Stücke zu reißen begann, so sind Sie an jenem ebenso trostlosen wie unerträglichen Punkt angelangt, wo Sie den Betrug viel lieber verdrängen oder ignorieren würden, als dieses Gefühl empfinden zu müssen. Das ist eine ungefähre Beschreibung dessen, was es heißt, Kummer zu haben.

Der Kummer ist weder ein anormaler Zustand, noch kann er mit Worten behandelt werden. Er ist eine Welt für sich. Wenn Sie aufgefordert werden, in diese Welt einzutreten, gibt es kein Zurück. Wir dürfen uns diesem Ruf nicht verweigern. Der Kummer läßt sich mit nichts anderem vergleichen, außer vielleicht mit dem Wogen der Brandung. Dem ungeübten, achtlosen Auge erscheint jede Welle gleich. Das stimmt aber nicht. Keine Welle ist so wie die nächste. Und jede schwemmt das Alte fort und spült das Neue ans Ufer.

Nach und nach, fast unmerklich, werden wir transformiert, ob wir es glauben oder nicht.

Gott, gib auf mich Acht in solchen Momenten und Stunden, wenn ich weder den Willen noch die Kraft aufbringe, selbst auf mich Acht zu geben. Mach mich – wenn nicht im Nu, so doch im Laufe der Jahre – zu dem Menschen, der ich sein soll.

Wieder von vorn anfangen 12. FEBRUAR

Wie oft müssen wir im Leben wieder von vorn anfangen?

Zahlreiche Veränderungen signalisieren einen wichtigen Abschluss oder Anfang: Geburt, Abitur, Heirat, Scheidung, Umzug, Abstinenz, Verlust des Arbeitsplatzes, neue Laufbahn. Wir schauen uns um und denken: *Dann mal los. Ich beginne wieder von vorn.*

Manchmal kapieren wir nicht sofort. Manchmal haben wir einfach nur das Gefühl, andauernd das Gleiche zu tun, während der eine Tag sich neigt und der andere anbricht. Manchmal scheint es sogar, als wäre unser Leben völlig zum Stillstand gekommen. Ob wir es glauben oder nicht – sobald ein Zyklus endet, beginnt ein neuer.

Wenn Ihr gewohntes Leben gleichsam verschwindet, ist es wohl an der Zeit loszulassen. Selbst wenn Sie das neue Leben jetzt noch nicht sehen können: Es wird allmählich Gestalt annehmen und seinen Platz beanspruchen. Sie und Ihr Leben werden transformiert.

Wie oft müssen wir wieder von vorn anfangen? So oft, wie das Leben, das wir kennen, zu Ende geht.

Rufen Sie *Juchhu!* Sie werden neu geboren.

Gott, hilf mir, darauf zu vertrauen, dass mich ein neues Leben erwartet, wenn mein gewohntes Leben mir immer mehr entgleitet. Gib mir Geduld und Zuversicht, mich freudig der Leere hinzugeben.

Sie sind nicht allein 13. FEBRUAR

Ich fühlte einen quälenden Schmerz im Herzen. Es war eine körperliche Reaktion – ich schwöre es –, als die Schwester mich fragte, ob ich jemanden hätte, den ich anrufen könnte. An den folgenden Tagen im Krankenhaus war ich zwar von Menschen umgeben, aber nie zuvor hatte ich mich so einsam, so isoliert gefühlt. Ich wusste, dass ich den Weg, der sich gerade vor mir abzeichnete, allein gehen musste.

Später kam eine andere Schwester auf mich zu. Sie sah mir direkt in die Augen. »Es wird schwer werden, schwerer, als Sie es sich vorstellen können«, sagte sie. »Und es wird ungefähr acht Jahre dauern. Aber Sie können es schaffen. Sie kommen durch.

Ich weiß es. Auch ich habe ein Kind verloren. Meine Tochter war neun, als sie starb.«

Es gibt in unserem Leben Orte, die wir allein aufsuchen sollen. Leute mögen um uns sein, anrufen und uns ihre Hilfe anbieten. Aber die Reise, die vor uns liegt, ist ausschließlich und auf einzigartige Weise unsere Sache. Die anderen können uns beobachten, sie können uns die Hand entgegenstrecken und sogar sagen, sie wüssten, wie wir uns fühlen. Doch die Welt, in die wir uns begeben, ist allein uns selbst vorbehalten.

Während wir dann diesem Weg folgen, auf den uns das Leben gestoßen hat, erkennen wir allmählich – weit in der Ferne – den Umriss einiger Menschen, die uns zuwinken und anfeuern. Indem wir uns ihnen nähern, nehmen die Gesichter und Körper Gestalt an. Bald merken wir, dass wir uns inmitten einer sehr großen Gruppe befinden. *Woher kommen all diese Leute?* fragen wir uns. *Ich dachte, ich wäre allein.*

Egal, auf welchem Weg Sie sind – andere haben ihn vor Ihnen beschritten, und einige werden Ihnen nachfolgen. Jeder Schritt, den Sie machen, ist einzigartig, und trotzdem sind Sie niemals allein.

Obwohl viele Erfahrungen nur auf uns zugeschnitten sind, haben wir doch gleichzeitig teil an einer kollektiven Kraft. Was wir tun und was wir durchleiden, ist wichtig – manchmal wichtiger, als wir denken.

Gott, lass mich erkennen, wie sehr du dich um mich kümmerst. Ungeachtet dessen, welche Schmerzen ich gerade durchstehen muss – zeige mir die anderen Menschen entlang des Weges.

Rufen Sie Juchhu!, weil es Hoffnung gibt

14. FEBRUAR

Eines Tages läutete es an der Tür. Ich eilte durch das große Haus, das ich gerade in Minnesota gekauft hatte. Es sollte für die Kinder und mich das Traumhaus werden. Das große Problem bestand nur darin, dass Shane einen Tag nach Abschluss des Kaufvertrages gestorben war. Jetzt wanderten Nichole und ich von Zimmer zu Zimmer, völlig im Unklaren darüber, was zu tun sei.

Ich öffnete die Tür. Der Kurier bat mich um meine Unterschrift für eine Sendung, und ich setzte sie auf das Papier. Dann überreichte er mir einen großen Karton. Ich trug ihn ins Wohnzimmer und stellte ihn ab, ohne ihn zu öffnen. Damals konnte mich kaum etwas aufheitern. Ich war traurig und wütend. Meine Leser teilten mir mit, dass sie meine Bücher besonders schätzten, weil sie ihnen Hoffnung gäben. Leider hatte ich selbst überhaupt keine Hoffnung mehr. Ich konnte nicht sehen, wie das Leben je wieder eine Art Sinn haben sollte. Das Einzige, was ich ersehnte – dass mein Sohn lebendig und gesund, meine Familie intakt sei –, gerade das würde nie mehr eintreten.

Eines Tages ging ich daran, besagten Karton zu öffnen. Ich nahm ein Messer, schnitt ihn auf und schaute nach, was sich darin befand. Er war gefüllt mit ausgestopften Tieren. Ein großer grüner Papagei mit einem flaumigen Schnabel saß obenauf. Darunter lagen Affen, Bären und andere Tiere. Sie sahen nicht nagelneu aus, waren aber durchaus nette und freundliche kleine Dinge. Ich holte die Karte hervor und las, was auf der Innenseite geschrieben stand. Die Absenderin hatte Folgendes vermerkt:

»Ich verdiene meinen Lebensunterhalt mit all den ausgestopften Tieren, die die Leute wegwerfen. Ich nehme sie mit nach Hause und säubere sie. Ich vermute, dass ich das nur tue, um etwas Bestimmtes zu beweisen. Manchmal nämlich glauben wir, dass ein Gegenstand zu nichts mehr tauge, also werfen wir ihn in den Mülleimer. Immer wieder werfen wir die Sachen viel zu schnell weg, wo sie doch nur etwas Liebe und Sorgfalt bräuchten, um wieder ins Leben zurückzukehren. – Ich habe vom Tod Ihres Sohnes gehört. Und ich dachte, eine Schachtel mit meinen wiedergeborenen Tieren könnte Ihnen vielleicht helfen.«

Viele Jahre sind seither vergangen. Ich habe mich von zahlreichen Sachen getrennt, zumal bei meinem Umzug von Minnesota nach Kalifornien im Jahre 1994. Was ich jedoch behalten habe, ist der glückliche grüne Papagei mit dem großen flaumigen Schnabel; tatsächlich sitzt er weiterhin neben meinem Schreibtisch im Arbeitszimmer.

Er erinnert mich behutsam daran, dass selbst etwas so Zerbrochenes und Zerklüftetes, wie ich es damals war, zu neuem Leben erwachen kann. Einige Grundwahrheiten bleiben bestehen, ob wir daran glauben oder nicht.

Die Hoffnung zum Beispiel gehört dazu.

Rufen Sie *Juchhu!* sogar dann, wenn Sie von (schlimmen) Zweifeln geplagt werden.

Hilf mir, Gott, dass ich an mich genauso fest glaube, wie du es tust. Danke, dass du mich durch schwierige Phasen führst, auch wenn ich meinen Glauben schon verloren habe.

Gestatten Sie einem Freund, für Sie da zu sein

15. FEBRUAR

Ich war irgendwo auf einem Volksfest, saß auf einer Bank, aß Zuckerwatte, nahm die Geräusche und Farben wahr und betrachtete das große Karussell. In grellen Tönen bemalte Pferde schwangen auf und nieder, drehten sich immer wieder im Kreis. Lichter blitzten auf, Menschen schwirrten vorbei. Das kleine Mädchen war den Tränen nahe, als es von seiner Mutter zur Rampe gebracht wurde. Es weigerte sich und versuchte die Mutter verzweifelt davon zu überzeugen, dass es keinesfalls aufs

Karussell wollte. Die Mutter beruhigte das Kind, hielt aber dennoch an ihrem Plan fest, weshalb am Ende ein Kompromiss herauskam: Die Tochter würde die Fahrt mitmachen, wenn Mama ebenfalls dabei wäre.

Sie händigten dem Mann ihre Tickets aus und gingen auf der Plattform umher – die Kleine ganz ehrfürchtig vor den vielfarbigen Rossen. Schließlich entschied sie sich für ein weißes Pferd mit goldener Mähne und goldenem Schwanz und forderte ihre Mutter auf, sich auf das blaue Pferd daneben zu setzen. Die lächelte ein wenig verlegen, erfüllte aber die Bitte ihrer Tochter.

Dann erklang die Musik. Und plötzlich waren beide fünf Jahre alt, schrien und lachten, als die Pferde sich in Bewegung setzten. Auch ich lachte, als ich sie von der Bank aus beobachtete. Sie galoppierten über einen imaginären Weg, der sie durch Ebenen und Täler sowie über Flüsse führte. Die Musik wurde lauter, die Lichter blitzten, und einige Minuten lang konnten Mutter und Tochter fliegen.

Als die Fahrt endete, lachten sie immer noch. »Nochmal, Mami. Wir reiten nochmal!«, rief das Mädchen aufgeregt. Also machten sie kehrt und stellten sich wieder in die Schlange. Indem das kleine Mädchen seine Angst losließ, konnte es ein bisher unbekanntes Staunen und Hochgefühl empfinden, und indem die Mutter ihrer Tochter half, die Angst zu überwinden, konnte auch sie solche Aufregung wenigstens teilweise wieder neu erleben.

In unserem Alltag gibt es Phasen, in denen wir uns fürchten und einen Freund brauchen, der uns Mut macht – und Phasen, in denen *wir* ein Freund sein können, der jemand anders Mut macht. Seien Sie dankbar für die Menschen, die Ihnen geholfen haben, neue Kraft zu schöpfen. Seien Sie ebenfalls dankbar für die Situationen, in denen Sie Ihren Freunden halfen, aus eigenem Antrieb Mut zu fassen.

Beide Seiten der Münze gewinnen – und manches Erlebnis ist am schönsten, wenn man es mit anderen Menschen teilt.

Gott, hilf mir, meine Hand in Freundschaft und Stärke denen entgegenzustrecken, die ich unterwegs treffe. Und wenn ich Angst habe, dann sorge bitte dafür, dass ich meinen Stolz ablege und einen Freund bitte, mir Beistand zu leisten.

Die Freude ist Ihr Schicksal   16. FEBRUAR

Adam sündigte, damit der Mensch sein konnte, und die Menschen sind, damit sie Freude haben können.

Aus dem Buch Mormon

Im Garten Eden war der Mensch ursprünglich und vollkommen – er änderte sich nicht, kannte weder Krankheit noch Trennungsschmerz. Erst nach dem Sündenfall konnten wir den Unterschied zwischen Freude und Trauer begreifen und wirklich erfahren, was Freude ist. Sie ist mehr als die Abwesenheit von Trauer – nämlich die uneingeschränkte Bejahung des Lebens mit all seiner Unruhe. Und sie schließt auch mit ein, dass wir uns deutlich bewusst machen, wie vergänglich alles Irdische ist – wie kostbar jeder Augenblick, jedes Gespräch, jeder Sonnenaufgang.

Jeder Tag ist der Beginn eines neuen Abenteuers, eine weitere Gelegenheit, ein Risiko einzugehen und das Leben in vollen Zügen zu genießen.

Schauen Sie sich um. Entdecken Sie in Ihrer Welt die Freude. Schließlich sind Sie genau deshalb hier.

Hilf mir, Gott, in meiner Welt echte Freude und wahren Frieden zu entdecken und auch zu stiften.

Werden Sie heiterer! 17. FEBRUAR

»Mami, kann ich heute Nacht wieder bei Johnny schlafen? Bitte!«, flehte Shane.

»Warum?«, fragte ich.

»Zum Spaß«, antwortete er.

»Du hast erst letzte Nacht bei ihm geschlafen«, warf ich ein.

»Wer sagt, dass man nicht zweimal hintereinander Spaß haben kann?«, fragte er.

Gewiss, Disziplin und Konzentration spielen zweifellos eine große Rolle – aber der Spaß eben auch.

Schon mit geringem Aufwand können wir in den meisten Lebensbereichen – Beziehungen, Arbeit, ja sogar Freizeit – Spaß und Freude eliminieren. Wir sind imstande, all unsere Tätigkeiten mit so vielen Bedingungen und Vorschriften zu verbinden, dass unser Leben langweilig, zäh und routinemäßig wird. Irgendwann kommen wir dann darauf, dass wir einer Reihe von Regeln gehorchen, ohne genau zu wissen, woher diese eigentlich stammen.

Ich gab nach und erlaubte meinem Sohn, bei seinem Freund zu übernachten. Er hatte Spaß. Ja, er vergnügte sich viel in diesem Jahr – wie ich auch.

Lockern Sie Ihre Zügel. Haben Sie ein bisschen – oder großen! – Spaß am Leben. Wenn Sie jahrelang äußerst diszipliniert, zuverlässig und nüchtern waren, dann sollten Sie sich jetzt vielleicht ein vergnügliches Jahrzehnt gönnen, um ein gesundes Gleichgewicht herzustellen.

Nehmen Sie Ihre Liste mit Zielen zur Hand, und fügen Sie ein weiteres hinzu – nämlich in den kommenden Tagen, Monaten und Jahren so viel Spaß und Freude wie möglich zu haben.

Es ist an der Zeit, dass wir heiterer werden.

Gott, bitte gib mir zu verstehen, wie ich in mein Leben wieder Spaß und Freude bringen kann. Zeig mir, wie ich bei der Arbeit, in der Liebe und im Spiel mehr Vergnügen empfinden kann.

Vergessen Sie nicht zu spielen   18. FEBRUAR

Wir hören nicht auf zu spielen, weil wir alt werden; wir werden alt, weil wir aufhören zu spielen.

Herbert Spencer

Ich saß auf meiner Terrasse hinterm Haus und beobachtete eine Gruppe von Kindern, die im Meer spielten. Wenn eine größere Welle kam, drehten sie sich so, dass ihre Surfbretter zum Strand zeigten, und paddelten wie verrückt, um auf der Welle zu reiten. Ich sah, wie die Brandung ein Kind nach dem anderen ergriff und umschloss. Einige Augenblicke gab es nichts als reißende Strömungen, dann aber tauchte ein grünes Plastikbrett auf und anschließend ein strahlendes Gesicht und ein Körper. Sie schrien und lachten, drehten sich der Reihe nach um, paddelten wieder hinaus und unternahmen einen weiteren Wellenritt.

Später, kurz vor Sonnenuntergang, sah ich zwei grauhaarige Männer, die in ihren Kajaks am Ufer entlang paddelten. Sie warteten auf die perfekte Welle, paddelten dann so schnell wie möglich, um diese zu erreichen und auf ihr zum Strand zu gleiten. Noch einmal schaute ich zu, als die Wellen sich auftürmten und über den kleinen Booten zusammenschlugen. Ein Kajak wurde durch die Wucht der Brandung auf den Strand geschoben, woraufhin der eine grauhaarige Mann schallend lachte, um dann wieder zurückzupaddeln und das Ganze zu wiederholen.

Ich habe einen Freund Mitte dreißig, der entschlossen ist, es zu etwas zu bringen. Er weiß nicht, in welche Richtung er geht; ihm ist nur klar, dass er unterwegs ist. Nein, er hat keine Zeit, um ein Basketballspiel zu besuchen oder auf der Achterbahn zu fahren. Er ist zu beschäftigt und hat keine Zeit fürs Spiel.

Außerdem habe ich einen Freund Mitte fünfzig. Er ist bei bester Gesundheit, sitzt in seinem Haus, füttert den Hund und beklagt sich über das Leid und die Kürze des Lebens. Er spielt nicht, weil sein armer Körper einfach nicht mehr so ist wie früher.

Entweder wir spielen, oder wir spielen *nicht*. Eigentlich ist es egal, für welche der beiden Alternativen wir uns entscheiden – aber im ersteren Fall verbringen wir die Zeit auf viel angenehmere Weise.

Hilf mir, Gott, dass ich anfange, mich ein wenig zu vergnügen.

Bereiten Sie sich Ihr eigenes Vergnügen

19. FEBRUAR

Die Renovierungsarbeiten in meinem Haus dauerten viel länger als geplant. Der Frühling stand vor der Tür. In meinem Hinterkopf machte sich der Stress als pochender Schmerz bemerkbar.

Dann gingen wir ins Spielwarengeschäft. »Die werden klasse sein«, sagte mein Sohn und nahm zwei Gummipfeilgewehre aus dem Regal. »Und wie wäre es außerdem noch mit einem Pfeil-und-Bogen-Set?«

Zu Hause angekommen, zeichneten wir mit Filzstiften eine große Zielscheibe auf die Wand im Wohnzimmer. Wir fingen an, darauf zu schießen, was uns aber bald langweilte, weshalb wir stattdessen aufeinander schossen.

Ein Freund trat durch die Eingangstür.

Wir beschossen ihn. Zwei Gummipfeile auf den Bauch und einen auf die Stirn.

Er warf mich dafür in die Badewanne mit warmem Wasser.

Und ich vergaß einfach, dass die Decke noch nicht gemacht war, dass die Wände noch nicht gestrichen waren und dass deshalb der Teppichboden erst zu einem späteren Zeitpunkt verlegt werden konnte. An diesem Abend veranstalteten wir ein Barbecue, und unsere Freunde nahmen die Filzstifte zur Hand und malten Bilder von sich, ihren Hoffnungen und Erwartungen auf die noch rohen Wände des Hauses, dessen Renovierung sich

77

verzögerte. Ein ums andere Mal lachten wir, und keinen kümmerte es, dass diese Räume eigentlich unbewohnbar waren.

Wir können zwar unser Timing nicht immer kontrollieren, aber an unseren Tätigkeiten Spaß haben. Freunden ist es egal, ob wir ein Projekt inzwischen beendet haben oder nicht; sie wollen einfach den Zauber des Lebens mit uns genießen.

Betrachten Sie die Außenwelt aus einer neuen Perspektive. Lachen Sie! Seien Sie dankbar dafür, dass Sie in diesem Augenblick genau da sind, wo Sie sind. Zerbrechen Sie sich nicht den Kopf darüber, wie Sie die Dinge künftig noch mehr vorantreiben können. Entdecken Sie vielmehr die Freude in Ihrem jetzigen Leben.

Vielleicht würde ein Besuch im Spielwarengeschäft auch Ihnen gut tun.

Gott, wenn ich keine Freude im Leben finde, dann hilf mir, noch einmal genauer hinzuschauen.

Übung: Gehen Sie heute in ein Spielwarengeschäft. Kaufen Sie etwas, das Ihnen gefällt, oder etwas, das komisch ist – einen Kreisel, einen Legokasten, ein Strategiespiel. Durchbrechen Sie Ihre gewöhnlichen Verhaltensmuster; betrachten Sie das Leben aus einem anderen Blickwinkel. Lernen Sie wieder, wie man spielt.

Nehmen Sie eine Nebenstraße   20. FEBRUAR

Abenteuer beginnen erst, wenn man den Wald betritt. Dieser erste Schritt ist ein Akt des Glaubens.

Micky Hart

Bei einem Ausflug mit dem Auto fuhren wir über den Highway 166 im Herzen Kaliforniens. Wir hatten uns, wie so oft, spontan zu diesem Trip entschlossen, waren lange unterwegs gewesen und wollten nun wieder nach Hause fahren. Da sahen wir

– Andy, Chip und ich – eine kleine Straße, die hinter einem offenen Tor in die Berge führte. Sie war nicht auf der Landkarte eingezeichnet. Wir bogen ein, und kurz darauf verwandelte sie sich in einen unbefestigten Weg, auf dem Kühe standen; wir mussten warten, bis sie von dannen zogen. Das GPS (Global Positioning System) konnte keine Auskunft mehr geben. Der Weg wurde immer holpriger. Wir gerieten auf eine Schlammspur, der Wagen schlingerte. Chip ließ den Motor aufheulen, und wir machten einen Satz nach vorn.

»Sollen wir umdrehen?«, fragte er.

»Nein, dieser Weg muss doch irgendwo hinführen«, sagte Andy.

»Aaaah«, machte ich.

Wir stießen direkt auf einen kleinen See.

»Du schaffst es«, sagte Andy und kurbelte seine Scheibe hoch.

»Aaaah«, wiederholte ich.

Chip schaltete auf Vierradantrieb und gab Gas. Schlammwasser floss durchs offene Schiebedach.

Viel später – nachdem wir weitere Riesenpfützen durchquert und Felsen aus dem Weg geräumt und von einer Hügelkette atemberaubende Blicke geworfen und uns viel zu nah an den Rand eines steilen Abhangs herangewagt hatten – begegneten wir einem alten Mann, der ein Fahrrad die Straße hoch schob. Wir fragten ihn: »Wie weit ist es noch, bis wir hier herauskommen?«

»Nun«, erwiderte er, »wie weit sind Sie denn hereingekommen?«

»Wir sind nicht diese Straße gefahren.«

Er schaute uns verblüfft an. »Aber wie sind Sie denn dann hierher gekommen?«

»Über die Hügelkette.«

Er schüttelte ungläubig den Kopf und ging weiter.

Nach etwa 16 Kilometern erreichten wir ein weiteres Tor. Das Funktelefon funktionierte wieder. Das GPS stellte fest, dass wir uns nach wie vor auf der Erde befanden.

Manchmal erleben wir das größte Abenteuer, wenn wir von der üblichen Route abweichen und durch ein Tor in unbekanntes Gebiet vorstoßen – einfach um zu sehen, wohin es führt.

*Gott, erinnere mich daran, dass ich nicht immer der Land-
karte folgen muss. Lass mich den Sinn fürs Abenteuer entwickeln. Bereichere mein Leben mit einem leisen* Juchhu!

Rufen Sie Juchhu!, wo immer Sie sich gerade aufhalten

21. FEBRUAR

Nach einem Arbeitstag ging ich ins Strandhaus, um meine
freundlichen Quälgeister Chip und Andy zu treffen. Chip stand
vorm Fenster, das nach unten auf den Strand geht, und Andy
hing draußen an einem Klettergurt. Sein Seil endete im Haus
und war an einem Tragbalken befestigt.

Ich fragte nicht, was die beiden da taten. Ich schnappte mir
einfach das Gurtwerk, das neben Chips Füßen lag, und bat ihn,
meinerseits einen Versuch wagen zu dürfen.

Vom Haus zum Strand hinabzuklettern ist für mich nicht
gerade Routine. Aber manchmal kann schon die unbedeu-
tendste, lächerlichste Sache der Welt Gelegenheit für ein leises
Juchhu! bieten. An jenem Abend lernte ich jedenfalls, im Mondlicht von meinem Anwesen zum Strand hinabzusteigen.

Seien Sie offen für die eine oder andere neue Erfahrung.
Wenn sie nicht lebensgefährlich ist, mag sie durchaus empfehlenswert sein – auch wenn sie vielleicht ein bisschen merkwür-
dig erscheint. Haben Sie keine Angst davor, sich lächerlich zu
machen, seien Sie weniger cool als sonst, und geben Sie sogar ab
und zu ein *Aaaah!* von sich.

Haben Sie in letzter Zeit *Juchhu!* geschrien? Steht dieser Aus-
ruf auf Ihrer Liste? Kam er vielleicht aus Ihrer Garage? Ziehen
Sie die Rollerblades an, kaufen Sie ein Surfbrett, holen Sie Ihren
Schlitten hervor. Bestellen Sie ein neues Gericht auf der Speise-
karte. Fahren Sie über eine abgelegene Straße. Finden Sie das
Juchhu!, bringen Sie es dann in Ihren Alltag mit ein, und lassen
Sie sich davon aufheitern.

An die *Juchhu*-Augenblicke erinnern wir uns ein ganzes Leben lang.

Hilf mir, Gott, meine Stimmung zu heben, indem ich ein kleines Juchhu! in das tägliche Leben rufe.

Hören Sie auf, ständig anderen die Schuld zu geben
22. FEBRUAR

»Es gibt zwei Arten von Menschen«, erklärte mir einmal ein Freund. »Die einen geben anderen Leuten die Schuld an allem, was geschieht. Und die anderen geben dauernd sich selbst die Schuld.«

Haben Sie je im Kino gesehen, wie ein Schauspieler einen Flammenwerfer benutzte? Ich habe mal einen Film gesehen, in dem von einem »Schuldwerfer« die Rede war – einer brennenden Fackel aus rasendem Zorn, die wir auf andere oder auf uns selbst schleudern, wenn Situationen sich nicht so entwickeln, wie wir es geplant hatten.

Solche Schuldzuweisungen können ein heilsames Stadium im Prozess des Trauerns oder Loslassens markieren. Aber wenn wir zu lange darin verharren, hat das eher etwas Unproduktives. Wir werden davon abgehalten, nützliche Schritte zu unternehmen. Ein allzu lang anhaltendes Schuldgefühl verwandelt sich vielleicht in Selbstverachtung; dagegen kann die ständige Suche nach einem Schuldigen dazu führen, dass wir vor lauter Groll schwerfällig und finster werden und uns immer mehr als Opfer sehen.

Wenn Sie unter einem Verlust leiden oder wenn das Leben Ihnen sonstwie zusetzt, dann nehmen Sie Ihren Schuldwerfer zur Hand – jedoch in Gestalt eines Stifts, mit dem Sie in aller Abgeschiedenheit in Ihr Tagebuch schreiben. Gönnen Sie sich zehn oder zwanzig Minuten, in denen Sie unzensierte Vorwürfe erheben. Lassen Sie diese Vorwürfe heraus. Notieren Sie alles, was Ihnen auf dem Herzen liegt, egal ob Sie jemand anders oder sich selbst beschuldigen.

Das mag länger dauern, wenn es sich um einen größeren Verlust handelt; entscheidend ist, dass Sie sich eine gewisse Zeit zugestehen, um den Schuldwerfer zu bedienen, und dann das Feuer einstellen. Halten Sie inne. Treten Sie ein ins nächste Lebensstadium, in dem es darum geht, loszulassen, zu akzeptieren und für die eigene Person Verantwortung zu übernehmen.

Hilf mir, Gott, mich selbst zu erforschen, damit ich herausfinde, ob ich dauernd die Schuld bei jemand anders oder bei mir selbst suche. Wenn ja, dann sorge bitte dafür, dass ich dies zum Ausdruck bringe und mich schließlich davon befreie.

Lernen Sie fliegen   23. FEBRUAR

Was passiert, wenn Sie Ihr Leben in die eigenen Hände nehmen? Etwas Schreckliches: Niemand anders kann zur Verantwortung gezogen werden.

Erica Jong

Es gibt immer eine Person oder Sache, die für das Scheitern unserer Pläne verantwortlich gemacht werden kann: »Ich wäre erfolgreicher gewesen, wenn die Wirtschaft in diesem Jahr nicht so lahm gewesen wäre.« – »Ja, das klingt ganz gut, aber mein Therapeut sagt, dass ich zu großen Stress vermeiden sollte.« – »Ich wollte das ja auch tun, aber mein Mann war damit nicht einverstanden.«

Welch beängstigende Vorstellung, das Leben in die eigenen Hände zu nehmen und zu beschließen, dass man für seine Handlungen und Entscheidungen die volle Verantwortung tragen will!

Aber welch herrliche, wenngleich manchmal erschreckende Freiheit uns dadurch zuteil wird! Gewiss, wir machen auch Fehler, stolpern und stürzen. Aber was für ein erhebendes Gefühl, wenn man gezielt eine bestimmte Maßnahme ergreift und die

Sache doch noch zu einem guten Abschluss bringt! Dann merken wir, dass jene zerbrechlichen Schmetterlingsflügel an unserem Rücken nicht nur zur Zierde da sind. Ja, wir können fliegen!

Übernehmen Sie die Verantwortung für Ihr Leben und Ihr Verhalten. Letztlich kann sowieso niemand anders festlegen, welche Schritte Sie unternehmen. Genießen Sie diese Freiheit. Sie hatten sie schon die ganze Zeit.

Gott, hilf mir, für mein Tun die volle Verantwortung zu tragen. Gewähre mir die Einsicht und die Kraft, gemäß den Vorgaben der inneren Stimme und des Gewissens meinen Kurs selbst zu steuern.

Suchen Sie das Abenteuer in Ihrem Leben
24. FEBRUAR

Das Abenteuer besteht nicht aus fernen Ländern und Berggipfeln, sondern liegt eher in der inneren Bereitschaft, den häuslichen Herd gegen einen unsicheren Rastplatz einzutauschen.
Reinhold Messner

Um ein Abenteuer zu erleben, brauchen wir nicht durch die ganze Welt zu reisen und nach dem nächsten hohen Berg oder verlassenen, unwirtlichen Ort zu suchen. Das Abenteuer hängt aufs engste mit unserer Einstellung zusammen. Die Art und Weise, wie wir dem Leben begegnen – und eben nicht die tatsächliche Lage –, entscheidet darüber, wie groß unser Abenteuer ist. Es mag für den einen dann beginnen, wenn er sich eines Traums bewusst wird, den er lange vernachlässigt hat, für den anderen dann, wenn er abnimmt, sein Äußeres verändert, dem Alkohol oder den Drogen entsagt, wenn er lernt, eine Liebesbeziehung aufzubauen, oder einfach die Freude genießt.

Es ist gut, in angenehmen Verhältnissen zu leben, aber wir sollten vor dem häuslichen Herd nicht so bequem werden, dass wir uns gar nicht mehr weiterentwickeln wollen. Wasser, das sich nie bewegt, wird schal und faul; genauso verhält es sich mit dem menschlichen Geist. Das Leben wurde uns geschenkt, damit wir es leben.

Werfen Sie einen Blick auf Ihre allgemeine Situation und stellen Sie fest, ob es einen Bereich gibt, in dem auch Sie einen »unsicheren Rastplatz« ausfindig machen können. Vielleicht bei der Arbeit oder in der Liebe oder dort, wo es um spirituellen Fortschritt geht? Eine ungewohnte oder längst vergessene Lektion wartet nur darauf, von Ihnen entdeckt oder wiederentdeckt zu werden.

Rufen Sie *Juchhu!* Seien Sie eine Zeit lang weniger bequem. Es ist nie zu spät, etwas Neues zu lernen und zu erfahren.

Gott, erwecke in mir den Sinn für das Abenteuer, während ich meinen täglichen Angelegenheiten nachgehe.

Lassen Sie sich von Gott und von Ihrer Intuition leiten
25. FEBRUAR

Ich definiere Synchronizität als den Vorgang, bei dem ein äußeres Ereignis eine innere Erkenntnis bewirkt. Sie hängt mit Ereignissen zusammen, die wichtige Fügungen sind – etwa wenn Sie ein Problem zu lösen versuchen und gerade dann jemand »zufällig« anruft. Während des Gesprächs gibt Ihnen der Anrufer »zufällig« einen Hinweis oder eine Antwort auf die Dinge, die Ihnen Kopfzerbrechen bereitet haben.

Nancy Rosanoff, *Intuition Workout*

Einmal telefonierte ich mit meinem Freund Kyle. Ich arbeitete an den letzten Abschnitten meines Buches *Playing It by Heart**, wusste aber nicht, wie ich das Ende gestalten sollte. Es handelte sich

---

* Die deutsche Fassung erschien 2000 unter dem Titel *Kraft für einen Neubeginn* im Wilhelm Heyne Verlag.

um einen gründlichen Rückblick auf mein Leben, und ich war überrascht, wie viele Erfahrungen ich inzwischen gemacht hatte.

»Ich war arm, drogensüchtig und co-abhängig, ich war Ehefrau, Hausfrau im mittleren Westen, Alleinerziehende mit Sozialhilfe, Sekretärin, Journalistin und Drogenberaterin, Buchautorin, eine Mutter, die ihren Sohn verlor, und Kalifornierin. Ich bin in den Nahen Osten und durch die Vereinigten Staaten gereist, habe eine Buchhandlung geführt, und jetzt lebe ich – obwohl ich den langen, schweren Weg gegangen bin, um hierher zu kommen – am Strand«, sagte ich. »Es bleibt für mich nichts mehr zu tun.«

»Ich weiß, was du bisher noch nicht getan hast, aber immer tun wolltest«, erwiderte Kyle.

»Was denn?«, fragte ich.

Kyle schwieg sehr lange. Ich glaubte schon, er hätte aufgelegt. »Einen Moment«, sagte er. »Ich denke nach. – Jetzt hab' ich's. Du bist noch nie aus einem Flugzeug gesprungen.«

Ich vergaß unser Gespräch wieder. Nach wenigen Tagen läutete das Telefon. Es meldete sich ein Mann, der etwa neun Monate zuvor in meinem Haus gearbeitet hatte. Er stellte sich noch einmal vor. Dann erklärte er den Grund seines Anrufs. Er sagte, er sei Fallschirmspringer, und fragte, ob ich Lust hätte, einmal mit ihm zum Absprunggebiet zu fahren und vielleicht einen Tandemsprung zu machen.

Wenige Monate später begleitete ich ihn zu Skydive Elsinore. An diesem Tag wurde mir klar, dass ich unbedingt aus einem Flugzeug springen wollte. Und diese Erfahrung bildete den passenden Abschluss meines Buches.

Vertrauen Sie Ihrer inneren Stimme. Unsere Höhere Macht wirkt auf geheimnisvolle Weise. Hören Sie auf bestimmte Menschen, und achten Sie auf Zeichen, die in Ihnen neue Einsichten evozieren.

Gott, lass mich offen sein für all die Formen, in denen du zu mir sprichst, um mich auf meinem Weg zu führen.

Seien Sie empfänglich für lustige Erfahrungen

26. FEBRUAR

Du wirst verrückte Dinge tun, aber tue sie mit Begeisterung!

Colette

Es war Nacht. Eine leichte Brise wehte durch mein Haar, als ich auf einer Bank saß und über die Lichter von Las Vegas schaute. *Wie bist du nur erneut hierher gekommen?* dachte ich. Dann fiel es mir ein. Chip war wieder einmal falsch abgebogen und hatte uns so aus dem südlichen Kalifornien ins Unbekannte geführt.

Der Mann wickelte ein dickes Stück Stoff um meine Knöchel und befestigte dann das Seil daran. Ein weiteres Sicherheitsseil wurde am Gurt um meine Hüfte festgemacht.

Ich befand mich auf einem Turm, knapp 50 Meter über dem Erdboden, und bereitete mich aufs Bungeespringen vor. An den Füßen aufgehängt, nachts, in Las Vegas.

Manchmal ist der erste Schritt der schwerste, manchmal ist es der zweite, der Mühe macht. Eine neue Erfahrung kennzeichnet sich ja dadurch, dass man keine Erwartungen hat; es gibt keinen Bezugsrahmen. Aber das zweite Mal ... Ich erinnerte mich an das Gefühl, als ich von der Plattform hinabsah, an den unnatürlichen, erschreckenden Schritt in die Leere, wie dann mein Magen in die Brust hüpfte, an die lange Sekunde, da die Zeit zu gefrieren schien, an den Sprung Richtung Boden und den heftigen Ruck des Seils, das den Fall abbremste. Ich erinnerte mich an das Zurückprallen, daran, wie ich in der Luft hing und wartete, nach oben gezogen zu werden. Das alles nahm Gestalt an in meinem Kopf. Diesmal aber war es Nacht, und außerdem würde ich an den Füßen aufgehängt sein.

Ich ging an den Rand der Plattform. Ich hielt mich nicht fest, aber ich zitterte.

»5–4–3–2–1. Los«, zählte jemand zum Start. Ich schloss die Augen und ließ mich fallen.

Ich lachte und schrie und lachte über mich, weil ich schrie. Es machte Spaß.

Später, als wir die Straße weiter entlang fuhren, uns auf einem weiteren spontanen Ausflug noch weiter von zu Hause entfernten, lächelte ich noch immer.

Der innere Wachstumsprozess setzt sich von selbst fort. Jede neue Erfahrung hat andere Erfahrungen zur Folge. Erinnern Sie sich heute an etwas, das Sie nur ein einziges Mal getan haben und wirklich gerne mochten. Tun Sie es abermals! Lassen Sie zu, dass das Gefühl von Unsicherheit sich Ihrer bemächtigt, während Sie über das erste Erlebnis nachdenken. Es braucht nicht mit Ihrer Arbeit zusammenzuhängen. Vielleicht sind Sie ins Theater gegangen, anstatt fernzusehen, vielleicht haben Sie im Wald gezeltet oder ein Gedicht geschrieben. Besinnen Sie sich auf eine lustvolle Angelegenheit und widmen Sie sich ihr erneut. Kehren Sie dann mit dieser Empfindung in den Alltag zurück. Bringen Sie das *Juchhu!* des zweiten Mals ein ins dritte, vierte, fünfte Mal Ihres genüsslichen Treibens.

Bleiben Sie lebendig.

Gott, erinnere mich bitte an einige lustige, interessante Dinge, die ich gerne tue. Sorge dann dafür, dass ich mich aufraffe und zur Tat schreite.

Leben Sie Ihr Leben 27. FEBRUAR

Ein gemalter Reiskuchen macht nicht satt.

Altes Sprichwort

Ein alter Mann erzählte seinem Enkel, wie arm er als junger Mann gewesen war. »In meiner Kindheit konnten wir uns nicht einmal den Käse für die Mausefallen leisten«, sagte er. »Wir mussten Abbildungen von Käse ausschneiden und diese benutzen.«

»Wow! Und habt Ihr irgendetwas gefangen, Großvater?«

»Ja. Bilder von Mäusen.«

In meinem Haus hängt ein Foto, das eine buddhistische Zeremonie in Tibet zeigt. Es wurde von einer Fotografin aufgenommen, die in der Nähe der Blue Sky Lodge wohnt. Als ich das Foto kaufte, erzählte sie mir die ganze Geschichte dazu – beschrieb sie die Gerüche in der Luft, die Temperatur, das Gedränge der Menschen ringsum, kurzum alle sinnlichen Eindrücke, die dieser Ort hervorrief. Wenn ich die Augen schließe und mir ihre Worte ins Gedächtnis zurückrufe, habe ich fast das Gefühl, dort zu sein. Fast – nicht ganz. Ich hoffe, einmal dorthin zu reisen, jene Dinge zu sehen und zu empfinden, wie der Geist des Klosters auf dem Hügel meine Seele erfüllt. Die Fotografie gleicht gewissermaßen einer Speisekarte. Sie steht auf dem Tresen, lockt mich mit ihren köstlichen Gerichten – aber sie stillt nicht meinen Hunger.

Wir können unsere Erfahrungen, Vorzüge und Hoffnungen miteinander teilen; doch ich kann ebensowenig Ihre Lektionen lernen wie Sie die meinen.

Während ich an dem Buch schreibe, das Sie jetzt in Ihren Händen halten, bereite ich meine Reise nach Tibet vor. Wird sie so gelingen wie die der Fotografin? Ich weiß es nicht. Jedenfalls ist mir klar, dass ich diese Erfahrung mit ihren optischen Reizen, ihren Geräuschen, Gerüchen, Geschmacksempfindungen, ihren Wirkungen auf mein Inneres nicht machen kann, wenn ich nur das Foto auf meiner Wand betrachte.

Haben Sie schon mal versucht, sich dadurch zu stärken, dass Sie ein Foto oder ein Bild anschauten, dass sie Bücher lasen, Kurse besuchten oder einer Vertrauensperson zuhörten, anstatt hinaus zu gehen und die Dinge selbst zu erleben? Werfen Sie doch mal wieder einen Blick auf Ihre Speisekarte, auf die Liste, die Sie zu Beginn des Jahres erstellt haben. Und bestellen Sie etwas davon.

Begnügen Sie sich nicht mehr mit der bloßen Betrachtung, machen Sie Ihre eigenen Erfahrungen.

Gott, hilf mir, dass ich allmählich immer mehr mein Leben lebe.

Entdecken Sie das Leben
auf eigene Faust

28. FEBRUAR

Wir lernen durch Tun. Eine andere Möglichkeit gibt es nicht.

John Holt

Mehr als einen Menschen habe ich sagen hören: »Ich bin ein Lehnstuhl-Abenteurer.« Das heißt, diese Leute gehen nie wirklich nach draußen, um aktiv zu werden. Sie lassen die anderen alle Risiken eingehen. Mit Hilfe von Büchern sind sie auf den Mount Everest gestiegen, um die Welt gesegelt und zum Südpol marschiert. Vor meiner ersten Flugstunde konnten sie mir sogar genau erklären, wie man ein Flugzeug steuert.

Bücher darüber zu lesen oder Vorträge darüber zu hören, wie man dieses und jenes macht – wie man etwa eine intakte Beziehung gestaltet, wie man ein Unternehmen aufbaut, wie man das Leben mehr genießt usw. –, ist eine Sache. Doch dann besteht die Kunst darin, die Bücher wegzulegen, die Vorträge zu verlassen und zur Tat zu schreiten. Informationen zu sammeln, über Beistand und Zuspruch zu verfügen ist nützlich und auch notwendig. Doch wir sollen das Leben nicht nur studieren, sondern vor allem leben. Wir sind nur dann erfolgreich im Beruf, in der Liebe und bei unseren Freizeitbeschäftigungen, wenn wir uns der Wirklichkeit stellen und uns in diesen Bereichen engagieren.

Hilf mir, Gott, dass ich das Wagnis auf mich nehme, eine Tätigkeit auszuführen, die ich beherrschen möchte.

Legen Sie Ihre Schüchternheit ab   29. FEBRUAR

Lebe im großen Maßstab!

Brady Michaels

Gewinne oder verliere, sei erfolgreich oder scheitere – aber pack die Dinge an und halte durch. So wie mein Fluglehrer in der ersten Unterrichtsstunde sagte: »Lassen Sie die eine Hand auf dem Gashebel ruhen, die andere auf dem Steuerknüppel.« Als sich während meiner anfänglichen Lektionen das Flugzeug in die Lüfte erhob, machte ich immer wieder »Aaaah!« – doch zugleich schob ich den Gashebel bis zum Anschlag nach hinten.

Es gibt Zeiten, in denen Vorsicht von Klugheit zeugt. Und es gibt Zeiten, in denen es am besten ist, ja in denen sogar die einzige Möglichkeit darin besteht, sich ins Zeug zu legen und in vollen Zügen zu leben. Laden Sie die Frau, an der Sie interessiert sind, zum Essen ein. Bitten Sie um eine Gehaltserhöhung. Sagen Sie einmal nein – und bleiben Sie dabei. Lernen Sie, ein Rennauto zu fahren oder einen Berg zu ersteigen, in Meerestiefen zu tauchen oder zu surfen. Träume bleiben Träume, solange Sie sie nicht umsetzen. Erst durch Ihre Aktivität werden sie Wirklichkeit.

Werfen Sie einige Münzen in die Schale des Bettlers – oder bringen Sie ihm einen Hamburger mit Pommes frites vom nahe gelegenen Fastfood-Restaurant? Sind Sie mit einer durchschnittlichen Arbeit zufrieden – oder streben Sie selbst in Ihren gewöhnlichen Tätigkeitsbereichen nach Höherem, indem Sie faktisch Ihr Bestes geben? Engagieren Sie sich mit ganzem Herzen für die Beziehungen zu den Menschen, die Sie lieben? Warten Sie immer wieder auf einen späteren, scheinbar passenderen Augenblick, um zu beten – oder vertrauen Sie wirklich auf Gott?

Sie brauchen kein Leben geschenkt zu bekommen, Sie haben schon eins. Kosten Sie es aus, leben Sie es im großen Maßstab!

Gott, hilf mir, dass ich meine Angst und meine Schüchternheit loslasse und lerne, außergewöhnliche Erfahrungen zu machen.

März

Lernen Sie, Ich nehme es, wie es kommt, *zu sagen*

Lernen Sie, Ich nehme es, wie es kommt, zu sagen

1. MÄRZ

»Bist du süchtig danach, die Dinge zu dramatisieren?«, fragte ich meine Tochter einmal mit ernster Stimme, als würde ich sie interviewen.

»Natürlich«, antwortete sie. »Ich bin die typische Dramenkönigin.«

»Kann ich dir einige Fragen dazu stellen?«

Am Telefon entstand eine lange Pause. Dann sagte sie: »Ich habe einen besseren Vorschlag. Warum stellst du diese Fragen nicht dir selbst?«

Ich war in meinem Leben schon nach so vielem süchtig – nach Alkohol, Heroin, Morphium, Dilaudid, Kokain, Barbituraten, Valium und vielen weiteren Substanzen, die in physischer oder psychischer Hinsicht das Versprechen enthielten, meinen Gefühlszustand zu verändern. Ich war süchtig nach Koffein, Nikotin, Tabak – Zigaretten und kubanische Zigarren – sowie nach Opium und Haschisch.

Ich war süchtig nach den Süchten anderer Menschen, die ebenfalls von Rauschmitteln abhingen. Einige Leute sagen vielleicht, meine Persönlichkeit weise eine ausgeprägte Disposition zur Abhängigkeit auf. Ich weiß nicht, ob ich der Auffassung zustimmen kann, dass wir auch nach Menschen süchtig sein können, aber wenn das stimmt, war ich wohl auch nach einigen Personen süchtig.

Von allen Süchten auf diesem Planeten aber ist meines Erachtens die nach dramatischen Situationen und Auftritten am allerschwersten zu erkennen, zu akzeptieren, zu bewältigen und zu überwinden – nicht nur für mich. Der Andrang emotionaler Energie, den ich bei einem Drama im Theater, im Fernsehen, in einem Buch und vorzugsweise im richtigen Leben (in meinem eigenen) empfinde, scheint der letzte legale und legitime Rausch zu sein, den die Gesellschaft erlaubt.

Es ist politisch nicht korrekt zu rauchen, sexuelle Orgien zu feiern, maßlos zu trinken oder Drogen zu nehmen. Die Sucht nach dem Drama dagegen ist – trotz der geistigen Bewusstseinsentwicklungen, die wir inzwischen durchlaufen haben und dank deren wir an diesen Punkt gelangt sind – nicht nur politisch korrekt.

Die Sucht nach dem Drama ist *in*. Im Moment scheint sie für viele Menschen das Einzige zu sein, das ihrem Leben Sinn verleiht.

Potentielle Talkshow-Gäste stehen freiwillig Schlange, um die Details ihrer intimen Beziehungen und persönlichen Streitigkeiten – die einmal streng gehütete Geheimnisse waren – über Kabel- und Satellitenfernsehen zu verbreiten. Die Gesellschaft ihrerseits ist begierig darauf, im Leben dieser Leute herumzuschnüffeln und voyeuristische Blicke in ihre Schlafzimmer zu werfen. Derlei »realitätsnahe« Seifenopern garantieren jedenfalls hohe Einschaltquoten.

1999 schrieb ich diesen Abschnitt über die Drama-Sucht in meinem Buch *Playing It by Heart (Kraft für einen Neubeginn)*. Doch das Problem – sowie das Bestreben, die Sucht nach dem Drama zu überwinden – existiert schon sehr lange.

1937 veröffentlichte Emmet Fox einen Essay mit dem Titel *Don't Be a Tragedy Queen* [Seien Sie keine Tragödienkönigin] in dem Band *Find and Use Your Inner Power* [Entdecken und nutzen Sie Ihre innere Kraft].

Darin schrieb er: »Das Selbstmitleid scheint eine Ausflucht vor der Verantwortung zu bieten, aber es ist trotzdem eine verhängnisvolle Droge. Es verwirrt die Gefühle, trübt die Vernunft und liefert uns den äußeren Bedingungen aus ... Seien Sie keine Tragödienkönigin – egal ob Sie Mann oder Frau sind –, denn es geht nicht um das Geschlecht, sondern um die geistige Einstellung. Lehnen Sie die Märtyrerkrone strikt ab. Wenn Sie nicht über sich selbst lachen können (was die beste Medizin ist), dann versuchen Sie wenigstens, die jeweilige Schwierigkeit auf objektive Weise anzugehen, so als beträfe sie jemand anders.«

Vielleicht gibt es das Gegenmittel gegen die Sucht, die Dramenkönigin zu spielen, sogar schon länger.

Auf meinem Schreibtisch stehen drei kleine Buddha-Statuen. Der erste Buddha repräsentiert die Gelassenheit, der zweite das Lächeln, der dritte die Trauer, die umschlägt in Mitgefühl mit der Welt. Man sieht jeweils nur die obere Partie des Kopfes.

»Das Königreich des Himmels ist in dir«, sagte Jesus.

»Nirwana ist ein Bewusstseinszustand«, schrieb Anne Bancroft in ihrer Einleitung zu *Dhammapada*, einem Buch, das die Lehren Buddhas enthält.

Erleuchtung und Paradies sind keine Orte, die wir aufsuchen; sie befinden sich in unseren Herzen und Köpfen.

Wenn Sie nicht anders können, dann sagen Sie: »Es ist ein Alptraum« oder sogar: »O mein Gott, ich kann nicht glauben, dass so etwas passiert, und schon gar nicht, dass es mir passiert.« Ob Sie diese Worte mit Ruhe und Gelassenheit zum Ausdruck bringen, mit schallendem Lachen oder kurzem Kichern, ob Sie dabei Mitgefühl mit der leidenden Welt empfinden – in diesen Tagen, Monaten und Jahren um die Jahrtausendwende heißt, die Sprache des Loslassens zu lernen, auch, dass wir lernen, gelassen *Na gut* oder *Ich nehme es, wie es kommt,* zu sagen.

Hilf mir, Gott, dass ich das Bedürfnis loslasse, durch künstlich erzeugte Dramen mein Leben auszufüllen.

Steigern Sie sich nicht in Ihre Gefühle hinein

2. MÄRZ

»Heute rief mich die Buchhalterin an, die für meine überfälligen Rechnungen zuständig ist«, sagte mir eine Freundin. »Ich mag es, wenn sie anruft, denn jedesmal haben wir eine muntere Auseinandersetzung. Sie sagt mir, dass ich ihrer Firma Geld schulde, und ich erwidere, das sei mir bekannt. Daraufhin erklärt sie mir, dass meine Zahlung fällig sei, und ich antworte, dass ich auch das wisse. Anschließend fragt sie mich, warum ich den Fehlbetrag noch nicht beglichen hätte. Ich entgegne, das sei deshalb nicht geschehen, weil ich ihr letzten Monat bereits mitgeteilt hätte, dass ich nur zwanzig Dollar monatlich überweisen könne, dass sie das aber nicht gewollt hätte, eben weil es nicht ausreiche. In diesem Augenblick fängt sie an zu schreien. Mit schriller Stimme fordert sie mich auf, mir eine Arbeit zu suchen. Ich brülle zurück, dass ich genau das ja versuche und dass vor allem sie sich erst einmal einen besseren Job suchen sollte. Am Ende knallen wir beide den Hörer auf und sprechen nicht mehr miteinander, bis sie im nächsten Monat wieder anruft.«

Einige von uns steigern sich absichtlich in ein Drama hinein, um sich von Gefühlen zu befreien, Konflikte auf die Spitze zu treiben und ihr Leben durch einen kleinen Adrenalinstoß aufregender zu gestalten. Manchmal verursachen wir Probleme in Bereichen, wo wir ohne sie wesentlich besser zurechtkämen. Wenn wir etwa unser Zuhause in ein Schlachtfeld verwandeln, ist es für uns kein angenehmer Ort mehr.

Sobald wir unter Druck stehen, haben wir die Neigung, unseren Gefühlen einfach freien Lauf zu lassen. Und welches Mittel wäre dazu geeigneter als ein guter altmodischer Kampf? Infolgedessen müssen Sie sicherstellen, dass Sie sich nicht jemanden zum Feind machen, den Sie lieber als Freund gewinnen würden. Und achten Sie auch darauf, dass Sie Ihre Gefühle nicht an einem Unschuldigen – einem geliebten Menschen, Familienmitglied oder Freund – abreagieren.

Hilf mir, Gott, das Bedürfnis nach konfliktträchtigen Situationen loszulassen und zu gewährleisten, dass ich die mir nahe stehenden Personen nicht durch stressbedingte Wutausbrüche in Mitleidenschaft ziehe. Falls ich das dennoch tue, zeig mir bitte, wie ich meine aufgestauten Gefühle auf gesunde Weise abbauen kann.

Nehmen Sie die Stürme des Lebens
nicht allzu persönlich   3. MÄRZ

Irgendwo draußen auf dem Pazifik braute ein Sturm sich zusammen, wirbelte und tobte und legte sich dann wieder, ohne das Land berührt zu haben. Drei Tage später aber erreichte er unter einem klaren blauen Himmel die kalifornische Küste in der Nähe von Los Angeles. Das Meer warf Gesteinsbrocken vor mein Haus, die Wellen türmten sich auf und krachten gegen die Grundpfeiler. Weiter oben in der Straße rissen die Wellen die Veranden von zwei Häusern mit sich fort. Die ganze Nacht zitterte und bebte die Küste unter der Gewalt des Ozeans.

Am nächsten Morgen ging die Flut zurück, die Dünung glättete sich und der Himmel blieb blau. Ich begab mich hinunter zum Strand, beeindruckt von der Wucht, mit der das Meer ihn mit großen Mengen Treibholz und mit gewaltigen Steinen übersät hatte. Dann stieg ich wieder die Treppe hoch und trank meinen Morgenkaffee.

Manchmal haben die Stürme es eigentlich nicht auf uns abgesehen.

Manchmal attackiert uns ein geliebter Mensch oder Freund ohne ersichtlichen Grund. Er zetert, kocht und schnappt nach uns. Wenn wir ihn fragen, warum, antwortet er: »Oh, es tut mir Leid. Ich hatte bei der Arbeit einen schlechten Tag.«

Trotzdem sind wir verwirrt und verletzt.

Machen Sie die Menschen für ihr Verhalten verantwortlich. Lassen Sie sich von ihnen nicht schlecht behandeln. Aber nehmen Sie auch die Stürme in deren Leben nicht allzu persönlich. Sie mögen mit Ihnen nicht das Geringste zu tun haben.

Suchen Sie gegebenenfalls einen Unterschlupf. Entfernen Sie sich von schlecht gelaunten Freunden, bis sie sich beruhigt haben. Nähern Sie sich ihnen erst dann wieder, wenn keine Gefahr mehr besteht. Wenn der Sturm im Grunde nicht Ihnen gilt, brauchen Sie nichts weiter zu tun. Würden Sie etwa versuchen, die Wellen anzuhalten, indem Sie sich mit ausgebreiteten Armen in die Brandung stellen?

Sagen Sie: *Ich nehme es, wie es kommt.* Und lassen Sie die Stürme vorüberziehen.

Gott, hilf mir, die Stürme im Leben meiner Freunde und meiner Lieben nicht allzu persönlich zu nehmen.

Berücksichtigen Sie die Unterschiede 4. MÄRZ

Er ist ein rationaler Mensch. Er verlangt nach Beispielen des jeweiligen Problems und will sich darauf konzentrieren, eine Lösung zu finden.

Sie hingegen möchte darüber sprechen, wie sie sich fühlt.

Er mag es, vor dem Fernseher zu sitzen und auf die Fernbedienung zu drücken.

Sie jedoch möchte lieber auf der Couch kuscheln und in seine Augen schauen.

Er baut seinen Stress ab, indem er mit Freunden Basketball spielt, am Auto herumbastelt oder einen Spaziergang unternimmt.

Sie aber hat den Wunsch, ins Kino zu gehen; am liebsten sind ihr Filme, die sie zum Weinen bringen.

Ich habe lange Zeit gedacht, dass Männer und Frauen – ja überhaupt alle Menschen – genau gleich sein sollten. Es dauerte eine ganze Weile, bis ich begriff, dass jeder von uns einzigartig ist, auch wenn wir vieles miteinander gemein haben.

Und ich brauchte noch mehr Zeit, um zu erkennen, dass dies in der Praxis heißt: Ich muss lernen, die Unterschiede zwischen den geliebten Menschen und mir zu berücksichtigen.

Die bloße Tatsache, dass wir mit jemandem etwas teilen und vielleicht sogar überzeugt sind, verliebt zu sein, besagt nicht, dass jeder Mensch in der gleichen Weise reagiert und mit uns in allen Punkten übereinstimmt.

In unseren Beziehungen versuchen wir allzu oft, dem Gegenüber ein Verhalten aufzuzwingen, das unseren Vorstellungen entspricht. Dieser unbeugsame Wille verursacht letztlich große Spannungen und kann die Liebe völlig blockieren. Wenn wir einen Menschen ändern wollen, beurteilen wir ihn aufgrund der Eigenschaften, die uns bekannt sind. Wir beachten gar nicht jene Facetten seiner Persönlichkeit, die sich von der unseren unterscheiden, eben weil wir vollauf damit beschäftigt sind, ihn »umzukrempeln«.

Berücksichtigen Sie also die Unterschiede, ja mehr noch: Schätzen Sie sie. Anerkennen Sie, was der andere zu geben hat und welche Fähigkeiten er mit einbringt.

Lernen Sie, mit einem Funken Vergnügen und Neugier *Ich nehme es, wie es kommt,* zu sagen, wenn jemand nicht so ist wie Sie. Bemühen Sie sich, aus der unverwechselbaren Art und Weise, wie jede(r) das Leben angeht, wertvolle Anregungen zu ziehen.

Gott, hilf mir zu verstehen, welch reiche Gaben mir zuteil werden, sobald ich auf meine Kontrollmaßnahmen verzichte.

Übung: Diese Übung soll Ihnen helfen, die Unterschiede zwischen Ihnen und einem für Sie wichtigen Menschen zu berücksichtigen und zu schätzen. Dabei könnte es sich um den Ehepartner, ein Kind, die beste Freundin, einen Arbeitskollegen oder einen Elternteil handeln. Zweck der Übung ist es, Ihr Bewusstsein zu schärfen. Erstellen Sie in Ihrem Tagebuch eine Liste. Setzen Sie Ihren Namen oben hin und schreiben Sie daneben den Namen der anderen Person. Zählen Sie dann auf, worin Sie sich von ihr unterscheiden und was Sie mit ihr verbindet. Vielleicht deuten einige Unterschiede auf Eigenschaften hin, die Sie selbst gerne hätten, vielleicht aber auch nicht. Dann bezeichnen sie einfach andere Möglichkeiten, mit dem Leben zurechtzukommen und dementsprechend zu reagieren. Es kann allerdings auch sein, dass die Ideale und Verhaltensweisen beider Seiten tatsächlich unvereinbar sind und ein engerer Kontakt für Sie deshalb einfach nicht akzeptabel ist. Zumindest sollte Ihnen diese Liste einige Fingerzeige geben, in welchen Bereichen Sie das Loslassen einüben können.

Lassen Sie nicht zu, dass Wut Ihr Leben beherrscht
5. MÄRZ

Cheryls Mann war ein Tyrann. Durch seine Wut kontrollierte er fast jede ihrer Bewegungen. Er geriet nicht oft in Rage, aber wenn es dazu kam, explodierte er förmlich. Er zerbrach Gegenstände und hörte nicht mehr auf. Seine Wut versetzte sie in Angst und Schrecken.

»Ich habe mit Wut nie richtig umgehen können«, sagte Cheryl, »weder mit meiner eigenen noch mit der von jemand anders. Ich verbrachte meine Kindheit damit, auf Zehenspitzen zu gehen, um meinen Vater ja nicht zu stören. Dann heiratete ich einen Mann, dem ich gestattete, allein durch die Androhung eines Wutanfalls totale Kontrolle über mich auszuüben.«

Ob wir sie Choleriker, Tyrannen oder Rohlinge nennen – viele Menschen in dieser Welt setzen sich durch, indem sie bösartig und gehässig sind. Vielleicht gehen auch wir in ihrer Nähe instinktiv auf Zehenspitzen und bitten Gott darum, dass wir ihnen nicht durch eine unbedachte Handlung Anlaß geben, verärgert aufzufahren.

Die Wut ist eine heftige Emotion. Gerade deshalb dürfen wir niemandem erlauben, sie zu instrumentalisieren und damit über unser Leben zu bestimmen. Wenn jemand, den Sie kennen oder lieben, ein Tyrann oder Rohling ist, so beziehen Sie seine Reaktionen nicht auf sich. Gehen Sie nicht mehr auf Zehenspitzen, verhindern Sie, dass jeder Ihrer Schritte von dessen möglichen oder tatsächlichen Wutanfällen abhängt. Probieren Sie andere Vorgehensweisen aus, anstatt sich mit seinem persönlichen Problem zu belasten. Geben Sie ihm dieses einfach zurück.

Wie gehen Sie mit der Wut um? Gibt es jemanden, der Wut benutzt, um Macht über Sie zu gewinnen? Wenn ja, dann ist es wohl an der Zeit, die Angst loszulassen, Sie könnten andere Menschen gegen sich aufbringen.

Wenn Sie sich in einer wirklich gefährlichen Lage befinden, müssen Sie sich mit allen Mitteln daraus befreien. Wenn Sie sich aber nur von der Angst vor einem Gefühlsausbruch beherrschen lassen, dann lernen Sie, gelassen zu sein und *Ich nehme es, wie es kommt*, zu sagen, sobald jemand ausrastet.

Gott, bitte sorge dafür, dass weder meine Wut noch die eines anderen Menschen über mein Leben dominiert.

Entschärfen Sie Konflikte   6. MÄRZ

Wenn Sie keine Auseinandersetzungen und Streitereien wollen, dann vermeiden Sie es, den Menschen eine Angriffsfläche zu bieten.

Im Folgenden gebe ich Ihnen einige Hinweise, wie Sie mit Leuten harmonieren können, die aufgeregt sind oder eine gegenteilige Meinung vertreten. Bleiben Sie während des Gesprächs so entspannt, dass Sie sich in die Gedanken und Gefühle der anderen hineinversetzen können. Das heißt nicht, dass Sie allen Launen der Gesprächspartner nachgeben sollten. Nein, Sie sollten nur klarsichtig und konzentriert genug sein, dass Sie auch die anderen wirklich so sein lassen, wie sie sind.

Es ist naiv und egoistisch anzunehmen, dass jeder so denkt und fühlt wie man selbst. Und es ist lächerlich zu glauben, dass jeder den eigenen Standpunkt teilt. Ein wesentliches Merkmal des immer wacheren, bewussteren Menschen besteht darin, anzuerkennen, dass jedes Individuum spezifische Empfindungen, Wünsche und Motive hat.

»Anstatt eine verbale Attacke mit einer verbalen Gegenattacke zu beantworten, sollte die erste Reaktion sein, sich an die Stelle des Angreifers zu versetzen und die Situation von seiner Warte aus zu betrachten«, schreibt George Leonard in *The Way of Aikido* [Die Kunst des Aikido].

Der Autor entwickelt die Vorstellung von der »harmonischen Anpassung«, mit deren Hilfe man verbale Konflikte im Alltag bewältigen kann. »Eine solche Reaktion, ob physisch oder verbal, ist ziemlich entwaffnend, denn sie lässt dem Angreifer kein Ziel, auf das er sich konzentrieren könnte. Sie ist eine Methode, durch die man die eigenen Möglichkeiten, jeder Art von Angriff zu begegnen, enorm erweitert.«

Beharrt jemand auf seinem Standpunkt nur, um uns damit zu einer Reaktion zu zwingen, oder hat er überhaupt kein Interesse an einer Aussöhnung, dann können wir den Konflikt trotzdem entschärfen, indem wir Ruhe bewahren, die Haltung unseres Gegenübers respektieren und »Hmmmm« sagen. Gerade wenn unser Widerspruch zu einer sinnlosen Kontroverse führen würde, ist das eine höfliche Art, die Formel *Lassen wir's dabei* zum Ausdruck zu bringen. Zumindest werden Sie dadurch zu einem gewandten Gesprächspartner – eine achtbare Kunst, die man erlernen sollte. Und im besten Fall tragen Sie zum Frieden in der Welt bei, wenigstens innerhalb Ihres Bereichs.

Gott, gib mir genügend Einsicht in mein Wesen, damit ich großzügig zulasse, dass auch andere Leute sich frei entfalten. Hilf mir, meine Verteidigungsmechanismen aufzugeben, lehre mich, mit Menschen zu harmonieren und ihren Standpunkt nachzuvollziehen, ohne den meinen zu opfern.

Erkennen Sie Manipulationen

7. MÄRZ

Es liegt eine Ironie darin, dass der Mensch, der Sie zu manipulieren versucht, in Ihnen jemanden sieht, der stärker oder mächtiger ist als er.

George H. Green und Carolyn Cotter,
Stop Being Manipulated

George Green und Carolyn Cotter beschreiben Manipulation als einen Vorgang, bei dem jemand anders – ohne Ihr Einverständnis – Ihre Gedanken, Gefühle und Verhaltensweisen beeinflussen will und Ihnen dadurch Unbehagen bereitet.

Die meisten von uns manipulieren von Zeit zu Zeit, um sich bestimmte Wünsche zu erfüllen. Bisweilen sind derartige Eingriffe harmlos, ja sogar schlau. Beide Seiten wissen, dass eine geringfügige Manipulation mit im Spiel ist. Beide Seiten wollen, was der »Drahtzieher« mit aller Macht zu erreichen sucht – ein gemeinsames Abendessen, einen Kinobesuch, einen Spaziergang im Park. Das ist nichts Außergewöhnliches.

Dann wieder sind die Einsätze höher, und einige der Beteiligten sträuben sich. In solchen Situationen kann die Manipulation schädlich sein. Wenn wir nicht wissen, was wir wollen, wenn wir uns selbst und den anderen nicht klar machen, was in uns vorgeht, bahnt sich eine Manipulation an.

Manchmal werden Manipulationen bewusst und gezielt durchgeführt; manchmal aber sind sie unbewusste, vage Versuche, das zu bekommen, was man ersehnt.

»Wir wollen die Definition von Manipulation vereinfachen«, schlagen Green und Cotter vor. »Wenn Sie sich nach einer Begegnung miserabel fühlen, wurden Sie wahrscheinlich auf irgendeine Art und Weise manipuliert.«

Zeugt es nicht von Ironie, dass gelegentlich gerade das Gefühl, das wir verdrängen möchten, notwendig ist, damit wir besser auf uns selbst Acht geben?

Wenn Sie das nächste Mal mit einer Situation konfrontiert sind, die einen üblen Nachgeschmack hinterlässt, dann versuchen Sie herauszufinden, ob dies auf eine Manipulation zurückzuführen ist. Vergessen Sie nicht: Wann immer jemand versucht, Sie zu manipulieren, betrachtet er Sie als einen Menschen, der diese oder jene erstrebenswerte Eigenschaft besitzt und stärker ist als er. Wenn Sie also stark genug sind, um Zielscheibe einer Manipulation zu sein, dann sind Sie auch stark genug, für das eigene Wohlergehen zu sorgen.

Hilf mir, Gott, die Überzeugung aufzugeben, dass ich Leute manipulieren muss, um meine Träume zu verwirklichen. Und verleihe mir zugleich die Fähigkeit, den Manipulationen der anderen Einhalt zu gebieten.

Lernen Sie, mit Manipulationen umzugehen
8. MÄRZ

Selbst wenn man alle Regeln kennt und befolgt, wie man Manipulanten noch effektiver für sich einnehmen kann, wird das Leben mit ihnen wahrscheinlich nicht einfach sein.

George K. Simon jun.

Manchmal wollen sie etwas Bestimmtes, manchmal sind sie hinter einer bestimmten Person her. Und manchmal wollen sie, dass jemand Bestimmtes ihnen etwas gibt oder ein bestimmtes Gefühl vermittelt. Sie wollen Macht, in dieser oder jener Form. Manipulanten haben es auf unsere Schwachpunkte abgesehen.

Zwangsvorstellungen und Schuldgefühle sind Waffen. Manipulanten bringen uns dazu, diese Waffen gegen uns selbst zu richten.

Bisweilen können wir uns gut von Manipulanten lösen – weggehen, eine klare Grenze setzen, mit ihnen abschließen. Dann wieder ist es nicht gar so einfach. Vielleicht haben wir, wenigstens zeitweise, mit einem Chef oder einer anderen Autoritätsperson zu tun, die immer wieder dazu neigt, ihre Ziele durch extreme Manipulation zu erreichen. Vielleicht durchlebt eines unserer Kinder gerade eine Phase, in der es schonungslos manipuliert. Oder ein Elternteil, an dem uns viel liegt, benutzt das Mittel der Manipulation in fast allen Fragen des täglichen Lebens.

Lernen Sie, mit derlei Manipulation wirksam umzugehen. Nicht jeder meint, was er sagt. Die Leute werfen mit Worten um sich, um unser Schuldgefühl, unsere Eitelkeit oder unsere Angst zu treffen. Nehmen Sie diesen Anflug von Schuldgefühl oder Zwang bewusst wahr, wenn andere Menschen versuchen, Sie nach ihrer Pfeife tanzen zu lassen. Achten Sie darauf, ob andere Ihnen nach dem Munde reden. Erziehen Sie sich dazu, nicht darauf zu reagieren; bewahren Sie Ihre Klarsicht, praktizieren Sie Widerstandslosigkeit, und bleiben Sie ehrlich gegenüber sich selbst.

Wenn in Ihrem Leben ein Manipulant am Werk ist, so behandeln Sie sich selbst mit Sanftmut. Sie sind nicht für dessen Aktivitäten verantwortlich, sondern dafür, den Überblick zu behalten.

Gott, hilf mir, jene Schwachstellen in meinem Innern zu beseitigen, die mich empfänglich machen für Manipulationen. Befreie mich von Schuldgefühlen und fixen Ideen, damit ich entscheiden kann, was am besten für mich ist.

Erkennen Sie Ihre Grenzen 9. MÄRZ

Mitgefühl ist gut, aber es kann sein, dass wir es übertreiben. Bemühen Sie sich also nicht derart intensiv, Urteile über andere Menschen zu vermeiden, dass Sie gar nicht mehr beachten, was Ihnen missfällt.

»Ich weiß, wie es sich anfühlt, verlassen zu werden. Da ich dieses Gefühl nicht mag, werde ich meinen Freund nicht im

Stich lassen«, sagt Clara – und lebt weiter mit einem Mann zusammen, der sie körperlich und seelisch misshandelt.

»Ich urteile nicht über sie«, erklärt Ralph in Bezug auf seine neue Frau. Doch sie nimmt Kokain und stiehlt ihm Geld, um high zu werden. »Sie hatte ein schweres Leben, und ich stecke nicht in ihrer Haut.«

Robert sagt über seinen Sohn, der ihn mit seinen Manipulationen und Lügen dauernd aus der Fassung bringt: »Er braucht mein Mitgefühl und meine Nachsicht, weil er viel durchmachen musste. Seine Mutter starb, als er drei war. Er hat niemanden mehr außer mir.«

Sie können, auch ohne ihn zu verurteilen, Grenzen gegenüber einem Menschen ziehen. Sie können, ohne den anderen zu verdammen, zu der Auffassung gelangen, dass bestimmte Verhaltensweisen unangemessen sind und Ihnen weh tun.

Vergessen Sie nicht: Sie haben das Recht, »Au!« zu rufen.

Sie sind in der Lage, mit Mitgefühl *Ich nehme es, wie es kommt,* zu sagen und dennoch Sorge für sich selbst zu tragen.

Hilf mir, Gott, gegenüber den Menschen in meinem Leben vernünftige Grenzen zu setzen.

Lassen Sie es geschehen 10. MÄRZ

Das Leben ist eine »unendliche« Reihe von Anlässen, einfach loszulassen. Alle Dinge werden uns nur geliehen. Stellen Sie sich dem Leben, lernen Sie loszulassen; was auch immer wir erfahren – Erfolg oder Misserfolg, Freude oder Trauer, Unterstützung oder Verrat, Licht oder Dunkelheit –, es trägt zu unserem Wohlergehen bei. Sobald wir gelernt haben loszulassen, sind wir bereit für alles, was das Leben uns beschert. Nicht einmal den Tod brauchen wir zu fürchten.

Matthew Fox

Viele Jahre lang sträubte ich mich gegen das Loslassen – vor allem deshalb, weil ich nicht verstand, was die Leute damit meinten. Wenn ich deutlich zum Ausdruck brachte, dass mich eine bestimmte Sache fast zum Wahnsinn trieb, empfahlen sie: »Lass einfach los«, worauf ich »In Ordnung« sagte, ohne genau zu wissen, was ihnen vorschwebte, vor allem aber, wie ich das bewerkstelligen sollte. Irgendwann ging mir ein Licht auf. Wenn ich nicht wollte, dass die anderen mich dauernd zum Loslassen aufforderten, musste ich meine Zwangsvorstellungen im stillen Kämmerlein »pflegen« – oder im Beisein eines Menschen, der mir keine Vorträge über dieses Thema hielt.

Mit der Zeit wurde ich förmlich gezwungen loszulassen. Schließlich schrieb ich sogar ein Buch mit dem Titel *The Language of Letting Go* (*Kraft zum Loslassen*). Ich dachte, derlei nie mehr einüben zu müssen.

Doch als mein Sohn starb, wurde mir klar, dass die Niederschrift des Buches lediglich ein Vorspiel war, ein Einführungskurs im Loslassen. In den folgenden Jahren begann ich, neuen Respekt vor dieser Verhaltensweise zu empfinden.

Ganz gleich, in welchen Lebensumständen wir uns befinden – das Loslassen können wir täglich praktizieren. Es kommt den gesunden Beziehungen zugute, an denen wir weiter arbeiten möchten, und es wirkt sich auch in ungesunden Beziehungen positiv aus. Es ist ein nützliches Hilfsmittel, wenn wir eine Sache oder einen Menschen wirklich brauchen – und um unsere Ziele zu erreichen. Außerdem eignet es sich dafür, überholten Einstellungen – etwa geringer Selbstachtung oder manipulativen Absichten – entgegenzuwirken.

Das Loslassen vermindert den emotionalen Druck, entschärft das äußere Drama und verleiht uns wieder einen Sinn für Gleichgewicht, Frieden und geistige Kraft.

Es verhindert, dass wir in die Vergangenheit oder in die Zukunft abschweifen, und bindet uns an die Gegenwart.

Um den mystischen Schriftsteller Matthew Fox zu paraphrasieren: Alles, was geschieht und wird, muss auch wieder vergehen. Betrachten Sie das Loslassen als etwas vollkommen Natürliches. Es ist nicht so schwer, wie es scheint. Die Kunst des Loslassens zu erlernen bedeutet im Grunde nichts anderes, als in aller Ruhe den Dingen ihren Lauf zu lassen.

Steh mir bei, Gott, damit ich lerne, wie man loslässt.

Es geschieht, was geschehen muss   11. MÄRZ

Eine körperlich gesunde Freundin stirbt, während sie ihre bevorzugte Sportart ausübt. Ein Mann engagiert sich mit ganzer Kraft für seine Ehe, nur um dann eines Abends nach Hause zu kommen und seine Frau mit einem anderen Mann im Bett anzutreffen.

Ein Klopfen an der Tür einer hungernden Familie, und als sie öffnen, entdecken sie Tüten mit Lebensmitteln, die ein anonymer Spender dort abgestellt hat. Ein großer Auftrag geht genau zu dem Zeitpunkt ein, als die Firma vor dem Bankrott steht, so dass der Traum des Besitzers zu neuem Leben erwacht.

Bisweilen nimmt das Leben eine unvorhersehbare Wendung. Dinge geschehen. Manchmal betrachten wir ein solches Ereignis als positiv, dann wieder als negativ. Wir erkennen nicht immer seinen Grund oder seinen Zweck, aber die meisten von uns sind überzeugt, dass all dem ein göttlicher Plan zugrunde liegt.

Ich weiß nicht, *warum* mir diese oder jene Wohltat zuteil wurde, und ich habe keine Ahnung, *warum* die Trauer gerade mich übermannte. Mir bleibt nur eines, nämlich darauf zu vertrauen, dass jede Erfahrung eine bestimmte Lektion enthält.

Konzentrieren Sie sich eher auf die Umstände als auf die darin verborgenen Lektionen? Die Umstände sind gewissermaßen Hilfsmittel. Beschäftigen Sie sich damit! Empfinden Sie den Schmerz nach einem Verlust ebenso wie die Hochstimmung nach einem Sieg. Lassen Sie zu, dass Ihr Mitgefühl immer stärker wird. Lernen Sie, die anderen Menschen und auch sich selbst freundlich und fürsorglich zu behandeln.

Anstatt nach dem Warum zu fragen, sollten Sie sich herauszufinden bemühen, worin die jeweilige Lektion besteht. Sobald Sie bereit sind, diese zu akzeptieren, kommt sie deutlich zum Vorschein.

Hilf mir, Gott, für alle Biegungen und Wendungen entlang meines Weges offen zu sein. Bring mir bei, erfreulichen wie bedauerlichen Ereignissen mit Gleichmut zu begegnen.

Berauben Sie sich nicht selbst Ihrer Geschenke
12. MÄRZ

Missgeschicke sind wie Messer. Sie dienen oder sie verletzen uns, je nachdem, ob wir sie an der Klinge oder am Griff anfassen.
James Russell Lowell

Der Erfolg stellt sich oft ohne ersichtlichen Grund ein. Die Katastrophe überrollt uns wie ein Güterzug. Es bleibt uns überlassen, mit den jeweiligen Konsequenzen fertig zu werden. Wir können unserem Ego gestatten, sich angesichts des plötzlichen Glücks stolz aufzublähen; oder aber wir ernten die Früchte unserer Arbeit demütig und hoffen, dass wir unsere Sache künftig noch besser machen können. Nach einer Tragödie können wir uns hinlegen und aufgeben – oder, im Gegenteil, Trauerarbeit leisten, aufstehen und die nötigen Schritte unternehmen, um weiter voranzukommen.

Lassen Sie Ihr Leben Revue passieren. Waren Sie überwiegend erfolgreich? Lernen Sie die Lektionen des Verlusts? Vielleicht wurde Ihnen das übliche Maß an Geschenken zuteil. Sie sollten weder mit Ihren Erfolgen allzu sehr prahlen noch zu lange in Ihrem Kummer verharren. Verschlafen Sie Ihr Leben nicht, weil es so gewöhnlich, so langweilig ist; Sie würden den Sinn für das Wunderbare, die Ehrfurcht verlieren, und wenn es zu Ende geht, wüssten Sie gar nicht, was Sie eigentlich erfahren haben.

Nicht immer können wir die äußeren Geschehnisse beeinflussen. Wir dürfen uns nie der Illusion hingeben, allmächtig zu sein. Wir entscheiden nur, in welcher Weise wir der jeweiligen Situation begegnen – so wie wir entscheiden, ob wir ein Messer am Griff oder an der Klinge anfassen.

Geben Sie Acht auf die Schneide!

Entscheidend ist, was Sie mit den Geschenken anfangen, die Sie erhalten haben.

Gott, ich danke dir für das, was mir gegeben wurde.

Sagen Sie Ich nehme es, wie es kommt, *wenn Sie etwas nicht in der Hand haben*   13. MÄRZ

Wir können nicht jede Situation kontrollieren, an der wir beteiligt sind, wohl aber unsere jeweilige Reaktion. Wir können auch nicht die Gefühle, Machtspiele, Probleme der anderen Menschen kontrollieren, sondern nur festlegen, wie wir uns dazu verhalten wollen.

Vielleicht wurde Ihnen ein Unrecht zugefügt. Oder die Handlungsweise eines bestimmten Menschen hatte zur Folge, dass Ihr Wunschtraum zerbrach. Was werden Sie dagegen tun? Sie können verzagen und aufgeben – oder aber das Beste aus der Sache machen und aufbrechen beziehungsweise auf dem jetzigen Zustand aufbauen.

Sagen Sie: *Ich nehme es, wie es kommt.*

Lernen Sie zu leben und leben zu lassen.

Sie können immer wieder von vorn anfangen, sobald es erforderlich ist.

Gott, gib mir die Kraft aufzustehen, wenn die Denk- oder Verhaltensweisen der anderen mich niederdrücken. Hilf mir, den richtigen Gedanken, das richtige Verhalten einzuüben und jenen Weg zu gehen, der mir bestimmt ist – egal, womit er mich konfrontiert.

Entdecken Sie eine neue Facette Ihrer Persönlichkeit
14. MÄRZ

Jeden Sommer wüten im Westen der Vereinigten Staaten verheerende Waldbrände. Sie sind Teil des natürlichen Kreislaufs. Nach einer gewissen Zeit beschließt die Natur, einen Neuanfang zu machen, und riesige Baumbestände gehen in Flammen auf.

Kürzlich geschah das in der Nähe des Mesa-Verde-Nationalparks im Südwesten von Colorado. Ich verfolgte die Nachrichten mit Interesse und in der Hoffnung, dass die dortigen archäologischen Stätten nicht zerstört würden. Die Löschmannschaften waren im Großeinsatz, und obwohl in der Gegend ein beträchtlicher Schaden entstand, blieben doch die Ruinen unversehrt. Das Feuer vernichtete mehrere Tausend Hektar Wald um den Park – und beseitigte zudem das Gestrüpp, das zwölf bisher unentdeckte Stätten überwuchert hatte.

Manchmal wird auch unser Leben von einem heftigen Feuer ergriffen. Diese sind ebenfalls Teil des natürlichen Kreislaufs. Die Natur, das Schicksal oder unsere Höhere Macht bringen so zum Ausdruck, dass es Zeit ist, wieder von vorn zu beginnen.

Betrachten Sie das Unglück als eine Gelegenheit, und machen Sie es sich zunutze. Wer weiß? Dieses Feuer, das durch Ihr Leben fegt, zerstört vielleicht das Dickicht, das Ihre Vergangenheit umrankt. Seien Sie weiterhin offen und wach. Möglicherweise entdecken Sie an sich eine Seite, die vorher verborgen war.

Hilf mir, Gott, auf die Lektionen des heutigen Tages zu achten.

Lassen Sie die Schalthebel los

15. MÄRZ

»Sie sitzen an den Schalthebeln«, sagt mein Fluglehrer. »Nein, *Sie*«, erwidere ich. »Nein, nein, nicht ich, sondern *Sie*«, beharrt er.

Dieses neckische Geplänkel ist manchmal ganz amüsant. Doch nicht ganz so amüsant sind die Auseinandersetzungen, die wir alle über Macht und Kontrolle führen. Gewöhnlich verhält es sich ja genau umgekehrt: Wir wollen die Schalthebel niemand anders überlassen und sie lieber selbst betätigen.

Wir möchten unseren Kopf durchsetzen. Und wir sind bestürzt, wenn uns das nicht gelingt. Nachdem wir an uns und unseren Kontrollmechanismen eine Zeit lang gearbeitet haben, werden wir manchmal ziemlich selbstgefällig. Da wir die eigene Macht so wirksam eingesetzt und gesteuert haben, lassen wir uns kaum auf Kämpfe ein, die wir nicht gewinnen können. Alles läuft wie am Schnürchen. Wir erreichen meistens unser Ziel, eben weil wir nicht zu kontrollieren versuchen, was jenseits unseres Einflussbereichs liegt. Dann neigen wir dazu, uns für stärker zu halten, als wir es eigentlich sind.

Befinden Sie sich in einem Machtkampf mit einer Person oder einer Sache, die Sie nicht ändern können? Denken Sie eine Weile darüber nach. Wollen Sie Ihre Energie tatsächlich dafür benutzen, das Unmögliche zu versuchen, extreme Spannungen hervorzurufen und Schlachten zu schlagen, die Sie nicht gewinnen können? Sobald wir darauf aus sind, jemanden oder etwas außerhalb unserer Reichweite zu kontrollieren, stehen wir auf verlorenem Posten.

Sobald wir den Unterschied erkennen zwischen dem, was wir ändern können, und dem, was wir nicht ändern können, fällt es uns meistens leichter, unsere Kraft im eigenen Leben zum Ausdruck zu bringen. Da wir sie nicht damit vergeuden, am Unabänderlichen zu rütteln, bleibt uns viel Elan für die persönlichen Angelegenheiten.

Wenn Sie das Gewünschte nicht erhalten, dann sagen Sie: *Ich nehme es, wie es kommt.* Lernen Sie, die Dinge so sein zu lassen, wie sie sind.

Gott, hilf mir, mein Bedürfnis nach Kontrolle loszulassen und offen zu sein für die fließenden Bewegungen des Universums.

Seien Sie kein Besserwisser 16. MÄRZ

Eines Tages schlenderte ich durch ein Spielwarengeschäft und entdeckte einen Kinderwagen, an dem ein Lenkrad befestigt war. Dieses Rad konnte das Kind hin und her drehen – im guten Glauben, die Fahrtrichtung zu bestimmen. Aber das Lenkrad war nur eine Attrappe; jemand hinter dem Sportwagen schob ihn nach rechts oder links. Das Kind konnte so viel steuern, wie es wollte – wenn Mama in die Haushaltswarenabteilung gehen wollte, musste das Kind ebenfalls mit

Welch nützliche Lektion für Kinder in frühem Alter: Ganz gleich, wohin du steuerst – eine stärkere, übergeordnete Kraft schiebt dich an die Stelle, die sie anpeilt.

Bald entsteigen wir dem Kinderwagen, werden größer und erreichen schließlich das Erwachsenenalter. Als Erstes lernen wir, Auto zu fahren – endlich ein Lenkrad, das etwas bewirkt! Jetzt sind wir wirklich frei! Aber das Auto braucht Benzin, es gibt Verkehrsregeln und Geschwindigkeitsbegrenzungen, und wir müssen abends pünktlich zu Hause sein. Oder wir schließen unsere Schulausbildung ab und treten ins richtige Leben ein. Keine Eltern mehr, die jeden unserer Schritte überwachen! Doch dann sind da die Miete, die Zimmergenossen, der Chef – oder der Ehepartner und die Kinder.

Egal, wie sehr wir uns entwickeln, wohin wir gehen oder wie alt wir werden – immer ist jemand über uns, der mehr Macht hat als wir und der uns in diese oder jene Richtung schiebt. Leider kein neues Auto dieses Jahr – eine ganz andere Lektion!

Wir können uns Dinge wünschen, um sie bitten und hoffen, sie zu bekommen. Aber letztlich haben wir darauf keinen Einfluss. Anstatt unsere Zeit und Energie zu vertun, um etwas Bestimmtes zu besitzen oder woanders zu sein, als wir sind, können wir die jeweilige Lektion lernen und die Schönheit des Lebens genießen, das uns geschenkt wurde.

Gott, verhilf mir zu der Einsicht, dass ich zwar nicht alle Ereignisse kontrollieren kann, aber fähig bin zu entscheiden, wie ich auf sie reagiere.

Weichen Sie der Leere nicht aus   17. MÄRZ

Eines Abends saß ich mit einer Gruppe von Freunden im Restaurant. Bis auf eine Frau hatten alle ihre Mahlzeit beendet. Die Füße scharrten unter dem Tisch. Wir waren bereit zum Aufbruch. Doch diese ältere Frau stocherte auf ihrem Teller herum. Sie hatte ein Dessert bestellt, es aber noch nicht aufgegessen. Stattdessen nippte sie an ihrem Kaffee.

»Ich esse mein Dessert erst, wenn ich den Kaffee getrunken habe«, sagte sie, als der Ober fragte, ob er ihren Teller abräumen könne.

Alle Augen am Tisch schauten zu, als sie einen kleinen Schluck nahm, die Tasse absetzte und schwatzte, Geschichten und Witze erzählte, sinnlose Konversation betrieb. Wir beobachteten gespannt, wie sie langsam die Gabel zur Hand nahm, um ein Stück vom Dessert zu verspeisen, sich dann jedoch leise seufzend umbesann, die Gabel wieder ablegte und eine weitere Geschichte abspulte.

Sie lebte allein, war verwitwet, und ihre Kinder wohnten weit weg, in einem anderen Bundesstaat. Offensichtlich wollte sie das Essen mit ihren Freunden so lange wie möglich in die Länge ziehen. Sie versuchte, jenen verlassenen, stillen Ort, den wir als Leere bezeichnen, mit aller Macht auszufüllen.

Im Leben wie auch in diesem Buch ist häufig die Rede davon, dass man das anvisieren, tun und erreichen sollte, was man gerne möchte. Der Drang zur Aktivität hat viele Verfechter: »Ja, ich bin lebendig. Und ich koste mein Leben so reichlich aus, wie ich nur kann.«

Bei all dieser Betriebsamkeit müssen wir jedoch unser Interesse und unsere Aufmerksamkeit auch auf einen anderen Bereich richten, der ebenfalls ein wiederkehrender Teil des natürlichen Kreislaufs ist: die Leere.

Gemeint ist jene Leerstelle, die in unserem Leben immer wieder auftaucht.

Sie mag nur wenige Tage oder Wochen bestehen, unter Umständen aber auch länger. Eine Beziehung ging zu Ende. Wir sind allein, wissen nicht, was wir als Nächstes tun sollen. Oder ein Lebenszyklus ist abgeschlossen; die Ausbildung auf der Schule beziehungsweise an der Universität liegt hinter uns, und wir stehen vor der Frage, was jetzt geschehen soll. Vielleicht sind unsere Kinder erwachsen geworden, so dass wir nicht mehr mit ihrer Erziehung beschäftigt sind. Oder ein geliebter Mensch, ein sehr guter Freund oder Zimmergenosse, der in unserem Leben eine wichtige Rolle spielte, ist weggezogen.

Fürchten Sie sich nicht vor der Leere. Schieben Sie die Begegnung mit ihr gegebenenfalls eine Zeit lang hinaus. Verweilen Sie beim Essen mit Freunden, nehmen Sie sich Zeit für das Dessert. Und doch, so dunkel, kalt und ausgestorben die Leere zunächst erscheint, sie ist trotzdem ein angenehmer Ort. Ihre Rhythmen sind langsamer und oft verwirrender als andere Rhythmen in unserem Leben, existieren aber dennoch.

Erinnern Sie sich an jene ruhigen, Ihnen bereits bekannten Phasen, die zwischen Ende und Neuanfang liegen. Machen Sie sich bewusst, dass Sie davor keine Angst zu haben brauchen. Glauben Sie nicht, dass jetzt alles aus und vorbei sei. Es handelt sich lediglich um eine ebenso schöpferische wie notwendige Pause, um ein Zwischenstadium inmitten der anderen Stadien des Lebens.

Gott, gib mir den Mut, mit Würde, Vertrauen und einem Sinn für Humor in die Leere einzutreten. Hilf mir, das Unbekannte im gleichen Maße zu schätzen wie die Aktivität und die Klarheit.

Das Gebet hilft

18. MÄRZ

»Manchmal verbiete ich mir zu beten«, sagte Sheila. »Ich mache mir klar, dass das nur noch mehr Mühe bedeutet. Denn selbst wenn ich um etwas bitte, muss ich ja doch die ganze Arbeit erledigen.«

Ich setze mich hin, um zu schreiben. Die erforderliche Energie ist nicht da, aber der Abgabetermin. *Gott, bitte hilf mir.* Ich erinnere mich an die witzige Bemerkung, die irgendjemand einmal fallen ließ: »Ich liebe Abgabetermine. Besonders das zischende Geräusch, das sie machen, wenn sie vorüberfliegen.« Ich schreibe trotzdem, setze ein Wort vor das andere. Plötzlich kommt aus dem Nirgendwo eine Reihe von Sätzen, mit der ich nicht gerechnet hatte, eine zündende Idee, eine neue Perspektive, eine Geschichte mit Anfang und Ende. *Wow! Wo kam die denn her?*

In der Beziehung zu einem Freund taucht ein Problem auf. Er ist wütend und verletzt. Dadurch steigert er meine Wut und meine Verletztheit. Ich versuche, vernünftig zu argumentieren, ihm zuzuhören, ihn von meinem Standpunkt zu überzeugen. Er fühlt sich im Recht, ich fühle mich ebenfalls im Recht. Tag für Tag arbeiten wir an unserer Beziehung. Die Spannung hält an. Ich weiß nicht, was ich tun soll. »Gott, bitte hilf mir in dieser Situation. Zeig mir, worin der nächste Schritt besteht.« Ich rede weiter auf meinen Freund ein, und er hört nicht auf, mir dieses und jenes zu erläutern. Eines Tages schließlich verteidige ich mich weniger, und mein Schuldgefühl lässt nach. In der Beziehung herrscht eine ganz andere Stimmung. »Es tut mir Leid«, sage ich. »Mir auch«, beteuert er. *Wow*, denke ich. *Wodurch kam denn das?*

Ich stehe auf der Waage, starre auf die Zahlen der Anzeige. Ich möchte ungefähr zehn Pfund abnehmen, esse also weniger und treibe mehr Sport. Einige Tage später steige ich erneut auf die Waage. *Boing. Ein Pfund zugenommen.* Ich schränke das Essen weiterhin ein, aber die Zahl bleibt konstant. *Gott, bitte hilf mir, dieses Übergewicht loszuwerden. Warum schaffe ich das einfach nicht?* Ich achte nach wie vor auf die Kalorien in meiner Nahrung und mache gewissenhaft meine körperlichen Übungen. Eines Morgens bin ich wieder auf der Waage. *Wow! Fünf Pfund abgenommen! Wie kam denn das?*

Beten Sie. Lassen Sie los. Tun Sie dann so, als müssten Sie die ganze Arbeit erledigen. Erwarten Sie keine Zaubereien oder Wunder. Aber schaffen Sie Platz, damit Wunder geschehen können.

Gott, bitte sorge dafür, dass ich eines nie vergesse: Wenn ich nicht mehr weiter weiß, stoße ich direkt auf dich.

Werden Sie heiterer! 19. MÄRZ

Die Sache ist ernst, ja schwerwiegend. Auch unsere Beziehungen — und unsere Aufgaben — verlangen, dass wir uns ernsthaft mit ihnen auseinandersetzen.

Vielleicht aber müssen wir vor allem eines lernen: heiterer zu werden.

Nationen erleben Aufstieg und Untergang, Helden werden geboren und sterben, die Sonne erscheint am Himmel und verschwindet wieder. Und dann will man mir weismachen, dass es wichtig sei, beim Gottesdienst adrette Kleidung zu tragen?

Entscheidend ist, was in unserem Herzen vorgeht.

»Engel können deshalb fliegen, weil sie sich selbst so leicht nehmen«, schrieb G. K. Chesterton. Sobald Sie sich nicht mehr so ernst nehmen und die Dinge, die Sie tun, von dieser bleiernen Schwere befreien, können auch Sie fliegen lernen.

Gott, hilf mir, heiterer zu werden.

Kümmern Sie sich nicht mehr darum, was andere denken
20. MÄRZ

Früher am Tag hatten wir einen Spaziergang durch den Schnee im Becken des Bryce Canyon in Utah unternommen. Nach einer kurzen Dusche im Hotelzimmer gingen wir hinunter ins Restaurant, um zu Abend zu essen. Da unsere Stiefel völlig durchnässt waren, trugen wir Gummilatschen.

Die Empfangsdame bemerkte sie als Erste: »Sie haben die falschen Schuhe an!«, monierte sie. »Draußen liegt Schnee!«

»Ja, ich weiß. Wir sind aus Kalifornien«, erwiderte Chip.

»Hmmmm«, machte die Empfangsdame, als sie uns zu einem Tisch führte.

In dem Augenblick, da der Ober sich näherte, war sie wieder zur Stelle, um sogleich auf unser unpassendes Schuhwerk hinzuweisen. Wir versuchten zu erklären, dass unsere Stiefel nach einem langen Marsch durchnässt seien, aber das schien sie nur noch mehr aufzubringen.

»Ich hoffe, Sie haben nicht diese da getragen«, sagte sie. »Die Wege sind mit Schnee bedeckt.« Dann stapfte sie zu ihrem Pult zurück.

Unserem Ober war das alles egal. Er hörte zu, als wir von unserer Wanderung berichteten, erzählte uns von einem seiner Rundgänge und achtete darauf, dass unsere Gläser gut gefüllt waren.

Später, als wir aßen, begleitete die Empfangsdame ein anderes Paar an unserem Tisch vorbei und deutete auf unsere Füße. »Schauen Sie sich diese Leute an«, sagte sie. »Sie kommen aus Kalifornien und haben die falschen Schuhe an!«

Wir kicherten während des gesamten Essens, bloß weil unsere Wanderstiefel nass geworden waren.

Manchmal macht das, was in einer bestimmten Situation angemessen ist, für Sie überhaupt keinen Sinn, und Sie müssen improvisieren. Tragen Sie also gegebenenfalls die verkehrten Schuhe und lassen Sie sich – ohne Rücksicht darauf, was jemand anders denken könnte – die Party nicht entgehen.

Gott, erinnere mich an Folgendes: Wichtig ist, wie ich lebe, und nicht, wie ich aussehe.

Sorgen Sie sich nicht um die Finanzen 21. MÄRZ

Loslassen heißt nicht, dass einem alles gleichgültig ist. Vielmehr bekunden wir so unser Vertrauen, dass am Ende alles klappen wird. Deshalb wollen wir jetzt einmal näher betrachten, wie sich das Loslassen bei finanziellen Angelegenheiten auswirkt.

John war jahrelang Alkoholiker gewesen. Die Krankheit zerstörte im Laufe der Zeit sein Leben und verursachte immer größere Geldprobleme. Völlig am Ende, begann er schließlich eine Entziehungskur. Nach einer Weile besserte sich zwar sein Allgemeinzustand, aber die Finanzen lagen weiterhin im Argen. Zunächst versteckte er alle Rechnungen in einer Schublade. Eines Tages aber holte er sie hervor und entwarf einen Plan. Anstatt sich überfordert zu fühlen und zu verzweifeln, wandte er das Zwölf-Schritte-Programm auch auf den finanziellen Bereich an. Er verhandelte mit seinen Gläubigern, legte ein Budget für sich fest. Er tat, was in seiner Macht stand, und ließ alles andere los.

Allmählich gelang es ihm, aus den roten Zahlen herauszukommen. In kleinen Raten bezahlte er seine Schulden ab. Er beantragte eine Kreditkarte, erhielt sie auch, und schon nach einem Jahr wurde die Kreditlinie erhöht. Er benutzt die Karte nicht zum Einkauf, sondern um kreditwürdig zu sein. Inzwischen hat er ein Giro- und ein Sparkonto. Er zahlt seine Steuern und schafft es, jede Woche ein wenig Geld zur Seite zu legen.

Manchmal geschieht etwas Unerwartetes. Das Auto geht kaputt; jemand wird krank; die Miete steigt. Diese nicht einkalkulierten Ausgaben kommen aus heiterem Himmel, gerade dann, wenn man sich obenauf glaubt.

Viele Jahre lang war ich außerstande, die einzelnen Posten meines Budgets auf einem Blatt Papier miteinander in Einklang zu bringen. Wie ich es auch arrangierte – die Ausgaben waren immer höher als die erhofften Einnahmen. Ich gab mir alle Mühe, übernahm die Verantwortung für mich selbst und ließ dann los.

Die Sorge half mir nie weiter – ganz im Gegensatz zu einer eigenverantwortlichen Einstellung.

Was wir für uns nicht tun können, wird Gott für uns tun. Er weiß, dass wir hier auf der Erde Geld brauchen. Wie heißt es doch in der Bibel? Bemühe dich zuerst um Geld, dann hast du Ruhe? Nein, das habe ich versehentlich umgedreht. »Bemühe dich zuerst um das Königreich Gottes, und alles andere wird dir gegeben.«

Sagen Sie, was Sie benötigen – mit einer Haltung, die von Verantwortungsbewusstsein, Vertrauen und Frieden zeugt.

Gott, bringe mir bei, meine Geldsorgen loszulassen.

Fixieren Sie sich nicht auf die Zukunft 22. MÄRZ

In biblischer Zeit führte Moses eine Gruppe von Sklaven aus der ägyptischen Gefangenschaft zurück in ihre Heimat. Viele Jahre lang mussten sie dabei über die Sinai-Halbinsel wandern, ein unfruchtbares, felsiges, trostloses Stück Land.

Während ihres ausgedehnten Aufenthalts in der Wüste versorgte Gott sie mit Manna, einer Nahrung, die vom Himmel fiel und ihnen jeden Tag die nötige Kraft verlieh. Diese wechselseitige Beziehung, in der das Gottvertrauen den Empfang der Gabe sicherte, beruhte insbesondere darauf, dass jedes Manna noch am selben Tag verzehrt werden musste.

Das Manna konnte nicht gehortet werden. Es ließ sich nicht einlagern für schlechtere Zeiten. Wenn die Israeliten dennoch einen solchen Versuch unternahmen, verdarb und verfaulte es. Oder es verschwand auf ebenso geheimnisvolle Weise, wie es aufgetaucht war.

Die meisten von uns wissen, was es heißt, das tägliche Brot zu bekommen. Es ist ein Synonym für die Liebe, die Unterweisung, die Gnade und die materiellen Dinge, die wir täglich auf unserer Reise brauchen.

Manchmal setzen wir uns hin und malen uns aus, was geschehen wird. Wir denken ans Geld, an unsere Fähigkeiten, Stärken und unser Durchhaltevermögen und sagen mit müder Stimme: »Es wird einfach nicht reichen.« Diese Einstellung kommt daher, dass wir zu weit in die Zukunft schauen.

Bedenken Sie lieber, was Ihnen zur Verfügung steht – im jetzigen Augenblick. Machen Sie Gebrauch von Ihren Mitteln und Gaben. Das künftige Manna wird sich zur festgelegten Stunde einstellen.

Gott, hilf mir, den Weg der Freiheit zu schätzen, selbst wenn er durch die Wüste führt. Vergegenwärtige mir den Grundsatz des Manna: Von Tag zu Tag leben.

Legen Sie keinen Wert auf Äußerlichkeiten
23. MÄRZ

Wir sagen uns, dass wir mit den Müllers von nebenan Schritt halten müssen. Sie kaufen ein Boot, also kaufen wir ein größeres. Sie legen sich einen neuen Fernseher zu, also besorgen auch wir uns einen, allerdings mit einem größeren Bildschirm. Sie gründen ein Geschäft, weshalb wir das Gleiche tun, eine Satzung aufstellen und den Börsengang planen. Während wir derart damit beschäftigt sind, den Nachbarn nicht nachzustehen, ignorieren wir unsere Seele, die innere Stimme, die uns mitteilt, dass sie uns gerne das Einmaleins beibringen würde.

Obwohl es nützlich ist, sich mit anderen Menschen zu identifizieren, sind wir doch nicht genauso wie sie. Warum also vergleichen wir uns mit ihnen in materieller Hinsicht?

Folgen Sie Ihren eigenen Begabungen und Wünschen. Vielleicht sind Sie ein gewandter Redner, der mit seinem Vortrag Hunderte von Menschen mitreißt. Oder Sie haben das Talent, ein guter Freund zu sein, dessen Auftrag darin besteht, den nahestehenden Menschen behutsam zu zeigen, wie sie ihren Weg finden können.

Wenn Sie schon Vergleiche ziehen möchten, dann konfrontieren Sie Ihren Alltag mit Ihren Idealen und Träumen. Entsprechen sie einander? Wenn Sie großen Reichtum ersehnen, so ist das durchaus in Ordnung. Wenn Sie lieber als stiller, anonymer Helfer in Erscheinung treten möchten, um so besser. Gewiss, materielle Dinge können Spaß machen – aber sie können auch eine Falle sein.

Gehen Sie ebenso aufrichtig wie unbestechlich Ihren Weg, ungeachtet dessen, was andere besitzen?

Hilf mir, Gott, dass ich auf Äußerlichkeiten keinen Wert lege. Lehre mich, meinen eigenen Weg zu beschreiten.

Bemühen Sie sich um inneren Frieden   24. MÄRZ

Nach meiner Erfahrung besteht das wesentliche Merkmal des wahren Glücks in innerem Frieden.

Dalai Lama

Entwickeln Sie einen Sinn für Frieden, für jenen unerschütterlichen inneren Frieden, der nicht von äußeren Umständen abhängt.

So viele chaotische Zustände, so viele Dramen, so viele Emotionen rauschen durch uns hindurch. Es ist sehr verlockend zu glauben, dass wir dann friedlich sein werden, wenn wir diese Situation überstanden oder jenes Ziel erreicht oder ein anstehendes Problem gelöst haben.

Das ist eine Illusion.

»Ich bin glücklich, sobald ich das kriege, was ich will«, sagte Kent. »Aber nur für ein paar Augenblicke.«

Wenn einer unserer Wünsche erfüllt wird, geraten wir vielleicht in Hochstimmung, doch ein derartiges Glück ist ebenso begrenzt wie flüchtig. Bald schon taucht das nächste Hindernis, die nächste Empfindung auf. Oder wir sind voller Groll auf eine bestimmte Person beziehungsweise Arbeit, weil sie uns nicht das ersehnte Glück beschert. Das Glück gleicht einem Köder, insofern es immer an die kommende Schwierigkeit, Erwerbung oder Emotion gebunden ist.

Seien Sie *jetzt* friedlich.

Seien Sie *jetzt* glücklich.

Lassen Sie Ihrer Freude freien Lauf.

Gott, hilf mir, mich darauf zu besinnen, dass ich zuallererst zur Ruhe kommen muss – egal, mit welcher Situation ich gerade zu tun habe.

Entledigen Sie sich
Ihrer Ressentiments

25. MÄRZ

Ressentiments sind raffinierte, trickreiche Empfindungen. Sie können uns weismachen, dass sie gerechtfertigt seien. Sie können unser Herz austrocknen, unser Glück vereiteln und die Liebe beeinträchtigen.

Die meisten von uns haben irgendwann einmal Unrecht erleiden müssen. Und die meisten von uns kennen jemanden, der sich über das Unrecht beschwerte, das wir ihm zugefügt haben. Das Leben ist ein Nährboden für Ressentiments, sofern wir ihnen nicht Einhalt gebieten.

»Ja schon, aber diesmal wurde ich wirklich hinters Licht geführt«, klagen wir.

Das mag zwar stimmen, doch wenn Sie Ressentiments hegen, wird die Sache davon auch nicht besser. Sonst hätte nämlich unsere Liste mit Ressentiments in etwa den Umfang des Telefonbuchs von Los Angeles. Setzen Sie sich mit Ihrem Gefühl auseinander. Lernen Sie die Lektion, die ihm jeweils zugrunde liegt. Lassen Sie es dann los.

Ressentiments sind Reaktionen, die helfen sollen, mit einer Situation fertig zu werden, gleichsam Hilfsmittel, die dem Überleben dienen. Darüber hinaus stellen sie eine Form von Rache dar. Das Problem ist nur: Gegen wen sie sich auch richten – am Ende treffen sie doch immer uns selbst.

Halten Sie einen Moment inne. Gehen Sie in sich. Haben Sie sich eingeredet, ein Ressentiment sei angebracht? Wenn das der Fall ist, so verweilen Sie noch ein bisschen, um sich dann davon zu befreien.

Gott, gib mir jene Gelassenheit, die aus der Bejahung resultiert.

Sagen Sie, so liebevoll Sie können:
Ich nehme es, wie es kommt   26. MÄRZ

Es gibt eine Geschichte über Mohammed, den Propheten des Islam, die von Mitgefühl und innerer Loslösung handelt.

Mohammed hatte einen Nachbarn mit einem Abfallproblem. Er war ein verschrobener alter Mann, dessen Müll sich im Hof stapelte und ausbreitete. Dort herrschte ein unansehnliches Durcheinander, aber Mohammed übte sich in Toleranz und Mitgefühl. Jahrelang verlor er kein Wort gegenüber seinem lästigen Nachbarn.

Eines Tages verschwand das Chaos.

Mohammed ging zu des Nachbars Haus und klopfte an die Tür. Der öffnete.

»Ich habe mir Sorgen gemacht, als ich deinen Müll nicht mehr sah«, sagte Mohammed. »Ich wollte nur wissen, ob bei dir alles in Ordnung ist.«

Wir müssen Grenzen setzen. Wir müssen klar und deutlich sein und für uns selbst eintreten. Wir müssen regelmäßig überprüfen, ob wir gut auf uns Acht geben. Doch manchmal müssen wir auch überprüfen, ob wir uns durch Nebensächlichkeiten irritieren und verwirren lassen und dabei das Wesentliche vergessen: die Liebe.

Lernen Sie, *Ich nehme es, wie es kommt,* zu sagen, aber sagen Sie es mit dem höchsten Maß an Liebe und Mitgefühl, zu dem Sie fähig sind.

Gott, hilf mir, für mein Wohlergehen zu sorgen und mit Leidenschaft, Mitgefühl und Offenheit durchs Leben zu gehen.

Befreien Sie sich 27. MÄRZ

»Morgen will ich loslassen; heute macht es mir noch zu viel Spaß, mich zu quälen.« Nein, das trifft es nicht ganz. Also: »Morgen will ich loslassen; denn heute erfordern die Dinge, an denen ich festhalte, noch meine Aufmerksamkeit.« Damit kommen wir der Sache schon näher. »Ich empfinde heute überhaupt keine Freude, aber ich muss an meinen Wünschen, Schuldgefühlen, Einschränkungen und Sorgen festhalten. Sie definieren mich. Und nun kommen Sie und wollen, dass ich sie heute loslasse? Tut mir Leid, vielleicht morgen.« So klammern wir uns an etwas fest. Und das Magengeschwür wird immer größer. Und der seelische Schmerz infolge unerfüllter Erwartungen nagt weiter an uns. Dadurch berauben wir uns jener Freiheit, die das Loslassen gewährt.

Ich weiß schon, dass Sie gerade an dem festhalten, was für Sie wichtig ist. Auch all das, was ich je loslassen musste, hatte für mich eine besondere Bedeutung. Wenn dem nicht so wäre, fiele uns das Loslassen nicht so schwer. Wir würden uns nicht weiter darum kümmern und wie gewohnt weitermachen.

Der heutige Tag wurde Ihnen geschenkt. Wollen Sie ihn nutzen – oder werden Sie seine Wunder übersehen, nur weil Sie zu sehr damit beschäftigt sind, Dinge festzuhalten, die sich Ihrer Kontrolle entziehen?

Gott, bitte hilf mir, heute loszulassen.

Versteifen Sie sich nicht auf Ergebnisse 28. MÄRZ

Einige von uns fixieren sich auf dieses oder jenes Resultat. Wir denken, ein Projekt oder eine Beziehung müsse sich in einer bestimmten Richtung entwickeln.

Manchmal schielen wir derart auf den gewünschten Erfolg, dass wir gar nicht mehr wahrnehmen, wie wir uns dabei fühlen. Vielleicht wollen wir diesen Menschen, mit dem wir zusammen sind, unbedingt heiraten, ohne darauf zu achten, ob wir ihn wirklich lieben. Oder wir denken nur noch daran, unseren Fotoband zu veröffentlichen und berühmt zu werden, ganz gleich, ob die Arbeit an den Aufnahmen und ihr Gegenstand uns mit Leidenschaft erfüllen. Oder wir sind so sehr darauf aus, dass uns alle Gäste zu der gelungenen Party gratulieren, dass wir ganz vergessen, die Party entspannt zu genießen.

Gewiss, wir geben uns viel Mühe; zugleich versuchen wir jedoch, den Gang der Ereignisse sowie deren Ausgang zu kontrollieren.

»Gott steckt im Detail«, sagte einmal ein Lehrer, der angehende Autoren im Schreiben unterrichtet. Damit meinte er, dass man beim Schreiben seine Aufmerksamkeit auf jedes winzige Detail richten muss: auf die Farbe des Himmels, den Stoff der Couch, die feinen Gefühlsschwankungen der Hauptfigur, das Funkeln in ihren Augen.

Man kann diesen Satz aber auch noch ganz anders auslegen – nämlich in dem Sinne, dass Gott in jedem Detail unseres Lebens anwesend ist und daran auch Interesse hat. Machen Sie sich also Ihre Träume bewusst, und respektieren Sie Ihre Wünsche. Konzentrieren Sie sich aber vor allem auf die Einzelheiten – darauf, wie Sie sich jeweils fühlen und was Sie gerade tun. Beharren Sie nicht so sehr auf bestimmten Ergebnissen, dass Ihnen die Lebensfreude völlig abhanden kommt.

Erinnern Sie sich: Gott steckt im Detail – und insbesondere auch in dessen Konsequenzen.

Gott, hilf mir, dass ich dir und mir gegenüber klar mache, was ich eigentlich will. Lehre mich, für die Details eines jeden Augenblicks an jedem Tag empfänglich zu sein und meine Tätigkeiten mit Leidenschaft auszuführen.

Dein Wille geschehe 29. MÄRZ

Sie können das Land roden, das Feld pflügen, Dünger verteilen und Mais pflanzen. Aber Sie können weder bewirken, dass es regnet, noch den frühen Frost verhindern, noch genau festlegen, was in Ihrem Leben geschieht. Eines aber ist sicher, ob nun Regen fällt oder nicht: Die Ernte findet nur statt, wenn Sie zuvor den Acker bestellt haben.

Es ist wichtig, dass wir alles tun, was in unserer Macht steht, um den Erfolg zu gewährleisten, aber wir müssen auch die Wirkungen des Universums zulassen. Verrückt zu werden ist keine Lösung. Wenn wir uns über eine Sache den Kopf zerbrechen, vergeuden wir nur unsere Energie und erzielen kaum positive Ergebnisse.

Da kommt mir das Gebet der Gelassenheit in den Sinn. Es beginnt mit der Zeile: »Gib mir, Gott, die Gelassenheit, Dinge hinzunehmen, die ich nicht ändern kann.«

Roden Sie das Land, pflügen Sie das Feld, pflanzen Sie den Mais an – und lassen Sie dann los. Alles wird sich von selbst regeln, manchmal so, wie wir es uns wünschen, manchmal nicht. Jedenfalls kommen die Dinge ins Lot.

Bisweilen können Sie nicht mehr tun, als mit den Schultern zu zucken, zu lächeln und zu sagen: *Ich nehme es, wie es kommt.*

Dein Wille geschehe – nicht meiner.

Hilf mir, Gott, konsequent zur Tat zu schreiten, mich dann aber deinem Willen zu fügen. Erinnere mich daran: Wahre Stärke kommt daher, dass ich meinen Willen, meine Absichten und Wünsche an dir ausrichte.

Überlassen Sie sich
dem Fluss der Dinge

30. MÄRZ

Vor vielen Jahren stand ich einmal in der Küche und bereitete das Essen zum Erntedankfest vor. Die Kinder rannten im Haus umher. Ich erwartete Gäste. Die Speisen wurden nicht so, wie ich es vorgehabt hatte. Außerdem stellte ich entsetzt fest, dass einer meiner künstlichen Fingernägel abgesprungen war. Ich suchte ihn verzweifelt und merkte dann, dass er sich wahrscheinlich dort befand, wo ich ihn mit Schrecken vermutete: in der Füllung des Truthahns.

Ich rief meine beste Freundin an und schilderte ihr, was vorgefallen war.

»Entspann dich einfach«, sagte sie mit dieser fröhlichen Stimme, die ich so mag – manchmal jedenfalls. »Überlass dich dem Fluss der Dinge.«

»Wie denn?«, fragte ich leise.

Ich weiß nicht mehr, wodurch sich an jenem Tag die Dinge klärten, aber alles klappte – ich glaube, Nichole fand den Fingernagel. Auch der nächste Tag ging reibungslos vonstatten, der übernächste ebenso. Bald kam die Lektion deutlich zum Vorschein – lerne, dich zu entspannen, und überlass dich dem Fluss der Dinge. In diesem gelösten Zustand wirst du deine Energie auf ganz natürliche Weise zum Ausdruck bringen.

Einige sprechen von *ki*, andere von *chi* oder vom Heiligen Geist, vom Weg, vom Tao, von Gottes Willen oder von der Kraft. Egal, für welche Bezeichnung wir uns entscheiden – es gibt einen Energiefluss, eine Strömung, die uns durch jede Situation trägt, mit der wir konfrontiert sind.

Viele Jahre lang widersetzte ich mich diesem Fluss, dieser universalen Lebenskraft. Ich verschwendete ein hohes Maß an Energie, indem ich aus jedem Zwischenfall ein Drama machte. Folglich verbrachte ich genauso viel Zeit damit, gegen ein Gefühl

129

oder ein Ereignis anzukämpfen, wie damit, es irgendwie in den Griff zu bekommen. Ich lebte im Zustand der Angst.

Die Antwort wird sich ergeben, eine Lösung wird sich abzeichnen. Sie werden zur nächsten Station, Situation oder Person geführt. Die nötige Einsicht wird Ihnen zuteil, desgleichen Inspiration, Mut und Weisheit. Gefühle werden auftauchen und wieder verschwinden.

Die Lektion lautet nicht, dass alles gut gehen wird, sondern dass bereits *jetzt* alles gut geht.

Zeige mir, Gott, wie man den inneren Widerstand aufgibt und sich dem Fluss der Dinge überlässt.

Ändern Sie, was Sie ändern können 31. MÄRZ

Es gibt Zeiten, in denen man am besten sagt: *Ich nehme es, wie es kommt*, und Zeiten, in denen man am besten sagt: *Genug*. Differenzieren Sie zwischen beiden, und seien Sie bereit, in jeder Phase das Richtige zu sagen.

Werden Sie misshandelt, oder sind Sie nur verärgert? Resultiert Ihre Wut aus einer echten Verletzung, oder hat jemand einfach Ihre Erwartungen nicht erfüllt? Machen Sie sich den Unterschied klar, und wenden Sie dann in der jeweiligen Situation die entsprechenden Methoden an.

Gibt es bestimmte Regeln dafür, wie man sich Wissen aneignet? Nein. Sie müssen lediglich erkennen und abwägen, was für Sie zu jedem Zeitpunkt das Beste ist. Vertrauen Sie auf sich und auf Ihre Höhere Macht. Sie sind klüger, als Sie denken.

Bemühen Sie sich in Ihrem Leben um ein Gleichgewicht. Lernen Sie, wann Sie loslassen und wann Sie handeln müssen.

Gott, hilf mir, Situationen loszulassen, auf die ich keinen Einfluss habe, und zur gegebenen Zeit die nötigen Maßnahmen zu ergreifen.

April

Lernen Sie zu sagen,
was Sie sich wünschen

Lernen Sie zu sagen, was *Sie* sich wünschen

1. APRIL

Es war ein herrlicher Vormittag. Die Brandung schlug gegen das Ufer – gerade laut genug, um gehört zu werden. Wir standen auf dem Balkon und beobachteten die steigende Flut.

»Die Gezeiten schwanken doch sehr«, sagte ich. »Manchmal kann man morgens nicht über den Strand gehen. Dann wieder ist er erst am späten Nachmittag überspült.« Ich deutete auf einen gut 30 Meter entfernten Punkt. »Und bei Ebbe zieht sich das Meer bis dorthin zurück. – Wir müssen uns unbedingt mal einen Gezeitenplan besorgen, um den Rhythmus des Meeres besser zu verstehen. In vielen Geschäften liegt er kostenlos aus.«

Kurz darauf war dieser Gedanke verschwunden.

»Lass uns frühstücken gehen«, schlug er vor.

»Ich hab' eine Idee«, sagte ich. »Wir gehen zum Fischrestaurant.«

An diesem Morgen war wenig los. Wir brauchten nicht zu reservieren. Sofort bekamen wir einen Sitzplatz. Zwanzig Minuten später speisten wir von einer riesigen Platte Krabben und Limonenpastete. Das stand zwar nicht auf der Frühstückskarte, aber es war das, was wir wollten.

Anschließend fuhren wir hinab zu einer versteckten schmalen Bucht. Um sie zu erreichen, musste man vom Parkplatz aus ein längeres Stück Weg zu Fuß zurücklegen und am Ende noch hundert Stufen hinabsteigen. Wir benutzten jedoch nicht die Treppe, sondern kletterten und rutschten über den Hügel. Dann durchschritten wir die winzige Bucht, die Füße im feuchten Sand. Wir erklommen Felsen und betrachteten jeden wunderbaren Gegenstand, den Gott geschaffen hatte.

»Was ist denn das?«, fragte ich, als ich vorsichtig ein rundes, stacheliges Ding betastete.

»Eine Seeanemone«, antwortete er.

Ich wollte sie nicht in die Hand nehmen, also ergriff ich ein Muschelstück und berührte sie damit.

Der stachelig-weiche Ball öffnete sich und saugte das Muschelstück ein. *Knirsch. Knirsch. Knirsch.* Ich kicherte und wollte, dass sie das noch einmal machte.

Wir schlenderten durch die Bucht. Seesterne, Felsen und schöne Muscheln säumten unseren Weg. »Nackt baden verboten« stand auf einem verwitterten Schild. Ein Hubschrauber der Küstenwache flog vorbei, als wollte er sicherstellen, dass wir uns an die Vorschrift hielten. Irgendwann stiegen wir wieder zur Straße hinauf. Auch diesmal benutzten wir nicht die Treppe.

Wir fuhren in die Stadt zurück. Das Geschäft mit Wassersportartikeln war geöffnet, und wir schlenderten hinein. Wir warfen einen Blick auf Sonnenbrillen, Taucheranzüge, Kajaks und Shorts. Wir wollten nichts kaufen, bedankten uns und gingen durch die Tür. Plötzlich eilte ein Mann rufend hinter uns her, der etwas in der Hand schwenkte.

»Nehmen Sie doch den Gezeitenplan mit«, sagte er, während er uns eine kleine Broschüre reichte.

Wir schauten uns an und lachten. Auch wenn wir vergessen hatten, was wir uns besorgen wollten – das Universum erinnerte sich und bestand darauf, uns den Gezeitenplan zuzuspielen.

Wir müssen vieles loslassen, ja wahrscheinlich alles. Aber bevor wir das tun, müssen wir auch sagen, *was* wir haben möchten – denn nachher wird uns manchmal genau das zuteil.

Die eigenen Wünsche bewusst wahrzunehmen und zum Ausdruck zu bringen ist ein wichtiger Bestandteil der Sprache des Loslassens.

Lernen Sie, *ja zu sagen*   2. APRIL

Lernen Sie, *ja* zu sagen und dazu zu stehen.

Wie lange haben Sie schon nicht mehr *ja* zu einem Menschen gesagt? *Ja, ich würde es gerne tun. Ja, das erscheint mir viel versprechend. Ja, ich werde ein Risiko eingehen.*

Und wie lange haben Sie schon nicht mehr *ja* zu sich selbst gesagt? *Ja, ich merke, was in mir vorgeht. Ja, ich höre, was meine innere Stimme wünscht. Ja, ich weiß, dass ich müde bin. Ja, ich ruhe mich eine Weile aus.*

Sobald sich eine Gelegenheit ergibt – ob für die persönliche, spirituelle oder berufliche Weiterentwicklung –, sollten Sie nicht immer so vorsichtig und schüchtern sein. Was ist schon dabei, wenn Sie mit Ihrem *Ja* die Erwartungen von jemand anders nicht erfüllen? Manchmal sagen wir so oft *nein*, dass es uns zur Gewohnheit wird. Dann achten wir gar nicht mehr darauf, was wir da eigentlich ablehnen.

Ein *Ja* zur rechten Zeit ist genauso wichtig, um sich zu behaupten, wie das allmählich gelernte *Nein*. Dieses *Ja* ist ein Zeichen für Offenheit.

Wenn Ihnen das nächste Mal eine Frage gestellt, eine Chance geboten wird, oder wenn Ihnen der eigene Körper etwas mitteilen will, dann halten Sie inne. Anstatt sofort wie ein strenger Vater oder wie ein Autopilot *nein* zu signalisieren, lauschen Sie der Botschaft. Könnte sie wichtig sein und Sie auf den richtigen Weg führen? Sie haben vielleicht Angst und befürchten, der Sache nicht gewachsen zu sein, oder Sie wiegen sich gerne in der Sicherheit, dauernd *nein* zu sagen.

Lernen Sie, *ja* zu sagen zum Leben.

Aufrichtigkeit, Offenheit und die Bereitwilligkeit, einen Versuch zu unternehmen. Hmmmm – das klingt für mich schon recht deutlich nach *Ja*.

> *Hilf mir, Gott, ja zu sagen und es auch so zu meinen, wenn diese Antwort angemessen ist.*

Beten Sie und zeigen Sie Ihre Stärke   3. APRIL

Bei den Sufis gibt es das Sprichwort: Lobe Allah und binde dein Kamel an einen Pfosten. *Darin sind beide Aspekte der Praxis aufeinander bezogen: Bete, ja, aber sorge auch dafür, dass du in dieser Welt alles Nötige tust.*

Jack Kornfield, *Seeking the Heart of Wisdom*

Es ist leicht, den Märtyrer zu spielen. Wir leben ein unruhiges, von Auseinandersetzungen gekennzeichnetes Leben – und sehnen uns zugleich nach einer paradiesischen Zukunft, in der alles wunderbar sein wird.

Die paradiesische Zukunft ist nicht irgendwann, sondern heute. Ja, in diesem Augenblick und an diesem Ort. Wenn es uns gut gehen soll, dann haben wir die Aufgabe, uns jetzt darum zu kümmern.

Zwei Dinge lehrt uns die Bibel in Bezug auf den Glauben. Erstens: Der Glaube gleicht einem Senfkorn. Schon ein Bruchteil davon kann nach einer bestimmten Zeit keimen, gedeihen und wachsen. Zweitens: Der Glaube bedarf der Aktivität, sonst stirbt er. Wenn man nichts tut, hält man ihn nicht lebendig.

Beten Sie. Vertrauen Sie Ihre Angelegenheiten Gott an. Doch tun Sie auch das Ihre.

Warten Sie nicht mehr darauf, dass jemand kommt und Sie rettet. Lernen Sie, sich selbst zu retten.

Gott, hilf mir, heute gezielte Maßnahmen zu ergreifen, um mein Leben zu verbessern.

Bitten Sie um Unterweisung   4. APRIL

Manchmal glaubt man, eine gute Idee zu haben, aber dem ist nicht so.

> Piglet

Bitten Sie zuallererst um Unterweisung. Denn Eigensinn ist genauso trügerisch wie impulsives Verhalten.

Wir wissen, was ein spontaner Kauf ist – schnell und ohne zu überlegen schaffen wir uns etwas an. Dabei kann es leicht passieren, dass wir wie zwanghaft unser ganzes Leben nach diesem Muster gestalten, also nur noch in der Hitze des Augenblicks entscheiden und agieren.

Spontaneität ist durchaus zu befürworten, eine lebensbejahende Einstellung ebenfalls. Aber die Impulsivität bringt uns möglicherweise in Schwierigkeiten. Wir reagieren zu heftig auf ein Problem, nur um hinterher von Reuegefühlen übermannt zu werden. Gewiss, manchmal zeichnet sich der nächste Schritt dank einer Eingebung deutlich ab. Dann sollen wir ihn auch tun, ohne uns von Ängsten und negativen Gedanken zurückhalten zu lassen. Manchmal aber handeln wir voreilig und behindern dadurch am Ende uns selbst.

Bitten Sie von Anfang an um Unterweisung. Sie brauchen nicht mehr als einen Augenblick, um auf die Landkarte zu schauen und zu erkennen, ob die Abzweigung, die Sie nehmen möchten, tatsächlich in die richtige Richtung führt.

Gott, offenbare mir, was du für mich vorgesehen hast. Gib mir zu verstehen, ob die Entscheidung, die ich gerade treffe, zu meinem Besten ist oder ob ich nach einer günstigeren Lösung suchen soll.

Tun Sie einfach das, wozu Sie in der Lage sind

5. APRIL

Lieber Gott,
ich tue mein Bestes.

Aus den Briefen von Kindern an Gott

Manchmal können wir wirklich nicht mehr tun, als wir tun.

»Vielleicht habe ich das Talent, ein guter Zuhörer zu sein«, sagte John. »Vielleicht soll ich gar nicht reich und berühmt werden, sondern einfach nur dasitzen und anderen Menschen zuhören.«

Die Welt braucht auch Zuhörer. Wenn jeder ein Geschichtenerzähler wäre, ginge es sehr laut zu, und niemand hätte die Möglichkeit, diese Geschichten aufzunehmen. Vielleicht sind Sie ein Geschichtenerzähler, vielleicht ein Zuhörer – oder sogar beides. Vielleicht führt Ihr Weg zu persönlicher Anerkennung und Ruhm, vielleicht aber auch in den Bereich freiwilliger, anonymer Hilfeleistung.

Wenn Sie alles tun, was in Ihren Kräften steht – indem Sie Ihren Träumen nachgehen, an einer bestimmten Beziehung arbeiten, einem Menschen zur Seite stehen oder für das eigene Wohlergehen sorgen –, dann steuern Sie Ihren Teil zum Ganzen bei.

Vielleicht ist das, was wir tun *können*, auch alles, was wir an diesem Tag tun *sollen*.

Hilf mir, Gott, zu tun, was ich kann, statt an dem zu leiden, was ich nicht kann.

Die Macht der Gedanken
6. APRIL

1922 bejubelte Ägypten die Entdeckung des Grabes von Tutench-amun durch den Archäologen Howard Carter. Doch die Zaube-rer am Hof dieses Pharaos hatten auf die Innenwände des Gra-bes geschrieben, wer sich an den dort befindlichen Gegenstän-den zu schaffen mache, der werde schwer bestraft werden.

Und dann kamen im auf die Ausgrabung folgenden Jahrzehnt mehr als zwanzig Menschen, die mit der Ausgrabung zu tun hat-ten, plötzlich oder auf geheimnisvolle Weise ums Leben.

Ob man das nun als Fluch oder als besondere Form hypnoti-scher Suggestion bezeichnen will – es geht um den enormen Einfluss, den Gedanken, Vorstellungen und Wörter auf uns haben. Es geht um die Macht der inneren Überzeugungen.

Viele von uns investieren reichlich Geld und Lebenszeit in Therapien, um ihre Psyche von den Überzeugungen der Eltern zu befreien, die diese wiederum von ihren Eltern und Großeltern übernommen haben. Derartige »Erbschaften« können über mehrere Generationen weitergegeben werden.

Manchmal sind die Wirkungen, die die Gedanken anderer Menschen ausüben, weniger offensichtlich, dafür aber umso bestimmender. Es kann sein, dass wir rein instinktiv auf die stillen Forderungen eines Ehepartners oder Chefs reagieren. Er lächelt oder runzelt die Stirn oder schaut uns nur an – und schon wissen wir, was er meint oder erwartet. Auch die fast beiläufige Bemer-kung eines Freundes: *Das kannst du nicht; das geht so nicht,* gepaart mit der Aufforderung: *Mach's lieber so,* kann uns völlig durcheinander bringen. Wenn wir dann mit der empfohlenen Methode nichts zuwege bringen, uns weiter abmühen und keine Ahnung haben, warum alles misslingt, erinnern wir uns Monate später an die Worte des Freundes und sagen: »*Er* hat mich doch aufgefordert, es so zu machen. Vielleicht hatte er doch Unrecht.«

Das harmonische Zusammenleben mit anderen Menschen hängt vor allem auch davon ab, dass wir ihnen gern einen Gefallen tun und sie nicht unnötig oder böswillig verletzen. Dagegen basiert der aufrichtige Umgang mit uns selbst in erster Linie darauf, dass wir von Zeit zu Zeit überprüfen, ob wir wirklich das tun, was wir tun möchten – oder ob wir bloß eine Marionette sind, an deren Fäden jemand anders zieht.

Gott, hilf mir, die Macht der inneren Überzeugungen zu respektieren.

Übung: Führen Sie ein kleines Experiment durch, damit Sie sehen, wie stark der Geist ist. Gehen Sie auf zwei Personen zu, egal ob Sie sie kennen oder nicht. Denken Sie etwas sehr Positives und Liebevolles über die beiden, aber sprechen Sie es nicht aus.

Untersuchen Sie, was andere von Ihnen erwarten 7. APRIL

»Es ist ein Unterschied, ob man nur sagt, dass man sich nicht nach den Erwartungen der anderen richtet, oder ob man sich tatsächlich auch so verhält«, sagte mir einmal ein Freund.

Die Erwartungen der Leute – mögen sie real sein oder nur in unserer Vorstellung existieren – können große Macht ausüben. Vielleicht fühlen wir uns unruhig, beklommen, falsch verstanden und unkonzentriert, sobald wir aus uns herausgehen. Derartige Gefühle stellen sich oft ein, wenn wir die Erwartungen der anderen nicht erfüllen – sogar, und manchmal gerade dann, wenn sie gar nicht verbalisiert wurden.

Erwartungen sind heimliche Forderungen.

Sie zurückzuweisen mag uns einige Mühe kosten. Denn dann müssen wir auf der eigenen Position beharren und *nein* sagen. Dazu braucht es Kraft und Zeit.

Was erwarten die Menschen von Ihnen? Welche Erwartungen haben Sie in ihnen geweckt und gefördert? Erwarten die anderen dieses oder jenes wirklich von Ihnen, oder glauben Sie das nur, so dass im Grunde Sie selbst den Druck erzeugen?

Ein Leben, das keiner inneren Prüfung unterzogen wurde, ist nicht lebenswert, sagt man. Wenn wir allzu oft auf die Erwartungen der anderen eingehen, bleibt uns keine Zeit mehr für uns selbst. Kommen Sie zur Ruhe. Stellen Sie sich folgende Frage – ohne Angst vor einem Blick hinter die Kulissen: Lassen Sie zu, dass die Erwartungen einer gewissen Person Ihr Leben bestimmen? Untersuchen Sie die Erwartungen, denen Sie gerecht werden; folgen Sie dann einzig und allein Ihrer inneren Stimme.

Gott, hilf mir zu erkennen, welch beherrschenden Einfluss die Erwartungen der anderen Menschen auf meinen Alltag haben. Gewähre mir die Einsicht, dass ich einzig und allein meinen eigenen Erwartungen gerecht werden muss.

Hören Sie auf, sich selbst Fallen zu stellen

8. APRIL

»Mir wurde bewusst, dass ich am Wochenende stets daheim blieb und mich nicht allzu weit vom Haus entfernte«, sagte mir eine Frau. »Ich erwartete von mir selbst, dass ich immer für meine Tochter da war, wann immer sie mich brauchte, genauso wie damals, als sie noch klein war. Das Problem war nur, dass sie inzwischen Mitte zwanzig war und nicht mal mehr in derselben Stadt wohnte.«

Nur allzu leicht manövrieren wir uns durch die Erwartungen, die wir schon rein gewohnheitsmäßig an uns selbst stellen, in eine ausweglose Situation. Manchmal legen wir uns zugunsten der eigenen Karriere, einer Beziehung oder einer inneren Veränderung derart ins Zeug, dass wir allmählich einem Bild von uns entsprechen, das längst überholt ist.

Hören Sie auf, sich selbst Fallen zu stellen.

Vielleicht haben Sie sich jene Ziele einmal selbst gesetzt, aber jetzt sind sie nicht mehr gültig. Und die Tatsache, dass Sie sie erreichten, bedeutet nicht, dass Sie nicht weitergehen und etwas anderes tun könnten. Was erwarten Sie von sich? Haben Sie darüber einmal nachgedacht? Spiegeln diese Erwartungen Ihre heutigen Herzenswünsche wider – oder Ihre früheren Vorstellungen?

Beklagen Sie sich mürrisch über einige Aspekte Ihres Lebens – über Dinge, die von Ihnen erwartet werden, obgleich sie Ihnen missfallen? Vielleicht hegen allein Sie diese Erwartungen. Vergessen Sie nicht: Erwartungen sind subtil, ja spitzfindig. Erkennen und untersuchen Sie sie. Wenn einige davon überholt oder überflüssig sind, dann ist es an der Zeit, sie auszumustern.

Fühlen Sie, was da in Ihnen aufsteigt? Lauschen Sie. Es ist da – das Geräusch eines sich befreienden Lebens und Geistes.

Gott, hilf mir, mich von lächerlichen und unnötigen Erwartungen zu befreien.

Übung: Wenn Sie nur noch zehn Jahre zu leben hätten, was würden Sie dann tun? Wo würden Sie wohnen? Was würden Sie bei der Arbeit, in der Liebe, in der Freundschaft, in der Freizeit unternehmen? Wenn die Antworten nicht mit Ihrem gegenwärtigen Zustand übereinstimmen, sollten Sie diesen ändern.

Sie *müssen die Entscheidung treffen*   9. APRIL

Vergessen Sie nicht: Sie müssen sich immer wieder entscheiden.

Ich erhielt meinen »A-Schein« im Fallschirmspringen und sprang weiter. Aber ich zögerte, mir eine eigene Ausrüstung – Fallschirm, Gurtwerk und Overall – zu kaufen. Ich lieh sie mir, obwohl sie mir nicht richtig passte und ich dadurch Geld zum Fenster hinauswarf. Aber ich benutzte sie auch deshalb, weil die Fallschirme für Schüler sehr groß waren.

Viele Fallschirmspringer besorgen sich jedoch den kleinstmöglichen Fallschirm, sobald sie ihren Sport regelmäßig betreiben. In meinem Fall macht das allerdings keinen Sinn, denn sosehr ich auch auf meine Sicherheit achte und sosehr ich mich darauf konzentriere, weich zu landen, ich treffe gewöhnlich mit dem Hinterteil auf.

Je größer der »Baldachin« über meinem Kopf, desto besser geht es meinem Hinterteil nach der Landung.

Wann immer ich von meinem Plan sprach, mir eine eigene Ausrüstung zuzulegen, beharrten die anderen Springer darauf, ich solle mir einen kleinen Fallschirm kaufen, anstatt mein Geld für einen großen zu verschwenden. Also schob ich die Anschaffung auf und fragte mich, ob und wann ich wohl den Wunsch hätte, mit einem so kleinen Fallschirm abzuspringen und zu landen.

Eines Tages nahm mich Eddie zur Seite, der schon mehr als zehntausend Sprünge gemacht und ohne Verletzungen überstanden hatte. Er fragte, ob ich inzwischen meine Ausrüstung gekauft hätte. Ich verneinte. Er wollte den Grund wissen, und ich erzählte ihm, jeder hätte mir geraten, mein erster eigener Fallschirm solle kleiner sein als der, mit dem ich mich wohl und sicher fühlte.

»Mach dich doch nicht lächerlich. Bestell dir den größten, den du kriegen kannst. Du bist diejenige, die springt. Und du bezahlst die Ausrüstung. Lass dir von den Leuten doch nicht einreden, dass du nicht haben solltest, was du dir wünschst. Tu das, was am besten für dich ist, und du wirst diesen Sport noch lange ausüben.«

Seine Worte überraschten und trösteten mich. Wie schnell sind wir doch bereit, unsere Gedanken und Handlungen an den Erwartungen anderer Menschen auszurichten! Manchmal brauchen wir nur einen kurzen Hinweis, dass es mehr als in Ordnung ist, wenn wir das für uns Richtige wählen – denn genau dazu sind wir aufgefordert.

Hilf mir, Gott, dass ich mich von jenen Beschränkungen freimache, die andere Menschen mir auferlegen.

Treffen Sie auch
die schwierigen Entscheidungen
10. APRIL

Bisweilen treffen wir unsere Wahl relativ mühelos. Im einen Fall erscheint uns nur die eine Alternative richtig, und dann wiederum bereitet uns eine andere Wahl keinerlei Unbehagen. Manchmal sind wir jedoch mit ausgesprochen schwierigen Entscheidungen konfrontiert.

»Ich habe meine Kinder allein großgezogen«, sagte Jason. »Und ich habe meine Sache gut gemacht. Ich habe die Unabhängigkeit genossen, mich aber zugleich dem Gedanken hingegeben, dass ich irgendwann später wieder eine Beziehung haben wollte. Ein paar Jahre nachdem meine beiden Kinder das Haus verlassen hatten, begegnete ich einer Frau, die ich wirklich mochte. Wir verbrachten eine gewisse Zeit miteinander, standen kurz davor, uns aneinander zu binden, aber dann musste ich mich doch zurückziehen.

Sie gefiel mir, hatte aber zwei Kinder im Teenageralter. Die duldeten nicht, dass ich mit ihrer Mutter zusammen war. Ich wollte diese Frau nicht verlieren, doch auf einer tieferen Ebene verspürte ich nicht das geringste Bedürfnis, die halbwüchsigen Kinder von jemand anders mit aufzuziehen. Ich wusste, dass ich sie loslassen musste«, sagte er. »Es war eine schwierige Entscheidung.«

In so einer Situation mögen wir beide Alternativen nicht, wobei die eine völlig inakzeptabel ist. Schwierige Entscheidungen können in vielen Formen auftauchen. Wir lieben einen Menschen, der ernste Probleme mit dem Alkohol hat, und gelangen zu der Überzeugung, dass wir mit ihm nicht zusammenleben können – ungeachtet dessen, was wir für ihn empfinden. Oder wir lieben jemanden, der ein gewalttätiges Verhalten an den Tag legt oder uns gar körperlich misshandelt; unsere Gefühle sind genauso echt wie die drohenden Gefahren. Auch im Beruf stehen wir oft vor schwierigen Entscheidungen. An einem bestimmten Punkt meines Lebens konnte ich meine Vorgesetzten kaum ertragen. Doch ich mochte meine Arbeit, und darum beschloss ich zu bleiben. Ich bin nach wie vor froh, dass ich mich dazu durchgerungen habe.

Schwierige Entscheidungen sind Bestandteil des Lebens. Sie zwingen uns, die eigenen Wertvorstellungen genau zu untersuchen und herauszufinden, was wirklich wichtig für uns ist. Sie verlangen, dass wir jenen Weg wählen, der uns das größte Wohl beschert.

Wenn ich mit einer schwierigen Entscheidung konfrontiert bin, dann stehe mir bei, Gott, damit ich mich selbst wie die anderen Menschen fürsorglich behandle, während ich – mit deiner Hilfe – die richtige Wahl zu treffen versuche.

Lassen Sie zu, dass Sie sich ändern und weiterentwickeln
11. APRIL

Am Strand vor meinem Haus gibt es einige bei Ebbe zugängliche Becken, in denen sich viele Einsiedlerkrebse tummeln. Sie sind interessante kleine Kreaturen. Der Einsiedlerkrebs findet ein Gehäuse einer Meeresschnecke, das ihm passt, streift es über und lebt darin. Mit der Zeit wird er größer, das Gehäuse passt ihm nicht mehr, und so krabbelt er über den Meeresgrund und sucht sich ein anderes. Er lässt das alte zurück und kriecht in das neue, das seinen veränderten Bedürfnissen entspricht. Im Laufe seines Lebens wiederholt sich dieser Vorgang unzählige Male.

Lernen Sie die Lektion der Einsiedlerkrebse.

Eine Entscheidung, die gestern richtig war, befriedigt nicht unbedingt unsere heutigen Bedürfnisse. Wir Menschen entwickeln uns weiter, verändern uns. Zu diesem Zweck müssen wir manchmal unsere sichere Behausung verlassen.

Klammern Sie sich an etwas, das sich überlebt hat, nur weil es Geborgenheit verspricht und Ihnen wohl vertraut ist? Dabei mag es sich um ein bestimmtes Verhaltensmuster handeln – dass Sie

145

zum Beispiel in all Ihren Beziehungen die Opferrolle übernehmen oder sich völlig verausgaben, um das Unkontrollierbare zu kontrollieren.

Seien Sie den Lektionen, Orten und Menschen der Vergangenheit dankbar für das, was sie Ihnen beigebracht haben. Und seien Sie auch froh um die Überlebensmechanismen, die Ihnen halfen, heikle Situationen zu meistern. Es ist nicht verkehrt, sich behaglich und geborgen zu fühlen, treue Freunde und berufliche Aufgaben zu haben, die von großem Nutzen sind. Aber werden Sie nicht so bequem, dass Sie zur gegebenen Zeit nicht loslassen und weiterziehen können. Wenn Ihnen die Decke auf den Kopf fällt, wenn Sie spüren, dass Sie festsitzen und sich langweilen, ist es wohl angebracht, einen Schritt nach draußen zu tun und ein neues Gehäuse zu finden. Es gibt eines, das besser zu Ihnen passt und Sie bereits erwartet – aber Sie können erst dann darin wohnen, wenn Sie das jetzige Gehäuse abgestreift haben.

Zeige mir, Gott, über welche Menschen, Verhaltensweisen, Dinge und Orte ich hinausgewachsen bin, und gib mir dann die Kraft, sie tatsächlich loszulassen.

Ist es das, was Sie wirklich wollen?   12. APRIL

»Bist du immer noch in dieser Beziehung?«, fragte ich einmal einen Freund.

»Wenn es mir wirklich schlecht ginge, wäre ich es vielleicht noch«, antwortete er. »Aber ich habe beschlossen, dass ich mir das nicht länger antue.«

Manchmal steht eine Tür offen. Wir können hindurchgehen und den Raum dahinter betreten. Wir können dort so lange bleiben, wie wir wollen und wie wir es aushalten. Viele von uns haben gelernt, selbst in äußerst unangenehmen Situationen zufrieden zu sein.

Die Frage lautet dann nicht: »*Kann* ich wie bisher weitermachen?«, sondern: »*Möchte* ich wie bisher weitermachen?«

Es gibt viele Situationen, in denen wir darauf beharren können, unseren Willen durchzusetzen – manchmal sogar über einen größeren Zeitraum. Hartnäckigkeit und Ausdauer sind manchmal durchaus positive Eigenschaften: Wir bleiben bei einer Sache, bis wir sie wirklich begriffen haben. Aber es mag vorkommen, dass wir dabei zu weit gehen und an einer Beziehung oder einem Projekt krampfhaft festhalten, während andere Menschen, die schwächer oder klüger sind, bereits aufgegeben hätten.

Fragen Sie nicht mehr, ob Sie imstande sind, den gegenwärtigen Zustand weiter durchzuhalten. Wenn Sie sich bisher von Ihrem Plan durch nichts haben abbringen lassen, wenn Sie immer größere Anstrengungen unternommen haben, dann sollten Sie einen Rückzieher wenigstens in Erwägung ziehen. Fragen Sie nicht mehr, ob Sie gut genug sind, die Sache in den Griff zu bekommen, sondern ob das Ganze Ihnen wirklich gut tut.

Sorge dafür, Gott, dass ich mir die Zeit nehme, um eine Antwort zu finden auf die Frage: »Ist es das, was ich wirklich will?«

Gestatten Sie sich, Fehler zu machen 13. APRIL

Es gibt Phasen, in denen uns völlig unklar ist, wie wir weiter verfahren sollen. Der Versuch, einen Ausweg zu finden, kann uns derart blockieren und lähmen, dass wir nur noch dasitzen und uns im Kreise drehen. In solchen Situationen mag die Lösung davon abhängen, dass wir eine Entscheidung treffen – selbst wenn sie sich später als falsch erweist.

Im Idealfall denken wir ruhig über unsere Alternativen nach, und die eine wird uns klar und richtig erscheinen, die andere vage und falsch. Aber in solch schwierigen Momenten, da uns der Überblick fehlt, sind wir manchmal gezwungen, etwas einfach auszuprobieren. Übernehmen Sie also diese berufliche Aufgabe. Kaufen Sie die Eigentumswohnung. Gehen Sie mit jener Frau aus. Wenn das Ganze ein Fehler ist, können Sie ihn korrigieren – mit der Ehrlichkeit, Schnelligkeit und Bescheidenheit, die Ihnen zu Gebote steht.

Sie brauchen nicht annähernd so perfekt zu sein, wie Sie glauben. Manchmal muss man eben einen Fehler machen, um sich Klarheit zu verschaffen.

Steh mir bei, Gott, damit ich meinen Perfektionismus aufgebe und frei von inneren Zwängen mein Leben lebe.

Was möchten Sie?   14. APRIL

»Ich ging in den Lebensmittelladen, um ein paar Sachen zu besorgen«, sagte ein Freund. »Ich stand vor dem Regal mit eingemachtem Gemüse und starrte auf die Gewürzgurken und die Oliven. Eigentlich wollte ich die Oliven, kaufte aber dann doch die Gurken. Der Preis spielte keine Rolle«, fuhr er fort. »Es ging darum, mir ganz bewusst das vorzuenthalten, worauf ich Lust hatte.«

Manchmal geschehen seltsame Dinge; davon war zuvor schon die Rede. Mit den besten Absichten formulieren wir unsere Wünsche: eine Familie, Gesundheit, ein bisschen Erfolg in beruflichen Angelegenheiten – und dann kommt etwas Unvorhergesehenes dazwischen. Vielleicht wurde in unserer Kindheit das Familienleben zerstört, weil ein Familienmitglied schwer erkrankte oder starb. Oder ein solches Unglück ereilte uns später, als wir von unserem Ehepartner betrogen wurden.

Wahrscheinlich können wir nicht alles bekommen, was wir ersehnen. Und bisweilen werden uns Dinge zuteil, die wir zunächst haben wollten, doch dann ändern wir unsere Meinung. Trotzdem brauchen wir uns nicht zu quälen, indem wir uns dau-

148

ernd einreden, dass unsere Träume niemals in Erfüllung gehen werden.

Was möchten Sie? Wissen Sie es wirklich? Oder haben Sie die Wunschmaschine in Ihrem Innern ausgeschaltet? Zugegeben, wir alle kennen Phasen, in denen wir uns selbst bestrafen. Wir können viel lernen, wenn wir uns ab und zu gewisse Vergnügen versagen. Es ist nicht gut, eine Sache oder eine Person derart zu begehren, dass wir davon völlig beherrscht werden. Darüber hinaus mag das Leben interessanter werden, wenn wir etwas erstreben, das wir nie besitzen können.

Jedenfalls ist es in Ordnung, sich innerlich zu öffnen und genau herauszufinden, welche Sehnsüchte den kleineren und größeren Entscheidungen zugrunde liegen. Lernen Sie, Ihr Verlangen zu meistern.

Besinnen Sie sich auf Ihre Wünsche, und bringen Sie sie dann zum Ausdruck. Was nehmen Sie – Gewürzgurken oder Oliven?

Gott, lehre mich, wie man seine Wünsche im Zaum hält. Lass mich wissen, wann etwas außerhalb meiner Reichweite ist und wann ich mir unnötigerweise die Freuden und Vergnügungen dieser Welt versage.

Sagen Sie, was Sie nicht haben können 15. APRIL

»Warum ist es nur so«, fragte ein Mann, »dass immer, wenn ich einen Raum mit hundert Frauen betrete, die eine, die mir gefällt, entweder schon verlobt ist oder irgendwo in der Ferne wohnt? Kann mir das bitte mal jemand erklären?«

Ich lachte, als er diese Frage stellte, obwohl er nicht zu Späßen aufgelegt war. Viele Menschen sind gerade von der Person oder Sache entzückt, die sie nicht haben können. Die Frage des Mannes berührte mich, weil ich ebenfalls zu diesen Leuten gehöre. Die Nichtverfügbarkeit – gerade das entbehren zu müssen, was man ersehnt – kann, obgleich schmerzlich, in mancherlei Hinsicht auch höchst genussvoll und verlockend sein.

Dieser unselige Mangelzustand erscheint uns oft so angenehm und vertraut. Obwohl wir wissen, wohin er führt – zu Zurückweisung, Einsamkeit, Warten neben dem Telefon –, lassen wir uns gerne an der Nase herumführen.

Das zu begehren, was man nicht besitzen kann, ist ein universales Dilemma. Nur allzu leicht geben wir uns Fantasien hin, wie wunderbar es wäre, wenn wir *das* hätten, obwohl uns klar ist, dass es sich hierbei um Illusionen handelt. Auf diese Weise brauchen wir uns nicht mit dem zu befassen, was wir tatsächlich haben. Außerdem weichen wir so den Problemen aus, die Liebe, Intimität und Bindungsangst betreffen.

Machen Sie sich Ihre Sehnsüchte nach dem Unmöglichen bewusst. Und bitten Sie um den Mut und die Weisheit, die wahren Freuden erwiderter Liebe schätzen zu lernen.

Wenn wir Ziele anpeilen, die wir nicht erreichen können, brauchen wir uns selbst nicht so ernst zu nehmen. Wir sollten uns dieses Gebaren bewusst machen und dann einmal herzlich über uns lachen.

Hilf mir, Gott, dass ich mir selbst nicht mehr im Wege stehe.

Was ist Ihr zweitgrößter Wunsch? 16. APRIL

Gut, Sie können also nicht das haben, was Sie sich sehnlichst wünschen.

Haken Sie diesen Punkt auf Ihrer Liste ab, oder schreiben Sie ein »Nein« dahinter. Was kommt als Nächstes? Denn Sie können durchaus andere Dinge haben. Vergällen Sie sich nicht das Leben. Die eine Beziehung ist nicht möglich. Möchten Sie trotzdem eine gesunde, erfüllte Liebesbeziehung haben? Dann setzen

Sie diesen Wunsch auf Ihre Liste. Sie können in einem bestimmten Haus nicht wohnen. Na gut. Aber was gefiel Ihnen daran? Wie sollte das Haus aussehen, in dem Sie gerne leben würden?

Forschen Sie genau nach. Gehen Sie in sich. Ich wette, dass vielerlei Träume in Ihrem Innern verborgen sind. Nur zu! Riskieren Sie etwas! Lassen Sie sie zum Vorschein kommen. Sehen Sie – Sie denken bereits über einen Traum nach, den Sie vor langer Zeit verdrängt haben.

Fast jeder hat eine Person oder eine Sache im Kopf, die er mehr als alles andere wollte. Und viele mussten lernen, sie loszulassen. Notieren Sie auf einer weiteren Liste, was Sie nicht haben können. Oder fügen Sie diese Punkte der Liste bei, auf der Sie Gott Fragen nach dem »Warum« stellen: »Gott, warum konnte ich *das* nicht bekommen, als ich so sehr danach verlangte?« Lassen Sie es dann los.

Erstellen Sie jetzt noch eine Liste. Schreiben Sie oben hin: »Was würde ich mir als Nächstes wünschen, wenn ich das nicht haben kann, was ich unbedingt will?«

Gott, hilf mir, eine Liste mit meinen weiteren großen Wünschen anzulegen. Zeige mir, um welche es sich handelt und wie ich sie verwirklichen kann.

Übung: Erstellen Sie eine Wunsch- und Traumliste. Sie ist äußerst wichtig. Wir sprachen darüber bereits am 1. Januar. Wenn Sie an jenem Tag Ihre Liste ausgearbeitet haben und damit zufrieden sind, brauchen Sie diese Übung wohl nicht zu machen. Doch wenn Sie glauben, dass Sie sich zurückgehalten haben, oder wenn Sie gar nichts zu Papier gebracht haben, dann sollten Sie jetzt anfangen, Ihren Träumen zu folgen. Wenn Sie in Ihrem Leben irgendetwas besitzen könnten, was wäre es? Welche Orte würden Sie gerne besuchen? Welche Leute möchten Sie treffen? Welche Art von Arbeit würden Sie gern tun? Wo würden Sie gern wohnen? Welche geistige Entwicklung würden Sie durchlaufen? Von welchen Idealen ließen Sie sich leiten? Wie würden Sie andere Menschen und sich selbst behandeln? Welche ethischen Grundsätze würden Ihr Verhalten bestimmen? Diese Liste sollte pikant gewürzt sein. Schrecken Sie vor nichts zurück!

Bewahren Sie
Ihr inneres Gleichgewicht
17. APRIL

Manchmal spielen unsere berechtigten Bedürfnisse und Wünsche völlig verrückt.

Wir wollen etwas – zum Beispiel die Abstinenz unseres Ehepartners, jenen Job, diese Frau oder diesen Mann –, und zwar so sehr, dass wir uns nur noch darauf fixieren und fast obsessiv werden. Wir bringen uns aus dem inneren Gleichgewicht, geraten in eine Verwirrung, derentwegen wir am Ende immer den Kürzeren ziehen.

Es ist ja nicht so, dass die eigenen Bedürfnisse und Wünsche schlecht für uns wären. Aber offensichtlich wird uns im Moment nicht das zuteil, was wir gerne hätten. Lassen Sie Ihre Wut darüber nicht an sich aus, indem Sie ein allzu hartes Urteil über Ihre Person fällen. Und verdammen Sie nicht Ihre Bedürfnisse, indem Sie sich einreden, Sie sollten überhaupt keine mehr haben.

Entspannen Sie sich. Kehren Sie zurück zur inneren Mitte, in jenen Zustand der Klarheit und Ausgeglichenheit.

Gestatten Sie Ihren Bedürfnissen und Wünschen nicht, einfach »durchzudrehen«. Gewiss, die Leidenschaft ist etwas Großartiges. Finden Sie heraus, was Sie wollen; lassen Sie es dann los. Und fragen Sie Gott, worin jeweils Ihre Lektion besteht.

Heute werde ich jedem Bedürfnis oder Verlangen, das mich zu beherrschen scheint, Zügel anlegen. Anstatt dauernd darüber nachzudenken, vertraue ich es Gott an und konzentriere mich auf mein Wohlbefinden.

Sagen Sie, was Sie wirklich möchten 18. APRIL

Was möchten Sie? Nein, ich frage weniger nach der Sache an sich, sondern eher danach, warum sie Ihnen so verlockend erscheint. Besinnen Sie sich auf die ursächlichen Motive Ihres Wunsches. Sie wollen ein neues Auto? Weil Sie ein zuverlässiges Transportmittel benötigen – oder weil Sie das Prestige auskosten möchten, einen tollen Schlitten zu fahren? Füllt Sie diese Art Arbeit tatsächlich aus – oder reizen Sie nur Geld und Ansehen, die damit vielleicht verbunden sind? Sie sehnen sich nach einer Liebesbeziehung? Erträumen Sie eine auf Gleichberechtigung beruhende Partnerschaft – oder brauchen Sie jemanden, der für Sie sorgt? Was suchen Sie wirklich?

Seien Sie so präzise wie möglich. Wenn Sie Ihre Absichten und Ziele untersuchen, stellen Sie oft fest, dass diesen ein verborgener Wunsch zugrunde liegt. Sie sagen: In meinem Beruf will ich das und das erreichen. Schauen Sie genauer hin. Was veranlasst Sie, sich gerade dieses Ziel zu setzen? Wenn Sie sich kreative Freiheit erhoffen, können Sie die möglicherweise auch durch etwas anderes als durch eine Beförderung erlangen. Wenn Sie möchten, dass Ihr Ehepartner aufhört zu trinken, ersehnen Sie im Grunde vielleicht eine ruhigere häusliche Atmosphäre und ein Leben ohne Kummer. Wenn Sie den Partner partout nicht davon abbringen können, dann gibt es vielleicht andere Methoden, Ihren Traum zu verwirklichen. Oder Sie kommen zu der Überzeugung, dass Sie jetzt lieber warten sollten, bis er oder sie sich ändern will.

Seien Sie aufrichtig in der Erforschung Ihrer Motive. Schließlich sind einige davon nicht gar so heilsam; unter Umständen müssen Sie deshalb Ihre Ziele neu festlegen. Jedenfalls ersparen Sie sich unnötiges Leid, wenn Sie jetzt herausfinden, was Sie treibt. Es kann auch sein, dass das Motiv durchaus nützlich ist, aber dass Sie sich darauf versteifen, nur einen bestimmten Weg zum Ziel einzuschlagen.

Seien Sie sich all der Gelegenheiten ringsum bewusst. Verderben Sie sich nicht Ihr Leben. Sie verfügen über verschiedene Mittel und Wege, um Ihre wahren Wünsche in Erfüllung gehen zu lassen.

Hilf mir, Gott, dass ich mir darüber klar werde, was ich im Leben wirklich suche.

Geben Sie zu, was Sie nicht wissen   19. APRIL

Einmal saß ich mit Freunden in einem Restaurant. Sie alle – besonders einer – wussten, dass ich kein Schweinefleisch esse. Das hat keine religiösen Gründe. Aber Schweinefleisch macht mich einfach krank; schon der kleinste Bissen verursacht mir Kopfschmerzen und manchmal sogar Übelkeit. Egal, wie verlockend dieser Speck aussieht oder wie sehr mir das Wasser im Mund zusammenläuft, wenn vor mir in der Pfanne ein Schweinekotelett brutzelt – ich verzichte darauf.

Wir befanden uns also in jenem Restaurant. Nachdem ich auf die Speisekarte geschaut hatte, kam der Ober und ratterte für uns die Spezialitäten des Abends herunter. Die Tortellini schienen sehr schmackhaft zu sein. Mir war aufgefallen, dass er deren Füllung mit dem italienischen Wort *prosciutto* umschrieben hatte, aber ich achtete nicht weiter darauf. Das Gericht regte meinen Appetit an, und so bestellte ich es.

Wir unterhielten uns über dieses und jenes. Dann brachte der Ober die Speisen und stellte den Teller mit den Tortellini vor mich auf den Tisch. Ich nahm die Gabel und begann zu essen.

»Weißt du, was *prosciutto* ist?«, fragte mein Freund.

»Ja«, log ich.

»Deute darauf«, sagte er.

Ich wählte ein Stück Gemüse aus, das Sellerie glich, und stach mit der Gabel hinein. »Da«, sagte ich. »Das ist er.«

»Das ist doch nicht dein Ernst, oder?«, sagte er. »Deute auf den *prosciutto*!«

Ich merkte, wie ich rot wurde. »Ich mag es nicht, wenn ich so auf die Probe gestellt werde«, erwiderte ich. »Ich weiß, was *prosciutto* ist.«

»Das«, sagte er, ein Stück auf dem Teller aufspießend, »ist *prosciutto*. Italienischer Schinken. Ich dachte, das würde dich interessieren, da du ja kein Schweinefleisch isst.«

»Oh«, sagte ich und schob den Teller zurück. »Eigentlich verspüre ich gar keinen Hunger mehr.«

Ich weiß, ich habe über diese Lektion bereits an anderer Stelle gesprochen, aber ich musste sie noch einmal lernen. Manchmal fühlen wir uns unzulänglich, und das Eingeständnis unserer Unkenntnis mag uns unangenehm sein. Doch wenn wir in aller Aufrichtigkeit sagen, was uns schleierhaft ist, erfahren wir vielleicht etwas Neues.

Wenn die ehrliche und richtige Antwort lautet: »Ich weiß es nicht«, dann spreche ich sie heute aus.

Gott, hilf mir, die Überzeugung aufzugeben, dass ich etwas wissen müsste, wovon ich eigentlich keine Ahnung habe.

Werfen Sie eine Münze   20. APRIL

Werfen Sie eine Münze ... Das ist eine geheime Methode, die viele Führungskräfte anwenden. Denn manchmal kommt es nicht darauf an, welche Entscheidung man trifft, sondern darauf, überhaupt eine zu treffen. Dann hält man sich einfach daran in der Überzeugung, ein bestimmtes Resultat herbeigeführt zu haben.

Jay Carter

Bisweilen sind wir wirklich gespalten. Wir wissen nicht, was wir wollen. Die Waagschalen befinden sich im Gleichgewicht, es steht fifty-fifty.

Werfen Sie dann eine Münze.

Wenn Ihnen die Entscheidung, die die Münze gerade für Sie getroffen hat, missfällt, so wissen Sie wenigstens, was Sie nicht wollen.

Gott, hilf mir herauszufinden, wer ich bin und was ich mir tatsächlich wünsche.

Erkennen Sie, was wichtig ist 21. APRIL

Vor allem hatte ich gelernt zu unterscheiden, was im Leben wichtig ist und was nicht. Das Wichtige war oft eine Handvoll Wasser, manchmal eine geschützte Stelle für das Biwak, ein Buch, ein Gespräch.

Reinhold Messner

Einer meiner Freunde, der ein aufregendes Leben führen wollte, indem er sich der Fallschirmspringergruppe anschloss, gab seinen guten Job auf, verkaufte seine ganze Habe und begab sich mit ein paar Tragetaschen und einem Fallschirm zum Flugplatz. Inzwischen hat er seinen Traum verwirklicht. Er ist professioneller Fallschirmspringer, verheiratet und bewohnt ein passables Haus in der Nähe seines heiß ersehnten Arbeitsplatzes. »Damit werde ich nie reich werden«, erklärt er. »Aber jeden Morgen wache ich auf in der Gewissheit, genau das zu tun, was ich tun möchte. Darüber hinaus habe ich in den Jahren als Fallschirmspringer-Freak gelernt, was wirklich wichtig ist und was nicht.«

Wir hängen sehr an unseren Sachen. Wir zetern, wenn jemand Cola auf die Couch kippt, sind erzürnt über das leiseste Klappern unseres geleasten Motorrads und versuchen, die mit dem geliebten Menschen nicht verbrachten Stunden dadurch wettzumachen, dass wir ihm noch mehr Geschenke bringen.

Werfen Sie einmal einen gründlichen Blick auf Ihr Leben. Vergegenwärtigen Sie sich, worauf Sie besonderen Wert legen.

Was würden Sie sehr vermissen, wenn es Ihnen abhanden käme? Was würde Ihnen kaum auffallen, wenn es nicht da wäre? Und was müsste verschwinden, damit es Ihnen besser geht?

Lernen Sie zu unterscheiden zwischen dem Wesentlichen und dem Überflüssigen. Vielleicht stellen Sie dann – wie mein Freund – fest, dass Sie mit zwei Tragetaschen und einem Traum glücklicher wären als mit einer Wohnung voll Krimskrams, den Sie ohnehin nie benutzen.

Gott, gib mir die Kraft, meinen Träumen zu folgen. Hilf mir, meine Sachen zu durchforsten und herauszufinden, was für mich und meine Familie tatsächlich von Bedeutung ist.

Lösen Sie die eigentlichen Probleme 22. APRIL

Lösen Sie die Probleme, die Sie lösen wollen – oder jene, die Sie Ihrer Meinung nach lösen sollten?

Thom Rutledge

Peter verbrachte seinen Tag damit, Probleme zu lösen. Er hatte das richtige College besucht, den richtigen Beruf ergriffen und für die richtigen Menschen gearbeitet. Als erfolgreicher Buchhalter zählte er das Geld anderer Leute und rechnete aus, wie viel sie dem Staat schuldeten. Peter beherrschte seine Materie, gewiss, aber er hatte den Wunsch, zu fotografieren. Aber immerhin war die Buchhaltung eine wichtige Angelegenheit, und die Klienten brauchten seine Hilfe, um mit der Steuer klarzukommen. Deren Geldprobleme zu lösen verschlang einen Großteil von Peters Zeit – so viel, dass er allmählich seine Leidenschaft für die Fotografie vergaß.

Eines Tages jedoch nahm er ein Fotomagazin zur Hand und las darin. Er kaufte eine Kamera und machte einige Aufnahmen. Dann nahm er sich Urlaub und fotografierte weiter. Er zeigte seine Arbeiten in einer örtlichen Ausstellung und gewann auf Anhieb den zweiten Preis.

Peter gab seine Tätigkeit als Buchhalter nicht auf. Aber heute verbringt er genauso viel Zeit damit, technische und ästhetische Probleme der Fotografie zu lösen, wie damit, Einkommens- und Lohnsteuererklärungen für das Finanzamt fertig zu machen.

Lösen Sie die Probleme, die Sie lösen möchten? Oder lösen Sie immer wieder das gleiche Problem?

Finden Sie Antworten auf jene Fragen, die *Sie* stellen.

Und werfen Sie dann weitere Fragen auf!

Gott, gib mir den Mut, auf die Stimme des Herzens zu hören. Lehre mich, wie ich in meinem Leben mehr Freude haben kann.

Sagen Sie, was für Absichten Sie hegen
23. APRIL

Haben Sie je bewusst etwas unternommen, um einen Menschen zu verletzen, es ihm heimzuzahlen oder Rache zu üben? Haben Sie je unbewusst irgendwelche Absichten gehegt, die keineswegs edel waren?

»Ich ging drei Monate lang mit einer Frau«, sagte Kent. »Ich brauchte so lange, um zu erkennen, dass ich damit nur meiner vorigen Freundin eins auswischen wollte, die mit mir Schluss gemacht hatte. Ich benutzte diese Frau als Mittel, um mich an der anderen zu rächen. In dem Augenblick, da ich mir über mein Tun Rechenschaft ablegte, fühlte ich mich schrecklich. Aber als ich dann weiter forschte, merkte ich, dass all meine Beziehungen eine Reihe von Versuchen waren, Vergeltung zu üben. Nie hatte ich mir die Zeit genommen, meine Wut aus der letzten gescheiterten Beziehung wahrzunehmen und allmählich abzubauen.«

Absichten besitzen eine enorme Kraft. Sie verbinden den Wunsch mit der Emotion und dem Willen. Sie sind stärker und wirkungsvoller als Träume und Sehnsüchte. Und sie können unser Leben wie das der Menschen, mit denen wir in Berührung kommen, tiefgreifend beeinflussen.

Halten Sie kurz inne, bevor Sie sich auf eine Sache einlassen. Untersuchen Sie Ihre Absichten. Ist ein bestimmtes Motiv, ein Plan oder eine Erwartung mit im Spiel? Haben Sie sich und den Beteiligten deutlich vor Augen geführt, was Sie eigentlich vorhaben? Oder führen Sie etwas im Schilde – in der Hoffnung, dass Sie Ihren Willen schon durchsetzen werden, wenn Sie nur lange genug drängen und schieben?

Bitten Sie Gott, er möge Ihnen die Absichten der Menschen offenbaren, mit denen Sie zu tun haben. Manchmal kennen sie sie gar nicht, manchmal schon, aber sie geben sie nicht preis. Unter solchen Umständen besteht die Gefahr, dass Sie manipuliert werden und vielleicht einiges mitmachen müssen.

Vergegenwärtigen Sie sich Ihre Absichten. Und verschaffen Sie sich so weit wie möglich Klarheit darüber, was andere Leute von Ihnen wollen.

Gott, erhelle meine Absichten und Motive genauso wie die der Menschen, mit denen ich zu tun habe.

Bringen Sie Ihre Absichten zum Ausdruck
24. APRIL

Seien Sie sich darüber im Klaren, was Sie wollen. Ob Sie nun ein Geschäft gründen, eine neue Arbeit annehmen, eine bestimmte Fähigkeit erlernen oder eine Beziehung anfangen wollen – machen Sie sich klar, was Sie eigentlich suchen. Welches Leistungsniveau möchten Sie erreichen? Bleiben Sie realistisch – nicht pessimistisch. Welche Wünsche hegen Sie? Verheimlichen Sie dem Universum nicht Ihre Absichten. Untersuchen Sie sie so gründlich, wie es nur geht.

Wenn Sie gerade auf Partnersuche sind – was erhoffen Sie sich? Spaß und Vergnügen? Eine feste Bindung? Eine Lebensgemeinschaft? Lassen Sie keines Ihrer Motive im Dunkeln.

Nachdem Sie Ihre Ziele anvisiert und verdeutlicht haben, lassen Sie sie los. Manchmal bekommen wir nicht, was wir möchten, dann wieder wird es uns zuteil. Und manchmal ist der Weg zur Erfüllung voller Biegungen und Wendungen – und viel abenteuerlicher als alles, was wir uns hätten vornehmen können.

Außerdem gilt Folgendes: Je mehr wir uns die Dinge, die wir erstreben, bewusst machen, desto leichter erkennen und genießen wir sie, wenn sie in unseren Besitz gelangen.

Hilf mir, Gott, sowohl mir als auch dir gegenüber offen darzulegen, was ich ersehne. Sorge dann dafür, dass ich meine Absichten loslasse und mich deinem Plan füge.

Seien Sie so deutlich wie möglich   25. APRIL

Marcia will die Gefühle der Menschen nicht verletzen. Wenn sie eine bestimmte Person nicht mehr sehen will, so verschweigt sie ihr diese Absicht. Sie lügt und nennt es »nett sein«. Entweder inszeniert sie dann eine dramatische Szene, die ihr das Recht gibt, in einem Tobsuchtsanfall die Beziehung zu beenden, oder sie läßt den anderen unter irgendeinem Vorwand einfach hängen.

Nehmen Sie von solchen Dramen Abstand. Behandeln Sie die noch ungelösten Probleme. Wenn Sie wissen, wie Sie zu jemandem stehen, können Sie diplomatisch vorgehen – und zugleich so klar und deutlich wie möglich sein.

Machen Sie auch sich selbst nichts vor. Beobachten Sie das Verhalten der Leute, mit denen Sie zu tun haben. Ersinnen diese immer wieder Ausreden, warum sie nicht mit Ihnen zusammen sein können? Und finden Sie Entschuldigungen dafür, dass sie nicht anrufen? Einige von uns warten lange Zeit auf jemanden, der nicht einmal an sie denkt.

Sagen Sie anderen nicht mehr, was diese gerne hören möchten, wenn es gar nicht wahr ist. Reden auch Sie sich nicht etwas ein, das jeglicher Grundlage entbehrt. Lassen Sie die Menschen ebenso wenig in der Schwebe wie sich selbst.

Seien Sie in höchstem Maße aufrichtig – gegenüber Ihren Nächsten und gegenüber sich selbst.

Gerade damit bekunden Sie Ihr Mitgefühl.

Gott, lass mich erkennen, dass ich keine Dramen zu inszenieren brauche, um meine Ziele zu erreichen. Hilf mir, mein Leben aus einem Zustand tief empfundener, diplomatisch ausgedrückter Ehrlichkeit zu gestalten, selbst wenn ich dann einigen Leuten sagen muss, was ihnen nicht gefällt.

Üben Sie sich in Diplomatie   26. APRIL

Die Fürsorge, die wir uns selbst angedeihen lassen, gibt uns nicht das Recht, anderen gegenüber gemein zu sein. Ihnen die Wahrheit ins Gesicht zu sagen heißt noch lange nicht, dass wir sie zur Schnecke machen müssen. Wenn wir nach vielen Jahren der Schüchternheit und der Schwäche allmählich unser Selbstbewusstsein geltend machen, werden wir manchmal übermäßig aggressiv, nur um den eigenen Standpunkt durchzusetzen.

Wir können ehrlich sein, ohne ausfällig zu werden. Wir sind fähig, bei fast allen Angelegenheiten, die wir thematisieren müssen, Diplomatie walten zu lassen. Und meistens brauchen wir weder zu schreien noch zu toben.

Im Laufe der Zeit habe ich gelernt, mich selbst zu durchschauen. Je schwächer und verletzlicher ich mich fühle, desto lauter brülle und desto gemeiner werde ich. Je stärker, klarer und ausgeglichener ich dagegen bin, desto ruhiger, sanfter und liebevoller spreche und handele ich.

Sollten Sie sich wieder mal bedroht fühlen oder anfangen, laut zu werden, dann halten Sie inne. Atmen Sie tief durch.

Sprechen Sie ganz bewusst leiser, als Sie es normalerweise tun würden.

Sie können sanft sein und dabei trotzdem Ihre Stärke unter Beweis stellen.

Gott, hilf mir, diplomatisch zu sein. Zeig mir, wie ich mich auf behutsame, friedliche Weise zu meiner Kraft bekennen kann.

Lesen Sie nicht mehr zwischen den Zeilen

27. APRIL

Chelsea und Tom waren fünf Jahre lang zusammen. Während dieser Zeit gab Tom seiner Freundin mehrfach zu verstehen, dass er keine wirklich enge Beziehung wünsche. Sie solle sich nicht zu eng an ihn binden. Chelsea war darüber nicht gerade erfreut. Sie meinte, dass Tom sich um sie kümmern müsse, weil die gemeinsam verbrachten Stunden sich so schön gestalteten und weil er immer wieder kam, um sie zu sehen.

Es geht jetzt nicht darum, ob Tom eine undurchschaubare Taktik anwendete, ob er sich eine Hintertür offen hielt, sondern darum, dass Chelsea einfach nicht glaubte, was er sagte – bis er sie schließlich wegen einer anderen Frau sitzen ließ.

Gewiss, manchmal sind Menschen zurückhaltend und nicht gewillt, sich wirklich für eine Sache zu engagieren. Aber wenn sie ihre Stimmungen und Einstellungen klar und deutlich bekunden, dann sollten Sie nicht mehr zwischen den Zeilen lesen wollen. Nehmen Sie die anderen beim Wort. Korrigieren Sie Ihr Verhalten so, dass es der Realität entspricht – und nicht den Fantasien in Ihrem Kopf.

Nehmen Sie die Menschen beim Wort. Und sagen Sie ihnen gegenüber offen, was Sie meinen, damit auch die anderen Sie beim Wort nehmen können.

Gott, sorge dafür, dass ich es mir zur Angewohnheit mache,
die Wahrheit zu erkennen, zu beachten und zu akzeptieren.

Resümieren Sie, was Sie getan haben   28. APRIL

»Na, wie ist es gelaufen?«, fragte mich mein Fluglehrer Rob nach einer weiteren Übungsstunde.

Inzwischen hatte ich mich an diesen Teil der Ausbildung gewöhnt. Nach einem Fallschirmsprung oder einer Flugstunde nimmt sich der Schüler meistens etwas Zeit, um sich mit dem Lehrer zusammenzusetzen und über die gerade beendete Lektion zu sprechen. Ich dachte an den Start und die Landung, an die Manöver, die ich ausgeführt hatte, und analysierte meine Angst sowie meine Leistung. Ich beleuchtete kritisch, was ich noch verbessern musste, und legte meine Ziele für die nächste Stunde fest. Dann kam der angenehme Teil: Ich sollte sagen, was mir an meinem heutigen Flug besonders gelungen erschien.

Ich überlegte einen Moment. »Ich glaube, heute bin ich wirklich gut ausgerollt«, sagte ich. »Allmählich kriege ich den Dreh raus.«

In der Betriebsamkeit und Hektik des Alltags vergessen wir nur allzu leicht, uns ein paar Minuten Zeit für eine »Manöverkritik« zu nehmen. Wenn wir abends ins Bett fallen, sind wir dafür meistens schon zu müde; der Tag wird einfach abgehakt.

Halten Sie abends ein wenig inne. Schaffen Sie Platz für eine neue Gewohnheit. Im Zwölf-Schritte-Programm ist die Rede von der »inneren Inventur«. Manche Leute sprechen in diesem Zusammenhang auch von »Manöverkritik« oder »Bestandsaufnahme«.

Der Zweck einer solchen Bestandsaufnahme besteht nicht darin, Kritik zu üben, sondern ebenso bewusst wie objektiv zu analysieren, was geschehen ist. Gehen Sie die Ereignisse dieses Tages noch einmal durch. Was haben Sie getan? Wie fühlen Sie sich danach? In welchen Bereichen könnten Sie etwas korrigieren?

Was würden Sie morgen gerne tun? Und vor allem: Was hat Ihnen heute am besten gefallen?

Analysieren Sie nicht zu viel. Betrachten Sie die Bestandsaufnahme nicht als ein Mittel, sich selbst zu quälen. Sagen Sie einfach, was Sie unternommen haben, welche Fehler Sie beseitigen wollen und was Ihnen am meisten Spaß gemacht hat. Es wird Sie vielleicht überraschen, wie sehr diese einfache Tätigkeit das Bewusstsein schärft und neue Kräfte weckt.

Gott, hilf mir, Zeit für eine Bestandsaufnahme zu finden.

Übung: Wenn Sie mit einem festen Partner oder einem Zimmergenossen zusammenleben, können Sie den vertrauten Umgang miteinander vertiefen, indem Sie die Bestandsaufnahme zu einer Art Brauch machen. Vielleicht ermuntern Sie auch Ihre Kinder dazu, bereits im frühen Alter den vergangenen Tag noch einmal Revue passieren zu lassen. Oder Sie halten mit einer Freundin abends am Telefon eine »Lagebesprechung« ab. Dadurch lernen Sie nicht nur sich selbst besser kennen – Sie kommen auch dem anderen Menschen näher.

Fragen Sie Gott, was Sie tun sollen   29. APRIL

Ich unterzog mich einer Entziehungskur, um von meinen diversen Süchten geheilt zu werden. Dennoch hatte ich nichts anderes im Sinn, als mir Stoff zu besorgen und high zu werden – also das zu tun, was ich zwölf Jahre lang getan hatte: mich selbst kaputt zu machen. Um einen allerletzten Versuch zu unternehmen, schaute ich in einer verzweifelten Geste zur Decke in dem öden Zimmer, das man mir zum Schlafen zugewiesen hatte. Ich betete: *Lieber Gott, wenn es ein Programm gibt, durch das ich von den Drogen loskomme, dann hilf mir, es zu finden.* Zwölf Tage später ging dieser Wunsch plötzlich in Erfüllung; die Abstinenz veränderte mich von Grund auf – und damit nahm mein Leben eine völlig neue Richtung.

Ich ließ mich von meinem Mann scheiden, übernahm die Rolle einer allein erziehenden Mutter, die aus eigener Kraft für den Unterhalt der Familie aufkam, und verfolgte weiterhin den Plan, als freie Schriftstellerin zu arbeiten. Der Kühlschrank war fast leer: *Ich habe keinen so großen Hunger, die Kinder aber schon,* betete ich. »Sei unbesorgt«, flüsterte mir ein Engel ins Ohr. »Bald wirst du aller Geldsorgen ledig sein – vorausgesetzt, du hältst dich daran nicht fest.« Ein Gefühl unerschütterlichen Friedens ergriff mich. Weder Speisen noch Geldscheine fielen vom Himmel – doch der Friede, so greifbar und nahrhaft wie Butter und so heilsam wie die himmlischen Öle selbst, breitete sich in meinem Leben aus.

Jahre später war mein Sohn an einem Krankenhausbett festgeschnallt. Ich berührte seinen Fuß, seine Hand. Trotz des zischenden Geräuschs des Beatmungsgeräts wusste ich, dass er schon nicht mehr zu dieser Welt gehörte. Dann wurden die Stecker herausgezogen. »Keine Hoffnung, keine Hoffnung, keine Hoffnung«, waren die einzigen Worte, an die ich mich erinnerte. Das zischende Geräusch verwandelte sich in Schweigen. Ich verabschiedete mich von ihm, verließ das Zimmer, setzte einen Fuß vor den anderen und ging von dannen.

»Tu mir einen Gefallen und besorg ein paar Drogen«, sagte ich drei Tage nach Shanes Tod zu einem Freund. »Ich muss mich von diesem Schmerz ein wenig befreien.« Als wir dann in seinem Auto herumfuhren, betrachtete ich die noch unberührte Schachtel mit Spritzen, die auf dem Sitz neben mir lag. »Sag mir, was du in sie hineintun willst«, forderte er mich auf. »Kokain? Dilaudid? Oder was anderes?« Seine Irritation war ebenso offensichtlich wie meine Verzweiflung. In meinem Kopf lief der übliche Film ab. Kokain? Unvorhersehbare Folgen. Russisches Roulette mit dem Herzen. Dilaudid? Ein rezeptpflichtiges Medikament. Wenn ich es wirklich bräuchte, würde ein Arzt es mir verschreiben. Keine Gebete. Keine Hoffnungen. Nur einfache Worte: »Fahr mich nach Hause«, stammelte ich. »Im Grunde will ich gar nicht high werden.«

Gebete beeinflussen Situationen, verändern uns und unser Leben. Manchmal müssen Sie einem Geschehen, das gerade seinen Lauf nimmt, Einhalt gebieten. Beten Sie nicht erst, wenn Sie in Schwierigkeiten sind, sondern jeden Tag. Umgeben Sie sich mit Worten, die an die Höhere Macht gerichtet sind. Sie wissen nie, wann Sie ein weiteres Wunder nötig haben.

Wenn ich heute alles Mögliche versucht habe, versuche ich es auch noch mit einem Gebet.

Üben Sie die sanfte Berührung ein   30. APRIL

Rings um uns herrscht eine Macht – egal ob man sie mit »Schicksal« oder einem anderen Ausdruck bezeichnet –, die jene Menschen zusammenführt, die zusammen sein sollen. Deren Wechselbeziehungen lassen sich in einem entscheidenden Aspekt anhand des Schmetterlings erklären.

Wenn Sie einen Schmetterling zu fest in der Hand halten, lösen sich mit der Zeit alle Pigmente von seinen Flügeln, und er kann nicht mehr fliegen. Gewiss, Sie können ihn in dieser Weise an sich binden, aber er ist dann kein Schmetterling mehr.

Wenn Sie einen Schmetterling wirklich lieben, so reiben Sie nicht alle Pigmente von seinen Flügeln ab, nur um seiner habhaft zu werden. Genauso verhält es sich mit den geliebten Menschen und Dingen: Klammern Sie sich nicht daran. Geben Sie das bezaubernde Wesen frei. Und gestatten Sie den anderen, so zu sein, wie sie sind.

Beschädigen Sie nicht die Flügel des Schmetterlings. Er soll zu Ihnen zurückfliegen, wann immer ihm danach ist.

Gott, hilf mir, dass ich lerne, jedes geliebte Wesen sanft zu berühren.

Mai

*Lernen Sie,
nach dem Wann zu fragen*

Lernen Sie, nach dem Wann zu fragen   1. MAI

Chip lenkte den gemieteten Chevy Blazer mit Allradantrieb von der Straße in ein offenes Feld. Wir drei – Chip, Andy und ich – befanden uns auf einem spontanen Ausflug in Florida. Wir hatten Andy im Absprunggebiet getroffen, wo er mit einem Fallschirmspringerteam geübt hatte. Jetzt befanden wir uns auf dem Weg nach Orlando. Zuvor hatte es geregnet. Wir fuhren durchs aufgeweichte Feld, als plötzlich die rechten Räder in einen Graben rutschten.

Chip ließ den Kleinlaster vor und zurück schaukeln, aber die Räder sanken nur noch tiefer ein. Andy sprang hinaus, sah sich die Sache an und stieg wieder ein. »Wir sitzen fest«, erklärte er.

»Ich habe mein Handy dabei«, sagte ich. »Ich werde Hilfe rufen...«

Chip und Andy starrten mich an.

»Du hast doch gesagt, dass du ein Abenteuer erleben willst«, warf Chip ein. »Jetzt bist du mittendrin!«

Wir stiegen aus. Die rechten Räder steckten in einer Rinne, und ein großes Stück Holz hatte sich an der Unterseite des Wagens verkeilt.

Andy kam auf die Idee, dass jeder von uns Bretter oder Äste suchen sollte, die unter die Räder gelegt werden sollten. Das taten wir dann, und nach zwanzig Minuten kehrten wir zurück. Die Jungs zwängten das Holz unter die Räder. Chip setzte sich hinters Steuer. Der Motor heulte auf, die Räder drehten durch, Schlamm spritzte nach allen Seiten – aber das Fahrzeug bewegte sich nicht von der Stelle.

»Ich könnte einen Abschleppwagen herbeiordern«, bot ich an.

Etwa vierhundert Meter vom Feld entfernt lag eine Kreuzung, die zumindest darauf hoffen ließ, dass irgendwann jemand vorbeifahren würde. Also trotteten wir dorthin und warteten. Kurze Zeit später hielten wir einen alten Cadillac an, in dem ein junger Mann und eine junge Frau saßen.

169

Der Mann versprach, in wenigen Minuten mit seinem Kleinlaster und seinem Bruder wiederzukommen.

Nach ungefähr einer Viertelstunde tauchte ein Lastwagen auf, darin die beiden Männer und die Frau. Sie befestigten eine Kette an unserem Chevy Blazer. Dann stiegen sie in ihr Auto und fuhren langsam an. Der Motor heulte auf, Schlamm spritzte. Auf das knirschende Geräusch folgte ein Knall, und die Kette war gerissen.

Wir schauten auf den Lastwagen, dann auf den stecken gebliebenen, von Schlamm bedeckten Chevy Blazer und schließlich auf die gebrochene Kette.

»Tut uns Leid«, sagten die beiden Männer.

»Danke, dass ihr's versucht habt«, sagten wir.

»Ruft doch einen Abschleppdienst an«, schlug der größere der beiden Männer vor. »Die kommen und holen euch da raus.«

Andy, Chip und ich kletterten wieder in den Chevy Blazer.

»Nun«, sagte ich. »Seid ihr jetzt bereit, einen Abschleppwagen zu rufen?«

Der traf dann auch ein. Nach einer Viertelstunde hatte er uns aus der Notlage befreit, und wir konnten die Fahrt nach Orlando fortsetzen. Mehr als sechs Stunden hatten wir festgesessen. Die ganze Zeit hatte jeder von uns gewusst, was in einer solchen Situation zu tun war – nämlich den Abschleppdienst zu verständigen. Aus verschiedenen Gründen hatten wir uns dagegen gesträubt, bis es uns endlich zu bunt wurde.

Nicht mehr von der Stelle zu kommen ist manchmal das nächste Abenteuer. Vielleicht haben wir keine Ahnung, wie wir diesem Zustand abhelfen können. Oder wir genießen sogar das Drama, völlig hilflos zu sein. Ein bedrückendes Beziehungsproblem lähmt uns; die berufliche Karriere ist ins Stocken geraten; oder wir machen keinerlei geistige Fortschritte mehr. Eine Weile mögen wir die Zwangslage bejaht oder gewollt haben, aber dann ist es Zeit, weiter voranzuschreiten.

Zu lernen, nach dem *Wann* zu fragen – wann Sie von einer Sache ein wenig mehr oder etwas ganz anderes möchten, wann

Sie genug haben –, ist für die praktische Anwendung der Sprache des Loslassens von zentraler Bedeutung.

Gott, lass mich daran denken, dass es in meiner Macht steht zu sagen, wann etwas an der Zeit ist.

Sagen Sie, wann Sie genug haben   2. MAI

»Sag stopp«, fordert mich meine Freundin auf, wenn sie mein Glas mit Saft füllt; damit meint sie, dass ich sagen soll, *wann* mir die Menge genügt.

»Halt!« zu sagen ist eine einfache Methode, die wir auch in unserem Alltag anwenden können. Manchmal scheinen die Probleme, die uns bedrängen, kein Ende zu nehmen, und so bleibt uns nichts anderes übrig, als mitten im Sturm einen Unterschlupf zu suchen. Aber oft liegt es an uns zu entscheiden, wann wir genug haben. Ein Ärgernis mag eine Zeit lang eine kleinere Unannehmlichkeit sein, aber je länger es andauert, desto lästiger wird es. Sagen Sie »stopp!«. Bringen Sie zum Ausdruck, dass Sie dieser Sache überdrüssig sind, und verhindern Sie, dass das Ärgernis einen immer größeren Raum in Ihrem Leben beansprucht.

Eine Nervensäge kann sich an einem offenen Ohr geradezu festbeißen. Machen Sie sich bewusst, wann dieser Mensch von Ihnen mehr verlangt, als Sie zu geben bereit sind. Sagen Sie: »Bis hierher und nicht weiter!« Das Gleiche trifft auf die angenehmen Dinge zu. Einige meiner Freunde springen an einem Tag fünf, sieben, zehn Mal oder noch öfter mit dem Fallschirm ab. Das tue ich nicht. Ich liebe diesen Sport, doch ich weiß auch, wann es des Guten zu viel ist. Ich sage: »Das reicht!«

Seien Sie sich darüber im Klaren, welche Menge Ihr Glas fasst. Wenn Sie genug haben, sagen Sie einfach »stopp!«.

Hilf mir, Gott, meine Grenzen zu erkennen und zu respektieren.

Sagen Sie, wann Ihnen etwas zu viel ist   3. MAI

Vor vielen Jahren saß ich einmal an der Haltestelle und wartete ungeduldig auf den Bus. Lange Zeit war ich geduldig gewesen, hatte ich den Bus zum Lebensmittelgeschäft genommen und dann die großen Einkaufstüten nach Hause geschleppt. Obwohl es mich immer wieder ärgerte, kein Auto zu besitzen, war ich doch dankbar – dankbar dafür, dass ich abstinent lebte und über die Runden kam, und für all die anderen angenehmen Dinge in meinem Leben.

Trotzdem fiel es mir immer schwerer, Dankbarkeit zu empfinden.

Schließlich traf der Bus ein; ich zwängte mich mit meinen voll gepackten Tüten an den anderen Fahrgästen vorbei und trug sie dann auch noch zwei Häuserblocks weiter bis zu meiner Wohnung. Ich wollte nicht weinen, aber an diesem Tag konnte ich die Tränen nicht zurückhalten.

»Gott, ich bin es leid, zu Fuß zu gehen und den Bus zu nehmen«, sagte ich. »Ich habe die Nase voll. Wie lange muss ich noch auf ein Auto warten?«

Keine zwei Monate später fuhr ich meinen eigenen Wagen.

Gewiss, Dankbarkeit ist wichtig. Aber indem wir unsere Gefühle unterdrücken und verschweigen, wie wir uns in Bezug auf eine bestimmte Situation fühlen, wollen wir diese manchmal kontrollieren. Wir denken, das Universum werde wohlwollend unsere Bedürfnisse stillen, wenn wir nur den Atem anhalten, nicht klagen und alles richtig machen.

Gibt es in Ihrem Leben eine Situation, von der Sie sich erhoffen, dass sie sich wie durch Zauberhand bessert, wenn Sie nur die Zähne zusammenbeißen und fromme Wünsche hegen? Wenn Sie angefangen haben, hier das Wartespiel zu spielen, dann machen Sie sich jetzt Ihre wahren Gefühle bewusst.

Vielleicht ist es an der Zeit, »stopp!« zu sagen.

Hilf mir, Gott, dass ich mir meine Bedürfnisse und Wünsche zubillige.

Machen Sie sich klar, wann Sie nein sagen müssen

4. MAI

Nein zu sagen ist nur eine andere Art, »stopp!« zu sagen. Einigen von uns geht ein Wort besonders schwer über die Lippen – dieses kurze, einfache *Nein*. Anstatt es auszusprechen, plagen wir uns weiter. *Was wird er von mir denken, wenn ich absage? Mary wird nicht mehr meine Freundin sein, wenn ich das nicht für sie tue. Diese Angelegenheit bleibt unerledigt liegen, wenn ich mich nicht darum kümmere. Ich habe keinen Teamgeist, wenn ich mich den anderen nicht anschließe. Ein guter Christ muss sich aufopfern. Es ist egoistisch, nein zu sagen.* Die Liste solcher Gedanken ist endlos. Wir misshandeln uns selbst, muten uns mehr zu, als wir bewältigen können, und am Ende stellen wir fest, dass wir verärgert oder verbittert sind. Wir haben uns regelrecht fertig gemacht.

Erkennen Sie Ihre Grenzen. Machen Sie sich klar, wann Sie *nein* sagen müssen. Einige Leute fühlen sich durch solche Abgrenzungen vielleicht gekränkt, aber gewöhnlich sind das diejenigen, die versuchen, Sie zu kontrollieren oder zu manipulieren. Manche scheinbar wohlmeinende Kollegen werden Ihnen Egoismus unterstellen, aber letztlich sind Sie nur sich selbst verantwortlich. Das heißt auch, dass Sie wissen, wie und wann Grenzen zu setzen sind.

Schauen Sie auf Ihren Terminkalender. Sind Sie derart überlastet oder ausgebucht, dass Sie gar keine Zeit mehr finden, Spaß zu haben, sich zu entspannen oder etwas für die eigene Persönlichkeitsentfaltung zu tun? Dann sollten Sie vielleicht jetzt anfangen, gewisse Schranken zu errichten. Vergessen Sie nicht: Ihnen obliegt die Entscheidung, was für Sie am besten ist.

Lernen Sie, *nein* zu sagen und dann auch dabei zu bleiben.

Gott, hilf mir, stark genug zu sein, dass ich mir selbst ver-
nünftige Grenzen setze und den anderen sage, was ich nicht
für sie tun kann. Hilf mir, dass ich das Neinsagen lerne.

Lernen Sie, wann Sie nein und wann Sie ja sagen müssen
5. MAI

Lesen Sie die folgenden Sätze laut vor.

»Nein.«

»Nein, das hat für mich keinen Sinn.«

»Nein danke. Das erscheint mir unangebracht.«

»Nein. Das passt mir diesmal überhaupt nicht.«

Probieren Sie es jetzt damit:

»Darüber muss ich erst einmal nachdenken. Ich setze mich dann wieder mit Ihnen in Verbindung.«

»Ich habe es mir überlegt. Meine Antwort lautet: Nein.«

Lesen Sie nun nachstehende Äußerung vor:

»Ich weiß, ich habe ja gesagt, und ich habe das damals auch so gemeint. Aber inzwischen habe ich meine Meinung geändert. Die Sache funktioniert nicht. Sie ist für mich nicht mehr das Richtige. Falls ich Ihnen Unannehmlichkeiten bereitet habe, tut es mir Leid.«

Und jetzt diesen Befehl:

»Hau ab und ruf mich nie mehr an!«

Sehen Sie – Sie können all das sagen, was Ihnen zuvor unaussprechlich schien.

Lesen Sie auch folgende Bemerkungen laut vor.

»Vielleicht.«

»Vielleicht, aber ich neige eher zum Nein.«

»Vielleicht. Es klingt interessant, doch ich bin mir noch unsicher.«

»Ja. Das wäre schön.«

»Ja, die Idee gefällt mir. Und wann?«

»Ja, das würde ich sehr gerne tun.«

»Ja, aber der Zeitpunkt passt mir im Moment überhaupt nicht.«

Das sind – mit einigen Variationen – Ihre wesentlichen Antworten. Lernen Sie sie auswendig. Und fragen Sie sich dann, welche Antwort wann passend ist.

Gewöhnen Sie sich an, anderen die Antwort zu geben, die Sie für angemessen halten. Hören Sie auf Ihre innere Stimme, um zu entscheiden, was für Sie richtig ist und was nicht.

Hilf mir, Gott, dass ich mir selbst vertraue, wenn ich hier »Nein« oder »Vielleicht« und dort »Ja« sagen muss. Steh mir dann bei, damit ich mich ehrlich, aber liebevoll ausdrücke.

Übung: Haben Sie Schwierigkeiten, Ihre Ansichten offen kundzutun? Was fällt Ihnen am schwersten – *nein* zu sagen oder *ja*? Versuchen Sie, sich von inneren Hemmungen zu befreien, indem Sie sich auf einem Zettel eine schriftliche Vollmacht ausstellen. Tragen Sie diesen Zettel dann im Geldbeutel oder in der Brieftasche stets bei sich. Darauf könnte zum Beispiel stehen: *Dorothee darf nein sagen, wann immer sie will.* Oder: *Ich genehmige mir, diese Woche zehn Mal nein und fünf Mal ja zu sagen.* Unterschreiben Sie diesen Zettel und benutzen Sie ihn als Gedächtnisstütze dafür, dass Sie »Nein«, »Ja« oder »Vielleicht« sagen dürfen, wann immer eine dieser Antworten Ihrer Meinung nach die für Sie richtige ist.

Sagen Sie, wann sich eine Vorstellung überlebt hat
6. MAI

Werfen Sie weg, was zerschlissen ist.

John und Al unterhielten sich über einen gemeinsamen Freund, den sie beide mochten. »Mark denkt, dass er die ganze Zeit leiden muss«, sagte John. »Er definiert sich durch seine Ressentiments. Dauernd ist er wütend, gekränkt und derart betroffen, wie schrecklich und tragisch das Leben ist, dass er sich nur noch die Haare rauft und jammert. Ich mache mir Sorgen um ihn.«

»Lass ihn nur«, erwiderte Al. »Manche Leute müssen sich einfach abreagieren. Sie brauchen Zeit, um ihre Überzeugungen und Einstellungen wie Kleider abzutragen, bevor sie bereit sind, sich ihrer zu entledigen. Auch du hast deine Zeit gebraucht – genauso wie ich. Egal, wie lange es dauert, gib ihm Zeit, seinen düsteren Gedanken bis zur bitteren Neige nachzuhängen.«

Halten auch Sie an irgendwelchen Überzeugungen fest, die Ihnen zusetzen? Zweifeln Sie an Ihrer Fähigkeit, froh, glücklich und frei zu sein? Das Leben ist eine Reise, die uns an Orte, zu Menschen und eben auch mitten in unsere Überzeugungen führt. Wir nutzen diese nacheinander ab, um sie dann aufzugeben und Raum zu schaffen für etwas mehr Licht.

Geben Sie also den anderen Menschen – wie auch sich selbst – die Zeit und die Freiheit, die eigenen Vorstellungen gleichsam aufzubrauchen und dann auszumustern.

Jetzt, in diesem Augenblick, sind Sie im Begriff, genau das zu tun. Betrachten Sie Ihr Leben. Vertrauen Sie Ihrem gegenwärtigen Zustand und Ihren Erfahrungen. Während Sie diese Zeilen lesen, nutzt sich eine Ihrer Überzeugungen ab. Erkennen und sagen Sie, wann die Zeit reif ist, sie zu eliminieren.

Sie sind liebenswert und wunderbar – so wie Sie sind. Sie haben ein Ziel. Ihrem Leben liegt ein Plan zugrunde. Sie können sich etwas Gutes tun. Sie sind fähig zu denken, zu fühlen und Ihre Probleme zu lösen. Manchmal ist das Leben hart, aber es muss kein Kampf sein. Sie brauchen nicht so sehr und so lange zu leiden, denn Sie haben die Möglichkeit, sich innerlich zu lösen, und zwar mit Liebe.

Schauen Sie kurz in den Spiegel. Nehmen Sie in aller Aufrichtigkeit nicht nur das wahr, was Sie sehen, sondern auch das, was Sie in Bezug auf jenen Menschen glauben, den Sie da sehen.

Hilf mir, Gott, damit ich meine einengenden und schädlichen Überzeugungen loslasse.

Sagen Sie, wann es Zeit ist, die Bewältigungsversuche einzustellen 7. MAI

In ihrem Buch *Recovering from the Loss of a Child* [Den Verlust eines Kindes überleben] schreibt Katherine Fair Donnelly über einen Mann, dessen kleine Tochter Robyn am plötzlichen Kindstod starb, als die Mutter sie im Sportwagen spazieren fuhr. An diesem Tag hatte der Vater unterwegs Halt gemacht, um sich die Haare schneiden zu lassen. Beim Friseur hatte man ihm eine Nummer gegeben, weil er noch nicht an der Reihe war.

»Das hat er in späteren Jahren nie wieder getan«, schreibt Donnelly. »Er wartete nie mehr beim Friseur, sondern kehrte zunächst nach Hause zurück, um nach dem Rechten zu sehen. Erst dann ging er wieder zum Friseur. Das war eine der Methoden, die er entwickelte, um mit der Situation zurechtzukommen.«

Ich hasse dieses Wort »zurechtkommen«; es bedeutet weder »leben« noch »frei sein«, sondern erinnert in unangenehmer Weise an »überleben«.

Aber manchmal können wir – wenigstens eine Zeit lang – einfach nicht mehr tun.

Acht Jahre nach dem Tod meines Sohnes Shane unterschrieb ich den Kaufvertrag für ein Haus. Es war das erste Haus, das ich seither erwarb. Am Abend vor dieser Tragödie hatte ich ebenfalls einen Kaufvertrag für ein Haus abgeschlossen. Mir war nicht bewusst, dass ich begonnen hatte, den Kauf eines Hauses mit seinem Tod zu assoziieren – bis ich merkte, wie meine Hand zitterte und mein Herz pochte, als ich die Unterschrift aufs Papier setzte. Acht Jahre lang hatte ich eine solche Transaktion einfach vermieden, indem ich einen wenig reizvollen Wohnsitz nach dem anderen mietete und mich jedes Mal über die Unannehmlichkeiten des Mieterdaseins beklagte. Damals wusste ich nur eines: Ich würde nie wieder ein anderes Haus kaufen. Ich hatte keine Ahnung, dass ich auf diese Weise versuchte, mit der Situation zurechtzukommen.

Viele von uns finden eine Möglichkeit, schwierige Lebensumstände irgendwie zu meistern. Als Kinder waren wir vielleicht äußerst wütend auf unsere Eltern. Da wir uns nicht anders helfen konnten, sagten wir uns: »Denen zeig ich's. Ich werde in Musik (oder in Sport oder im Studium) nie wieder gute Leistungen bringen.« Als Erwachsene haben wir den Verlust oder den Tod eines Menschen vielleicht dadurch bewältigt, dass wir uns eingeredet haben: »Ich werde immer nett zu den Leuten sein und sie glücklich machen. Dann lassen sie mich nicht im Stich.« Oder wir setzen uns mit einem Treuebruch auseinander, indem wir verkünden: »Nie wieder werde ich mein Herz einer Frau (oder einem Mann) öffnen.«

Diese Bewältigungsversuche stellen oft eine falsche Verbindung zwischen einem Ereignis und unserem Verhalten her. Sie mögen uns zwar helfen zu überleben, aber irgendwann werden sie zu einer schweren Bürde – zu Gewohnheiten, die gewissermaßen ein Eigenleben führen. Und obwohl wir meinen, dass wir dadurch uns selbst oder ein geliebtes Wesen schützen, ist doch genau das Gegenteil der Fall.

Robyn starb nicht, weil ihr Vater eine Nummer entgegennahm und auf seinen Haarschnitt wartete.

Mein Sohn starb nicht, weil ich ein neues Haus kaufte.

Halten auch Sie sich immer wieder davon ab, etwas zu tun, was Sie eigentlich liebend gern tun würden, weil Sie auf diese Weise mit einem Unheil zurechtkommen wollen, das Ihnen vor langer Zeit widerfahren ist? Machen Sie weiter, wenn es nicht anders geht, wenn es Ihnen vermeintlich hilft, Ihr Leben zu retten. Und doch – heute könnte der Tag sein, an dem Sie sich befreien.

Gott, zeige mir, ob ich mich in irgendeiner Weise behindere, indem ich eine inzwischen überholte Überlebenstechnik anwende. Verhilf mir zu der Einsicht, dass ich in Sicherheit bin und genügend Stärke besitze, auf derartige Methoden zu verzichten.

Sagen Sie, wann Ihre Automatismen in Gang gesetzt werden
8. MAI

Wie verteidigen Sie sich, wenn Sie wütend sind und sich verletzt fühlen?

Sally hatte in ihrer Kindheit mit schwierigen, verhaltensgestörten Eltern zu tun. Oft wurde sie von ihnen beschimpft und gekränkt, durfte aber auf solche Gehässigkeiten nicht antworten – und vor allem kein Wort darüber verlieren, wie wütend und verletzt sie war.

»Ich konnte mit meiner Wut nur fertig werden, indem ich in Lethargie verfiel und mir sagte, all das würde einfach an mir abprallen und die Beziehung zu meinen Eltern hätte keinerlei Bedeutung«, erklärte Sally. »Dann übertrug ich diese Verhaltensweise auf mein Erwachsenenleben. Ich lernte, völlig gleichgültig zu werden, sobald ich Wut oder Schmerz empfand. Ich verschloss mich und stieß die Menschen weg – ganz automatisch. Sobald auch nur die geringste Wut oder der kleinste Schmerz in mir aufstieg, machte es peng! und ich war abwesend.«

Es ist wichtig, die eigenen Grenzen zu erkennen. Und noch wichtiger ist es, den Leuten zu verbieten, dass sie rücksichtslos mit einem umspringen. Aber es ist auch wichtig, uns klar zu machen, wie Wut und Schmerz unsere Verteidigungsmechanismen auslösen.

Reagieren Sie sofort – nicht auf andere Menschen, sondern auf Ihr Gefühl, betrogen, verletzt oder geärgert worden zu sein? Machen Sie dann einfach zu? Schwindet Ihre Selbstachtung?

179

Gehen Sie auf Distanz zu sich und zu den Personen ringsum? Oder gehen Sie zum Gegenangriff über?

Die meisten Beziehungen verursachen Wut und Schmerz. Solche Gefühle sind manchmal ein warnender Hinweis darauf, dass wir uns in Acht nehmen müssen. Dann wieder handelt es sich nur um einen kleineren Zwischenfall, der relativ mühelos geklärt werden kann. Vor langer Zeit waren Sie vielleicht gezwungen, sich selbst zu schützen. Jetzt aber ist es gut, verletzlich zu sein und die eigenen Gefühle bewusst wahrzunehmen.

Sagen Sie, wann Ihre Automatismen in Gang gesetzt werden und wie Sie sich sinnvoll dagegen wehren können.

Gott, verdeutliche mir, wie ich mich schützen kann, wenn ich verletzt und wütend bin und mich angegriffen fühle. Gib mir den Mut, innerlich offen zu sein und neue Methoden zu erlernen, mit deren Hilfe ich auf mich selbst Acht geben kann.

Sagen Sie, wann das Mitgefühl überhand nimmt

9. MAI

Manchmal überschreiten wir leicht eine Grenze und haben zu viel Mitgefühl mit den Menschen in unserem Leben. Obwohl diese Empfindung an sich zu befürworten ist, kann sie, wenn wir zu weit gehen, die Personen lähmen, denen wir unsere Liebe schenken möchten. Wir verstehen so gut, was in ihnen vorgeht, dass wir annehmen, sie seien nicht für sich selbst verantwortlich. Doch übermäßig viel Mitgefühl kann auch uns schaden. Gerade durch jene Menschen, für die wir es aufbringen, fühlen wir uns am Ende vielleicht schlecht behandelt und in eine gereizte Stimmung versetzt. Wir machen uns solche Sorgen um ihr Wohlbefinden, dass wir uns selbst völlig vernachlässigen.

Ein zu hohes Maß an Mitgefühl lässt darauf schließen, dass wir nicht genügend Vertrauen in andere Leute haben, um sie das tun zu lassen, was sie in eigener Sache tun müssen. Insgeheim sagen wir ihnen damit: »Du kannst es nicht.« *Du kriegst dein Leben nicht in den Griff. Du bist unfähig, deine Lektionen zu lernen. Du kommst mit der Wahrheit nicht zurecht, also bemuttere ich dich wie ein hilfloses Kind.*

Zu viel Mitgefühl macht uns anfällig für Übergriffe und Manipulationen. Wir kümmern uns so intensiv um den anderen, dass wir vergessen, auf uns selbst Acht zu geben.

Im Folgenden finden Sie ein paar Faustregeln zum Thema »Mitgefühl«.

- Wenn wir uns selbst Probleme bereiten, nur um jemand anders aus seinem Dilemma zu befreien, haben wir wahrscheinlich die gesunde Grenze überschritten.
- Wenn wir uns das Leid eines Menschen so zu Herzen nehmen, dass wir die eigenen Gefühle ignorieren, sind wir wohl zu tief in seine Angelegenheiten verstrickt.
- Wenn wir uns von Schuldgefühlen leiten lassen, zeugt unser Verhalten möglicherweise gar nicht von Mitgefühl, sondern vom Bedürfnis nach Wiedergutmachung.

Das heißt keineswegs, dass wir den Menschen jede Fürsorge verweigern sollen. Vielmehr müssen wir ihr Recht respektieren, die eigenen Lektionen zu lernen.

Unmäßigkeit tut nie gut, egal in welchem Bereich. Wenn wir die Grenze zu übersteigertem Mitgefühl passiert haben, können wir einen Schritt zurück machen in die Sicherheitszone und eine geringere Dosis verabreichen.

Gott, zeig mir, ob ich einer bestimmten Person – einem Elternteil, einem Kind oder einem Freund – dadurch schade, dass ich sie durch mein allzu großes Mitgefühl geradezu ersticke.

Sagen Sie, wann Sie aufhören müssen, sich selbst zu behindern
10. MAI

Jenny setzte sich in dem kleinen, angenehm beleuchteten Büro in einen bequemen Sessel. Der Mann ihr gegenüber wirkte normal und freundlich – überhaupt nicht so, wie sie sich einen medial begabten Menschen vorgestellt hatte. Sie entspannte sich und fing an zu erzählen, warum sie ihn aufgesucht hatte.

»Gewöhnlich gehe ich nicht zu Menschen mit übersinnlichen Kräften, aber ich hätte gerne einige Informationen und Hinweise über meine jetzige Beziehung«, sagte sie. »Der Mann, mit dem ich zusammen bin, ist wunderbar. Ich liebe ihn wirklich.«

Der Parapsychologe musste nicht seine Fähigkeiten einsetzen, um zu wissen, dass als Nächstes ein »Aber« kommen würde. Schon oft hatte er ähnliche Geschichten gehört.

»Aber«, fuhr Jenny fort, »er ist ein Dealer. Er handelt allerdings nur mit Marihuana und nimmt selbst keine Drogen. Außerdem macht er das nur so lange, bis er genug Geld hat, um ein eigenes Geschäft aufzuziehen. Etwas Rechtmäßiges, Sie verstehen schon.«

Sie ging ein paar Schritte und hielt dann inne. »Also«, fragte sie, »was meinen Sie?«

»Sie brauchen kein Medium, das Ihnen sagt, dass Sie sich von diesem Mann schnellstens lösen sollten«, erwiderte er und gab ihr das Geld zurück. »Es besteht kein Zweifel daran, dass Ihre Beziehung zum Scheitern verurteilt ist.«

Wie in Jennys Fall können wir ohne weiteres offensichtlich falsche Denkweisen bei nahe stehenden Menschen erkennen. Weit schwieriger ist es jedoch, diese falschen Denkweisen und Unklarheiten auch bei uns selbst wahrzunehmen.

»Ich liebe sie, aber sie ist verheiratet.« – »Ich liebe ihn, aber er ist kokainsüchtig.« – »Ich liebe ihn, aber ich weiß, dass er dauernd mit anderen Frauen schläft.«

Obwohl viele Leute in bestimmten Lebensphasen gerne auf übersinnliche Unterweisungen vertrauen, können wir doch häufig unsere Zukunft selbst vorhersagen. Hören Sie auf, sich selbst zu behindern. Nehmen Sie Ihre Äußerungen ernst. Achten Sie auf das »Aber«, auf die Worte, die Sie benutzen. Gewiss, einige Dealer bessern sich; jeden Tag werden Kokser von ihrer Sucht geheilt; Menschen, die lange Zeit untreu waren, sind plötzlich monogam; und verheiratete Menschen lassen sich scheiden und heiraten die Person, mit der sie eine Affäre hatten.

Immer wieder gewinnen Leute im Lotto. Doch weitaus mehr Spieler verlieren ihren Einsatz.

Manchmal sind wir auf einem Auge blind, sobald etwas passiert, das wir unmöglich vorhersehen konnten. Dann wieder ist es leicht, die sich anbahnenden Probleme zu antizipieren. Ersparen Sie sich, wann immer es geht, jene leidvollen Erfahrungen, die hinter der nächsten Ecke lauern.

Sabotieren Sie sich nicht mehr. Seien Sie Ihr eigenes Medium. Lauschen Sie Ihren Worten und geben Sie sich denselben guten Rat, den Sie auch einem engen Freund geben würden. Vielleicht sind Sie eine Ausnahme von der Regel, wahrscheinlich aber nicht.

Gott, hilf mir, jene inneren Unklarheiten zu beseitigen, die mich veranlassen, mein Glück und mein Wohlergehen zu zerstören.

Sagen Sie, wann der Moment gekommen ist, auf Abstand zu gehen   11. MAI

»Auf und davon!«

Dieses Motto war mir oft sehr nützlich, zumal seit meinem Umzug nach Kalifornien. »Um hier zu leben, braucht man Geld und ein Auto«, sagte mir einmal ein Freund. Er hatte

Recht. Und diejenigen, die weder Geld noch Auto haben, versuchen möglicherweise, deines zu stehlen, wie ich bald erfahren musste.

Manipulationen, Gaunermethoden und gestörte Menschen gibt es in dieser Gegend zuhauf.

Gewiss, solchen Leuten begegnet man überall. Und manchmal sind sie überhaupt nicht so gestört. Sie machen einfach etwas durch, und das betrifft uns nicht weiter.

Zumeist hat es keinen Sinn, therapeutische Maßnahmen zu ergreifen, zu helfen oder nett zu sein, wenn andere ihre geistigen Verwirrungen an uns abreagieren wollen. Dadurch würden wir uns nur noch tiefer in deren Chaos hineinmanövrieren. Wenn wir uns trotzdem aufgrund irgendwelcher guter Vorsätze für sie engagieren, heißt das nichts anderes, als dass wir uns auf sie einlassen. Gehen Sie stattdessen sofort auf Abstand.

Lernen Sie, wann Sie Ihrem sozialen Instinkt gehorchen sollten, um etwas für die Gemeinschaft zu tun – und wann Sie sich besser »auf und davon« machen sollten.

Gott, hilf mir, dass ich mich sofort freimache, wenn die Situation es verlangt.

Sagen Sie, wann es Zeit ist, das eigene Leben zu retten
12. MAI

Ich sprang aus dem Flugzeug, und mein Trainer folgte mir dichtauf. Das sollte ein vergnüglicher Sprung werden. Wir wollten in der Luft »Ich mach dir alles nach« spielen.

Er machte eine 360-Grad-Drehung nach rechts. Also drehte ich mich in dieselbe Richtung. Dann drehte er sich nach links, was ich ebenfalls tat. Anschließend machte er eine Rolle rückwärts. *Okay*, dachte ich, *nun mal los*. Ich bewegte die Knie nach oben, aber anstatt eine Rolle rückwärts zu machen, fiel ich auf die Seite und drehte mich. Mit jeder Drehung wirbelte ich immer schneller um die eigene Achse.

Ich versuchte, den Rücken zu krümmen und in die Stellung zu kommen, bei der ich – mit dem Bauch nach unten – gleichmäßig fallen würde, so dass ich problemlos die Reißleine ziehen könnte –, aber mein Körper tat nicht das, was er tun sollte. *Vielleicht müsste ich den rechten Arm weiter ausstrecken – oder das linke Bein*, dachte ich.

Mein Trainer beobachtete, wie ich mich wie ein Ventilatorflügel drehte. Bei jedem Herumwirbeln wollte er mich festhalten, doch er bekam mich nicht zu fassen. Ich konzentrierte mich weiterhin darauf, aus dieser Turbulenz herauszukommen. Schließlich packte er mich an der Hand und deutete auf meinen Höhenmesser.

Mein Gott, ich war schon sehr tief. In weniger als dreißig Sekunden würde ich auf dem Boden aufschlagen, und mein Leben wäre beendet.

Die Moral dieser Geschichte ist einfach. Ich verstand sie, als ich mich am Boden meinem Trainer anschloss. »Was willst du tun?«, fragte er. »Ein Leben lang versuchen, die Kontrolle zu erlangen?«

Manchmal geraten wir schnell in eine Zwangslage. Wir fixieren uns so sehr darauf, wie ein heikles Problem zu lösen wäre, dass wir die Zeit ganz aus den Augen verlieren. Unser Leben rauscht vorbei, und der Boden kommt immer näher.

Sind Sie ständig damit beschäftigt, etwas zu kontrollieren, das sich Ihrem Zugriff entzieht? Wenn ja, sollten Sie jetzt vielleicht Ihre diesbezüglichen Bemühungen einstellen und lieber Ihr Leben retten.

Gott, gib mir zu verstehen, was ich tun muss, um für mein Wohlergehen zu sorgen.

Respektieren Sie
Ihren eigenen Rhythmus

13. MAI

»Hast du schon deinen A-Schein?«

Ich konnte diese Frage schon nicht mehr hören. Jeder Fallschirmspringer, den ich kannte, absolvierte den Kurs in Windeseile, erfüllte sämtliche Anforderungen und drängte darauf, den A-Schein zu erhalten. Ich hingegen wusste von Anfang an, dass es mir nicht gut tun würde, die Dinge zu forcieren. Es handelte sich um einen Sport, den ich beherrschen musste, und deshalb war ich gezwungen, die Lektionen in *meinem* Tempo zu lernen.

»Der Weg ist entscheidend, nicht das Ziel«, sagte ich mir immer wieder, wenn ich sah, welche Fortschritte meine Kollegen machten und wie weit sie mir voraus waren. »Alles geschieht zu seiner Zeit.«

Schließlich fand ich die richtige Antwort. Es war November. Sobald mich jemand nach meinem Schein fragte, verkündete ich stolz, die Prüfung nicht vor Juni in Angriff nehmen zu wollen. Das wiederholte ich mehrmals. Die Folge war, dass man mich in Ruhe ließ. Und nachdem ich mir so viel Zeit eingeräumt hatte, kam ich schneller voran denn je.

Im Februar wurde mein Lernprozess durch eine Reihe von Ereignissen noch beschleunigt. Ich absolvierte meine Solosprünge, lernte, meinen Fallschirm ohne fremde Hilfe zu verpacken, und bestand die schriftliche Prüfung. Jetzt hatte auch ich alle Bedingungen für den A-Schein erfüllt. Um ihn in Händen zu halten, musste ich nur noch die entsprechenden Unterlagen vorweisen.

Nachdem ich sie abgeschickt hatte, wartete ich eine Weile und sah dann noch einmal meine Post durch. Woche um Woche verging, aber die Urkunde traf nicht ein. Ich wartete geduldig und überprüfte weiterhin die eingegangenen Briefe. Ende Mai ging ich ins Büro der Fallschirmspringerschule und erklärte, es beunruhige mich nun doch ein wenig, dass der A-Schein noch nicht gekommen sei.

Die Angestellten durchblätterten die Aktenordner. »Wir hatten einige Probleme mit der Abwicklung des Schriftverkehrs«, sagten sie, »aber die sind inzwischen beseitigt. Sie werden Ihre Urkunde demnächst erhalten.«

Und wann kam sie an? Im Juni – genau zu dem Zeitpunkt, den ich genannt hatte.

Manchmal haben wir auf das Timing keinen Einfluss, manchmal jedoch schon. So wie es in Ihrer Macht steht zu sagen, *was* Sie wollen, können Sie auch mit großer Überzeugungskraft sagen, *wann* Sie es wollen.

Hilf mir, Gott, mein Timing mit dem deinen abzustimmen. Zeige mir, ob ich mich allzu sehr dränge oder aber zurückhalte.

Sagen Sie, wann sich etwas ändern soll · 14. MAI

Irgendwann ist wirklich Schluss. Wir halten so lange an unserem zerbrochenen Traum fest, bis er uns zur Last wird. Wir glauben so lange an unsere zerrüttete Beziehung, bis wir keine Kraft mehr haben, ihr eine weitere Chance zu geben. Wir denken so lange über unsere Erwartungen und Verpflichtungen, Ängste und Sorgen nach, bis wir die Anspannung nicht mehr ertragen.

Wir befinden uns an einem Kreuzweg. Der eine Weg führt tiefer in vertrautes Gebiet, der andere zu einem Durchbruch. Was dahinter liegt, können wir nicht sehen.

Es ist die Leere, das Ungewohnte, das Unerkennbare.

Dort erwartet uns nicht der Tod, sondern eine Wiedergeburt, ein Erwachen, das so folgenreich ist wie der Augenblick, da ein schwerer Alkoholiker zum ersten Mal nüchtern bleibt oder eine verwirrte Co-Abhängige den noch zaghaften Versuch unternimmt, ihr eigenes Wohlbefinden über das des Partners zu stellen.

Sind Sie bereit, ein Risiko einzugehen? Haben Sie schon den Punkt erreicht, an dem Sie sich sagen: »Es reicht«? Oder setzen Sie lieber den bisherigen Weg fort, auf dem Sie nur das wiederkäuen, was Sie bereits durchgemacht haben? Bisweilen fällt es uns leichter, mit den eigenen Beschränkungen und Fehlschlägen zu leben. Wenigstens wissen wir dann, was uns erwartet.

Lassen Sie es darauf ankommen. Probieren Sie etwas Neues aus. Nur zu! Beschreiten Sie den neuen Weg, obwohl Sie nicht wissen, was er Ihnen bescheren wird. Schauen Sie nur – hinter der nächsten Biegung glüht ein Licht. In dieser Richtung begegnen Sie nicht unbedingt weniger Hindernissen als vorher, aber sie verspricht mehr Lebensfreude.

Im Moment genügt es, zur Veränderung bereit zu sein.

Setzen Sie zu diesem Zweck den Fuß auf schwankenden Grund.

Gott, hilf mir zu erkennen, was ich loslassen muss, um meine innere Entwicklung weiter voranzutreiben. Sorge dafür, dass ich aus dem Behaglichen und Bekannten aufbreche ins Unbekannte und Unvorhersehbare.

Sagen Sie, wann Plan B in Kraft treten soll
15. MAI

Ich sprang aus dem Flugzeug, genoss meinen freien Fall und schaute auf den Höhenmesser.

Zeit, die Reißleine zu ziehen.

Der Fallschirm schoss in die Höhe, und ich wartete auf jenes angenehme zischende Geräusch, das darauf schließen ließ, dass sich der Schirm ordnungsgemäß entfaltete. Aber diesmal hörte ich es nicht. Anstatt sanft zur Erde zu schweben, neigte sich mein Körper nach hinten, und ich drehte mich um die eigene Achse. Es war nicht nötig, die acht Punkte der Checkliste innerlich durchzugehen; ich wusste sofort, dass etwas nicht stimmte.

Seit ich mit dem Fallschirmspringen begonnen hatte, war ich mir darüber im Klaren, dass meistens alles gut geht, manchmal aber nicht. Eine Zeit lang befürchtete ich, der Fallschirm habe sich schon beim Öffnen verheddert, so dass ich gezwungen wäre, ihn abzutrennen. Um meine Angst und meine Panik in den Griff zu bekommen, hatte ich mir bisher bei jedem Sprung aus dem Flugzeug vorgenommen, im Notfall auf Plan B zurückzugreifen – nämlich den Hauptschirm loszuwerden und die Reißleine am Reserveschirm zu ziehen.

Jetzt war der Moment gekommen, Plan B auszuführen.

Wuusch. Was für ein angenehmes Geräusch, als sich der Reserveschirm über meinem Kopf öffnete.

Die meisten von uns haben bestimmte Pläne und Vorstellungen in Bezug auf den Fortgang einer (beruflichen) Tätigkeit oder einer Beziehung. Wir heiraten und erwarten, dass die Ehe gedeiht. Wir sind mit einem Menschen zusammen und hoffen, dass er zumindest anständig ist. Wir bauen eine Freundschaft auf, denn der oder die andere hat etwas, das uns anzieht. Wir nehmen eine Arbeit an – oder engagieren jemanden, der für uns arbeitet – und überlegen uns, wie sich die jeweiligen Projekte weiter entwickeln mögen. Wir wünschen uns, dass am Ende alles klappen wird.

Das Leben ähnelt dem Fallschirmspringen: Es gibt keine Garantien. Und obwohl wir vielleicht unsere Sache immer richtig machen, funktioniert manchmal etwas nicht. Auch wenn es weder gesund noch ratsam ist, vor jedem Problem davonzulaufen, müssen wir doch einige eklatante Fehlfunktionen »ausschalten«.

Es ist in Ordnung, einen Plan zu haben. Aber nehmen Sie sich auch die Zeit, einen Plan B zu entwickeln. Machen Sie sich bewusst, was Sie tun werden, falls Plan A misslingt. Oft ist es empfehlenswert, bereits vor Ausbruch der Krise eine Alternative oder eine Notfallmaßnahme in Erwägung zu ziehen und dann tatsächlich auch parat zu haben. So brauchen wir nicht in Panik zu geraten. Wir können den Plan in die Tat umsetzen, den wir bereits einstudiert haben.

Haben Sie heute schon Ihre Notfallmaßnahmen überprüft?

Gott, lass mich wachsam sein, damit ich erkenne, wann eine Fehlfunktion eliminiert werden muss. Schenke mir die Geistesgegenwart, mein Leben zu retten.

Nur Sie können beurteilen, was Sie tun möchten
16. MAI

Es war ungefähr mein fünfzigster Fallschirmsprung. Ich war entschlossen, die ungewollten Drehungen in den Griff zu bekommen. Als ich an der Reihe war, ging ich zur Luke, zog mich nach vorn und gab mir das Startkommando: Auf die Plätze, fertig, los. Ich machte einen Satz und ließ mich in die Luft fallen.

Zunächst fiel ich gleichmäßig; der Bauch zeigte nach unten. Dann aber setzten wieder diese dummen Drehungen ein. Ich versuchte, meine Körperhaltung zu korrigieren, aber es half nichts. Als ich das letzte Mal dieses Problem gehabt hatte, war ich so lange damit beschäftigt, es zu lösen, dass ich ganz vergaß, auf meine Höhe zu achten. Infolge dieser Obsession war mir mein Zeitgefühl abhanden gekommen, was schon auf der Erde nicht empfehlenswert ist – und beim freien Fall durch die Luft erst recht nicht.

Ich erinnerte mich an die Worte meines Lehrers. *Was willst du tun? Ein Leben lang versuchen, die Kontrolle zu erlangen?* Anstatt mich weiter um eine Lösung des Problems zu bemühen, wollte ich es diesmal durch das Ziehen der Reißleine lösen. Genau das tat ich. Doch ich hörte nicht das angenehme zischende Geräusch, das der Fallschirm macht, wenn er sich richtig öffnet, sondern nur einen dumpfen Schlag. Ich schaute nach oben. Ich hatte mich so schnell gedreht, dass die Leinen unentwirrbar verknäult waren und die Stoffbahnen förmlich aneinander klebten.

Dass sich ein paar Leinen verwickeln, hatte ich schon erlebt. Durch ein kleines Manöver kann man sie entwirren. Nun aber war die Situation anders. Das Ding über meinem Kopf sah aus wie ein chinesisches Haarband.

Das funktioniert einfach nicht, dachte ich. Also zog ich zuerst an dem Griff, um die verknotete Stoffmasse abzutrennen, und im nächsten Augenblick an der Reißleine des Reservefallschirms. Er öffnete sich sofort tadellos. Ich blickte auf den Höhenmesser. Er zeigte 9000 Fuß an. Das würde lange dauern, bis ich unten ankam.

Etwa fünf Minuten später schwebte ich zum Boden zurück. Ich warf meinen Fallschirm über die Schulter und trottete zum Schülerraum. Als man mich fragte, was passiert sei, erzählte ich meine Geschichte. Immer wieder tauchte darin das Wort »sollen« auf: *Ich hätte imstande sein sollen, die Drehungen zu unterbinden. Ich hätte den Fallschirm nicht so früh öffnen sollen.* Ich entschuldigte mich für mein Verhalten und dafür, dass der gemietete Schirm, den ich so weit oben abgetrennt hatte, nur schwer zu finden sein würde.

»Das war nicht optimal«, sagte der Leiter der Schule. »Aber es ist Ihr Leben. Nur Sie können entscheiden, wie Sie es retten. Es bleibt allein Ihnen überlassen zu beschließen, welche Maßnahme die richtige ist.«

Einige Situationen sind nicht ideal. Vielleicht hätten wir sie von Anfang an vermeiden sollen und es besser wissen müssen. Aber die Dinge sind nun einmal so, wie sie sind. Lassen Sie sich nicht durch falsche Schamgefühle davon abhalten, für das eigene Wohl zu sorgen. Was also werden Sie tun?

Sprechen Sie mit den Menschen. Holen Sie andere Meinungen ein. Lesen Sie Bücher. Das ist Ihr Leben – Ihre Beziehung, Ihre finanzielle Situation, Ihre Arbeit, Ihr Zuhause. Es liegt an Ihnen zu beschließen, was für Sie am besten ist. Letztlich werden Sie mit den Konsequenzen jeder Entscheidung zurechtkommen müssen. Schätzen Sie die Lage ein, und legen Sie fest, was Ihnen nützt.

Übernehmen Sie die Verantwortung für Ihre Entscheidungen – und für die Art und Weise, wie Sie Ihr Leben meistern.

Hilf mir, Gott, dass ich nicht mehr darauf warte, dass die anderen meine Tätigkeit oder Untätigkeit billigen. Leite mich bei meinen Entscheidungen und hilf mir bitte auch, dass ich ihnen dann vertraue.

Manchmal braucht man viel Kraft, um »Es reicht!« zu sagen
17. MAI

In gewissen Situationen fällt es uns relativ leicht, »Halt!« zu sagen. Wir erklären: »Nein, danke, das ist nicht das Richtige für mich« und entfernen uns. Dann wieder ist es schon schwerer, eine Grenze zu ziehen oder eine getroffene Entscheidung tatsächlich auch durchzusetzen.

Jan und Patrick hatten große Mühe, ihrer erwachsenen Tochter Elizabeth Einhalt zu gebieten. Sie war zu Hause ausgezogen und wollte unabhängig sein. Zugleich verlangte sie von ihren Eltern Geld. Zu diesem Zweck schloss sie mit ihnen Geschäfte ab: Helft mir, dieses Auto zu kaufen, oder leistet eine Anzahlung auf diese Wohnung, und ich gebe euch den Betrag später zurück. Dann aber kam sie ihren Verpflichtungen nicht nach. Die Eltern überwiesen ihr weiterhin Geld, obwohl sie sie gewarnt, ja ihr gedroht hatten und auch immer wieder bemüht waren, mit der Situation auf vernünftige und liebevolle Weise umzugehen. Sie wollten nicht, dass Elizabeth sich ihnen entfremdete oder dass sie leiden müsste. Doch genau das, behauptete die Tochter, wäre der Fall, wenn man ihr »den Geldhahn zudrehen würde«.

Eines Tages nahmen Jan und Patrick einen Taschenrechner zur Hand. Sie addierten die Beträge, mit denen sie Elizabeth bislang unterstützt hatten, und beschlossen, dass es endgültig an der Zeit sei, einen Schlussstrich zu ziehen. »Sie hat sowieso nur noch angerufen, wenn sie Geld wollte«, sagte Patrick. »Jan und ich kamen zu der Überzeugung, dass in der Beziehung zu unserer Tochter nicht mehr viel zu verlieren war.«

Sie verständigten Elizabeth darüber, dass die Zahlungen nach Ablauf von drei Monaten eingestellt würden. Das geschah dann tatsächlich. Einige Tage nach diesem Termin rief die Tochter an und tobte und schimpfte. Sie sagte, nicht nur sie selbst, sondern auch alle Freunde würden die Eltern jetzt verachten, weil sie ihr nicht wie gute Eltern hülfen.

»Die Schuldgefühle, die ich empfand, übermannten mich geradezu«, erklärte Jan. »Aber zugleich wusste ich, dass das einer ihrer bevorzugten Tricks war. Sie benutzte unsere Schuldgefühle, um uns zu manipulieren. Das machte mir schwer zu schaffen. Fast ein ganzes Jahr beschäftigten wir uns fast ausschließlich damit, diese eine Grenze zu setzen und den Geldfluss zu stoppen, um so Elizabeth aus dem Nest zu stoßen.«

Der Vorgang liegt nun schon einige Jahre zurück. Inzwischen hat Elizabeth für ihre finanziellen Angelegenheiten die Verantwortung übernommen. Sie musste weder verhungern noch im Freien übernachten. Sie war wesentlich einfallsreicher, als ihre Eltern dachten. Jan und Patrick senden ihr weiterhin Geschenke und führen sie gelegentlich zum Abendessen aus – doch die finanzielle Unterstützung ist beendet. Die Beziehung zwischen ihnen und ihrer Tochter hat sich gewandelt; die Gespräche kreisen nicht länger ums Geld.

»Es reicht!« zu sagen, kann für beide Seiten unangenehm sein. Dazu bedarf es manchmal mehr als einer spontanen Reaktion oder Entscheidung: Die Beteiligten müssen ihren Lebensstil ändern. Und wahrscheinlich ist die eine Seite gezwungen, ihr *Nein* aufmerksam, engagiert und entschlossen zu verteidigen.

Erwarten Sie nicht, dass Ihnen das leicht fallen wird, und *meinen* Sie auch, was Sie da sagen. Gestatten Sie den anderen, die neu gezogenen Grenzen emotional zu verarbeiten – und lassen Sie auch Platz für Ihre eigenen Gefühle.

Gott, gib mir die Kraft und die Bereitschaft, »Es reicht!« zu sagen und dann auch dazu zu stehen.

Seien Sie kreativ, wenn es darum geht, etwas abzulehnen

18. MAI

Grace hatte einen siebzehnjährigen Sohn namens Shawn, den sie alleine großzog. Er war ein charismatischer, willensstarker, intelligenter, aber leider auch suchtkranker junger Mann.

Grace liebte Shawn über alles. Doch zugleich fühlte sie sich durch dessen rebellisches Teenagerverhalten, zu dem auch Alkohol- und Drogenkonsum gehörten, in die Enge getrieben. Shawn hatte eine Entziehung mitgemacht, die Abstinenz eine Zeit lang aufrechterhalten und dann einen Rückfall erlitten. Er besaß den Führerschein und ein Auto. Wenn er nüchtern war, kam er den damit verbundenen Verpflichtungen nach. Zwischen ihm und seiner Mutter bestand eine Art Abkommen – nämlich dass er ihr, falls er wieder zu trinken und zu kiffen anfinge, die Autoschlüssel zurückgeben müsse.

Das Problem der Sucht liegt insbesondere darin, dass sie Hand in Hand geht mit Verdrängung und Lüge. Als Shawn wieder trank und Drogen nahm, log er seine Mutter an. Die brauchte nicht lange, um zu erkennen und zu begreifen, was los war. Und sie wusste, welche Grenze sie für diesen Fall gesetzt hatte: dem Sohn das Auto wegzunehmen.

Grace war sich im Klaren, was sie tun konnte und was nicht. Sie konnte Shawn nicht dazu zwingen, abstinent zu leben, aber sie konnte ihm verbieten, das Auto zu benutzen.

Also schritt sie zur Tat. Sie griff sich einen Schraubenzieher, ging nach draußen, entfernte beide Nummernschilder an Shawns Wagen und fuhr direkt zur Post. Sie schickte die Nummernschilder an einen Freund der Familie und bat ihn, sie so lange aufzubewahren, bis Shawn seinen diversen Süchten abgeschworen hatte.

Shawn merkte, dass damit eine deutliche Grenzlinie gezogen worden war. Sechs Monate später, als er die Nummernschilder zurückbekam, war er geheilt und bereit, die Verantwortung zu respektieren, die das Autofahren mit sich bringt.

Manchmal genügt es nicht, *nein* zu sagen. Wir müssen auch Ideen entwickeln, *wie* wir es sagen.

Gott, gib mir die Einsicht, dass du immer da sein wirst, um mich bei solchen Grenzziehungen zu leiten, die in meinen Verantwortungsbereich fallen und nur zu meinem Besten sind.

Sagen Sie sich, wie lange Sie bereit sind zu warten

19. MAI

Benutzen Sie Fristen als Hilfsmittel.

Manchmal finden wir uns in einer unangenehmen Situation wieder. Wir wissen nicht, was als Nächstes zu tun ist, wie das Problem zu lösen wäre. Und wir haben keine Ahnung, wie sich die Dinge entwickeln werden. Vielleicht sind wir mit jemandem zusammen, und die Beziehung macht einfach keine Fortschritte – aber es ist noch zu früh, um auf einer Klärung zu bestehen. Unter Umständen müssen wir der anderen Person nur etwas Raum und Zeit lassen, damit sie ihre verzwickten Angelegenheiten regeln kann. Oder das berufliche Projekt, das wir verfolgen, kommt nicht richtig in Gang – doch das mag sich ändern. Die obsessive Stimme in unserem Innern sagt: »Ich muss sofort Bescheid wissen.« Die gelassene, kluge Stimme erwidert jedoch: »Entspann dich. Die Zeit ist noch nicht reif. Du verfügst noch nicht über alle notwendigen Informationen.«

Setzen Sie sich eine bestimmte Frist. Geben Sie sich sechs Wochen, drei Monate oder gar ein Jahr, um den Kurs zu wechseln. Dann beurteilen Sie die inzwischen gesammelten Daten und entscheiden, welche Maßnahme Sie anschließend ergreifen werden.

Wenn wir zur Ruhe kommen wollen, besteht unsere Aufgabe manchmal allein darin, eine Frist zu setzen. Wir wissen, dass wir weder in der Falle sitzen noch in der Rolle des Opfers sind. Wir treffen lediglich die bewusste Entscheidung, loszulassen und der Sache ihren Lauf zu lassen.

Gott, gib mir die Gelassenheit, Ergebnisse und Lösungen nicht zu früh erzwingen zu wollen.

Sagen Sie, wann es Zeit ist, etwas zu erledigen

20. MAI

Gestern sprachen wir darüber, wie man Fristen benutzt, um leichter loszulassen. Termine, die wir uns selbst vorgeben, können aber auch helfen, die eigenen Energien zu bündeln und eine dringliche Aufgabe in Angriff zu nehmen, zumal wenn wir sie immer wieder vor uns hergeschoben haben.

»Ich werde früh aufstehen und bis 10 Uhr das Haus sauber gemacht haben.« – »Ich werde mich in mein Zimmer einschließen und diesen Bericht in zwei Tagen fertig haben.« – »Ich werde bis zum Ende der Woche den Hof aufgeräumt haben.«

Es gibt viele Situationen, in denen es angebracht und zweckmäßig ist, auf die innere Uhr zu achten und genau herauszufinden, was wann zu tun ist. Sich dem Fluss der Dinge hinzugeben und nicht einzugreifen kann für die geistige Entwicklung durchaus bedeutsam sein – aber manchmal ist es auch gut, aufgrund eines Termins, den wir mit uns selbst vereinbart haben, eine Arbeit umgehend zu erledigen.

Müssen auch Sie sich einen solchen Termin setzen?

Hilf mir, Gott, in meinen Angelegenheiten vernünftige Termine festzulegen.

Sagen Sie »Entweder – oder«   21. MAI

Eine Frist ist kein Ultimatum. Fristen bezeichnen den Zeitraum, innerhalb dessen wir etwas erledigen sollen. Ultimaten hingegen bringen die Macht derer zum Ausdruck, die sie stellen.

Ein Ultimatum konfrontiert uns mit der Alternative *Entweder – oder*. Gehen Sie sparsam damit um. Manchmal jedoch können wir nur durch ein Ultimatum die Aufmerksamkeit eines Menschen auf uns lenken.

Dazu einige Beispiele: »Entweder du hörst auf zu trinken und Drogen zu nehmen, oder ich bringe dich ins Gefängnis.« – »Entweder du wirst nüchtern und fängst an zu arbeiten, oder ich nehme die Kinder und gehe.« – »Entweder Sie erscheinen pünktlich am Arbeitsplatz, oder ich ersetze Sie durch jemand anders.«

Im Idealfall wird das Ultimatum nicht gestellt, um eine Person zu kontrollieren. Es ist ein Ausdruck unserer beschränkten Möglichkeiten – eine wirksame Methode, dem Gegenüber kundzutun, dass man im Begriff ist, »Es reicht!« zu schreien.

Einige Menschen benutzen Ultimaten als Druckmittel im Rahmen ihres Machtspiels. Damit wollen sie unsere Ängste schüren, insbesondere die Angst, verlassen zu werden: »Entweder du tust, was ich sage, oder ich lasse dich sitzen!« – »Entweder du hältst den Mund und kritisierst mich nicht dauernd, oder ich werde wütend und bestrafe dich, indem ich Amok laufe.« Das mag eine Zeit lang funktionieren, aber irgendwann geht der Schuss nach hinten los.

Greifen Sie nicht auf Ultimaten zurück, um Ihre Macht zu demonstrieren oder über andere Menschen zu herrschen. Und lassen auch Sie sich nicht durch Ultimaten in die Ecke drängen oder manipulieren. Betrachten Sie sie ausschließlich als allerletzte Warnung, dass Sie kurz davor sind, »Es reicht!« zu rufen.

Hilf mir, Gott, dass ich merke, wann es höchste Zeit ist – egal ob ich selbst ein Ultimatum stelle oder ob andere Leute mir eines stellen.

Übung: Erinnern Sie sich an einige Situationen, in denen Ihnen Ultimaten gestellt wurden. Haben diese ihren Zweck erfüllt? Warum? Warum nicht? Erlauben Sie auch jetzt jemandem, Sie durch ein offen ausgesprochenes oder stillschweigendes Ultimatum zu kontrollieren? Worin besteht das *Entweder*, worin das *Oder*? Missbrauchen Sie Ultimaten, um das Verhalten der Menschen ringsum zu steuern? Machen Sie sich klar, in welchen Bereichen Ihres Lebens deutlich mitgeteilte beziehungsweise heimliche Ultimaten eine Rolle spielen. Respektieren Sie deren Macht.

Sagen Sie, wann der Preis zu hoch ist   22. MAI

Der Preis einer Sache entspricht der Menge an Leben, die dafür aufgebracht werden muss – sofort oder auf lange Sicht.

Henry David Thoreau

Stellen Sie sich einen jungen Mann vor, der auf der High School mit großartigen Leistungen brilliert und dann plötzlich hinter den anderen Schülern zurückbleibt. Eines Tages nimmt einer der Lehrer ihn beiseite und fragt, was vorgefallen sei. Der Schüler erzählt ihm, er habe seinen Vater um ein Auto gebeten und die Antwort erhalten: Wenn du Geld verdienst, kannst du eins haben. Der fleißige, arbeitsame Schüler sucht sich einen Job, spart das verdiente Geld und kauft sich ein Auto. Dann sind da aber noch die Ausgaben für die Kraftfahrzeugversicherung, das Benzin und die Instandhaltung. Also behält der Schüler den Job, um sich das Auto leisten zu können. Die Arbeit nimmt immer mehr Zeit in Anspruch, was dazu führt, dass er seine schulischen Aufgaben weiter vernachlässigt und schlechte Noten bekommt.

»Warum trennen Sie sich nicht einfach von dem Auto?«, fragt der Lehrer.

»Mich davon trennen?«, fragt der Schüler zurück. »Aber wie soll ich dann zur Arbeit kommen?«

Oft glauben wir, zufrieden und glücklich zu sein, wenn wir uns diesen neuen Wagen zulegen, diese(n) neue Freund(in) haben, diese Beförderung erhalten oder diese Eigentumswohnung in der guten Gegend besitzen; doch dann müssen wir feststellen, dass mit der Errungenschaft mehr Kosten, mehr Unannehmlichkeiten, mehr Kümmernisse verbunden sind, als sie es eigentlich wert ist. Der neue Sportwagen ist dauernd kaputt, der neue Partner braucht mehr Zuneigung als der Hund, die Beförderung verschlingt die freien Wochenenden, und in der Eigentumswohnung sind keine Haustiere zugelassen.

Dinge bescheren uns kein wahres Glück. Vielmehr rauben sie uns häufig die Kraft, so dass wir am Ende erschöpfter sind als vorher. Ehe Sie sich um eine bestimmte Sache bemühen, sollten Sie genau überlegen, was sie eigentlich kostet – an Zeit, an Energie, an Unterhalt – und welche Umstellungen im Lebensstil dafür notwendig sind. Können Sie sich die Menge an Leben, die das vermeintliche Glück von Ihnen verlangt, wirklich leisten? Sind Sie bereit, den Preis zu zahlen?

Gott, lass mich erkennen, was die Dinge in meinem Leben tatsächlich kosten.

Sagen Sie, wann die Zeit reif ist   23. MAI

Wenn man auf den perfekten Augenblick wartet, in dem alles sicher und gewiss ist, dann wird er vielleicht nie eintreten. Dann wird kein Berg erstiegen, kein Rennen gewonnen, kein dauerhaftes Glück erreicht.

Maurice Chevalier

»Ich warte nur noch auf den richtigen Augenblick« ist eine Entschuldigung, die wir oft vorbringen. Wir sitzen am Spielfeldrand, hoffen auf den perfekten Augenblick – und kommen nie ins Spiel. Manchmal haben wir das Gefühl, dass der passende Zeitpunkt noch nicht gekommen sei. Auch ich könnte sagen: »Ich war zu alt, als ich mit dem Fallschirmspringen anfing, zu arm, als ich mit dem Schreiben begann, zu tief verstrickt in den Alkoholismus meines Mannes, als ich mich allmählich von meiner Co-Abhängigkeit befreite, und zu sehr beschäftigt mit meinen Süchten, als ich mich auf den Weg der Heilung begab.« Aber den genau richtigen Zeitpunkt gibt es vielleicht nie. Sie können beschließen zu warten, bis es so weit ist, oder aber jetzt den ersten Schritt tun.

Hegen Sie einen geheimen Wunsch, gibt es etwas, das Sie immer schon tun wollten, aber so lange aufgeschoben haben, dass Sie es fast vergessen haben? Vielleicht ist die Zeit jetzt reif, sich erneut darauf zu konzentrieren. Besorgen Sie sich das Veranstaltungsverzeichnis der Volkshochschule, und schreiben Sie sich für einen der Kurse ein. Oder gehen Sie in die örtliche Turnhalle und halten Sie sich körperlich fit. Nehmen Sie ein Risiko auf sich.

Der richtige Zeitpunkt für die Reise ist dann, wenn Sie sie antreten. Warum nicht gleich heute?

Gott, motiviere mich, ein erfüllteres, reicheres Leben zu führen.

Übung: Holen Sie Ihre Liste mit Wünschen hervor. Wählen Sie einen davon aus, der im Stillen auf seine Verwirklichung wartete. Beschließen Sie, dass jetzt der Zeitpunkt dafür gekommen ist. Schreiten Sie dann zur Tat.

Sagen Sie, wann es Zeit ist anzufangen   24. MAI

Ich habe eine Freundin, die dauernd plant, ein schriftstellerisches Projekt in Angriff zu nehmen – dann nämlich, wenn sie »so weit« sei. Zu diesem Zweck hat sie fast jedes Buch gelesen, jedes Seminar besucht und alle verfügbaren Kassetten gekauft. Sie hat Wandschränke und Schubladen voller Aktenordner und mehrere Computerprogramme zum Thema. Es gibt nur ein Problem. Anstatt einfach loszulegen, schiebt sie eine Reihe von Dingen vor, die sie »zuerst« tun muss: »Ich werde schreiben, aber zuerst muss ich dieses Programm lernen«; »Ich werde mir diese Kassette anhören, aber zuvor muss ich noch jenes Buch lesen.«

Verstecken auch Sie sich hinter Dingen, die Sie zuerst tun müssen? Gibt es ständig etwas, das Sie daran hindert, einen Anfang zu machen? Nehmen Sie diese Maske ab. Widmen Sie sich Ihrem Projekt. Verabreden Sie sich mit der betreffenden Person. Tun Sie den Vierten und den Fünften Schritt des Zwölf-Schritte-Programms. Suchen Sie nicht mehr nach Entschuldigungen. Schließen Sie diese von vornherein aus.

Lernen Sie zu sagen, wann es Zeit ist, eine Sache anzupacken.

Gott, bitte hilf mir, auf fadenscheinige Ausreden zu verzichten. Zeig mir, wie erfüllt mein Leben sein kann, sobald ich meinen Träumen folge.

Sagen Sie, wann es Zeit ist, eine schwierige Aufgabe zu bewältigen   25. MAI

Manchmal bieten sich uns echte Gelegenheiten. Wir haben zum Beispiel die Möglichkeit, einen bestimmten Schaden wieder gutzumachen. Oder es ergibt sich ein günstiger Augenblick, eine Beziehung zu beenden. Sobald eine solche Tür aufgeht, ist das wie ein Geschenk Gottes. Wir brauchen nicht mehr zu tun, als behutsam hindurchzugehen. Bisweilen aber benötigen wir Gottes Hilfe, um sie zu öffnen – zumal wenn wir all unseren Mut zusammennehmen müssen, um eine schwierige Aufgabe zu bewältigen.

Vielleicht warten wir auf den richtigen Zeitpunkt, eine Beziehung abzubrechen. Oder wir suchen nach einem passenden Anlass, um uns bei einem Menschen dafür zu entschuldigen, dass wir ihm durch unser Verhalten Schmerz zugefügt haben. Oder wir wollen mit einem neuen Projekt beginnen. Wir sitzen untätig da und warten und warten – aber diese Tür vor unseren Augen scheint fest verschlossen zu sein.

Bitten Sie in dieser Situation Gott um Beistand, aber leisten Sie auch Ihren Beitrag. Fassen Sie den Entschluss, die Sache hinter sich zu bringen, egal, um was es dabei geht. Lassen Sie sie dann los, aber nicht allzu lange. Erinnern Sie sich an Ihre Entscheidung und an Ihre Verpflichtung, diese Tür zu öffnen. Brechen Sie sie nicht auf, aber konzentrieren Sie sich. Vielleicht fühlen Sie allmählich jenen sanften inneren Ruck, jene Aufgeschlossenheit, deren Sie bedürfen. Oder Sie rütteln ein wenig an der Tür, um sie aus eigener Kraft zu öffnen. Bald werden Sie merken, dass sie nachgibt. Da – sie steht offen.

Sorgen Sie dafür, dass Gott die Tür in Ihrem Leben öffnet, indem Sie sich vornehmen, diese Tat selbst zu vollbringen.

Gott, lass mich daran denken, dass der Zeitpunkt nicht immer günstig erscheint. Hilf mir, dass ich trotzdem meine tiefsten Bedürfnisse achte und alles für mein Wohlergehen Nötige tue.

Gehen Sie durch die Tür, die offen ist   26. MAI

Manchmal fallen in unserem Leben Türen ins Schloss. Egal, wie sehr wir etwas wünschen, wie viel Mühe wir uns geben, wie eifrig wir darauf bedacht sind, einen bestimmten Kurs einzuschlagen – das Universum sagt nein.

Vor vielen Jahren wollte ich unbedingt ein Buch über Co-Abhängigkeit schreiben. Alle zwanzig Verleger, denen ich das Projekt vorschlug, gaben die gleiche Antwort: Nein. Einige lehnten höflich ab, andere bekundeten ihr Desinteresse, indem sie überhaupt nicht reagierten. Diese Tür ließ sich nicht öffnen, egal, wie heftig ich dagegen drückte.

Ein Verleger machte mir ein Gegenangebot. »Das Buch über Co-Abhängigkeit möchten wir nicht«, sagte er. »Aber wie wäre es, wenn Sie für uns etwas schreiben würden zum Thema Verdrängung – warum die Menschen dazu neigen, welche Rolle sie in ihrem Leben spielt und wie sie es schaffen können, die Realität bewusster wahrzunehmen und zu akzeptieren?«

Ich nahm das Angebot an. Ich brauchte Arbeit. Doch das Thema versetzte mich keineswegs in Hochstimmung. Trotzdem recherchierte ich sorgfältig und verfasste das Manuskript. Etwa ein Jahr später wandte sich derselbe Verleger erneut an mich und gab mir den Auftrag, das Buch über Co-Abhängigkeit zu schreiben. Ich holte meine Unterlagen und Zettel sowie ein großes Notizbuch hervor, in dem ich meine diesbezüglichen Ideen und Fragen festgehalten hatte. Als ich es durchblätterte, stieß ich auf eine Frage, die in großen Buchstaben eine ganze Seite einnahm: »Was ist mit der Verdrängung – welche Bedeutung hat sie für die Co-Abhängigkeit?« Auf die nächste Seite hatte ich geschrieben: »Warum verdrängen die Menschen etwas? Wie können sie sich davon befreien? Hilf mir, das zu verstehen.« Es klang fast wie ein Gebet.

In meinem Buch über Co-Abhängigkeit führte ich jene Motive, die zur Verdrängung führen, noch einmal auf. Meine Frage an das Universum hatte ich längst vergessen. Gott aber hatte sich ihrer erinnert.

Manchmal schließen sich Türen, weil wir nicht bereit sind, durch die eine, von uns anvisierte Tür zu gehen. Vielleicht müssen Sie die nehmen, die gerade offen steht. Nur zu, treten Sie ein! Schauen Sie sich um. Unter Umständen erscheint Ihnen der Raum dahinter nicht so aufregend wie jener, in den Sie eigentlich wollten, aber möglicherweise sind Sie genau am richtigen Ort.

Versuchen auch Sie, in Ihrem Leben durch eine Tür zu kommen, die verschlossen ist? Machen Sie sich das Leben leichter. Wenn Sie alles Mögliche unternommen haben, um eine Tür zu öffnen, ohne dass sie sich bewegt, dann lassen Sie Ihren Blick schweifen. Untersuchen Sie ein paar andere Türen, und stellen Sie fest, welche sich relativ mühelos auftut. Gehen Sie dann durch diese.

Gott, hilf mir, dass ich deinem Timing vertraue. Gewähre mir die Einsicht, dass du mehr über den richtigen Zeitpunkt weißt als ich.

Sagen Sie, wann Ihnen etwas nicht passt
27. MAI

Es ist nicht ratsam, durch alle sich öffnenden Türen zu gehen.

Manchmal befinden wir uns in einem dunklen Gang, und keine Tür steht offen. Dann plötzlich tut sich ein Lichtspalt auf. Wir bekommen ein Angebot – in Bezug auf eine Arbeit, eine Beziehung, einen Wohnort. Da rutscht uns das Herz in die Hose. Wir merken, dass das doch nicht das Richtige für uns ist. Wären wir nicht so verzweifelt, würden wir uns darüber gar keine Gedanken machen.

Sie sind nicht verzweifelt. Und selbst wenn Sie es sind – tun Sie so, als wären Sie es nicht. Wenn Ihnen etwas nicht passt, dann passt es Ihnen nicht. Punktum! Machen Sie einen Rückzieher – auch wenn Sie äußerst ungeduldig oder deprimiert sind. Sie brauchen nie etwas zu tun, das nichts für Sie ist.

Gott, verleihe mir Gelassenheit und Geduld. Sorge dafür, dass ich vor jeder Entscheidung einen Moment innehalte, um zunächst einmal um Unterweisung zu bitten.

Sagen Sie, wann Sie sich konzentrieren müssen

28. MAI

Ich machte mich fertig fürs Fallschirmspringen. An jenem Tag ging es bei mir turbulent zu – ich hatte Probleme mit den Handwerkern und musste einige wichtige Telefonanrufe tätigen.

»Vergiss das jetzt alles«, sagte Andy, mein Trainer. »Innerhalb der nächsten Stunde wirst du dich nur auf eine Sache konzentrieren – nämlich auf deinen Fallschirmabsprung. Wenn du aus diesem Flugzeug springst, solltest du an nichts anderes denken.«

Ich befolgte seinen Rat. Ganz bewusst dachte ich weder an bestimmte Personen noch an ihre Gefühle und Reaktionen noch an das, was ich sonst zu tun hatte.

»Das ist einer der Vorteile des Fallschirmspringens«, erklärte Andy. »Es hat mich dazu erzogen, meine geistigen Kräfte zu bündeln.«

Manchmal werden wir abgelenkt und gestört. Manchmal ist es gut, unser Bewusstsein fließen und unsere Gedanken schweifen zu lassen. Manchmal aber müssen wir uns auf eine Aufgabe konzentrieren und alle anderen Ideen und Sorgen verbannen. In dieser wunderbaren Welt verfügen wir über so viele Kräfte. Eine davon besteht darin, dass wir einer Sache besondere Beachtung schenken und uns ihr leidenschaftlich widmen.

Lernen Sie, sich auf das zu konzentrieren, was Sie gerne tun möchten. Wenn Sie mit einem Problem zu kämpfen haben und es immer wieder vor sich herschieben, dann treffen Sie die Entscheidung, sich so lange damit auseinanderzusetzen, bis es gelöst ist.

Gott, bring mir bei, meine Energien auf die wesentlichen Aufgaben zu richten, mit denen ich momentan zu tun habe.

Sagen Sie, wann Sie einen Unterschlupf suchen müssen　29. MAI

Man sagt: Ein Boot ist in Sicherheit, wenn es im Hafen liegt, aber dafür wurden Boote nicht gebaut. Dennoch wollen wir nicht vergessen, wie wertvoll sichere Häfen sind. Ein kluger See-mann weiß um die Belastbarkeitsgrenze jedes Schiffes und sucht eine geschützte Stelle, falls es einem Unwetter nicht standhalten würde.

Einer der besten Gründe, hier auf Erden zu sein, ist der, neue Erfahrungen zu sammeln, andere Menschen kennen zu lernen und das Leben in höchstem Maße auszukosten. Wenn wir eine Entziehungskur machen und allmählich lernen, fürsorglich mit uns selbst umzugehen, dann nicht zu dem Zweck, die Therapie ewig fortzusetzen. Es steht uns frei, unser Leben zu leben. Aller-dings müssen wir dabei auch unsere Grenzen beachten. Nichts veranlasst uns dazu, unnötige Risiken einzugehen.

Nur Sie können Ihre Lage beurteilen. Jeder von uns hat seine Art von Freiheit, doch unsere Bedürfnisse ähneln sich, so einzig-artig sie im konkreten Fall auch erscheinen. Ein großer Ozean-dampfer kann viel stärkere Stürme überstehen als ein kleines Rennboot. Der eine Mensch erträgt mehr Druck als ein anderer. Gelegentlich sollten wir unsere Grenzen ausdehnen; denn auf diese Weise entwickeln und verändern wir uns. Trotzdem müs-sen wir unsere Grenzen im Auge behalten und bereit sein, bei Sturm einen Unterschlupf zu suchen.

Sie sind nicht allein. Ob Meditation oder Gebet, weltliche oder religiöse Gemeinschaft, Zwölf-Schritte-Programm oder Selbsthilfegruppe – es gibt einen Hafen, in dem Sie vor Stürmen Schutz finden und Ihre Kräfte konservieren, um dann die aufregenden Gewässer des Lebens an einem späteren Tag zu befahren.

Wissen Sie, wo Ihre Häfen sind? Das Leben ist dazu da, um gelebt zu werden, also genießen Sie es in vollen Zügen. Doch vergessen Sie nicht: Das ist nur möglich, wenn Sie sich nicht von Sturmschäden erholen müssen. Seien Sie kühn, aber auch auf Ihre Sicherheit bedacht.

Gott, lass mich in schwierigen Zeiten daran denken, dass sich irgendwo ein sicherer Hafen befindet.

Übung: Listen Sie Ihre sicheren Häfen auf. Dazu gehören zum Beispiel Freunde, die Sie unterstützen und auf die Sie sich vollkommen verlassen können, Selbsthilfegruppen, Gebete, Meditationen und Orte der religiösen Verehrung. Wie oft müssen Sie diese Häfen anlaufen, um im inneren Gleichgewicht zu bleiben? Seien Sie sich darüber im Klaren, dass Sie in Zeiten der Anspannung und des Kummers – die ja immer wieder eintreten – eventuell weitere Zufluchtsorte ausfindig machen müssen.

Geben Sie sich Zeit 30. MAI

Setzen Sie sich Fristen. Sagen Sie, wenn nötig, »es reicht!«. Warten Sie nicht mehr auf den perfekten Augenblick. Aber behandeln Sie sich und andere Menschen mit Sanftmut.

Wenn Sie zu lange warten, sitzen Sie in einer Falle. Die Tage, Monate und Jahre zu zählen, darauf zu hoffen, dass eine Person oder eine Sache Sie glücklich machen und auf wundersame Weise Ihre Wünsche erfüllen wird – all das führt in die Irre. Falls

Sie von Ihrem Weg abgekommen sind, dann kehren Sie wieder auf ihn zurück.

Gehen Sie dabei immer liebevoll mit sich um. Wenn Sie etwas Neues in Angriff nehmen – ob Sie nun eine Fertigkeit erwerben, eine Beziehung beginnen oder gerade vom Alkoholismus beziehungsweise von der Co-Abhängigkeit genesen –, geben Sie sich Zeit, um allmählich die nötige Einsicht zu gewinnen und die gesteckten Ziele zu erreichen.

Manche Offenbarungen, Eingebungen und Erleuchtungen werden uns blitzartig zuteil. Aber es braucht Zeit, die noch ungewohnten Ideen aufzunehmen und sie auf den eigenen Lebensprozess zu übertragen.

Einmal rief mich ein Freund an. Drei Monate zuvor hatte er seinen besten Freund und Zimmergenossen durch eine plötzliche Krankheit verloren. »Was ist nur mit mir los?«, fragte er. »Meine Überzeugungen sind intakt. Ich arbeite hart an mir selbst. Dennoch breche ich ohne jeden Grund in Tränen aus. Ich bin ein Wrack. Warum bin ich noch nicht darüber hinweg?«

»Weil das Zeit braucht«, antwortete ich. »Mach dir dieses Geschenk.«

Die Samen der Veränderung gedeihen langsam, manchmal fast unmerklich. Die Geburt braucht Zeit, und die Transformation braucht Zeit.

Sie werden transformiert und wiedergeboren.

Schenken Sie sich und anderen Menschen Zeit.

Gott, hilf mir, hinsichtlich des Tempos, in dem wir uns entwickeln und verändern, keine unrealistischen Erwartungen mehr zu hegen. Verhilf mir zu der Erkenntnis, dass ich so viel Zeit habe wie nötig.

Versteifen Sie sich nicht mehr auf Ihr Timing
31. MAI

»Melody, die Zeit ist einfach noch nicht reif dafür«, sagte meine Freundin Virginia einmal zu mir. »Du würdest ja auch nicht nach draußen gehen und versuchen, die Grashalme deines Rasens nach oben zu ziehen, damit sie schneller wachsen.«

»Doch, das würde ich – wenn ich davon überzeugt wäre, dass es etwas hilft.«

Beharrlichkeit, Entschlossenheit, Klarheit und Einsatzbereitschaft können unsere größten Vorzüge sein. Wir sammeln Kraft und gehen beherzt ans Werk – ob wir das Haus auf Hochglanz bringen, einen Therapeuten aufsuchen, um mit seiner Hilfe ein seelisches Problem zu lösen, das wir allein nicht mehr in den Griff bekommen, ob wir uns um eine neue Arbeit bemühen oder eine Beziehung anfangen.

Ziele sind lohnend. Und es ist nützlich, sich auf die nächste Aufgabe zu konzentrieren.

Auch das Loslassen wirkt sich positiv aus – ebenso wie der bewusste Umgang mit den Jahreszeiten unseres Lebens.

Wir sind mit allem eins. Die Energie und der Geist, die den Ozean, die Berge, den Wald und die Tiere durchdringen, strömen auch durch uns. Wie können wir uns das Urteil anmaßen, keine Rhythmen, Jahreszeiten und Zyklen zu haben?

Für wen halten wir uns, dass wir glauben, den Rhythmen des Lebens nicht vertrauen zu müssen?

Setzen Sie die Samen. Geben Sie ihnen Wasser, wenn Trockenheit herrscht. Aber lassen Sie innerlich los. Das Gras wird von alleine wachsen.

Hilf mir, Gott, die Ungeduld abzulegen, mit den natürlichen Zyklen meines Lebens in Einklang zu kommen und dem Timing zu vertrauen, das du für mich vorgesehen hast.

Übung: Wählen Sie einen Teil der Natur aus, und untersuchen Sie ihn – etwa Sonnenaufgang und Sonnenuntergang, Ihren Lieblingspark oder das Meer, auch ein See genügt schon. Denken Sie nicht nur im stillen Kämmerlein darüber nach, sondern begeben Sie sich an diesen Ort, machen Sie ihn zum Gegenstand Ihrer heutigen Meditation und Kontemplation. Verbringen Sie zehn bis dreißig Minuten damit, dort zu verweilen und in Ruhe zu betrachten, was Ihre Aufmerksamkeit fesselt.

Juni

Lernen Sie,
Entspann dich *zu sagen*

Lernen Sie, Entspann dich *zu sagen*   1. JUNI

Beim Fallschirmspringen gibt es eine Körperhaltung, die »der Bogen« genannt wird – dabei ist der Rücken vom Nacken abwärts eigentümlich gekrümmt. Dahinter verbirgt sich die Vorstellung, dass der Fallschirmspringer, der allgegenwärtigen Schwerkraft ausgesetzt, in eben dieser Position gleichmäßig – und mit dem Gesicht nach unten – Richtung Erde fällt.

Die Kunst besteht darin, eine solche Stellung völlig entspannt beizubehalten – sonst wird der Fallschirmspringer hin und her geworfen, und möglicherweise zappelt er nur noch hilflos herum. Oder Beine und Arme sind nicht richtig ausgebreitet, so dass er sich unkontrolliert um die eigene Achse dreht.

Es handelt sich also um eine bewusste, zielgerichtete und doch entspannte Haltung. Im Fachjargon bezeichnet man sie als »Grundstellung«.

»Du musst deinen Bogen üben«, hatte mich mein Trainer angewiesen. »Und du musst lernen, dich zu entspannen.«

Leise und aufrichtig fragte ich ihn: »Wie soll ich mich entspannen, wenn ich mit über 200 Stundenkilometern in den sicheren Tod rase, falls etwas nicht funktioniert?«

»Indem du es übst«, erwiderte er. »Hör auf, ständig nachzudenken, und gestattete deinem Körper, sich darauf zu besinnen, wie er sich fühlt.«

Während des freien Falls befand ich mich zunächst im Zustand des Gleichgewichts. Ich lächelte meinen Trainer an und hatte großen Spaß. Aber plötzlich verkrampfte ich mich und geriet ins Schwanken, so als hätte ich die Kontrolle über meinen Körper verloren. Schließlich atmete ich tief durch und wurde immer lockerer.

Ich hatte die Grundstellung wiedergefunden. Ich war wieder »zu Hause«.

Ob wir einem Traum nachjagen, ob wir versuchen, eine Beziehung loszulassen, unsere Kinder großzuziehen, uns selbst besser kennen zu lernen, ob wir von einer Suchtkrankheit genesen, einen Verlust verarbeiten oder einfach unsere üblichen Angelegenheiten erledigen – wir können diesen Ort namens »Zuhause« ebenfalls finden. Auch wenn wir das Gefühl haben, mit über 200 Stundenkilometern Richtung Erde zu stürzen.

Sich selbst zu sagen: *Entspann dich*, ist ein wichtiger Bestandteil der Sprache des Loslassens.

Gott, zeige mir, wie ich mich innerlich entspanne – sogar dann, wenn mir das völlig unmöglich erscheint.

Üben Sie eine friedliche Gesinnung ein   2. JUNI

Ich denke, eine Veränderung tritt oft dann ein, wenn wir innerlich entspannt sind.

Sark

Entspannen und beruhigen Sie sich. Atmen Sie bewusst ein und aus.

Sie müssen nicht immer ein Nickerchen machen, um in diesen Zustand zu gelangen, aber manchmal hilft es. Oder Sie nehmen eine heiße Dusche, machen einen Spaziergang durch den Wald, waten in einem Fluss, trinken eine Tasse Tee, gehen schwimmen, schauen einen Film an, hören Musik, sprechen ein Gebet, meditieren, lassen sich den Rücken massieren, betrachten den Mond oder lachen über einen guten Witz.

Achten Sie darauf, wie sich Ihr Körper fühlt, wenn Sie innerlich entspannt sind. Wie stehen Sie da, wie gehen, sitzen, atmen Sie?

Machen Sie sich bewusst, wie Sie fühlen und denken, wenn Sie locker sind. Es ist fast so, als wären Sie leer, aber im Grunde sind Sie hellwach. Sie haben keinerlei Gedanken und Gefühle, die von Wut oder von Angst zeugen.

Üben Sie die Entspannung ein, bis Sie diese Empfindung an allen Orten und bei sämtlichen Tätigkeiten in sich tragen.

Wann sollten Sie sich entspannen? Wenn Sie an irgendeinem Problem, das Ihnen zu schaffen macht, nichts ändern können; wenn Sie sich fürchten; wenn Sie der festen Überzeugung sind, eine Maßnahme ergreifen zu müssen, aber nicht wissen, welche; wenn Sie zum ersten Mal einem Menschen begegnen; wenn Sie obsessiv sind, Schuldgefühle haben, trauern, sich einsam fühlen; wenn Sie jemand anders berichten, was in Ihnen vorgeht; wenn Sie Ihren Kontostand ausgleichen müssen; wenn Sie sich verlieben oder scheiden lassen; wenn Sie einen Berg ersteigen oder etwas Neues lernen.

Sobald Sie üben, sich innerlich zu entspannen, üben Sie eine friedliche Gesinnung ein.

Tun Sie das so lange, bis Sie es beherrschen.

Gott, bring mir bei, wie ich mich bewusst entspannen kann.

Sagen Sie: Entspann dich, *sobald Sie besorgt sind*   3. JUNI

Manchmal machen wir uns kaputt, ehe wir überhaupt richtig anfangen. Wir ringen mit unseren Gedanken, bekämpfen sie sogar – bis wir schließlich doch nachgeben, einwilligen und beschließen, den eigenen Weg zu gehen. Wenn wir dann den ersten Schritt tun, wundern wir uns, weshalb wir so müde sind.

Warum muss das immer nur mir passieren? Was wird geschehen, wenn ich versuche, diese Idee in die Tat umzusetzen? Wohin soll ich gehen, wenn sie mich verlässt? Wie kann ich ohne ihn leben? Was ist, wenn ich etwas falsch mache? Was ist, wenn …?

Der Weg führt manchmal bergauf. Nehmen Sie ihn. Ab und zu müssen Sie ein Hindernis umgehen. Lassen Sie es links liegen. Wenn Sie Zeit und Energie damit vergeuden, sich unnötig aufzuregen, zu klagen und den weiteren Weg in Frage zu stellen, berauben Sie sich gerade jener Kraft, die auf der Reise wirklich sinnvoll genutzt werden könnte.

Entspannen Sie sich. Akzeptieren Sie den Weg, der sich vor Ihnen auftut. Ein ebener Weg würde Sie nur langweilen. Wenn Sie von Ihrem Punkt aus die Strecke bis zum Ende überschauen könnten – warum sollten Sie sie dann noch gehen? Widersetzen Sie sich der Reise nicht mehr; genießen Sie sie lieber.

Gott, bewahre mich vor Sorgen und Ressentiments, die mich nur auslaugen. Lass mich dir und dem Universum vertrauen.

Legen Sie sich nicht mehr so ins Zeug   4. JUNI

Versuchen Sie nicht mehr, etwas zu erzwingen. Merken Sie nicht, dass Sie sich dadurch nur ins eigene Fleisch schneiden?

Es gibt eine andere, bessere Methode.

Fügen Sie sich – nicht Ihren Wünschen, wie die Dinge sein sollten, sondern den Tatsachen, wie Sie jetzt bestehen. Das kann bedeuten, dass Sie sich der Einsamkeit, der Niederlage, der Verwirrung und der Hilflosigkeit fügen – oder dass Sie nicht das bekommen, was Sie gerade wollen. Vielmehr besitzen Sie das, was Ihnen heute zuteil wird.

In dieser Welt haben wir nur wenige Situationen unter Kontrolle. Indem wir gewisse Abläufe allzu sehr forcieren, trennen wir uns von unserer wahren Kraft ab, anstatt uns mit ihr in Einklang zu bringen.

Vielleicht muss erst etwas Bestimmtes geschehen, damit Sie das erhalten oder tun können, was Ihnen vorschwebt. Vielleicht haben Sie sich auch in den Kopf gesetzt, dass Sie eine wichtige Lektion auslassen können. Oder der Zeitpunkt ist einfach noch nicht der richtige. Legen Sie sich nicht mehr so ins Zeug, um dieses oder jenes Resultat zu erzielen. Hören Sie auf, das Un-

216

mögliche in Angriff zu nehmen, und tun Sie lieber, wozu Sie fähig sind: Nehmen Sie die Dinge so, wie sie sind.

Und achten Sie dann darauf, wie sich das scheinbar Unmögliche wie von selbst ergibt.

Hilf mir, Gott, dass ich nicht mehr mit aller Macht versuche, die Dinge in eine bestimmte Richtung zu drängen. Lass mich daran denken, dass im Grunde alles in Ordnung ist.

Sie brauchen nicht so viel Kontrolle auszuüben   5. JUNI

»Hey, wie wär's, wenn du deinen guten alten Todesgriff ein wenig lockern würdest?«

Warum sagte Rob das nur immer wieder? Wahrscheinlich weil ich ständig nervös wurde und das Steuer viel zu fest umklammerte. Rob, mein Fluglehrer, brachte mir im Cessna-172-Simulator erneut grundlegende Manöver bei. Diesmal sollte ich eine scharfe Kurve fliegen. Aber sobald ich es versuchte, war mir, als würde die kleine Maschine vom Himmel fallen. Das ist töricht, ich weiß. Aber diese Einsicht änderte kaum etwas an meinem Gefühl.

»Pass auf, jetzt übernehme ich das Steuer«, sagte Rob. Unter seinen Händen zog das Flugzeug eine stark gekrümmte Bahn. Dann ließ er das Steuer los. »Aaaaah!«, schrie ich. Nichts geschah. Ohne weiteres Zutun beschrieb die Cessna weiterhin einen Bogen. »Du siehst«, erklärte Rob, »wenn du den Trimm richtig eingestellt hast, macht das Flugzeug genau das, was du ihm befiehlst. Du brauchst nichts zu erzwingen. Entspann dich, und versuch es dann noch einmal.«

Ich befolgte seine Anweisung, und die Kurve gelang besser als vorher. Vielleicht fiel die Maschine ja doch nicht vom Himmel. Ein weiteres Teil fügte sich ins Puzzle ein.

Wir können vieles tun, um unser Leben auf Kurs zu halten. Wir können mit unseren Vertrauenspersonen sprechen, erbauliche Bücher lesen, beruhigende Musik hören, uns einer Selbsthilfegruppe anschließen, beten, meditieren, ein Heilungsprogramm absolvieren und zu unserer inneren Entwicklung beitragen. Dann aber dürfen wir uns nicht zufrieden zurücklehnen. Für die eigene Sicherheit zu sorgen ist zweifellos wichtig. Doch sobald wir auf Kurs gegangen sind, müssen wir nicht mehr dauernd befürchten, vom Himmel zu fallen.

Leiten Sie Ihr Projekt in die Wege. Kommen Sie auf die richtige Spur. Aber vergessen Sie nicht: Wenn Ihnen daran liegt, das eigene Leben zu retten, dann achten Sie auch darauf, ein Leben zu führen, das zu retten sich lohnt. Entspannen Sie sich ein wenig. Das Flugzeug wird so lange weiterfliegen, wie Sie ihm die korrekten Befehle geben.

Gott, hilf mir mit deiner Gnade, mich innerlich zu entspannen, Sorgen und Selbstzweifel loszulassen und das Leben sowie die Erfahrungen, die es mir bietet, uneingeschränkt zu genießen.

Befreien Sie sich von der Anspannung   6. JUNI

In seinem Essay *Find and Use Your Inner Power* [Entdecken und nutzen Sie Ihre innere Kraft] gebraucht Emmet Fox das Bild vom Schlüssel, den man ins Türschloss zu stecken versucht. Wenn wir angespannt und ängstlich sind, erklärt Fox, fummeln wir nur herum. Obwohl der Schlüssel eigentlich passt, sind wir außerstande, die Tür zu öffnen, weil wir wie unter Zwang stehen, weil wir zu nervös und zu verkrampft sind.

Entspannen Sie sich. Sehen Sie! Je weniger Druck und Kontrolle Sie ausüben, desto besser.

Vielleicht ist der Schlüssel, den Sie die ganze Zeit benutzt haben, wirklich der richtige. Möglicherweise haben nur Angst und Panik Sie davon abgehalten, einfach aufzuschließen. Unter Umständen wollten Sie die Tür sogar schon aufbrechen.

Achten Sie einmal darauf, wie leicht und selbstverständlich Ihnen alles von der Hand geht, sobald Sie sich entspannen und loslassen. Indem Sie aus einem Zustand innerer Ruhe und heiterer Gelassenheit handeln, lieben, arbeiten und spielen, erschließen Sie Ihre wahren Energiequellen und verbinden sich dadurch auch mit den Kräften des Universums.

Gehen Sie stets von Ihrem Zentrum aus. Lassen Sie die Dinge geschehen.

Gott, hilf mir, ausgeglichen, zuversichtlich und fröhlich zu sein, während ich meine täglichen Angelegenheiten erledige.

Sie haben so viel Zeit zur Verfügung, wie Sie brauchen
7. JUNI

Wenn wir glauben, unsere Beziehungen oder Arbeiten müssten in einen bestimmten Zeitrahmen passen, sind wir schnell gestresst, wenn sich die Dinge nicht so entwickeln, wie wir es erwartet haben. Die Beförderung kommt nicht rechtzeitig, wodurch unsere sorgfältige Karriereplanung völlig durcheinander gerät. Und unsere Beziehungsprobleme verwandeln sich in riesige, schreckliche Monster, die jede freie Minute verschlingen.

Wenn wir hingegen überzeugt sind, dass wir uns in einem unendlichen Zeitrahmen bewegen, verringert sich der Stress allmählich. Wenn wir diese Woche nicht befördert werden, dann eben im nächsten Monat – und wer weiß, vielleicht sind wir dann gar nicht mehr so versessen darauf. Einige der großen, dramatischen Beziehungsprobleme lösen sich einfach von selbst, wenn wir sie nicht dauernd mit der Lupe betrachten. Und die Augenblicke, die wir mit dem geliebten Menschen verbringen, gestalten sich viel angenehmer, eben weil wir nicht ständig an der Beziehung *arbeiten*.

Wenn wir unser Verhalten einzig und allein am Maßstab der Endlichkeit ausrichten, verstricken wir uns derart in die momentanen Details, dass wir nicht frei genug sind, den nächsten Moment zu genießen. Beginnen wir jedoch, auf der Ebene der Unendlichkeit zu leben, haben wir weniger Mühe, lockerer zu werden und uns im Fluss der Zeit vom Universum dahintragen zu lassen. Dabei wird uns alles zuteil, was wir brauchen: Lektionen und Freuden.

Hilf mir, Gott, dass ich mich entspanne und erkenne, dass eine Situation, die heute nicht zu bewältigen ist, sich irgendwann von selbst bereinigt. Ich habe so viel Zeit, wie ich brauche.

Fällen Sie keine Urteile mehr 8. JUNI

Wenn wir ständig alles be- oder verurteilen müssen, können wir uns nicht entspannen. Denn sobald wir zu der Auffassung gelangen, dass ein Mensch oder eine Sache gut beziehungsweise schlecht ist, fühlen wir uns gezwungen, darauf zu reagieren. Wenn zum Beispiel ein Mensch gut ist, fangen wir an zu vergleichen: *Bin ich schlechter oder besser als er? Was kann ich tun, um mich zu steigern?* Und wenn wir meinen, eine Sache sei schlecht, dann spüren wir den Drang, sie unbedingt loswerden zu müssen.

So oder so denken wir derart angestrengt über unsere Urteile nach und stellen wir uns derart viele Szenarien vor, dass wir unfähig sind, zur Ruhe zu kommen und Personen oder Dinge *an sich* zu genießen.

Geben Sie heute keine Urteile ab, und entspannen Sie sich. Wenn Sie mit Wohltaten oder guten Menschen gesegnet sind, dann mäkeln Sie nicht daran herum. Sie brauchen weder besser noch schlechter zu sein als irgendjemand sonst. Und wenn Ihnen eine Sache schadet oder weh tut, dann wissen Sie, dass Sie zu gegebener Zeit damit fertig werden können.

Schenken Sie den Menschen und Dingen in Ihrem Leben Beachtung. Erfreuen Sie sich daran, ohne sofort alles be- oder verurteilen zu müssen.

Hilf mir, Gott, dass ich lerne, den Menschen und Erfahrungen in meinem Leben mit Freude zu begegnen.

Verwirklichen Sie sich 9. JUNI

Versuchen Sie es heute einmal mit der folgenden Übung: Gehen Sie in die nächste große Gärtnerei, und kaufen Sie einen Stein für die Veranda oder die Terrasse. Nehmen Sie einen schönen flachen, runden Stein, der in Ihre Aktentasche oder Ihren Rucksack passt. Bringen Sie ihn nach Hause, und betrachten Sie ihn. Holen Sie dann einen Filzstift hervor und denken Sie über eines der Ziele nach, das Sie zu Beginn des Jahres auf der Liste festhielten. Vergegenwärtigen Sie sich alles, was Sie davon abhält, dieses Ziel zu erreichen – die Ängste, Ausreden und täglichen Erfordernisse. Sobald Ihnen ein Grund einfällt, warum Sie nicht den geplanten Weg einschlagen, notieren Sie ihn mit dem Filzstift auf dem Stein. Schreiben Sie so lange, bis Ihnen kein weiterer Grund mehr in den Sinn kommt.

Tragen Sie dann den Stein bei sich. Darauf steht zum Beispiel, dass Sie Angst haben, lächerlich zu wirken, nicht wahr? Nehmen Sie den Stein mit zum Abendessen – lassen Sie ihn dabei auf Ihrem Schoß ruhen. Halten Sie ihn in der Hand, während Sie heute fernsehen, ins Badezimmer gehen, unter der Dusche stehen und sogar wenn Sie ins Bett gehen. Verbringen Sie auch den morgigen Tag mit Ihrem Stein. Lassen Sie sich von ihm sowohl an Ihre Träume als auch an Ihre Ängste erinnern. Fühlen Sie, wie hart, rau und schwer er ist. Er macht es einem nicht so leicht, etwas zu erledigen, stimmt's? Setzen Sie sich jetzt, am Ende des Tages, erneut mit dem Stein hin. Lesen Sie all Ihre Ausreden, die Sie darauf geschrieben haben. Treffen Sie bewusst die Entscheidung, sie loszulassen. Legen Sie ihn dann vor die Eingangstür. Spüren Sie, wie Ihr Schritt viel beschwingter ist, wie Sie mit allem viel besser zurechtkommen? Sobald Sie morgens aus dem Haus gehen, werfen Sie einen Blick auf den Stein; von nun an bleibt er an seinem Platz. Das Leben und die Naturkräfte werden Ihre Ängste nach und nach abtragen.

Sie haben Träume, Hoffnungen und Ambitionen. Ihre Ängste und Ausreden sind Steine, die Sie schwer machen und niederdrücken. Lassen Sie sie hinter sich. Fangen Sie an, Ihre Träume zu verwirklichen.

Hilf mir, Gott, dass ich mich von all dem befreie, was mich heute daran hindert, mein Leben in vollen Zügen zu genießen.

Lassen Sie Ihre Schuldgefühle los   10. JUNI

Schuldgefühle sind wie Felsen. Sie liegen uns schwer im Magen und halten uns nachts wach. All unsere Muskeln machen Überstunden, nur um unsere Schuldgefühle herumzutragen – und trotzdem halten wir daran fest.

Gestern sind Sie gestolpert. Das ist vorbei. Zugleich haben Sie Ihren Fehler wieder gutgemacht und versprochen, sich heute geschickter anzustellen. Warum also empfinden Sie weiterhin Schuldgefühle?

Wenn Sie gerade dabei sind, von einer Sucht geheilt zu werden, haben Sie vorher, im Rauschzustand, sicher schreckliche Dinge getan. Wie können Sie da je wieder Fuß fassen? Immerhin leben Sie jetzt abstinent. Sie haben den Schaden behoben. Was gestern geschah, gehört der Vergangenheit an. Heute können Sie

Ihre Schuldgefühle loslassen und sich in jenem inneren Frieden entspannen, der sich einstellt, wenn man beherzt seinen Weg geht.

Haben Sie bereits eine Liste der Menschen angefertigt, denen Sie Schmerz zugefügt haben, und Wiedergutmachung geleistet – so wie es der Achte und der Neunte Schritt des Zwölf-Schritte-Programms nahe legen? Das ist eine ausgezeichnete Methode, Schuldgefühle zu verarbeiten und aus der Welt zu schaffen. Wenn Sie nicht an einem Zwölf-Schritte-Programm teilnehmen, stehen Ihnen andere Möglichkeiten offen. Die meisten Religionen verfügen über Rituale, die helfen, Schuldgefühle abzubauen. Manchmal aber fühlen wir uns immer noch schuldig, obwohl wir alles in unserer Macht Stehende dagegen unternommen haben. Was ist nur los? Wir klammern uns an die eigenen Schuldgefühle und gehen allzu hart mit uns ins Gericht.

Es fällt Ihnen leichter, sich zu entspannen und Ihre Erfahrungen gelassen zu akzeptieren, wenn Sie die Last der alten Schuldgefühle einfach abstreifen.

Gott, heute übergebe ich dir alle Schuldgefühle aus meiner Vergangenheit. Nimm sie mir bitte ab und sorge dafür, dass ich jetzt neu beginne. Hilf mir, die notwendige Wiedergutmachung zu leisten, und lass mich eine reine Weste haben.

Übung: Wenn Sie alle erdenklichen Maßnahmen ergriffen haben, um für Ihre Missetaten einzustehen und Ihre begründeten Schuldgefühle zu beseitigen, jedoch weiterhin auf Schritt und Tritt von diesen verfolgt werden, so versuchen Sie Folgendes: Blicken Sie morgens und abends zuallererst einmal in den Spiegel. Schauen Sie sich in die Augen. Sagen Sie dann sieben Mal laut: »Ich befreie mich jetzt von sämtlichen Schuldgefühlen, ganz gleich ob sie berechtigt sind oder nicht.« Tun Sie das eine Woche lang, und stellen Sie dann fest, wie weit sie verschwunden sind.

Hören Sie auf, sich zu verteidigen   11. JUNI

Gehen Sie in einer Rüstung durch die Welt? Wenn wir in der Kindheit verletzt wurden oder als Erwachsene immer wieder leiden müssen, legen wir eine emotionale Rüstung an, um uns vor weiterem Kummer zu schützen. Wir klappen das Visier herunter, um jeden schmerzlichen Anblick zu vermeiden. Wir greifen zu den Waffen – bedienen uns scharfer Wörter, manipulatorischer Verhaltensweisen, heftiger Wutausbrüche, ja aller möglichen Mittel, durch die wir uns gegen diejenigen wappnen, die uns erneut weh tun könnten. Mit der Zeit gewöhnen wir uns daran, in die Schlacht zu ziehen, und bald ist das ganze Leben ein einziger Kampf.

Stellen Sie das Gefecht ein! Sicher, Ihnen wurde Schmerz zugefügt. Das ist vielen von uns widerfahren. Doch wenn Sie die schlechten Eigenschaften einer Person auf sämtliche Personen projizieren, die Sie kennen, verhindern Sie damit, dass deren wahres Selbst zum Vorschein kommt. Infolgedessen betrachten Sie diese Menschen nur durch den Schlitz Ihres Visiers.

Sie entwickeln sich weiter und werden stärker – jeden Tag. Sie sind jetzt in Sicherheit. Warum legen Sie dann die Waffen nicht für eine Weile nieder, klappen das Visier hoch und sehen die Leute ringsum so, wie sie sind – nämlich zumeist ebenso freundlich und gutherzig wie Sie. Auch die anderen wurden verletzt und sind nun wohlauf, sie haben gewonnen und verloren, lachen und weinen. Seien Sie offen für sie, und tauschen Sie sich mit ihnen aus, damit Sie und Ihre Seele geheilt werden können.

Gott, hilf mir, heute meine Verteidigungsmechanismen aufzugeben, empfänglich zu sein für das Gute in den Menschen und ihnen bereitwillig etwas Gutes zu tun.

Die Entspannung
kommt Ihrer Arbeit zugute

12. JUNI

Joe ist von Beruf Küchenchef. Schon als Jugendlicher arbeitete er in der Küche. Allmählich arbeitete er sich nach oben – aus dem Tellerwäscher wurde der Geschäftsführer eines erfolgreichen Partyservices. Das einzige Problem war: Je mehr das Unternehmen florierte, um so weniger Zeit hatte Joe für sein übriges Leben. Doch die Vorstellung, der am härtesten arbeitende Mensch zu sein, den er kannte, gefiel ihm. Seiner Meinung nach existierte die Firma nur deshalb, weil er sich so intensiv darum kümmerte.

Joe war überrascht, als seine Frau ihn wegen eines weniger erfolgreichen Mannes verließ.

»Wie konnte sie mir so etwas antun?«, stöhnte er gegenüber Freunden. »Ich habe mich abgeschuftet, damit sie schöne Dinge besaß – und das ist nun der Dank dafür?«

Einige Zeit später, als er eine Hochzeitsgesellschaft belieferte, fiel es ihm wie Schuppen von den Augen: Er hatte seine Frau und die Ehe völlig vernachlässigt. Er war das Opfer seines Erfolgs, ein Gefangener der Firma, die er aufgebaut hatte.

Joe nahm sich mal einen Tag frei, dann sogar ein ganzes Wochenende. Als Nächstes bildete er einen Assistenten aus, der ihm im Geschäft zur Seite stand. Das kostete ihn anfangs ziemlich viel Geld, aber er entdeckte das Leben. »Ich war so auf den Erfolg fixiert«, sagt er, »dass ich gar nicht merkte, wie unglücklich ich war.«

Als er im Südwesten der Vereinigten Staaten Urlaub machte, obsiegten seine kulinarischen Instinkte, und er verbrachte die Hälfte der Zeit damit, neue Rezepte zu lernen. Trotzdem hatte er Spaß. »Zum ersten Mal seit Jahren spielte ich wieder in der Küche, anstatt nur zu arbeiten.«

Inzwischen kennt er die Freude, die aus dem inneren Gleichgewicht resultiert. Er hat nicht länger das Gefühl, allein er müsse das Gewicht der ganzen Welt tragen, und ist dadurch stärker. Sein Unternehmen wächst; er hat sich den Ruf eines Neuerers erworben, vor allem dank jener Lektionen, die er nicht in der Küche gelernt hat.

Wenn wir beruflich erfolgreich sind, können wir uns kaum frei nehmen. Wir glauben, all die Errungenschaften, für die wir so hart gearbeitet haben, würden sich in Luft auflösen, wenn wir uns nicht dauernd engagieren. Tatsächlich sind wir derart damit beschäftigt, unseren Lebensunterhalt zu verdienen, dass wir vergessen zu leben.

Nehmen Sie sich etwas Ruhe, um zu sehen, ob Sie nicht ein bisschen weniger Zeit im Büro und ein bisschen mehr mit sich selbst und den geliebten Menschen verbringen können. Sie werden bestimmt angenehm überrascht sein über die heilsamen Wirkungen, die eine Pause auf Ihre Motivation und Ihre Freude an der Arbeit hat.

Gott, bring mir bei, mein Leben, meine Tätigkeit und meine Beziehungen zu den geliebten Menschen zu genießen.

Entspannen Sie sich und fließen Sie   13. JUNI

Vor einiger Zeit besuchte ich den Hoover-Staudamm in Nevada und bewunderte sowohl die Konstruktion als auch ihren Zweck. In den Canyon war eine riesige Betonwand eingezogen worden, um die Kraft von abertausenden Tonnen fließenden Wassers nutzbar zu machen.

Das Wasser schießt durch die Anlage, und seine Energie wird in Elektrizität umgewandelt, die Tausende von Häusern und Geschäften mit Strom versorgt. Aber das würde nicht funktionieren, wenn man einen See mit einem Damm versehen würde, denn das Wasser muss sich bewegen, um Energie freizusetzen.

Das Geheimnis der Kraft liegt im Fließen.

Wie oft wir doch versuchen, den Fluss der Ereignisse durch Kontrollmaßnahmen zu hemmen. Wir denken: Wenn wir sie so dirigieren, wie es uns in den Kram passt, wird am Ende alles in Ordnung sein. Wir bemächtigen uns der Energie des Universums und isolieren sie – und gerade dadurch geht sie verloren.

Hören Sie auf, gewaltsam auf die Dinge einzuwirken.

Lassen Sie die Energie des Lebens durch sich hindurch und um sich herum fließen. Sie können lernen, sie zu steuern, aber Sie brauchen sie nicht zu kontrollieren. Öffnen Sie sich ihrem Sog; anstatt sie zu unterdrücken, fügen Sie sich ihr. Energie ist nur dann von Nutzen, wenn sie frei fließt.

Seien Sie entspannt, und überlassen Sie sich dem Fluss des Universums. Dann können Sie von seiner Kraft mehr profitieren.

Hilf mir, Gott, mein Bedürfnis nach Kontrolle und meine Angst loszulassen.

Ihre Einstellung ist ansteckend   14. JUNI

»Fallschirmspringen mit Todd, das gefällt mir«, sagte Pat. »Er hat eine so positive Einstellung. Wenn du mit ihm oben in der Luft bist, hast du einfach das Gefühl, dass alles in Ordnung ist, egal, was passiert.«

Eine entspannte Einstellung wirkt ansteckend. Jemand, der unglücklich, ängstlich und negativ ist, kann seine Umgebung ebenso beeinflussen wie jemand, der locker, klarsichtig, zuversichtlich und zugleich bescheiden ist. Kennen Sie einen solchen Menschen, der Sinn für Humor hat und der dem Gang der Ereignisse vertraut, der voller Freude ist und mit sich in Einklang lebt? Ein solcher Mensch weiß nicht nur, dass alles in Ordnung sein wird, sondern auch, dass bereits jetzt alles in Ordnung ist.

Wenn Sie heute eine bestimmte Gesinnung ausstrahlen möchten, dann soll sie von Freude und gutem Willen geprägt sein.

Gott, hilf mir, heiterer zu werden. Sorge dafür, dass meine Fröhlichkeit ansteckend wirkt.

Übung: Beobachten Sie sich heute einmal in Ihrem Tagesablauf. Wenn Sie ein neutraler Beobachter wären – wie würden Sie sich dann beschreiben? Welche Wörter würden Sie benutzen? Welche Formulierungen wären Ihnen am liebsten? Nehmen Sie dann bewusst wahr, wie Sie mit anderen Menschen umgehen – mit solchen, die Sie kennen, aber auch mit Fremden, etwa den Angestellten in Geschäften und Banken. Beurteilen Sie sich nicht, schauen Sie nur genau hin. Auf die Bewusstheit kommt es an. Werden Sie sich klar darüber, wer Sie sind, wie Sie auf Leute reagieren und wie diese Ihnen begegnen. Beschließen Sie, welche Einstellung Sie den Menschen in Ihrer Umgebung gerne vermitteln würden.

Leben Sie in Harmonie 15. JUNI

Als ich mit Aikido anfing – jener Kampfsportart, die auf Widerstandslosigkeit und Harmonie basiert –, wurde mir klar, wie viel Widerstand noch in mir war. Je mehr ich versuchte, mich zu entspannen und die Widerstandslosigkeit einzuüben, desto mehr Widerstand empfand ich. Ich atmete, handelte, arbeitete und lebte aus einem inneren Zustand heraus, der keineswegs entspannt war.

Meine spontane Reaktion auf jedes meiner Gefühle war: »O nein. Das darf ich nicht fühlen.«

Meine erste Reaktion auf jedes Problem, das auftauchte, war: »Nein, das darf doch nicht wahr sein.«

Wenn jemand eine andere Meinung vertrat als ich, ging ich zum Angriff über und versuchte, meinen Willen durchzusetzen.

Und wenn ich eine Aufgabe bewältigen musste, bestand meine Vorbereitung darin, dass ich mich anspannte und mir Sorgen machte.

Eine der größten Herausforderungen und zugleich größten Belohnungen, die uns erwartet, ist die, mit uns selbst und den Menschen ringsum in Harmonie zu leben. Wir erlangen sie, indem wir uns immer wieder sagen: »Entspann dich einfach.«

Aufgrund dieser inneren Ruhe, die manche als »Verzicht« bezeichnen, erschließen wir unsere eigentlichen Energiequellen. Dann wissen wir, wie wir mit unseren Gefühlen umgehen müssen, und werden auf natürliche Weise zur nächsten Tätigkeit geführt.

Gott, zeig mir die Bereiche meines Lebens, in denen ich Widerstand leiste. Hilf mir, loszulassen und die Entspannung bewusst einzuüben, während ich meine Angelegenheiten erledige.

Setzen Sie sich mit Manipulation auseinander
16. JUNI

Vor einigen Jahren kam ich auf einer Reise durch den Nahen Osten auch nach Jordanien. Mein Ziel war Pakistan, aber ein Beamter der pakistanischen Botschaft in Jordanien forderte mich auf, zur amerikanischen Botschaft zu gehen, die einige Kilometer entfernt lag: »Sie müssen sich ein Dokument besorgen, mit dem Ihre Regierung für Sie bürgt. Nur dann kann die Regierung von Pakistan Ihre Bitte überhaupt in Betracht ziehen.«

Also suchte ich die amerikanische Botschaft auf und stand dort den ganzen Tag lang Schlange. Als ich endlich an der Reihe war, erläuterte ich dem Beamten mein Anliegen. »Das ist lächerlich«, sagte er. »Es gibt keine internationale Bürgschaft für die Bürger der Vereinigten Staaten. Stattdessen haben wir den Reisepass. Er bestätigt, dass die amerikanische Regierung für Sie bürgt und Sie als vertrauenswürdig erachtet, ins Ausland zu reisen.«

Er begann, leiser zu sprechen. »Dieser Mann in der pakistanischen Botschaft schikaniert Sie nur. Manchmal gefällt es denen, mit Leuten zu spielen und ihnen zu zeigen, wie mächtig sie sind.«

Ich ging zurück zur pakistanischen Botschaft. Im Warteraum saß ein älterer Moslem, der einen Turban trug. Er hielt den Kopf gesenkt, rezitierte Verse aus dem Koran und rieb dabei die Perlen seiner Gebetskette.

Er half mir, in die richtige Gemütsverfassung zu kommen, und erinnerte mich daran, was ich tun musste: zur Ruhe kommen, friedlich sein, keinen Widerstand mehr leisten und mich auf die Situation einstellen. Es ging nicht darum, ob der Beamte Recht hatte oder ich. Er besaß die Macht, und ich wollte etwas von ihm. Deshalb saß ich still da und wartete, bis die Reihe an mir war. Als ich vor dem Schalter stand, teilte ich ganz bewusst den Standpunkt des Mannes. Dann erklärte ich mit sanfter Stimme, dass ich das von ihm geforderte Dokument der amerikanischen Botschaft nicht erhalten hätte, weil es eine solche Bescheinigung gar nicht gäbe. Ich legte dar, dass ich diesen Teil der Welt wohl nur ein Mal in meinem Leben besuchen würde, und deutete auf das Poster an der Wand: »Der Himalaja ist so herrlich in Ihrem Land. Wenn ich jetzt nicht dorthin fahre, weiß ich nicht, ob ich je wieder Gelegenheit dazu habe. Es steht Ihnen frei, ja oder nein zu sagen. Und mir bleibt keine andere Wahl, als Ihre Entscheidung zu akzeptieren. Sie bestimmen, was geschehen soll.«

Er bat mich, Platz zu nehmen. Fünf Minuten später rief er mich an den Schalter zurück. »Hier«, sagte er und händigte mir den Reisepass aus. »Genießen Sie Ihre Reise nach Pakistan.«

Wir haben das Recht, uns nach Belieben aufzuregen, aber manchmal kann eine auf Harmonie bedachte Einstellung sehr viel mehr bewirken, als entrüstet loszubrüllen oder gar zurückzuschlagen. Wenn Sie sich also wieder einmal in einer Situation befinden, in der man Sie zu manipulieren versucht, dann geben Sie Ihren Widerstand auf. Tun Sie Ihr Bestes, um die Dinge ins Lot zu bringen.

Gott, unterweise mich in der Kunst, behutsam, demütig und respektvoll durch die Welt zu gehen.

Entspannen Sie sich, wenn die Dinge nicht wie geplant laufen

17. JUNI

Ihr Freund ruft an und teilt Ihnen mit, dass er mit seinen Kameraden eine Woche zum Wandern gehen wolle; er sagt die Verabredung mit Ihnen ab und hofft, dass Sie ihm nicht allzu böse sind.

Oder die Bank ruft an und sagt, dass Sie Ihr Konto überzogen haben. Sie können sich die Sache überhaupt nicht erklären, denn Sie waren doch so sehr darauf bedacht, Ihre finanziellen Angelegenheiten gut im Griff zu haben. Was der Mann da redet, kann also einfach nicht stimmen!

Was tun Sie, wenn das Leben Sie zwingt zu reagieren? Sie können in Panik geraten, sich Sorgen machen, schreien oder mit einem Gegenangriff antworten. Aber dadurch wird das Problem wahrscheinlich nicht gelöst. Im Gegenteil: Die Auseinandersetzung verschärft sich weiter.

Sie können aber auch zur Ruhe kommen, zunächst einmal tief durchatmen und sich entspannen. Sagen Sie in Ihrer Aufregung, Ihrem Ärger so wenig wie möglich. Wenn eine Schwierigkeit oder Störung, die Ihnen ungerecht erscheint, den normalen Tagesablauf unterbricht, sollten Sie einfach nur »Hmmm« sagen. Finden Sie anschließend Ihr inneres Gleichgewicht wieder, und beschließen Sie, was als Nächstes unternommen werden muss.

Es gibt Augenblicke, da man sich ereifert, schimpft, schreit und tobt. Doch das sind nicht die Phasen, in denen man Probleme zu lösen versucht. Sammeln Sie sich, seien Sie gelassen und klarsichtig, ehe Sie Maßnahmen ergreifen. Dann werden Sie feststellen, dass Sie stärker sind, als Sie meinen.

Hilf mir, Gott, meinen Weg unbeschwerter zu gehen, indem ich lerne, mich zu entspannen und den Dingen ihren Lauf zu lassen.

Entspannen Sie sich, wenn Sie angegriffen werden

18. JUNI

Wir sind ganz unterschiedlichen Formen von Angriffen ausgesetzt. Wenn jemand seine Wut an uns abreagiert, werden unsere Gefühle verletzt, und wenn jemand uns schlägt, leidet darunter auch unser Körper.

Selbstverteidigung ist gut und wichtig. Aber wenn wir angegriffen werden, kann es leicht passieren, dass wir nicht mehr klar erkennen, wie wir uns selbst am besten umsorgen und schützen. Vielleicht bringt uns der Chef, der Ehepartner, ein Kind oder ein Freund in Rage. Vielleicht sind wir mit einem Menschen zusammen, den wir noch nicht gut kennen und der plötzlich Gift und Galle gegen uns speit. Möglicherweise gehen wir dann ganz instinktiv zum Gegenangriff über.

Wenn jemand uns zornig anschreit, beschimpft oder körperlich misshandelt, überlegen wir nicht zweimal. Wir spannen uns an und schlagen zurück, wodurch der Konflikt eskaliert. Angst und Wut des anderen verstimmen uns zutiefst. Infolgedessen sind auch wir ängstlich, wütend und gemein. Unsere intensiven, impulsiven Gefühle verschlimmern die Situation nur noch. Dadurch kann sie leicht außer Kontrolle geraten.

Anstatt die Auseinandersetzung auf die Spitze zu treiben, sollten Sie versuchen, sie zu entschärfen und wieder eine friedliche Atmosphäre herzustellen. Sie werden überrascht sein, welch positive Resultate innere Entspannung und harmonisierendes Verhalten zeitigen, sobald Sie derlei tatsächlich einüben. Außerdem sind Sie auf diese Weise imstande, Ihre wahre Kraft besser zu nutzen.

Gott, erfülle mich mit so tiefem Frieden, dass meine Gegenwart die Angriffe auf meine Person neutralisiert und abwendet – ganz gleich, in welcher Lage ich mich gerade befinde.

Entspannen Sie sich ausreichend, um mit den Umschwüngen des Lebens zurechtzukommen
19. JUNI

Wie sehr wir auch darauf bedacht sein mögen, die bestmöglichen Entscheidungen für uns zu treffen – manchmal geschieht etwas Unerwartetes. Ehen zerbrechen, berufliche Unternehmungen scheitern, Freunde verschwinden. Aus unkontrollierbaren und unverständlichen Gründen nimmt diese oder jene Angelegenheit eine Wendung, mit der wir nicht gerechnet haben.

Haben Sie schon einmal darauf gewartet, dass eine Situation wieder so wird, wie sie ursprünglich war – oder wie Sie sie anfangs erhofften? Reden Sie sich ein, dass mit Ihnen etwas nicht stimmt, wenn die Ereignisse einen anderen Lauf nehmen, als Sie dachten? Es geht nicht alles so reibungslos vonstatten, wie wir es geplant haben. Manchmal müssen wir einfach die Zähne zusammenbeißen, um die schwierigen Phasen heil zu überstehen. Diese treten ein, wenn wir plötzlich mit einschneidenden Veränderungen konfrontiert sind.

Gerade dann müssen wir aufhören, uns selbst zu quälen. Denken Sie nicht mehr daran, was hätte geschehen sollen. Machen Sie sich keine Vorwürfe, wenn das Leben Ihnen eine neue Richtung aufzwingt. Versuchen Sie nicht krampfhaft den früheren Zustand wieder herzustellen. Reagieren Sie schneller. Kehren

Sie ins Heute zurück. Lernen Sie, die ungewohnte Situation zu akzeptieren.

Der Weg führt nicht immer direkt zum Ziel. Manchmal weist sogar der Weg, den man mit Aufrichtigkeit und Hingabe beschreitet, ungeahnte Biegungen auf.

Gott, hilf mir, dass ich mich entspanne und mir selbst genügend vertraue, um mit der Realität fertig zu werden, anstatt irgendwelchen Wunschvorstellungen nachzuhängen.

Entspannen Sie sich, und sehen Sie der Wahrheit ins Gesicht
20. JUNI

Manchmal müssen wir uns mit Tatsachen abfinden, die wir lieber verdrängen würden.

Der Freund, mit dem wir gerade ausgehen, übt keinen guten Einfluss auf uns aus. Unser Ehepartner ist nicht nur ein Gesellschaftstrinker, sondern hat ernste Probleme mit dem Alkohol. Das eigene Kind ist nicht nur ein kleines süßes Geschöpf, das ab und zu Unfug treibt; es belügt und bestiehlt uns.

Solche Augenblicke der Wahrheit können unser Leben schwer erschüttern. Dann wieder sind es nicht ganz so schwerwiegende Wahrheiten, denen wir ausweichen. Wir haben jemanden verletzt, obwohl wir vorgaben, zurückhaltend und unschuldig zu sein, und müssen uns nun damit auseinander setzen. Oder die Kinder sind groß geworden und von zu Hause ausgezogen, aber wir wollten uns das nicht eingestehen unter dem Vorwand, uns auch weiterhin nach ihnen richten zu müssen. Möglicherweise besteht die Wahrheit auch darin, dass wir ängstlich, einsam oder verletzt sind.

Wir alle erleben Augenblicke der Wahrheit.

Einmal hatte ich ein Gespräch mit einem Freund. Er beklagte sich darüber, dass sein Luftreiniger nicht funktioniere. Da ich ohnehin zur Reparaturwerkstatt gehen wollte, bot ich ihm an, sein Gerät mitzunehmen und instand setzen zu lassen.

»Geht nicht. Es ist angeschlossen«, sagte er. »Ich muss es einschalten, sonst halte ich es nicht aus.«

»Aber du hast es doch eingeschaltet, und es funktioniert nicht, oder?«, fragte ich. »Also hast du doch jetzt gar keinen Luftreiniger.«

Entspannen Sie sich! Jagen Sie nicht mehr Ihren Illusionen nach. Stellen Sie sich den Situationen, vor denen Sie bisher flüchteten. Die Wahrheit bleibt bestehen, auch wenn Sie sie verschleiern und hoffen, sie würde sich verflüchtigen.

Falls Sie in einem bestimmten Bereich Ihres Lebens die Augen vor der Wahrheit verschlossen haben, dann sollten Sie ihr jetzt ins Gesicht sehen – denn die Wahrheit besitzt eine große Macht. Wahrheit macht stark.

Hilf mir, Gott, meine Illusionen loszulassen und die Kraft zu spüren, die daher rührt, dass ich scharfsichtig bin und blitzartig die Wahrheit erkenne.

Kommen Sie zunächst einmal zur Ruhe
21. JUNI

Beruhigen Sie sich.

In unserem Leben passiert so vieles. Manches geschieht, damit wir einem Ereignis Beachtung schenken, auf die nächste Lektion aufmerksam gemacht werden und unseren Weg zielsicher beschreiten. Manches passiert auch einfach nur so.

Unsere emotionalen Reaktionen auf die Außenwelt sind von großer Bedeutung. Wie fühlen Sie sich? Was mögen Sie? Was können Sie nicht leiden? Haben Sie etwas verdrängt, das sich vor Ihren Augen abspielte? Was wir wahrnehmen, fühlen und – wichtiger noch – was wir im Innersten denken, ist ein wesentlicher

Bestandteil unseres seelischen und geistigen Lebens, unserer Verbindung zum Göttlichen.

Es ist wichtig, weder zu schwach noch zu stark zu reagieren.

Wenn ein Problem auftaucht, beruhigen Sie sich. Nehmen Sie Ihre Gefühle bewusst wahr, anstatt sie zu unterdrücken. Empfinden Sie jede kleinste Regung. Lassen Sie Ihren Gedanken freien Lauf. Es kommt darauf an, nicht impulsiv zu handeln. Die Gefühle sollen zuerst einmal durch Sie hindurchströmen.

Ihre Kräfte – und ebenso Ihre Lektionen, Erkenntnisse und Antworten – resultieren aus Konzentration und Klarblick.

Was auch geschieht: Achten Sie zuallererst auf Ihre Gefühle.

Glätten Sie dann die inneren Wogen. In diesem Zustand der Ruhe werden Sie zum nächsten Schritt geführt.

Gott, bring mir bei, gezielte Maßnahmen zu ergreifen – und nicht etwa solche, die von heftigen Gefühlen beeinflusst sind.

Durch Entspannung werden wir gesund
22. JUNI

Innehalten, zur Ruhe kommen und verschnaufen – das sind die Voraussetzungen, um gesund zu werden. Wenn Tiere im Wald verwundet sind, suchen sie einen Platz, wo sie sich hinlegen und viele Tage lang wirklich ausruhen können ... Sie erholen sich einfach, und so wird ihnen die Heilkraft zuteil, die sie brauchen.

Nhat Hanh Thich

Wir leiden. Wir haben den geliebten Menschen Unrecht zugefügt, und dadurch verletzen sie dann uns. Verzweifelt nach einer Lösung zu suchen hilft uns ebenso wenig weiter wie so zu tun, als würden wir nicht leiden. Wenn wir aus einer Wunde bluten, dann müssen wir ausruhen, damit sie heilen kann. Das trifft auch auf unsere Seele zu. Wenn wir in der inneren Wunde bohren, sie immer wieder aufreißen und mit dem Schmutz fremder Meinungen in Berührung bringen, geben wir ihr nicht genügend Zeit, sich zu schließen.

Wenn Sie verletzt wurden, sollten Sie das akzeptieren. Fühlen Sie den Schmerz. Nehmen Sie ihn zur Kenntnis – und lassen Sie ihn dann ausheilen. Vielleicht wäre es besser, mit der betreffenden Person eine Weile nicht mehr zu sprechen. Möglicherweise müssen Sie die Beziehung sogar beenden. Oder Sie brauchen einfach etwas Ruhe. Egal, welche Alternative die richtige ist – finden Sie einen sicheren Ort, an dem Sie wieder ganz gesund werden.

Machen Sie sich klar, wo es Ihnen weh tut. Betasten Sie die Wunde, aber fingern Sie nicht dauernd daran herum. Legen Sie sich hin. Hören Sie auf zu kämpfen. Entspannen Sie sich. Die Heilung braucht Zeit und Ruhe.

Gott, hilf mir, dass ich mich genügend entspanne, um innezuhalten, ruhig zu werden und zu gesunden.

Entspannen Sie sich, und genießen Sie die Reise

23. JUNI

Einer der Vorteile des Fallschirmspringens besteht darin, dass man dabei zumindest eine Sache nicht falsch machen kann. Sobald Sie beschließen, die Tür des Flugzeugs zu öffnen und hinauszuspringen, ist eines gewiss: Sie werden fallen. Sie können den Wind benutzen, um Ihre Bewegungen in der Luft zu steuern, und Sie werden zum Boden zurückkehren. Also entspannen Sie sich. Genießen Sie den Sprung.

Vielfach verhält es sich im täglichen Leben genauso. Wir können uns noch so sehr anspannen beziehungsweise entspannen – die Sache selbst ändert sich dadurch nicht, weder die anderen Menschen noch das Wetter, noch der Fahrer vor uns auf der

Autobahn. Oft sind wir außerstande, die jeweilige Situation zu beeinflussen – und trotzdem kämpfen wir gegen das Universum an, legen uns ins Zeug und versuchen, die Dinge zu kontrollieren, anstatt einfach loszulassen und zu lernen, wie man aus seinen Fähigkeiten das Beste macht.

Wir brauchen das Universum nicht zu ändern, ganz abgesehen davon, dass das unmöglich ist. Es existierte schon lange vor uns, und es wird noch lange nach uns existieren. Gewiss, Sie können Ihr Leben damit verbringen, ihm Widerstand zu leisten; Sie können aber auch eine gelassene Haltung einüben, die Kontrollmaßnahmen aufgeben und sich bemühen, *mit* den Kräften des Universums im vorgegebenen Rahmen zu arbeiten und sie zu nutzen.

Haben Sie etwa gegen die Schwerkraft aufbegehrt, um die Luft in der entgegengesetzten Richtung zu durchqueren und wieder ins Flugzeug zu gelangen? Verstricken Sie sich nicht in Angelegenheiten, über die Sie nicht bestimmen. Lassen Sie sie so, wie sie sind. Seien Sie locker und lernen Sie, kreativ mit ihnen umzugehen, anstatt sie frontal zu bekämpfen. Dann haben Sie mehr Kraft und Erfolg – und vielleicht auch mehr Spaß.

Gott, zeige mir die Bereiche meines Lebens, in denen ich weiterhin versuche, das Unkontrollierbare zu kontrollieren. Hilf mir, loszulassen und die Reise zu genießen.

Entdecken Sie Methoden, die der Entspannung dienen
24. JUNI

Abstinente Alkoholiker – und zahlreiche andere Menschen, die beschließen, von ihrer Sucht loszukommen – müssen herausfinden, wie sie sich entspannen können, ohne dabei auf Alkohol, Drogen oder Medikamente zurückzugreifen.

Viele von uns erinnern sich täglich daran, dass wir die Wahl getroffen haben, weder zu trinken noch Rauschgift zu nehmen. Aber vielleicht vergessen wir, dass es ebenso wichtig ist, für die Entspannung von Körper und Geist zu sorgen. Deshalb mag es an der Zeit sein, mit Nachdruck einige Mittel und Verfahren zu untersuchen, durch die wir abschalten können.

Ich nenne hier einige, die mir helfen: Warmes Wasser – egal ob Sie lange unter der Dusche stehen oder in der Badewanne ausruhen; Meditation und Visualisierung; der Aufenthalt in der Nähe eines schönen Sees beziehungsweise am Meer – oder, wenn das nicht möglich ist, der Blick auf eine gelungene Abbildung; der Genuss von heißem Kräutertee; Massagen; Musik; Meditationskassetten; ein sehenswerter Film; Lachen; tiefes, bewusstes Atmen; Klavierspiel; ein Spaziergang in der Sonne.

Jeder von uns hat individuelle Bedürfnisse und Methoden, um in den Zustand innerer Ruhe zu gelangen. Besitzen Sie eine entsprechende Liste mit Punkten, auf die Sie gut ansprechen? Wenn nicht, ist der heutige Tag dazu geeignet, eine solche zu erstellen.

Wenden Sie täglich zumindest eine Methode bewusst an, dank deren Sie sich entspannen können. Gestatten Sie Ihrem Körper, dass er sich dieses unbeschwerte Gefühl einprägt, und rufen Sie es dann immer wieder ab, sobald Sie merken, wie die innere Anspannung wächst.

Gott, zeige mir, mit welchen Methoden ich mich entspannen kann.

Übung: Erstellen Sie eine Liste mit den Methoden, die zu Ihrer Entspannung beitragen. Sie ist ein wichtiger Bestandteil der Liste, mit deren Hilfe Sie für Ihr eigenes Wohl sorgen. Wenn sie lang ist, umso besser. Wenn sie kurz ist, sollten Sie weitere, leicht realisierbare Verfahren zur Entspannung in Betracht ziehen und mit auf die Liste setzen. Wann immer Sie spüren, dass Sie sich verkrampfen, holen Sie die Liste hervor und führen eine darauf vermerkte Tätigkeit aus – nämlich jene, die Ihnen momentan am meisten zusagt. Damit Sie sich selbst besser kennen lernen, müssen Sie auch mit den Methoden vertraut werden, die der körperlichen und seelischen Erholung dienen.

Fügen Sie sich Gottes Willen 25. JUNI

Es war eine aufreibende Phase in meinem Leben. Ich wusste nicht, was ich tun sollte. Es mussten dringende geschäftliche Entscheidungen getroffen und schmerzliche Beziehungsprobleme gelöst werden. Alles kam mir äußerst chaotisch vor.

Ich packte einige meiner Lieblingsbücher zusammen, die Bibel, ein Tagebuch und ein paar Kleidungsstücke. Dann fuhr ich in die Berge, an einen meiner bevorzugten Orte, um mich zurückzuziehen und meine Gedanken zu sammeln.

Ich sagte mir: »Ich werde dort nicht ausgehen, sondern in aller Ruhe in mein Tagebuch schreiben, beten und meditieren. Ich werde erst dann wieder auftauchen, wenn ich weiß, was konkret geschehen soll.«

Nachdem ich achtundvierzig Stunden über meine Probleme geschrieben, gebetet und meditiert hatte, erinnerte ich mich an die Worte eines Freundes.

»Was machst du gerade?«, hatte er gefragt.

»Ich versuche, mich Gottes Willen zu fügen.«

»Nein, das stimmt nicht; du versuchst, die Antwort ganz allein herauszubekommen.«

Innerhalb der folgenden sechs Monate lösten sich alle Probleme, mit denen ich kämpfte, wie von selbst. Entweder wurde ich veranlasst, einen bestimmten Schritt zu unternehmen, der mir damals völlig natürlich erschien, oder ich fand eine Lösung. Sie ergab sich unmittelbar und lautete jedes Mal: Lass los! Wehre dich nicht mehr gegen das, was geschieht.

Manchmal müssen wir zunächst eines tun, nämlich uns *fügen*. Wenn Sie dieses Wort nicht mögen, dann sprechen Sie von *Frieden schließen*.

Gott, hilf mir, dass ich mich deinem Willen füge, zumal dann, wenn mir unklar ist, was ich als Nächstes tun soll.

Legen Sie eine Pause ein   26. JUNI

»Die Fahrkarten bitte!« Sie geben also Ihr Ticket dem großen, bärtigen Mann im T-Shirt und steigen auf das Karussell. Die Qual der Wahl! Pferde und Kutschen in jeder Farbe. Das weiße Pferd mit goldenem Schwanz? Oder eher das grüne mit feurigen Augen? Ja, es scheint schnell zu sein – aber nein, ein anderer hat sich schon darauf geschwungen. Schließlich entscheiden Sie sich für das schwarz-rote Pferd mit dem silbrig glänzenden Sattel. Jemand stößt Sie an und hinterlässt klebrige Zuckerwatte auf Ihrem Arm. Dann setzt die Musik ein – Leierkastenmusik, die verzerrt aus den alten Lautsprechern dröhnt. Die Lichter blitzen auf und erlöschen, und die Welt dreht sich im Kreis. Kinder schreien vergnügt, während Sie die Zügel straffen, das Pferd den Kurs entlang reiten und versuchen, den nagenden Verdacht loszuwerden, dass es auf dem grünen Reittier lustiger zugegangen wäre. Sie versprechen, sich erneut anzustellen und beim nächsten Mal eben dieses zu nehmen.

Steigen Sie vom Karussell herunter.

Legen Sie eine kurze Pause ein, und beobachten Sie all die Pferde, die an Ihnen vorbeifliegen. Das grüne ist nicht besser als das schwarz-rote, nur anders, und keinesfalls schneller. Auch das hektische Straffen der Zügel ist verlorene Liebesmüh. Schauen Sie, die Pferde kehren in der gleichen Reihenfolge wieder, wie sie aufgebrochen waren. Sie drehen sich weiter im Kreis, ob Sie dabei sind oder nicht. Lassen Sie sie.

Gewiss, es macht Spaß, eine solche Fahrt zu unternehmen, mitten in den Bewegungen zu sein, auf und ab, immer rundherum, inmitten der aufblitzenden Lichter und der plärrenden Musik. Aber vergessen Sie eines nicht: Sie haben die Wahl. Sie können sich aufs Karussell begeben oder hier, auf festem Boden bleiben. Seien Sie dort, wo Sie gerne sein möchten – und entspannen Sie sich gelegentlich.

Gott, lass mich immer wieder daran denken, dass ich verschiedene Alternativen habe; mich zu entspannen und loszulassen sind zwei davon.

Entspannen Sie sich innerlich 27. JUNI

Meditation muss keine harte Arbeit sein. Gestatten Sie Ihrem Geist und Ihrem Körper einfach, auszuruhen wie ein Tier im Wald. Strengen Sie sich nicht an. Sie brauchen nichts zu erreichen. Ich schreibe zwar ein Buch, aber ich strenge mich nicht an.

Nhat Hanh Thich

Das Leben muss kein Kampf sein. Gewiss, bei all unseren Aufgaben gibt es oft hektische Phasen. Zeitpläne und Abgabetermine, Budgets und Programme sind zu beachten. Aber wenn wir uns nur noch abmühen, verbrauchen wir so viel Energie, dass davon nichts mehr übrig bleibt für das jeweilige Projekt. Wesentlich ratsamer ist es, entspannt ans Werk zu gehen und den Abgabetermin zu ignorieren. Wir werden die Arbeit zum gegebenen Zeitpunkt beenden – und wahrscheinlich sogar weitaus früher fertig sein, wenn wir uns nicht auf den Termin, sondern auf die Sache selbst konzentrieren.

Vergeuden Sie Ihre wertvolle Kraft, indem Sie sich selbst bekämpfen? *Wie soll ich das schaffen? Was ist, wenn ich es falsch mache? Was passiert, wenn ich ...?* Entspannen Sie sich. Die Antworten ergeben sich von selbst. Widmen Sie sich ruhig, gelassen und lächelnd Ihrer momentanen Aufgabe. Die Buddhisten sagen: »Wenn du deinen Reis gegessen hast, dann wasch deine Schale ab.« Die Schönheit des Lebens besteht darin, loszulassen und sich dessen bewusst zu sein, was als Nächstes ansteht. Entspannen Sie sich. Genießen Sie Ihre heutige Tätigkeit.

Gott, hilf mir, den inneren Widerstand aufzugeben und Entspannung einzuüben.

Entspannen Sie sich sofort 28. JUNI

»Nur noch zwei Wochen bis zu den Ferien«, sagen wir. »In zwei Wochen kann ich endlich alle viere von mir strecken.« Dann kehren wir in unser anstrengendes Leben zurück, rennen hierhin und dorthin und strampeln uns ab, um dieses oder jenes zu schaffen.

Warum warten wir? Warum entspannen wir uns nicht schon heute? Im Augenblick leben heißt auch: eine Pause einlegen, wenn es nötig ist. Wenn Sie müde sind, dann machen Sie ein Nickerchen. Planen Sie einen arbeitsfreien Nachmittag ein. Gehen Sie am Samstagmorgen allein in den Park. Nehmen Sie ein heißes Bad. Speisen Sie in einem Restaurant. Besuchen Sie mit den Kindern den Zoo.

So oft haben wir das Gefühl, dass wir uns dauernd beeilen, nur um mit all den anderen Leuten Schritt zu halten. Wir jagen einer Illusion nach – und meistens treten wir so nur auf der Stelle. Kommen Sie zu sich. Der einzige Mensch, der Sie in die Tretmühle einsperrt, sind Sie selbst. Gewiss, jeder von uns hat Verpflichtungen. Aber eine davon besteht darin, für das eigene Wohlergehen zu sorgen.

Gott, schenke mir die Ruhe und die Bereitwilligkeit, auf meine Bedürfnisse zu achten.

243

Meditieren Sie

29. JUNI

Ein zu aktiver Geist ist gar kein Geist.

Theodore Roethke

Sie können lernen, sich den alltäglichen Aspekten des Lebens entspannt zuzuwenden. Machen Sie sich diese bewusst, lassen Sie dann los, und gönnen Sie Ihrem Geist Ruhe. Hören Sie in solchen Augenblicken auf seine Stimme.

Betrachten Sie die Familie beim Frühstück, die Vögel, die sich draußen ums Futter scharen, den Tau auf dem Gras, wenn Sie zum Briefkasten gehen, um die Zeitung zu holen. Nehmen Sie die Schattenmuster wahr, wenn Sie nachts im Mondlicht spazierengehen. Seien Sie sich der Schönheit des Normalen bewusst. Vergegenwärtigen Sie sich solch wohltuende Augenblicke, und machen Sie das Beste daraus. Indem Sie aufmerksam sind und den gewöhnlichen Dingen mit einer gelassenen Einstellung begegnen, können Sie sich auch in außergewöhnlichen, anstrengenden Phasen, in denen Sie klar und konzentriert sein müssen, leichter entspannen.

Meditation ist eine Übung, die die Aufmerksamkeit schult. Sie dient dazu, dass wir uns des Körpers, des Geistes und des göttlichen Geistes bewusst werden und mit ihnen in Einklang kommen. Ein Ziel der Meditation besteht darin, diese Aufmerksamkeit während des ganzen Tages zu bewahren. Wenn wir das Gerede in unserem Kopf abstellen können, sehen wir auch jenen Weg des Herzens, dem wir folgen sollen.

Hilf mir, Gott, meine lauten, besorgten Gedanken in meiner alltäglichen Welt zu besänftigen. Hilf mir, im vertrauten Bereich entspannt zu sein, ihn zu beachten und zu schätzen.

Richten Sie sich häuslich ein 30. JUNI

Es war am Abend, einige Monate nach Beginn meines Abenteuers als Fallschirmspringerin. Weil es zum Zelten zu kalt war, hatte ich in der Nähe des Absprunggebiets eine Hütte gemietet. Nun hielt ich mich noch eine Zeit lang bei den Fallschirmspringern auf, ehe ich mich für die Nacht zurückziehen wollte.

Einer der Fallschirmspringer, den ich kürzlich kennen gelernt hatte, saß in einem Gartenstuhl – unter dem Zeltdach zwischen den Wohnwagenreihen, die man zu Mannschafts- und Ausbildungsräumen umfunktioniert hatte. Die Lampen tauchten den ganzen Bereich in ein dämmriges Licht. Der Mann hatte sich in einen Schlafsack gehüllt und las ein Buch. Er war einer der Vollzeit-Fallschirmspringer, die von der zigeunerhaften Lebensweise der Fallschirmspringergemeinde ebenso sehr angezogen waren wie vom Sport selbst.

»Was machst du?«, fragte ich.

»Ich bin in meinem Wohnzimmer und lese ein Buch«, antwortete er. »Magst du den Blick in meinen Garten?«, fragte er mit einer Geste in Richtung der welligen Hügel, die in der Ferne sanft abfielen. »Das ist meine Terrasse«, fuhr er fort und deutete auf eine kleine Stelle direkt um die Ecke. »Dort hat man viel Sonne – schön warm, um dort zu sitzen und zu frühstücken. Manchmal schlafe ich in diesem Zelt«, sagte er und zeigte darauf. »Und manchmal lege ich mich dort drüben, in meinen Schlafsack gekuschelt, in der Landezone unter die Sterne.«

Ich ließ den Blick schweifen und beneidete ihn fast um seine Freiheit.

Bisweilen bemühen wir uns derart intensiv darum, ein »Zuhause« zu finden und uns darin niederzulassen, dass wir Wohnverhältnisse schaffen, die allzu sicher und beengt sind. Wir vergessen unser wahres Zuhause, den Planeten Erde. Gewiss, es ist gut, ein Dach über dem Kopf zu haben und sich daheim wohl zu fühlen. Aber wir dürfen unser behagliches Nest nicht in eine Kiste mit Sicherheitsschloss verwandeln.

Breiten Sie die Arme aus. Schieben Sie den Deckel der Kiste beiseite. Gehen Sie in die Welt hinaus. Bewegen Sie sich in alle Richtungen. Besuchen Sie Hügel, Berggipfel, Seen, Wälder, Täler, Flüsse.

Machen Sie sich klar, wie groß Ihre Welt sein kann – und wie alles mit allem verbunden ist. Achten Sie aber auch darauf, wie sehr Sie mit allem verbunden sind. Machen Sie es sich gemütlich, wo immer Sie leben. Richten Sie sich häuslich ein – und seien Sie in der Welt zu Hause.

Hilf mir, Gott, dass ich mich überall auf deiner reichhaltigen Welt entspannt zu Hause fühle.

Juli

Lernen Sie, Ihre Gefühle zu akzeptieren und auszudrücken

Juli

Lernen Sie, Ihre Gefühle
zu akzeptieren und auszudrücken 1. JULI

Er träumte nicht mehr von Stürmen, Frauen, außergewöhnlichen
Ereignissen, großen Fischen, Kämpfen, Kraftproben und seiner
Frau. Er träumte jetzt nur noch von bestimmten Orten und den
Löwen am Strand.

Ernest Hemingway

Zahlreiche Philosophen und Weise unserer Zeit schreiben allen
Lebewesen, die in Gottes wunderbarer Welt existieren, ein
Bewusstsein zu – also nicht nur eine materielle Hülle, sondern
auch Energie. Diese Auffassung wurde schon in früheren Epochen von vielen Gelehrten vertreten.

Wie fühlt es sich an, neben einer mächtigen Eiche zu sitzen?
Wie fühlt es sich an, wenn Sie im heißen Sand liegen und den
Wellen lauschen, die ans Ufer klatschen? Wie fühlt es sich an,
morgens in der Küche zu hantieren? Wie fühlt es sich an, mit
dem Ehepartner oder dem besten Freund zusammen zu sein?

Wie fühlen Sie sich, wenn Sie ein Geschäft betreten, in dem
es lauter schöne Dinge gibt – aber auch muffige Verkäufer und
Schilder, die in großen Buchstaben fordern: BITTE NICHT
BERÜHREN?

Viele von uns sind Überlebenskünstler. Früh schon – vielleicht
in der Kindheit oder auch später – erlernten wir die Kunst, unseren Körper gleichsam zu verlassen und so mit Situationen
zurechtzukommen, die uns unangenehm und verkehrt erschienen. Wir verdrängten die Gefühle, die diese Situationen – oder
bestimmte Personen – in uns hervorriefen, um mit Problemen
fertig zu werden, denen wir hilflos gegenüberstanden und nicht
ausweichen konnten. Wir erzogen uns dazu, solche Empfindungen zu ignorieren, weil wir uns entweder einredeten, keine
andere Wahl zu haben, oder in der betreffenden Angelegenheit
tatsächlich nichts ausrichten konnten.

Wir müssen nicht mehr bloß *über*leben. Diese Phase ist vorbei. Jetzt ist es an der Zeit, unser Leben wirklich zu leben.

Kehren Sie in Ihren Körper zurück. Entfalten Sie Ihre Sinne (Geschmacks-, Geruchs-, Tast-, Gesichts- und Gehörsinn), aber auch Ihre intuitiven Fähigkeiten so, dass diese Sie ganz ausfüllen. Wie fühlen Sie sich? Wenn Sie dafür nicht die richtigen Worte finden, dann umschreiben Sie Ihren inneren Zustand, so gut Sie können. Gehen Sie anschließend einen Schritt weiter. Nehmen Sie die Gefühle und Stimmungen in Ihrer Umgebung wahr – doch nicht derart intensiv, dass Sie sie übernehmen. Seien Sie einfach empfänglich genug, um zu merken, welchen Eindruck die jeweilige Situation bei Ihnen hinterlässt.

Beurteilen Sie Ihre Empfindungen und Reaktionen nicht als gut oder schlecht. Auch brauchen Sie weder Ihre Empfindungen sich selbst gegenüber noch die Gefühle gegenüber anderen zu kontrollieren. Erleben und erkennen Sie einfach nur, wie es sich anfühlt, wenn Sie ganz Sie selbst sind.

Zur Sprache des Loslassens gehört auch, dass wir lernen, unser gesamtes Wahrnehmungsvermögen – einschließlich der intuitiven Kräfte – auszunutzen und auszukosten.

Lernen Sie, voller Vertrauen und Zuversicht zu sagen: *So fühle ich mich, das sind meine wahren Gefühle.*

Gott, hilf mir, ganz lebendig zu werden.

Es ist gut für Ihr Innenleben   2. JULI

»Ich weiß, dass bei mir einige Gefühle in Wallung geraten sind und sich direkt unter der Oberfläche zusammenbrauen«, sagte Jake eines Tages. »Ich bin nervös, gereizt und ganz gewiss nicht im Lot. Aber das will ich nicht wahrhaben. Ich möchte mich mit meinen Gefühlen nicht auseinander setzen. Sie sind mir lästig.

Sobald ich ihnen nachgebe, fühle ich mich am Ende wie ein Haufen gekochter Spaghetti – und zwar tagelang.«

Gefühle können uns viel Kraft kosten. Wenn wir unsere Wut, Angst oder Traurigkeit bewusst empfinden, sind wir hinterher oft erschöpft und ausgelaugt.

Doch wenn wir stattdessen unsere Gefühle ignorieren, sind wir leicht erregbar, irritiert und aus dem Gleichgewicht. Nach einiger Zeit führt dieser Verdrängungsprozess möglicherweise dazu, dass wir über die Stränge schlagen und übermäßig viel essen, Zwangsvorstellungen nachhängen, im Bett bleiben, uns vor der Welt verstecken oder die ganze Nacht in den Fernseher starren, bis wir umkippen.

Gehen Sie sanft mit sich um. Forcieren Sie nichts. Aber laufen Sie auch nicht vor Ihren Gefühlen davon. Vielleicht fühlen Sie sich eine Weile wie gekochte Spaghetti – doch im Grunde werden Sie dadurch *innerlich* weicher.

Gott, hilf mir, meinen Gefühlen nicht auszuweichen und sie alle zu empfinden.

Sagen Sie, was heute los ist 3. JULI

Was ist los?

Ich meine nicht die äußeren Ereignisse – wahrscheinlich wissen Sie darüber nur allzu gut Bescheid –, sondern die inneren Vorgänge.

Sind Sie besorgt, ängstlich, unentschieden, unklar – oder wild entschlossen? Haben Sie das Gefühl, klug, stark, glücklich, neugierig oder erleichtert zu sein?

Gefühle weisen viele Schattierungen, Farben, *Nuancen* auf. Einige nehmen wir sofort wahr. Sie treten deutlich zutage; wir bezeichnen und beanspruchen sie als die unseren. Manchmal jedoch sind sie nicht gar so leicht zu identifizieren. Doch gerade diesen Gefühlen müssen wir besondere Beachtung schenken, denn sie können unser Leben stark beeinflussen.

Wir dürfen eines nicht vergessen: Gefühle sind nichts als emotionale Energie, und es steht uns frei, sie in jeder Form zu empfinden. Sie sind weder gut noch schlecht; unsere Bezeichnungen dienen lediglich dazu, den jeweiligen emotionalen Energieschub zu charakterisieren.

Wir können uns immer auch anders fühlen und in einen angenehmeren inneren Zustand gelangen, auf den jeder von uns ein Recht hat und der sich mit den Worten »zentriert«, »ausgeglichen« und »klar« umschreiben lässt. Sobald wir ein jedes Gefühl, das heute auftaucht, erkennen und empfinden, ohne krampfhaft daran festzuhalten, kehren wir ganz selbstverständlich in diesen ruhigen, harmonischen Zustand zurück.

Wenn ein Gefühlsausbruch gleichsam vulkanische Gewalt besitzt, kann es einige Tage oder gar eine Woche dauern, bis wir unsere Klarheit und unseren geistigen Frieden wieder gefunden haben. Bisweilen aber müssen wir nicht mehr tun, als das aufsteigende Gefühl leichten Herzens zu akzeptieren.

Sträuben Sie sich nicht mehr. Geben Sie nach. Fügen Sie sich all dem, was Sie empfinden. Lassen Sie dann das Gefühl einfach entweichen. Je mehr Sie sich ihm ausliefern, desto weniger schmerzt es, desto schneller verschwindet es. Je genauer Sie die Situation oder die Person, die den Gefühlsausbruch provoziert, unter die Lupe nehmen, desto müheloser und anmutiger überstehen Sie ihn.

Um der eigenen Emotionen Herr zu werden, muss man Verantwortung für sie übernehmen. Sie sind wichtig, gewiss – aber eben nur Emotionen. Gestatten Sie ihnen nicht, Ihre Wirklichkeit zu definieren, Ihr Leben zu beherrschen, Ihre Welt zu verdunkeln. Gefühle zu meistern heißt auch, dass wir uns von ihnen befreien, um aus dem Zustand der Ruhe und des Gleichgewichts den Alltag zu bewältigen, zu arbeiten, zu lieben und zu genießen.

Halten Sie heute und an jedem weiteren Tag kurz inne, und fragen Sie sich: »Was ist los?«

Gott, hilf mir, mit meinen Gefühlen selbstverständlicher umzu-
gehen. Sorge dafür, dass ich lerne, sie alle bewusst zu empfin-
den und dann in den ausgeglichenen Zustand zurückzukehren.

Feiern Sie Ihre Freiheit   4. JULI

In den Vereinigten Staaten feiern wir heute den Jahrestag der
nationalen Unabhängigkeit. Warum nehmen Sie sich nicht einen
Augenblick Zeit, um auch Ihre persönliche Unabhängigkeit zu
feiern? Ob Sie sich von einer Sucht oder von der Co-Abhängigkeit befreit haben, ob Sie die Freiheit entdeckt haben, Ihr Leben
in vollen Zügen auszukosten – unterbrechen Sie Ihre Tätigkeit,
um anzuerkennen, wie viel Ihnen dieser neue Zustand bedeutet.

Es ist gut, sich über die eigenen Probleme klar zu werden.
Wenn wir feststellen, was verkehrt und kaputt ist, begreifen wir
auch, was korrigiert und repariert werden muss. Außerdem ist es
gut, auf unsere Gesundheit und auf unser Wohlergehen zu achten. Wenn wir uns bewusst machen, was richtig ist und was gut
funktioniert, können wir uns darüber auch freuen.

Blicken Sie auf den gewundenen Weg Ihres Lebens zurück.
Sehen Sie, wie weit Sie gekommen sind? Das erscheint mir
durchaus positiv. Und Ihnen?

Hurra! Endlich sind wir frei!

Ich danke dir, Gott, dass du mich befreit hast.

Gleichgewicht   5. JULI

In der westlichen Medizin hat man sich lange Zeit vornehmlich
darauf konzentriert, Funktionsstörungen zu beseitigen. Wir fühlen einen Schmerz; der Arzt untersucht, woher er kommt, und

behandelt ihn dementsprechend. Der östliche Ansatz ist anders. Er beruht in erster Linie auf der Vorstellung, dass ein gesunder Körper sich im Zustand des Gleichgewichts befindet. Demnach resultiert die Krankheit aus einem Ungleichgewicht im Körper. Der Arzt versucht dann, die Ursache dafür herauszufinden und den Körper wieder ins Gleichgewicht zu bringen.

Anstatt nur die Symptome des Leidens zu behandeln, zielt die östliche Medizin darauf ab, das Gleichgewicht als Grundprinzip des Lebens zu bewahren.

Das ist eine gute Methode, die wir anwenden können, um für unser seelisches Wohlergehen zu sorgen.

Vielleicht wurden Sie durch die Achtlosigkeit eines anderen Menschen tief verletzt, oder Ihr Geist ist unruhig infolge lästiger, quälender und manchmal falscher Gedanken. Wenn wir bemüht sind, das innere Gleichgewicht wieder herzustellen, wird unsere Seele gesund.

Seien Sie sich des Ungleichgewichts in Ihrem Denken ebenso bewusst wie der Gefühle, die Ihren Frieden stören. Lauschen Sie dann Ihrem Geist. Lassen Sie sich von ihm mit seiner leisen, sanften Stimme sagen, was vonnöten ist, um wieder ins Gleichgewicht zu kommen. Sie müssen möglicherweise eine Weile allein sein, meditieren oder beten, in aller Ruhe einen Spaziergang unternehmen, einen Tag im Zoo verbringen oder einfach nur einmal länger schlafen.

Geben Sie Ihrem Körper und Ihrer Seele das, was Sie brauchen, um das Ungleichgewicht zu beseitigen – dann kann die Heilung beginnen. Lernen Sie, sich selbst liebevoll zuzuhören und zu umsorgen.

Bewahren Sie das Gleichgewicht als eine Lebensform.

Gott, hilf mir, dass ich meinem Geist lausche und so jeden Tag mein inneres Gleichgewicht wieder herstellen kann.

Lassen Sie die Gefühle los   6. JULI

Manchmal bleiben wir an einem Gefühl regelrecht hängen. Wir wollen es weder zulassen noch anerkennen. Also sagen wir uns, wir seien zu intelligent oder zu beschäftigt, um es zu empfinden. Vielleicht haben wir Angst davor – und vor seiner tieferen Bedeutung. Wir denken, dass es uns zwingen würde, etwas zu tun, das uns widerstrebt. Wir befürchten, es könnte dazu führen, dass wir uns ändern müssen. Oder wir meinen, es würde uns mit dem Verlust einer Person oder Sache konfrontieren, die wir schätzen und keinesfalls verlieren möchten.

Manchmal fühlen wir uns seinetwegen schuldig. Wir glauben, es sei verkehrt, ein solches Gefühl zu empfinden, und es mache uns zu einem schlechten Menschen. Also reden wir uns ein, dass wir uns nicht so fühlen *sollten*.

Wir können dieses oder jenes Gefühl aber auch benutzen, um über andere Leute zu bestimmen: *Wenn du das tust, geht es mir miserabel, also lass es lieber.* Einige sprechen hier von »emotionaler Manipulation«. Eine solche Vorgehensweise ist nicht gut. Aber manche unter uns reden sich ein, dass sie nur so das bekommen, was sie wünschen.

Lernen Sie zu sagen, wie sich ein Gefühl anfühlt, und lassen Sie es dann los.

Gott, hilf mir, im Fluss meiner Gefühle zu bleiben.

Es wird mir besser gehen   7. JULI

Manchmal muss sich eine Situation erst noch verschlimmern, damit sie besser werden kann. Mit den Gefühlen verhält es sich manchmal genauso.

Sobald Gefühle in uns aufsteigen, besitzen sie eine enorme Kraft. Oft werden gerade jene wachgerufen, die wir als unangenehm empfinden – Angst, Schmerz, Wut, Scham oder tiefer Kummer. Eine Weile sind sie intensiv. Einige davon kommen relativ schnell an die Oberfläche und legen sich dann wieder; andere nehmen mehr Zeit in Anspruch.

Wenn wir das jeweilige Gefühl bewusst empfinden, wird es irgendwann verschwinden. Es verschlimmert sich nicht wirklich, obwohl dieser Eindruck zunächst entstehen mag. Es heilt, es wird besser. Sie reinigen die alte Wunde. Dazu müssen Sie sie erneut öffnen, aber nur für kurze Zeit. Schließlich wird sie sich für immer schließen.

Wie sollten Sie mit Gefühlen umgehen? Empfinden und akzeptieren Sie sie! Lassen Sie jedem einzelnen Gerechtigkeit widerfahren. Gefühle mögen es, auf diese Weise anerkannt zu werden. Sobald Sie sich wirklich damit auseinandergesetzt haben, gehen sie weg. Jede solche Verarbeitung bewirkt, dass der innere Teich klarer und sauberer wird, bis das Wasser ganz rein ist.

Achten Sie darauf, wie Sie auf ein Gefühl reagieren, das Ihre Aufmerksamkeit und Pflege beansprucht. Verbringen Sie genauso viel Zeit damit, sich ihm zu widersetzen, wie damit, es tatsächlich wahrzunehmen? Verbrauchen Sie mehr Energie als nötig mit der Sorge, dieses Gefühl könnte bleiben, weil Sie es nicht in den Griff kriegen, und es könnte Ihr Leben tiefgreifend beeinflussen? Geben Sie ganz bewusst jeden Widerstand gegen Ihre Gefühlswelt auf. Im Monat März haben wir gelernt, *Ich nehme es, wie es kommt,* zu sagen, und dieser Ausdruck erwies sich als wichtiger Bestandteil der Sprache des Loslassens. Sagen Sie nun auch zu Ihren Gefühlen liebevoll: *Ich nehme sie, wie sie kommen.*

Gott, mach mir Mut, dass ich weder meinen heutigen noch meinen früheren Gefühlen ausweiche, jenen, die ich bisher nicht zu empfinden vermochte. Stärke meine Zuversicht, dass es mir dadurch besser gehen wird als bisher.

Laden Sie inneren Unrat ab 8. JULI

Bisweilen können wir nicht ein einzelnes, klar definiertes Gefühl zum Ausdruck bringen. Denn in uns hat sich im Laufe der Zeit ein ganzer Müllhaufen verwirrender Gefühle angesammelt und wir müssen einige davon unbedingt loswerden.

Vielleicht sind wir frustriert, wütend, ängstlich und einer Sache völlig überdrüssig – und all das zusammen ergibt ein hässliches Durcheinander. Oder wir sind aufgebracht, verletzt, überfordert und auf Kontrolle beziehungsweise Rache aus. Unsere Emotionen haben sich derart aufgestaut, dass wir ihrer nicht mehr Herr werden.

Dann können wir uns dem Tagebuch zuwenden und das ganze Gefühlschaos aufs Papier bannen – so hässlich es auch aussieht, so unangenehm und undankbar die Aufgabe ist, es in Worte zu fassen. Wir können aber auch einen vertrauenswürdigen Freund anrufen und uns über all diese Dinge am Telefon auslassen. Oder wir stapfen durchs Wohnzimmer und reden uns den Seelenmüll einfach aus dem Leib. Oder wir steigen ins Auto, fahren in die freie Natur, öffnen das Fenster und brüllen hinaus, was uns so zu schaffen macht.

Entscheidend ist nur der Gedanke, dass wir die überhand nehmenden Gefühle irgendwo abladen.

Sie müssen seelisch gar nicht immer kerngesund sein, und Sie müssen auch Ihre Gefühle nicht immer unter Kontrolle haben. Manchmal müssen Sie einfach nur in Ihrem Inneren »ausmisten«, um mit sich selbst ins Reine zu kommen.

Gott, lass mich einsehen, dass ich manchmal im Leben nicht weiterkomme, weil ich an all dem emotionalen Kram festhalte, den ich eigentlich loswerden müsste.

Seien Sie kein Schwamm mehr 9. JULI

Sie brauchen kein Schwamm zu sein, der jedes Gefühl von außen aufsaugt. Unterscheiden Sie genau, ob es zu Ihnen gehört oder zu jemand anders.

Linda hat einen erwachsenen Sohn. Wann immer er eine schwierige Phase durchmacht, verinnerlicht Linda seine Gefühle, so als wären es die ihren. Wenn Sie mit ihm ein Telefongespräch führt, schildert er ihr ebenso beredt wie leidenschaftlich, welchen Eindruck diese oder jene Erfahrung bei ihm hinterlassen hat. Schließlich ist Linda seine Mutter. Er fühlt sich völlig sicher, wenn er ihr erzählt, was in ihm vorgeht, gerade weil er mit niemandem sonst darüber sprechen kann. Zu Beginn des Gesprächs ist Linda in guter Stimmung, am Ende aber nicht mehr. Sie ist verwirrt, besorgt, ja wütend – oder empfindet genau das Gefühl, das ihr Sohn zuvor hatte.

Manchmal saugen wir die Gefühle der Menschen ringsum auf, weil wir vergessen, uns selbst zu schützen. Oft tun wir das aufgrund der Zuneigung oder Liebe, die wir der betreffenden Person entgegenbringen. Das Heilmittel gegen diese Verhaltensweise ist dasselbe, das wir gegen unser eigenes emotionales Chaos anwenden: Wir nehmen die Gefühle bewusst wahr, werden ihnen gerecht und lassen sie dann los. Wir wringen den Schwamm aus.

Bisweilen bedarf es lediglich der Einsicht, dass wir die Gefühle von jemand anders übernommen haben, und schon befreien wir uns davon. Wenn wir uns um Bewusstheit bemühen, werden wir bald merken, welche Gefühle die unseren sind und welche nicht.

Kinder sind oft sehr empfänglich und dünnhäutig. Wenn wir in ihrer Nähe viele unterschiedliche Gefühle durchleben, kann es passieren, dass sie diese absorbieren. Gewiss, es ist wichtig, seine Gefühle mit anderen Menschen zu teilen und ihnen aufmerksam zuzuhören, wenn sie uns die ihren anvertrauen. Aber wir müssen aufpassen. Wenn wir uns fremde Gefühle »einverleibt« haben, müssen wir sie schnellstens wieder abstoßen.

Gott, verhilf mir zu der Einsicht, dass die Nähe und Liebe zu anderen Menschen mich bisweilen dazu veranlassen, ihre Gefühle zu übernehmen. Zeig mir, wie ich mich schützen kann, damit ich ohne derartige Verwechslungen offen bleibe für alle, die ich liebe.

Übung: In der Kindheit haben wir vielleicht von unseren Eltern einige Gefühle übernommen. Diese können uns bis weit ins Erwachsenenalter begleiten und unsere Überzeugungen genauso prägen wie unsere allgemeine Einstellung. Unter Umständen sind sie sogar besonders trickreich, indem sie bewirken, dass wir sie für die unseren halten. Aber das stimmt nicht – sie gehören zu jemand anders. Bitten Sie Ihre Höhere Macht, Ihnen zu zeigen, ob Sie irgendwelche Gefühle von Ihren Eltern oder anderen Leuten absorbiert haben. Seien Sie dann empfänglich für die Antworten auf diese Bitte. Wenn Ihnen bisher verdrängte Gefühle zu Bewusstsein kommen, dann schreiben Sie etwas darüber in Ihr Tagebuch. Halten Sie die betreffende Szene oder Erinnerung einfach nur fest. Lassen Sie dann die Gefühle innerlich los, befreien Sie sich davon. Die emotionale Energie eines anderen mit sich herumzutragen hilft weder dieser Person noch einem selbst. Sie haben es verdient, klarsichtig und frei zu sein.

Inszenieren Sie keine Dramen 10. JULI

Film- und Fernsehschauspieler müssen ihre Gefühle oft übertreiben, um auf der Leinwand oder auf dem Bildschirm dramatische Höhepunkte zu erzeugen. Wenn sie verletzt sind, weinen sie bitterlich. Wenn sie Angst haben, schreien sie, kauern sich in eine Ecke oder rollen sich auf dem Sofa zusammen. Sie packen die Person, die weggehen will, und bitten sie, bei ihnen zu bleiben. Und wenn sie wütend sind, stapfen sie brüllend und rachedurstig durch die Gegend.

Wir können lernen, zwischen unseren Gefühlen und Handlungen deutlich zu unterscheiden. Wenn wir etwa ängstlich, verletzt oder wütend sind, müssen wir das jeweilige Gefühl bewusst empfinden; erst dann werden wir wieder klarer. Manchmal können wir unsere Wut abreagieren, indem wir auf ein Kissen eindreschen. Doch wir brauchen nicht herumzupoltern und Türen zuzuschlagen. Eine solche Verhaltensweise würde nur zeigen, dass wir durch und durch von Emotionen beherrscht werden.

Sie brauchen in Ihren Gefühlen nicht zu schwelgen. Außerdem sind Sie fähig, diese Gefühle von Ihrem Verhalten zu trennen.

Hören Sie auf, die Dramenkönigin der Jahrtausendwende zu spielen. Das ist nicht mehr nötig. Sie besitzen heute ein weitaus geschärfteres Bewusstsein als früher.

Hilf mir, Gott, die überflüssigen Dramen in meinem Leben zu unterbinden.

Hören Sie auf, aus einer Mücke einen Elefanten zu machen
11. JULI

Sie brauchen Ihr Leben nicht mit einem großen Drama zu umgeben. Vielleicht muss eine Beziehung beendet oder eine neue berufliche Laufbahn eingeschlagen werden. Aber anstatt einfach zu sagen: *Ich werde diesen und jenen Schritt unternehmen*, machen Sie aus der Sache einen schwerwiegenden Fall.

Wie ein Rechtsanwalt, der zum Gericht geht, legen Sie sich die Argumente zurecht. Sie greifen ein Gefühl heraus, verfassen dazu im Geiste einen hundertseitigen Schriftsatz und sind bereit, den »Rechtsstreit« auszukämpfen.

Sicherlich können Sie aus einer Mücke einen Elefanten machen, wenn Sie das unbedingt wollen. Aber meistens verbirgt sich hinter dieser Absicht ein Gefühl, das bereinigt werden muss – etwa ein vages Schuld- oder Angstgefühl. Oder auch die Überzeugung, dass es nicht gut sei, sich klar zu äußern, die innersten Regungen zu offenbaren und alles Nötige zu tun, um für das eigene Wohlergehen zu sorgen.

Verzichten Sie auf das Drama. Sagen Sie, was Sie brauchen und welche Gefühle die betreffende Angelegenheit bei Ihnen hervorruft.

Seien Sie in Ihren Ausführungen zur eigenen Person so einfach und klar wie möglich. Wenn Sie merken, dass Sie gerade einen Fall kreieren oder einen großen dramatischen Auftritt inszenieren, dann halten Sie kurz inne. Warum machen Sie so viel Wirbel um die Sache?

Gott, hilf mir, einfach zu bleiben, zumal wenn es darum geht, innere Vorgänge zum Ausdruck zu bringen.

Achten Sie Ihre Gefühle   12. JULI

In mir ist ein Rad, das sich ständig von der Trauer zur Freude, vom Jubel zur Depression, vom Glück zur Melancholie dreht. Wie eine Blume wird die jetzt volle Blüte der Freude verwelken und übergehen in Verzweiflung; doch ich werde mich daran erinnern, dass der heutige Kummer ebenso den Samen der morgigen Freude in sich trägt wie die tote Blume den Samen der künftigen Blüte.

Og Mandino, *Der beste Verkäufer der Welt*

Achten Sie Ihre Gefühle. Denn Gefühle sind ein wesentlicher Bestandteil unseres Innenlebens. Durch Gefühle bleiben wir verbunden mit der Liebe, der Leidenschaft, der Freude, der Intuition und der Heilkraft.

Ohne Gefühle wären wir kalte Roboter. Gefühle tragen zur Herrlichkeit des Menschseins bei, und sie bilden die Brücke zum Herzen.

Schätzen und ehren Sie Ihr emotionales Selbst. Lernen Sie, die Vielfalt Ihrer Gefühle zu bewundern.

Hilf mir, Gott, der leidenschaftliche und kraftvolle Mensch zu werden, den du von Anfang an im Sinn hattest. Hilf mir, all meine Gefühle zu empfinden und die Herrlichkeit des Lebens zu bejahen.

Sagen Sie, was Sache ist

13. JULI

Akzeptieren Sie Ihren Schmerz. Dann können Sie herausfinden, woher er kommt, und dadurch allmählich gesund werden. Wenn wir uns dem Strom der Gefühle öffnen, empfinden wir nicht nur jene, die angenehm sind – wie etwa Glück oder Erleichterung. Gefühle gleichen einem Pauschalangebot. Wir bekommen sie in ihrer ganzen Bandbreite zu spüren.

Schmerz und Leiden bezeugen, dass wir am Leben sind. Einige Dinge gehen schief. Der geliebte Partner verlässt uns, die Eltern sterben – und manchmal auch Kinder. Wir stolpern, fallen und scheitern. Verdrängen Sie Ihren Schmerz nicht. Begraben Sie ihn nicht unter Drogen, Alkohol oder fragwürdigen Leistungen. Lassen Sie den Schmerz zu, wenn Sie leiden.

Seien Sie sich darüber im Klaren, was Sie durchmachen. Lernen Sie dann zu sagen, was Sache ist.

Gott, hilf mir, den Schmerz in meinem Leben zu akzeptieren, anstatt ihn durch bewusstseinsverändernde Drogen oder sinnlose Geschäftigkeit zu kaschieren. Erziehe mich dazu, klar zum Ausdruck zu bringen, worunter ich leide. Zeig mir, was ich tun muss, um gesund zu werden, und gib mir die Kraft, diese Maßnahmen tatsächlich zu ergreifen.

Was auch geschehen mag – geben Sie gut Acht auf sich

14. JULI

An manchen Tagen nimmt das Leben zwischen morgendlichem Aufstehen und abendlichem Zubettgehen eine ungute Wendung, die wir weder vorhersehen konnten noch wünschen. Unsere schlimmsten Ängste bewahrheiten sich.

Das Leben wird nie mehr so sein, wie wir es kannten. Das Problem ist nicht nur, dass wir durch diese Katastrophe völlig aus der Bahn geworfen werden, obwohl das schon schrecklich genug ist. Die Sache wird noch dadurch komplizierter, dass uns bewusst wird, wie verwundbar wir sind. Und in diesem Zustand fragen wir uns, ob wir Gott, dem Leben oder uns selbst je wieder vertrauen können.

Vor vielen Jahren schon haben die Gründer der Anonymen Alkoholiker – jenes geistig ausgerichteten Selbsthilfeprogramms, das Menschen helfen soll, von der Trunksucht loszukommen – davor gewarnt, Abstinenz und Gottvertrauen auf der falschen Vorstellung aufzubauen, irgendjemand sei gegen das Unglück gefeit. Sie wussten, dass das Leben weitergehen und eben auch Schicksalsschläge mit sich bringen würde.

Sie sind nicht allein, weder mit Ihrer Freude noch mit Ihrem Kummer. Vielleicht kommt es Ihnen eine Zeit lang so vor – aber schon bald wird Ihnen klar werden, dass viele andere Menschen ähnliche Unglücksfälle oder Verluste erlitten und sich gefügt haben und dass sie diese schließlich auch verarbeitet haben. Gewiss, Ihr Schmerz ist wichtig – doch Sie sind kein(e) Ausgestoßene(r). Benutzen Sie Ihr Pech nicht als Beweis dafür, dass Sie ja von Anfang an wussten, nur ein Opfer der Umstände, des Schicksals und der Höheren Macht zu sein.

»Gott muss mich wirklich lieben«, sagte ein junger Mann, nachdem er einen Motorradunfall heil überstanden hatte, der auch tragisch hätte ausgehen können.

Gott liebt uns alle, ob wir nach der Katastrophe schmerzfrei von dannen gehen oder nicht.

Was auch geschehen mag – geben Sie immer gut Acht auf sich.

Gott, verwandle meinen Schmerz in Mitgefühl für andere und mich selbst.

Rechnen Sie damit, dass der Kummer groß sein wird
15. JULI

Ihr Kummer wird Sie mehr Kraft kosten, als Sie es sich je hätten vorstellen können.

Therese A. Rando, *How to Go on Living When Someone You Love Dies* [Wie das Leben weitergeht, wenn ein geliebter Mensch stirbt]

Kummer ist mehr als nur ein Gefühl. Je nachdem, wie schwerwiegend der auslösende Verlust ist, kann Kummer Ihr Leben zeitweise ganz bestimmen. Und dieser Zustand kann acht Wochen oder acht Jahre dauern.

Verurteilen Sie den Kummer nicht, und setzen Sie sich auch keine Frist für die Bewältigung Ihres Kummers. Zeigen Sie stattdessen Mitgefühl mit sich und mit anderen Menschen.

Bleiben Sie realistisch, zumal was Ihre Erwartungen betrifft. Geben Sie einem Menschen, der trauert – egal ob Sie es sind oder jemand anders –, einfach mehr Zeit und mehr Spielraum, als Sie theoretisch für nötig halten.

Gott, auf diesem Planeten gibt es viele gebrochene Herzen. Bitte hilf, damit sie heilen – auch das meine.

Jeder Brunnen hat einen Grund 16. JULI

»Ich bin nicht losgelöst von meinen Gefühlen«, sagte Jan, »aber sie machen mir Angst. Ich tauche so tief in einige Gefühle ein, dass ich glaube, ich werde sie immer so empfinden wie in solchen Augenblicken. Dann fühle ich eine derart große Angst, besonders vor der Traurigkeit, dass mein Leiden kein Ende nimmt, keinen Tiefpunkt erreicht.«

Einige Gefühle sind einfach sehr heftig. Es scheint, als wären wir in einen emotionalen Brunnen gefallen, der keinen Grund hat.

Aber das stimmt nicht. Es gibt einen Grund. Vielleicht dauert es eine Weile, bis wir ihn erreichen, doch das wird geschehen. Außerdem verfügen wir über bestimmte Möglichkeiten, der Panik und dem Kummer entgegenzuwirken und uns etwas Gutes zu tun. Manche Leute erhalten therapeutische Hilfe. Andere beschließen, die Sache allein durchzustehen und dabei um so mehr auf sich Acht zu geben. Wenn Sie also eine seelische Leidensphase durchleben, sollten Sie einen Plan entwerfen, wie Sie am besten für das eigene Wohlergehen sorgen. Hier sind einige Vorschläge, die manchen Menschen nützlich waren, um solche Zeiten hinter sich zu bringen.

- Wenn Sie in einer Selbsthilfegruppe sind, besuchen Sie regelmäßig deren Treffen, auch und gerade wenn Sie keine Lust haben, das Haus zu verlassen.
- Teilen Sie einem vertrauenswürdigen Freund mit, was Sie durchmachen. Bitten Sie ihn um Beistand; sagen Sie klipp und klar, was Sie brauchen.
- Ruhen Sie sich immer wieder aus; derart heftige Gefühle zu verarbeiten, kostet viel Kraft.
- Raffen Sie sich auf und gehen Sie nach draußen. Die bloße Tatsache, unter Menschen zu sein – ob in einem Park oder in einem Supermarkt –, erinnert uns daran, dass das äußere

Leben auch dann weitergeht, wenn das eigene Leben stillzustehen scheint. Fragen Sie sich, was Ihnen Erleichterung verschaffen würde, und seien Sie offen für jede gute Idee, die Ihnen einfällt.

- Machen Sie körperliche Übungen, selbst wenn Sie keinerlei Bedürfnis danach haben. Bewegen Sie sich. Dadurch kommen auch die deprimierenden Gefühle in Bewegung.
- Legen Sie jeden Tag bestimmte Ziele fest; erstellen Sie eine Liste mit Wünschen und notwendigen Tätigkeiten. Geben Sie sich genügend Freiraum, um die Gefühle bewusst zu empfinden – aber führen Sie auch Ihren Willen und Ihre Beschlüsse aus.
- Ihre Umgebung sollte nicht widerspiegeln, was Sie fühlen, sondern wie Sie sich fühlen möchten. Bringen Sie Ihre Lebensverhältnisse in Ordnung.
- Setzen Sie sich vernünftige Fristen für das Ausleben Ihrer Gefühle. Erübrigen Sie zum Beispiel eine halbe Stunde, um sich einem Gefühl vollständig zu überlassen, und machen Sie dann eine Zeit lang etwas anderes. Unternehmen Sie einen Spaziergang, sehen Sie fern, gehen Sie ins Kino, oder lesen Sie ein Buch. Sagen Sie sich, dass Sie dem Gefühl nicht entfliehen, sondern lediglich eine kurze Pause einschieben.
- Führen Sie Tagebuch. Schreiben Sie auf, wie Sie sich fühlen. Es gibt nur wenige Methoden, die die bewusste Verbindung zum eigenen Selbst ersetzen können und wirksamer sind.
- Beten Sie dann. Die Zwiesprache mit Gott ist immer hilfreich.

Gott, steh mir bei, damit ich auch meine beängstigenden Gefühle akzeptiere und verarbeite.

Die Erleichterung ist zum Greifen nah   17. JULI

Ich musste in die Stadt, um Besorgungen zu machen. Es war ein kühler Morgen am Strand, die Temperatur lag bei knapp 20 Grad Celsius. Ich zog meine Jacke an, stieg ins Auto und fuhr los; bog dann in die Straße ein, die am Canyon entlang führt, und war fasziniert von der Schönheit des aufsteigenden Nebels, der mit den Felsen Verstecken spielte. Als ich in der Stadt ankam, schien die Sonne; die Temperatur war auf 35 Grad gestiegen.

Ich erledigte meine Einkäufe und aß in einem Schnellrestaurant zu Mittag. Als ich wieder im Auto saß, zeigte das Thermometer schon 39 Grad. Es war heiß. Der Verkehr ging nur schleppend voran; auf der Autobahn herrschten bereits 41 Grad, und selbst die Klimaanlage brachte kaum Kühlung.

Schließlich befand ich mich wieder auf der Straße am Canyon. Das Gras war verdorrt und braun; ich machte mir Sorgen wegen der Waldbrände, die in dieser Gegend oft verheerenden Schaden anrichten. Bald fiel mir auf, dass die Temperatur auf 35 Grad gesunken war, dann auf 32 Grad und kurz danach auf 31 Grad. Die Hügel wurden wieder grün. Ich fuhr um eine Ecke und konnte den Pazifik sehen. Dort herrschten weniger als 28 Grad, und als ich zu Hause eintraf, 23 Grad.

Es überraschte mich, wie sehr die Temperatur innerhalb weniger Kilometer schwankte.

Manchmal kann eine kleine Veränderung großen Einfluss auf unsere Gefühle haben. Fühlen Sie sich überfordert und gestresst? Dann machen Sie eine Zeit lang etwas anderes. Bereiten Sie sich ein Vergnügen. Bisweilen kann schon die winzigste Umstellung im täglichen Ablauf Wunder wirken – und die Temperatur in unserem Leben ansteigen oder fallen lassen.

Gott, hilf mir zu erkennen, welche Veränderungen ich vornehmen kann, damit ich mehr Kraft habe und meine Stimmung sich hebt.

Es ist Ihre Lektion

18. JULI

Wenn man seine Lektionen lernt, verschwindet der Schmerz.

Elisabeth Kübler-Ross, *Das Rad des Lebens*

Manchmal warten wir unentwegt darauf, dass eine schmerzliche Situation endet. *Wann wird er aufhören zu trinken? Wann ruft sie an? Wann nehmen die finanziellen Probleme ein Ende? Wann weiß ich, was als Nächstes zu tun ist?*

Das Leben hat seinen eigenen Rhythmus. Sobald wir die Lektion begriffen haben, lässt der Schmerz nach, und irgendwann verschwindet er ganz.

Die Lektion aber bewahren wir für immer in uns.

Untersuchen Sie Ihr Leben. Warten Sie darauf, dass eine bestimmte Person oder ein äußeres Ereignis Ihr Wohlbefinden steigert? Dass jemand sich ändert, damit Sie nicht mehr leiden müssen? Wenn ja, dann gehen Sie in sich. Finden Sie heraus, worin die wahre Lektion für Sie besteht.

Gott, bitte zeig mir, was ich in diesem Moment lernen soll.

Seien Sie vorsichtig beim Gebrauch des Wörtchens nie

19. JULI

Achten Sie darauf, was Sie angeblich *nie* mehr tun wollen. Denn so versagen Sie sich vielleicht gerade die schönen Seiten Ihres Lebens.

Er hat mich verletzt, darum werde ich nie wieder mit ihm sprechen. Sie hat mir weh getan, darum will ich mit Frauen nie wieder was zu tun haben.

Manchmal können unsere verletzten Gefühle durchaus präzise, zuverlässige Warnungen sein, dass wir zu jemandem auf

Abstand gehen und diese Distanz auch einhalten müssen. Aber gewöhnlich sagen wir nur deshalb *nie*, weil wir uns schützen und Schmerzen vermeiden wollen.

Das Wörtchen *nie* kann ein Hinweis darauf sein, dass wir innerlich dicht gemacht, dass wir unser Herz verschlossen haben.

Haben Sie durch den häufigen Gebrauch des Wörtchens *nie* eine Mauer zwischen sich und den anderen errichtet? Überprüfen Sie das genau. Verbirgt sich dahinter nicht ein Schmerz, den Sie empfinden und sich bewusst machen müssen?

Gut, Sie haben sich einmal die Finger am heißen Herd verbrannt – aber heißt das, dass Sie sich ihm nie mehr nähern sollten? Dann würden Sie auf so manche schmackhafte Mahlzeit verzichten.

Gott, hilf mir, dass ich verletzlich genug bin, meinen Schmerz zu fühlen und meine Lektion zu lernen, anstatt dauernd nie *zu sagen und dadurch eine Mauer zu errichten.*

Reißen Sie diese Mauern ein 20. JULI

Frank war ein glücklich verheirateter Mann – zumindest dachte er das. Eines Tages aber kam seine Frau, mit der er zehn Jahre zusammengelebt hatte, nach Hause, und sagte ihm, dass sie sich nicht mehr als seine Gattin betrachte. »Ich liebe dich. Es ist nur so, dass ich nicht in dich verliebt bin«, erklärte sie und verließ das Haus.

Diese Nachricht brachte Frank völlig aus der Fassung. Er war wütend auf seine Frau, auf seine Kirche, auf Gott. Er verzweifelte und verharrte in diesem Zustand. Innerlich kochte er und scherte alles über einen Kamm. So gelangte er zu der Überzeugung, dass jede Frau so sei und ihn – ginge er eine engere Beziehung ein – früher oder später verletzen würde.

269

Viele von uns machen schmerzvolle Erfahrungen, die zum Leben einfach dazugehören.

Es ist durchaus in Ordnung, zu leiden, aufgebracht und eine Zeit lang sogar verbittert zu sein. Aber niemand ist daran interessiert, noch zehn Jahre später von unserer unglücklichen Liebesgeschichte zu hören.

Selbst wir werden ihrer überdrüssig.

Manchmal haben wir keine andere Wahl, als den Schmerz zu erdulden. Dann wieder müssen wir ihn überwinden und ins Leben zurückkehren.

Wir alle fallen. Jeder begeht Fehler. Die meisten ändern, wenn nötig, ihre Meinung.

Wir müssen nicht zulassen, dass schlimme Erfahrungen uns davon abhalten, in Zukunft positive Erfahrungen zu machen. Mauern haben etwas Willkürliches: Obwohl sie uns vielleicht vor weiteren Verletzungen schützen, verhindern sie doch auch, dass wir Freude empfinden.

Gott, hilf mir, jene selbstquälerischen Einstellungen aufzugeben, die ich in einem schmerzlichen Augenblick ausgebildet habe. Mach mich empfänglich für die Schönheit, die mich erwartet, sobald ich mich dem Leben hingebe.

Vielleicht sollen wir uns zunächst gar nicht wohl fühlen
21. JULI

Wenn Laurie abends von der Arbeit nach Hause kam, schaltete sie ihren Computer ein und schrieb monatelang die gleichen Sätze: *Ich hasse meinen Job. Ich hasse meinen Job. Ich hasse ihn, ich hasse ihn, ich hasse ihn.*

Sechs Wochen hintereinander beklagte sich Jonathan täglich bei Freunden über seinen Zimmergenossen: *Ich kann ihn nicht ertragen. Er bringt mich auf die Palme. Ich mag ihn nicht.*

Bevor Mindy nachts einschlief, rechnete sie sich immer wieder aus, wie viele Jahre ihr Mann wohl noch zu leben haben werde und wann sie von ihrem ehelichen Versprechen befreit wäre: *Nur noch fünfzehn Jahre, dann ist er tot, und ich kann endlich leben.*

Keiner dieser drei Menschen empfand für seinen Job, seinen Zimmergenossen oder seinen Ehepartner eine »Hassliebe«. Vielmehr waren sie im Hass gefangen. Und alle hatten eines gemeinsam: Die tiefe Abneigung verursachte ihnen Schuldgefühle. Laurie bemühte sich verzweifelt, ihren Job zu mögen. Jonathan zerbrach sich den Kopf darüber, wie er mit seinem Zimmergenossen auskommen könnte. Und Mindy wollte unbedingt eine bessere Ehefrau sein.

Haben Sie Geduld mit sich selbst, wenn Sie Phasen durchleben, in denen Sie einer Person oder einer Sache ablehnend gegenüberstehen – ob es dabei um Ihren Job, Ihren Zimmergenossen, Ihr Zuhause oder Ihren Ehepartner geht. Doch wenn Sie jemanden oder etwas ebenso konsequent wie unverhohlen zurückweisen, ist es wohl an der Zeit, einen anderen Weg einzuschlagen.

Achten Sie bei Ihren gefühlsmäßigen Reaktionen auf wiederkehrende Muster. Wenn Sie ständig die gleichen Verhaltensweisen zeigen, sollten Sie sich mit dem Gedanken vertraut machen, dass diese Person oder Sache Ihnen nicht mehr zuträglich ist.

Gott, schenke mir die Weisheit, zu erkennen, wann mich meine Gefühle dazu drängen, einen Schritt nach vorn zu tun. Hilf mir, meine Schuldgefühle loszulassen und beherzt einen neuen Weg zu beschreiten.

Hören Sie auf,
sich selbst etwas vorzuenthalten

22. JULI

Enthalten Sie sich nicht mehr das vor, was Ihnen angenehm, richtig und heilsam erscheint.

Einige von uns wurden in Verhältnissen groß, in denen Gefühle unterdrückt wurden. Es war verboten, glücklich zu sein und das Leben zu genießen. Liebesentzug war an der Tagesordnung.

Viele von uns haben dieses Muster ins Erwachsenenalter übernommen: Wir gingen Beziehungen mit Menschen ein, die uns eher schadeten. Wir wählten einen Beruf, der uns nicht behagte.

Viele von uns haben Geschichten über Menschen gehört, die fast süchtig danach sind, sich unglücklich zu fühlen. Wir erkennen ohne weiteres, ob jemand Entbehrung und Leid geradezu sucht – sind aber oft blind, wenn es sich dabei um uns selbst handelt.

Wir haben uns vielleicht schon so sehr daran gewöhnt, uns schlecht zu fühlen, dass wir wirklich nicht wissen, was uns eigentlich gefällt.

Das wird Ihnen erst bewusst, wenn Sie sich entspannen und lernen, die eigenen Gefühle wahrzunehmen. Befreien Sie sich von Ihrer starken Neigung zum Unglücklichsein. Wenden Sie sich lieber dem zu, was Körper, Herz, Geist und Seele erfreut.

Werden Sie heiterer. Lassen Sie sich von schönen Dingen angenehm berühren.

Ahnen Sie, welche das sind? Können Sie genau sagen, was Sie möchten? Einer meiner Freunde ließ sich einmal den Rücken massieren. »Das tut gut«, sagte er. »So soll es sein«, erwiderte der Masseur.

Schärfen Sie Ihr Bewusstsein, während Sie Ihre täglichen Pflichten erfüllen. Begeben Sie sich auf Schatzsuche. Finden

Sie heraus, was Ihr Herz begehrt. Möglicherweise werden Sie entdecken, dass es in dieser Welt mehr Reichtümer und Annehmlichkeiten gibt, als Sie dachten.

Hilf mir, Gott, damit ich aufhöre, mir ständig das Gute im Leben vorzuenthalten.

Füllen Sie Ihr Leben auf 23. JULI

Ich habe mich nur aufgerafft, zu schmollen, dann konnte ich schon einen Blues schreiben.

Duke Ellington

Die Melancholie des Blues hat einen Vorteil: Durch sie können wir uns wieder besser fühlen. Ganz gleich, wie weit es in unserer kleinen Welt bergab geht – wir können ziemlich sicher sein, dass B. B. King, John Lee Hooker oder Stevie Ray Vaughn Schlimmeres durchgemacht haben als wir. Manchmal tut es einfach gut, all diese dunklen Gefühle musikalisch zum Ausdruck zu bringen.

Im Leben geht so manches schief. Bisweilen handelt es sich nur um kleine Unannehmlichkeiten, dann wieder um große Katastrophen, die uns ins Unglück stürzen. Entscheidend ist nicht, was uns widerfährt, sondern wie wir darauf reagieren.

Ihr Mann hat Sie verlassen. Das ist eine Tatsache. Wie aber werden Sie nun damit umgehen, nachdem Sie Ihren Kummer vielleicht im Alkohol ertränkt haben? Sie können herumsitzen und sich bei Freunden beklagen, wie ungerecht das Leben ist. Oder Sie stehen auf, stellen das leere Glas in die Spülmaschine und füllen stattdessen Ihr Leben auf.

Gefühle – und zwar alle! – gehören zu den Segnungen des Menschseins. Manchmal geht es uns gut, manchmal schlecht. Erübrigen Sie etwas Zeit. Bringen Sie ein wenig Kraft auf, um gekränkt und betrübt zu sein. Nehmen Sie diese Empfindung genau wahr. Aber erheben Sie sich dann, werden Sie aktiv, und nutzen Sie Ihr Leben auf sinnvolle Weise.

Gott, hilf mir, dass ich von all meinen Gefühle profitieren kann.

Befreien Sie sich von der Angst 24. JULI

Manchmal sagen wir, dass wir die nächste Stufe erreichen wollen – ob bei der Arbeit, in der Liebe oder im Spiel. Aber es scheint, als wäre der Weg dorthin versperrt. Die Angst kann sich hinter vielen Masken verbergen: Wir wollen unseren Kopf durchsetzen; wir haben kein Interesse; die Zeit ist einfach noch nicht reif dafür. Wir stehen nicht vor einer Barriere, sondern unterdrücken unsere Angst und sind dadurch innerlich verkrampft.

Wenn Sie sich verwirrt fragen, warum Sie in einem bestimmten Lebensbereich nicht wie von selbst vorwärtskommen, sollten Sie einmal genauer hinschauen. Stellen Sie fest, ob Sie insgeheim Ängste haben, die Sie behindern. Wenn Sie es nicht schaffen, Ihren Weg fortzusetzen, dann denken Sie daran, zuerst einmal die Angst zu empfinden und sich dann von ihr zu befreien. Vielleicht empfangen Sie gerade dadurch den notwendigen Impuls, das Hindernis zu überwinden.

Gott, hilf mir, meine Angst vor dem nächsten Schritt zu fühlen, zu erkennen und schließlich loszulassen.

Machen Sie sich klar,
wie mutig Sie sind

25. JULI

Alle bewundern ehrfürchtig den Dompteur im Käfig mit seinem halben Dutzend Löwen – alle außer dem Schulbusfahrer.

Anonym

Sie mögen kein großer Krieger sein. Und wahrscheinlich führen Sie weder eine Forschergruppe zum Nordpol, noch besteigen Sie den Mount Everest. Trotzdem brauchen Sie im Leben Mut.

Der Mut kommt in kleinen Gesten wie in grandiosen Taten zum Ausdruck. Es ist leicht und lustig sich auszumalen, wie wir in unserer Fantasie – als Gipfelstürmer oder als Heerführer von Rittern – reagieren würden. Aber was ist mit dem Hier und Jetzt?

Sind Sie unerschrocken genug, Ihr Leben zu leben, jeden Tag Ihren Weg zu gehen – egal, in welchem Zustand Sie sich gerade befinden?

Manchmal gehört mehr Mut dazu, die gewöhnlichen Dinge zu tun, als dazu, zur Tür eines Flugzeugs zu marschieren und hinauszuspringen.

Mut ist vonnöten, um dem Alkohol abzuschwören und abstinent zu bleiben, um jeden Morgen aufzustehen, zur Arbeit zu gehen, die Familie zu ernähren, die Rechnungen zu bezahlen und den Weg zu beschreiten, der einem vorgezeichnet wurde.

Wir alle brauchen Mut, um immer wieder das in Angriff zu nehmen, was uns Angst macht – und manchmal auch das, was uns keine Angst macht.

Gott, bitte gib mir den Mut, in meinen Beziehungen, bei meiner Arbeit und in meinem geistigen Entwicklungsprozess das Richtige zu tun. Gib mir den Mut, wirklich lebendig zu sein.

Stellen Sie fest,
wann Sie ein gutes Gefühl haben
26. JULI

»French Valley Tower, Cessna 80809, nehmen Sie Startbahn eins-acht für Abflug bei Seitenwind von links. French Valley.«

Ich bog in Startbahn achtzehn ein, schob den Gashebel nach hinten und hielt den Atem an, als das kleine Flugzeug in den Farben Gold und Weiß über die Startbahn raste und dann abhob. Ich zog am Steuergriff, um die Maschine sanft in die Höhe zu heben, aber nicht zu sanft. Sie musste über die Bäume, Häuser und Türme hinweg fliegen. Aber wenn ich ihre Nase zu schnell und zu steil nach oben lenkte, würden wir an Geschwindigkeit verlieren und überziehen.

Vieles war zu beachten, damit das alles klappte.

Wir stiegen auf über fünfhundert Fuß, als das Flugzeug hin und her schwankte. Es war nur der Wind, aber durch diese Luftwirbel, das Steigen, Fallen und Schaukeln hatte ich das Gefühl, wir würden plötzlich vom Himmel fallen.

»Du sollst steuern«, rief ich Rob zu.

»Nein, du«, erwiderte er, während er seine Hände resolut in den Schoß legte.

»Rob, ich habe Angst«, sagte ich. »Ich fühle mich wirklich unwohl.«

»Dann atme durch.«

Ich konnte nicht atmen, zumindest nicht so, wie er es meinte – nämlich bewusst ein- und ausatmen, um ruhiger zu werden. Den Atem anzuhalten war eine Gewohnheit, die ich mir schon in frühen Jahren »zugelegt« hatte. Auf diese Weise wollte ich meine Angst unterdrücken.

Ich brachte die Cessna auf eintausend Fuß, dann auf zweitausend.

Mir war mulmig, doch ich stieg weiter auf fünftausend Fuß, damit wir jene Manöver ausführen konnten, die wir uns vorgenommen hatten.

Ich versuchte, mich zu entspannen und tief durchzuatmen, fühlte mich aber immer noch überfordert. Ich konnte nicht loslassen.

Rob hantierte herum, aber ich wusste nicht, womit. Ich richtete den Blick nach draußen, um den Luftverkehr zu beobachten, und auf das Instrumentenbrett im Cockpit. Ich wollte gerade meine Bemühungen einstellen, als Rob jede der Anzeigen mit einem Stück Papier bedeckte.

»Was machst du da?«, fragte ich.

»Ich bringe dir bei, dir selbst zu vertrauen«, antwortete er. »Sag mir, wann du das Gefühl hast, dass wir 65 Knoten erreicht haben.«

Nun musste ich mich einfach entspannen. »Ungefähr jetzt«, sagte ich.

Er nahm das Papier vom Geschwindigkeitsmesser. Wir machten 65 Knoten.

»Flieg als Nächstes eine gleichmäßige Dreißig-Grad-Wende, ohne auf die Armaturen zu schauen«, befahl er. »Sag mir, wann du meinst, dass du sie geschafft hast.«

Ich entspannte mich noch mehr und flog langsam einen gleichmäßigen Bogen.

»Perfekt«, sagte er, auf den Wendezeiger deutend.

»Siehst du«, bestätigte er zuversichtlich. »Du jagst dir selbst Angst ein, indem du dich verwirrst mit all den Anzeigen und all den Gedanken darüber, was du zu tun hast, um die Dinge in den Griff zu bekommen. Dabei brauchst du dich nur zu entspannen und dem zu vertrauen, was dir richtig erscheint.«

Befreien Sie sich von Angst und von Verwirrung. Überfordern Sie sich nicht mehr mit unzähligen Pflichten, und versuchen Sie, Ihre Sache gut zu machen. Informieren Sie sich. Lesen Sie Bücher. Bemühen Sie sich um Unterstützung. Werden Sie dann ganz locker. Sie wissen mehr, als Sie glauben.

Sie merken schon, wann Sie die richtige Lösung gefunden haben.

Vertrauen Sie dem, was sich gut anfühlt.

Gott, hilf mir, dass ich lerne, meine Ängste loszulassen und
Vertrauen zu haben, sobald mir etwas richtig erscheint.

Sagen Sie, wie es sich intuitiv anfühlt   27. JULI

Die Geschichte meiner ersten, überwältigenden Erfahrung mit
der Intuition habe ich in meinen Büchern schon mehrfach
erzählt. Damals machte ich eine Entziehungskur, um von meinen diversen Süchten loszukommen. Ich brauchte eine Arbeit,
um die Anstalt verlassen zu können. Ich schaute die Stellenan-
zeigen durch und bewarb mich für alle möglichen Jobs, die ich
meiner Meinung nach verdient hatte. Keine noch so geringfügige, klägliche, niedrige Arbeit durfte dabei übersehen werden.
Aber niemand wollte mich einstellen. Ich suchte wochen- und
monatelang – ohne jeden Erfolg.

Eines Tages war ich mit meinem Latein am Ende. Ich wartete
auf den Bus, der mich zum Krankenhaus zurückbringen sollte, in
dem sich das Behandlungszentrum befand, als eine leise innere
Stimme mich aufforderte: *Dreh dich um.* Ich tat es. Ich stand vor
einer Bank. Daneben führte eine Treppe zu einer Anwaltskanzlei
im zweiten Stock.

Geh nach oben und bitte um ein Gespräch mit dem Leiter der
Kanzlei. Sag ihm, du brauchst einen Job. Das waren die nächsten
Worte, die ich hörte.

Ist doch verrückt, dachte ich, *und ergibt überhaupt keinen Sinn.*
Trotzdem befolgte ich die Anweisung. Diese leise Stimme trieb
mich voran. Schließlich gelangte ich in das Büro des Rechts-
anwalts und erzählte ihm, wo ich wohnte und was mir gerade zu
schaffen machte. Er zeigte Verständnis für mich; jemand in seiner
Familie hatte ebenfalls Probleme mit der Sucht gehabt. Dann
blickte er mich an und sagte: »Seltsam, dass Sie gerade jetzt
gekommen sind. Ich habe nämlich schon daran gedacht, eine weitere Sekretärin einzustellen, aber ich bin noch nicht dazu gekommen, eine Anzeige aufzugeben.«

Zwei Wochen später rief er mich an. Ich bekam den Job. Er war besser als alle, um die ich mich beworben hatte, besser bezahlt und entsprach genau meinen damaligen Fähigkeiten.

Wir alle haben Zugang zu einer Quelle des Wissens und der Unterweisung – in alltäglichen Dingen und auch in Zeiten, da wir in Not sind.

Sobald Sie vor einem schwierigen Problem stehen, sollten Sie einen Moment innehalten. Nehmen Sie genau wahr, was vor sich geht. Hören Sie auf, ständig nachzugrübeln. Treffen Sie heute zumindest eine intuitive Entscheidung.

Gott, hilf mir, meinen intuitiven Kräften zu vertrauen.

Schalten Sie Ihre Intuition wieder ein   28. JULI

Viele von uns haben die Intuition, ihren sechsten Sinn, ausgeschaltet: möglicherweise schon in der Kindheit, weil die Eltern mit ihnen ein doppeltes Spiel spielten, oder aber erst später in den Beziehungen zu Menschen, die sie und sich selbst ständig belogen haben. Sie mussten ihre innere Stimme zum Verstummen bringen, ihr Wissen um die Wahrheit verdrängen, nur um die Situation einigermaßen erträglich zu gestalten.

Nun ist es an der Zeit, unsere Intuition wieder zu aktivieren. Schalten Sie die innere Sicherung ein. Sie merken und spüren es, wenn jemand Sie anlügt; vielleicht nicht sofort, aber doch bald. Sie wissen, ob Sie einem Menschen trauen oder misstrauen. Und wahrscheinlich ist Ihnen auch deutlich bewusst, wie Sie sich eigentlich fühlen.

Können Sie sich selbst trauen? Zweifeln Sie nicht mehr daran. Bauen Sie auf jene Wahrheit, die Sie erkannt haben.

Sie können genau sagen, was Ihnen behagt und was nicht. Das Problem besteht nicht darin, dass Ihre Intuition »außer Betrieb« ist, sondern darin, dass Sie manchmal beschließen, sie zu ignorieren.

*Gott, hilf mir, deiner Stimme zu lauschen und dem Radar zu
vertrauen, das du in meinem Inneren »installiert« hast.*

Übung: Die folgende Meditation soll Ihnen helfen, Ihre intuitiven Kräfte zu aktivieren. Nehmen Sie eine entspannte Haltung
ein; setzen Sie sich auf einen bequemen Stuhl, oder legen Sie
sich auf eine Couch. Verbringen Sie einige Minuten damit, den
gesamten Körper bewusst zu entspannen – angefangen beim
Kopf, dem Gesicht und dann immer weiter abwärts bis zu den
Zehen. Stellen Sie sich nun vor, dass Sie eine Treppe hinabsteigen und an eine Tür kommen, auf der Ihr Name steht. Öffnen
Sie die Tür, und betreten Sie das Zimmer. Dort befinden sich
viele Schalter – wie in einem Raum mit Sicherungskästen.
Suchen Sie nach dem Schalter, der die Bezeichnung »Intuition«
trägt. Beobachten Sie sich dabei, wie Sie auf ihn zugehen und
ihn anmachen. Falls daran Reparaturen nötig sind, so führen Sie
sie aus. Wenn es Ihnen Mühe bereitet, ihn anzumachen, dann
fragen Sie sich, wo das Problem liegt und was Sie vorher noch
klären müssen. Sobald Sie den Schalter betätigt haben, verlassen Sie den Raum. Schließen Sie die Tür hinter sich ab. Steigen
Sie die Treppe wieder hinauf und kehren Sie langsam in den
Zustand der Bewusstheit zurück. Wann immer Ihre Intuition
nachlässt, überprüfen Sie den Schalter in Ihrem Sicherungs-
raum, um zu gewährleisten, dass er auf »Ein« steht.

Lassen Sie sich
von Ihrer Intuition führen
29. JULI

*Auf die eigene Intuition sehr genau zu achten ist unter allen
Grundsätzen vielleicht der wichtigste.*

Lynn Hill

Viele Jahre lang bediente ich mich meiner intuitiven oder geistigen Kräfte nur in Zeiten der Not, der Krise oder der Verzweiflung.

Sie waren meine letzte Zuflucht. Das Wort *Intuition* kannte ich gar nicht. Damals kannte ich nur eines: hart zu schuften, Lösungen auszuknobeln und irgendwie weiterzumachen. Gelegentlich fand ich mich in einer Ecke oder einer Sackgasse wieder. Dann – und allein dann – besann ich mich auf meine Intuition.

Um genauer zu sein: Sie war es, die mich dann ergriff.

Im Laufe der Jahre ist die Intuition für mich immer wichtiger geworden. Kürzlich freundete ich mich mit einer Frau an, die sie in hohem Maße besitzt. Sie ermutigte mich, dem Fluss der Dinge zu vertrauen und loszulassen.

»Übe das zum Beispiel im Lebensmittelgeschäft«, sagte sie. »Benutze deine Intuition bei Nebensächlichkeiten – dann, wenn es deiner Meinung nach nicht so darauf ankommt. Dann wächst allmählich auch deine Fähigkeit, ihr in bedeutsamen Angelegenheiten zu vertrauen.«

»Das kann ich nicht«, sagte ich.

»Doch, das kannst du«, erwiderte sie. »Übe es einfach.«

Mit der Zeit habe ich mich der Intuition langsam angenähert und zugleich vom rein rationalen Denken mehr und mehr Abstand genommen. Das war ein schwieriger Prozess. Er wurde ausgelöst durch den Tod meines Sohnes Shane. Viele Monate war ich in mein Gefühlsleben tief verstrickt. Ich hatte praktisch keine andere Wahl, als mich zunehmend auf meine Intuition zu verlassen.

Heute ist die intuitive Unterweisung ein wesentlicher Bestandteil meines täglichen Lebens.

Deshalb will ich jenen, die sich – wie ich früher – mit der Intuition schwer tun und die keinen Zugang zu ihr finden, ein paar Ratschläge geben, die mir geholfen haben.

• Entspannen Sie sich ganz bewusst. Wenn ein Problem gelöst oder eine Entscheidung getroffen werden muss, lassen Sie zuerst einmal los. Verkrampfen Sie sich nicht. Nur keine Panik! Eine solche Reaktion würde nur verhindern, dass Sie mit Ihrer Intuition in Berührung kommen.

- Fragen Sie sich: Was tut mir gut? Die Antwort wird aus einem ruhigen, nicht von Emotionen beeinflussten Zustand kommen, keinesfalls aber aus innerem Druck und Angst. Wenn Ihnen mehrere Alternativen oder Lösungen einfallen, dann untersuchen Sie jede einzeln. Erscheint Ihnen diese fad und langweilig, jene dunkel und schwer, eine andere hingegen leichter und richtig?
- Wenn Sie keine Ahnung haben, was Sie tun sollen, dann insistieren Sie nicht weiter. Lenken Sie sich ab; beschäftigen Sie Ihren regen Verstand. Oft haben wir erst dann eine Eingebung, wenn wir die Antwort nicht mehr zu erzwingen versuchen.
- Wie in den meisten anderen Lebensbereichen kommt es auch hier darauf an, die Entspannung einzuüben und sich selbst zu vertrauen. Oft hat die intuitive Antwort eine ganz natürliche Handlungsweise zur Folge. Manchmal aber fordert sie uns auf, etwas zu tun, das auf den ersten Blick absurd erscheint.
- Achten Sie diese innere Verbindung, durch die jeder Mensch Informationen jenseits der Vernunft erhält. Ab und zu werden Sie dumme Fehler machen. Das geht uns allen so. Hüten Sie sich aber auch, rationales Denken und den gesunden Menschenverstand herabzuwürdigen. Gerade in Phasen der Unentschlossenheit sollte die Intuition indes keine letzte Zuflucht sein, sondern eine echte Hilfsquelle, auf die Sie sich verlassen.

Gott, hilf mir, dass ich mich entspanne und jener leisen inneren Stimme lausche. Vergegenwärtige mir, dass ich dabei im Grunde eine deiner Stimmen höre, mit der du das Wort an mich richtest.

Vertrauen Sie diesem Gefühl 30. JULI

»Lass uns hier abbiegen«, sagte er und bog in eine Seitenstraße ab. Wir hatten Ausschau gehalten nach einem neuen Restaurant, das wir ausprobieren wollten, weil uns alle anderen in letzter Zeit enttäuscht hatten. Das Schild am Anfang der Straße war verwittert, und ich erinnerte mich, in dem darauf genannten Lokal vor Jahren schon einmal gegessen zu haben. Damals hatte ich es nicht besonders gemocht.

Das Innere des Restaurants sah jetzt ein wenig anders aus. Wir saßen an einem Tisch vor dem Fenster, das auf den Pazifik ging. Unser Ober war höflich und ungekünstelt. Wir bestellten zum Frühstück Quiche mit Krabben. Es war die beste ihrer Art, die ich je verspeist habe, und so kehrten wir noch am gleichen Abend zum Essen zurück.

Dieses Restaurant besuchen wir nun immer wieder, weil wir unsere Vorurteile abgelegt und allein unserem Gefühl vertraut haben.

Nach all den Krabben-Quiches, Omelettes und Waffeln, die wir seither dort genossen haben, bin ich froh, dass mein Freund seiner Intuition folgte. Männer wie Frauen besitzen diese Gabe. Sie ist eben nicht geschlechtsspezifisch, obwohl Männer manchmal aufgefordert werden, sich eher auf die Logik als auf die Intuition zu besinnen.

Öffnen Sie sich! Vertrauen Sie der inneren Stimme, wenn sie Ihnen etwas zuflüstert. Fangen Sie bescheiden an. Machen Sie eine Fahrt mit dem Auto, und nehmen Sie, Ihrer Eingebung folgend, eine Straße, die Sie noch nie benutzt haben. In dem Maße, wie Sie mit Ihren intuitiven Kräften in Beziehung treten, werden Sie von ihnen auf den richtigen Weg geführt. Auf diese Weise finden Sie manchmal ein hübsches Lokal oder einen guten Freund; oder Sie schlagen eine Erfolg versprechende Laufbahn ein.

Hören Sie auf die Stimme des Herzens. Bisweilen müssen Sie vergessen, was Sie zu wissen glauben, und einfach der Intuition vertrauen.

Lehre mich, Gott, meiner inneren Stimme zu lauschen.

Bleiben Sie im Spiel

31. JULI

Und es begab sich ...

Aus der Bibel

Wir können nicht immer davon ausgehen, dass alles klappt, aber wir besitzen stets die Kraft, heil durchzukommen. Wir können uns darauf verlassen, dass sowohl das Schlechte als auch das Gute vorübergehen wird.

Mir wurde das Gute entrissen, und ich war zu Tode betrübt. Aber es ging vorbei.

Damit will ich nur sagen, dass manchmal die Bösen gewinnen und die Guten verlieren. Dann wieder ist es umgekehrt. Bisweilen scheint keine unserer Unternehmungen eine wichtige Entscheidung in dieser oder jener Richtung zu beeinflussen – doch wir können jederzeit einen neuen Versuch starten. Es gibt immer eine weitere Möglichkeit, das Spiel zu spielen, zu tanzen, zu schwitzen, zu weinen. Vielleicht besteht die eigentliche Belohnung in der Erfahrung selbst – und nicht im krönenden Abschluss.

Wenn Sie merken, dass Ihre Kraft oder Ihre Zuversicht schwindet, dann lassen Sie Ihr verzweifeltes Bedürfnis los, ein positives Ergebnis zu erzielen. Erkennen Sie, dass auch diese Misere nicht von Dauer sein wird. Gewinnen Sie Ihre Stärke aus der Einsicht, dass Sie bereichert werden durch Ihre Erfahrungen – ob sie nun positiv oder negativ sind. Nur Sie können beschließen, daraus zu lernen – oder aber tatenlos zusehen, wie Ressentiments und törichte Erwartungen deren Wert zunichte machen.

Klopfen Sie sich den Staub ab. Rappeln Sie sich wieder auf. Unternehmen Sie eine neue Anstrengung, und kehren Sie ins Spiel zurück.

Gott, gib mir die Hoffnung, den Glauben und den Mut, mein Leben heute wirklich zu leben.

August

Lernen Sie, Danke zu sagen

Lernen Sie, Danke *zu sagen*   1. AUGUST

Nun erzähle ich Ihnen meine Lieblingsgeschichte über das Loslassen. Einige von Ihnen werden sie vielleicht schon kennen, denn sie stand bereits in meinem Buch *Codependent No More**.

Vor vielen Jahren, als ich mit dem Vater meiner Kinder verheiratet war, kauften wir unser erstes Haus. Zuvor hatten wir uns mehrere Häuser mit hübschen Gärten, Wohnzimmern und einladenden Küchen angeschaut. Das Haus, das wir dann erwarben, gehörte allerdings nicht dazu. Vielmehr handelte es sich um ein verwahrlostes dreistöckiges Gebäude, um die Jahrhundertwende erbaut, das in den letzten zwanzig Jahren vermietet gewesen war.

Im so genannten Garten befand sich anstelle des Rasens ein Sandplatz. Die Wände des Hauses zierten große Löcher, durch die man ins Freie blicken konnte. Die Installationen waren völlig veraltet, und die Küche wirkte einfach grotesk. Der alte, orangefarbene Teppichboden war schmutzig, befleckt und abgenutzt. Der Keller glich einem Alptraum aus Beton, Schimmel und Spinnen. Es war alles andere als ein Traumhaus – eher ein Gemäuer, wie man es aus Horrorfilmen kennt.

Etwa eine Woche nach unserem Einzug kam ein Freund zu Besuch. Er sah sich um. »Ihr habt wirklich Glück, ein eigenes Heim zu besitzen«, sagte er. Aber ich war nicht glücklich. Das war der deprimierendste Ort, an dem ich je gelebt hatte.

Wir hatten kein Geld, um Möbel zu kaufen, und wir hatten weder das Geld noch das handwerkliche Geschick, unser Haus instand zu setzen. Einstweilen musste diese Bruchbude so bleiben, wie sie war. Meine Tochter Nichole hatte das zweite Lebensjahr noch nicht vollendet, und ein weiteres Kind war bereits unterwegs.

---

* Die deutsche Ausgabe erschien 1990 unter dem Titel *Die Sucht, gebraucht zu werden* im Wilhelm Heyne Verlag.

Eines Tages – kurz vor dem Erntedankfest – schwor ich mir, etwas zu unternehmen und den Zustand des Hauses zu verbessern. Ich besorgte mir eine Leiter sowie weiße Farbe und versuchte, die Wände im Esszimmer zu streichen. Die Farbe haftete jedoch nicht. Es waren so viele Tapeten übereinander geschichtet, dass die Farbe nur aufschäumte und mindestens drei der oberen Tapetenlagen sich von den Wänden lösten.

Ich gab auf, stellte Leiter und Farbe beiseite.

Damals hatte ich gehört, dass man sich in Dankbarkeit üben solle. Ich war aber nicht dankbar und wusste daher auch nicht, was dieses Gefühl in der gegenwärtigen Situation mit mir zu tun haben sollte. Ich bemühte mich zwar um eine positive Einstellung, doch mir war elend ums Herz. Jeden Abend, nachdem ich meine Tochter ins Bett gebracht hatte, ging ich hinunter ins Wohnzimmer. Dort setzte ich mich auf den Boden und ließ den Blick schweifen. Alles, was ich sah, machte mich nur noch trauriger. Ich entdeckte nichts, wofür ich hätte dankbar sein können.

Dann stieß ich auf ein kleines Taschenbuch, in dem es um die heilsame Kraft des Lobens ging. Nach der Lektüre kam mir eine Idee. Ich wollte es mal mit Dankbarkeit probieren und die ganze Energie, die ich darauf verwendet hatte, zu klagen, das Negative wahrzunehmen und mich miserabel zu fühlen, in ihr Gegenteil umwandeln. Ich wollte die Dankbarkeit durch Willenskraft erzwingen und nötigenfalls auch vortäuschen.

Jedesmal, wenn es mir schlecht ging, dankte ich Gott dafür. Jedesmal, wenn mir auffiel, wie grauenhaft das Haus aussah, dankte ich ihm für dessen Zustand. Ich dankte Gott für meine schwierige finanzielle Situation und für mein mangelndes Geschick, das Haus zu renovieren und umzugestalten. Ich zwang mich ganz bewusst dazu, für jedes Detail dankbar zu sein – eben auch für Dinge, die mich wirklich störten und die ich nicht ändern konnte. Sobald meine Tochter abends eingeschlafen war, setzte ich mich wie üblich an dieselbe Stelle im Wohnzimmer. Aber anstatt zu klagen und zu weinen, sagte und sang ich immer wieder: *Danke, Gott, dass alles in meinem Leben so ist, wie es ist.*

Die Veränderung trat auf so subtile und unterschwellige Weise ein, dass ich sie zunächst gar nicht bemerkte. Ich fing an, das Haus gründlicher zu säubern und mehr auf Ordnung zu achten, obwohl es ein einziger Trümmerhaufen war. Dann kamen Menschen, Materialien und Fertigkeiten hinzu. Meine Mutter erbot sich, mir zu zeigen, wie man ein Haus auf Vordermann bringt. Sie meinte, dass dafür nur wenig Geld vonnöten sei und dass sie uns mit Rat und Tat zur Seite stehen würde.

Ich lernte, wie man Tapeten entfernt, Löcher in der Wand zuspachtelt, tüncht, Oberflächen strukturiert, verputzt, hämmert und repariert. Ich riss den Teppichboden heraus und sah, dass der Boden darunter aus echtem Holz war. Ich fand eine gute Tapete für nur einen Dollar pro Rolle. Was ich auch brauchte, besaß ich plötzlich – ob Fertigkeiten, Geld oder Materialien.

Daraufhin hielt ich auf Schritt und Tritt die Augen offen. Ich entdeckte Möbelstücke, die andere Leute ausgemustert und auf die Straße gestellt hatten. Inzwischen war ich in meinem Element. Ich lernte, wie man Möbelstücke restauriert und beizt – oder dass man auf die schadhafte Stelle ein hübsches Zierdeckchen legen kann. Innerhalb von sechs Monaten wurde unser Heim zum schönsten Haus im ganzen Block. Während ich darin wohnte, kam mein Sohn Shane zur Welt. Rückblickend betrachtet war das eine der glücklichsten Phasen in meinem Leben. Meine Mutter und ich hatten viel Spaß miteinander, und ich wusste nun, wie man ein Haus instand setzt.

Vor allem aber war mir eines klar geworden: welch enorme Wirkung die Dankbarkeit hat.

Wenn Menschen empfehlen, dankbar zu sein, denkt man am ehesten daran, die eigenen Wohltaten aufzuzählen und sich für alles Angenehme erkenntlich zu zeigen. Doch sobald wir lernen, die Sprache des Loslassens zu sprechen, bedanken wir uns für *alles* in unserem Leben, ob wir nun tatsächlich Dankbarkeit empfinden oder nicht.

Auf diese Weise geben wir jeder Situation eine andere Wendung.

Erstellen Sie eine Liste der Dinge, für die Sie nicht dankbar sind. Vielleicht brauchen Sie sie gar nicht schriftlich festzuhalten, weil Sie sich ihrer ohnehin bewusst sind. Bringen Sie dann ganz deutlich Ihren Dank für diese Unannehmlichkeiten zum Ausdruck.

Die Macht der Dankbarkeit wird sich gewiss auch bei Ihnen positiv bemerkbar machen.

Mit einer zutiefst dankbaren Gesinnung vermehren Sie stets das, was Sie haben.

Gott, zeig mir, welche Kraft der Dankbarkeit innewohnt.
Hilf mir, sie regelmäßig als Hilfsmittel zu benutzen.

Die Dankbarkeit ist überlebensgroß   2. AUGUST

Eines Tages erhielt ich den Anruf eines Freundes. Er machte gerade eine schwierige Phase durch und fragte sich, ob es ihm jemals wieder besser gehen würde. Ich wusste, dass er großen Kummer hatte – aber nicht, dass er an Selbstmord dachte.

»Wenn du einem Menschen etwas mit auf den Weg geben könntest, um ihm zu helfen, was wäre es?«, wollte er wissen.

Ich dachte sorgfältig über seine Frage nach und antwortete dann: »Es wären zwei Dinge: Dankbarkeit und Loslassen.« Dankbar zu sein nicht nur für die Dinge, die wir als nützlich oder wohltuend betrachten, sondern für alles. Und loslassen – nämlich alles, was wir nicht ändern können.

Seit diesem Anruf sind mehrere Jahre vergangen. Das Leben meines Freundes hat sich inzwischen geändert. Seine finanziellen Probleme lösten sich von selbst, und er erlebte einen beruflichen Aufstieg. Die beiden großen Hindernisse, vor denen er damals stand, verschwanden einfach. Indem er sich mit seiner heiklen Situation bewusst auseinander setzte und gezielte Gegenmaßnahmen ergriff, leistete er einen wichtigen Beitrag, um seinem Leben eine neue Richtung zu geben.

Die Malerin Georgia O'Keeffe wurde einmal gefragt, warum sie auf ihren Bildern kleine Gegenstände – zum Beispiel Blütenblätter – vergrößert darstelle, so dass diese größer als in Wirklichkeit erschienen, und warum sie große Gegenstände – zum Beispiel Berge – verkleinert darstelle, so dass diese kleiner als in Wirklichkeit erschienen.

»Die großen Dinge kann jeder sehen«, sagte sie. »Aber diese kleineren Dinge sind so wunderbar, und wenn ich sie nicht stärker hervorheben würde, nähme vielleicht niemand von ihnen Notiz.«

Genauso verhält es sich mit der Dankbarkeit und dem Loslassen. Die eigenen Probleme erkennen wir ohne weiteres – sie sind wie Berge. Aber manchmal übersehen wir die kleineren Dinge – und merken nicht, wie wunderbar sie eigentlich sind.

Stellen Sie fest, was Ihnen zu schaffen macht, und empfinden Sie Ihre diesbezüglichen Gefühle.

Und wenn Sie etwas überlebensgroß machen wollen, dann am besten jene Kraft und jene Einfachheit, die mit der Dankbarkeit und dem Loslassen einhergehen.

Gott, bring mir bei, mit Hilfe der Dankbarkeit und des Loslassens meine Probleme zu verkleinern.

Stemmen Sie sich gegen den Wind   3. AUGUST

Eines Tages begann ich, mit einem neuen Lehrer namens John das Fallschirmspringen zu trainieren. Wir befanden uns im Absprunggebiet und probten die Bewegungen, die wir dann in der Luft ausführen wollten. Er wusste, dass ich Schwierigkeiten hatte, im freien Fall meinen Körper unter Kontrolle zu halten.

John fiel etwas Bestimmtes an mir auf, und er schlug eine Übung vor.

Wir erhoben uns.

291

Er drückte gegen meine Schulter.

Anstatt mich dagegenzustemmen, ließ ich mich von ihm zurückdrängen. Ich praktizierte die Haltung der Widerstandslosigkeit, die ich mir beim Aikido angeeignet hatte. Er schob mich erneut nach hinten, und ich gab wieder nach. Mein Körper bewegte sich automatisch in die Richtung, die ihm durch Johns Stoß aufgezwungen wurde. Keinen Widerstand zu leisten war mir sehr nützlich gewesen – sowohl auf wie außerhalb der Matte. Indem ich streitsüchtigen Menschen mit Duldsamkeit begegnete und lernte, »Hmmm« zu machen, anstatt eine Auseinandersetzung herbeizuführen, herrschte in meinem Leben und in meiner Umgebung Ruhe. Und indem ich mich gegen unangenehme Erfahrungen nicht sträubte, konnte ich mich dem Fluss der Dinge hingeben und friedlich und konzentriert genug sein, um derartige Probleme auf viel wirksamere Weise in Angriff zu nehmen als durch ein aggressives Verhalten.

Ich erklärte John, warum ich ihn gewähren ließ.

»Widerstandslosigkeit ist in zahlreichen Situationen eine geeignete Methode«, sagte er. »Aber manchmal musst du dich zur Wehr setzen. Wenn du das erreichen möchtest, was du anstrebst, musst du der Kraft, die auf dich einwirkt, bewusst entgegenwirken. Um fliegen zu lernen, bleibt dir nichts anderes übrig, als dich gegen den Wind zu stemmen und dadurch deinen Körper konsequent zu steuern.«

Widerstandslosigkeit einzuüben ist für uns durchaus vorteilhaft. Sich zu fügen ist von unschätzbarem Wert. Diese beiden Tätigkeiten führen unmittelbar dazu, dass wir uns dem Fluss der Dinge überlassen. Sobald wir entspannt sind, verbinden wir uns mit Gott und unserem inneren Selbst. In dem Augenblick, da wir die Waffen strecken, wissen wir spontan, was wann zu tun ist.

Doch bisweilen müssen wir uns auch behaupten. Durch Widerstandslosigkeit und Fügsamkeit verwandeln wir uns keineswegs in Papierschnitzel, die der Wind hin und her weht. In gewissen Situationen müssen wir auf den Widerstand, dem wir begegnen, mit Gegendruck reagieren.

Auf diese Weise halten wir stand, legen wir unseren Kurs fest, werden wir von unserer Höheren Macht geleitet.

Wir haben gelernt, uns zu beugen. Nun ist es Zeit, dass wir lernen, uns durchzusetzen. Haben Sie sich so tief gebeugt, dass Sie gar keine Durchsetzungskraft mehr haben, dass Sie Ihrer Meinung nie Ausdruck verleihen? Stehen Sie für sich ein! Unternehmen Sie die Schritte, zu denen die innere Stimme Sie auffordert. Seien Sie sich darüber im Klaren, wohin Sie gehen und was Sie sagen möchten.

Sobald Sie Ihre Machtlosigkeit eingestanden haben, sollten Sie Ihre persönliche Macht bewusst wahrnehmen und einsetzen. Finden Sie heraus, wann Sie den Widerstand aufgeben und wann Sie sich dagegenstemmen müssen.

Gott, hilf mir, dass ich mit deiner Kraft übereinstimme, und lehre mich, diese Kraft zu verteidigen und zum Ausdruck zu bringen, während ich meinen täglichen Aufgaben nachgehe.

Seien Sie dankbar für den Wind   4. AUGUST

»Das Fallschirmspringen wäre einfacher, wenn es nicht diesen Wind gäbe, der mich dauernd herumwirbelt«, sagte ich zu meinem Lehrer.

»Nein, das stimmt nicht«, erwiderte er. »Ohne den Wind könntest du dich gar nicht bewegen. Wenn du keinen Widerstand hättest, wärst du außerstande, durch die Luft zu fliegen. Der Wind ist dazu da, dass du ihm Widerstand leistest.«

Nur allzu gerne glauben wir, dass wir ohne dieses Problem, diese missliche Situation, diese Leute, die unseren Frieden stören, viel glücklicher wären. *Was für ein Ärger*, denken wir. *Warum kann ich nicht einfach ein ruhiges, harmonisches Leben führen, ohne Störungen und lästige Zwischenfälle?*

Manchmal ist Widerstand vonnöten. Obwohl es wichtig ist, in einer ebenso friedlichen wie bereichernden Umgebung zu leben, trägt doch der Widerstand hier und da zu unserer Persönlichkeitsentfaltung bei. Halten Sie einen Moment inne. Vergegenwärtigen Sie sich einmal, wie sehr Sie gerade durch Ihre Probleme zu dem Menschen geformt wurden, der Sie heute sind.

Schwierige Herausforderungen zwingen uns dazu, die eigenen Ideale zu untersuchen, wachsam zu sein und immer wieder etwas Neues zu erfahren über die anderen Leute und uns selbst. Sogar unsere Feinde, Rivalen und Konkurrenten bieten uns die Gelegenheit, ihnen beherzt gegenüberzutreten. Sie helfen uns, genau zu definieren, wer wir sind, und treiben uns dazu an, unser Optimum zu erreichen.

Anstatt über ein Problem oder einen Umstand zu klagen und zu murren, sollten Sie dankbar dafür sein. Auch jetzt, in diesem Augenblick, veranlasst ein Widerstand Sie dazu, ihn zu überwinden.

Seien Sie dankbar für den Wind. Sie brauchen ihn, um fliegen zu lernen.

Gott, hilf mir, dass ich für all die Schwierigkeiten in meinem Leben dankbar bin und mich daran erinnere, dass du mir auf diese Weise das Fliegen beibringst.

Hören Sie auf, gegen Probleme anzukämpfen 5. AUGUST

Ich gehe zum Kühlschrank und öffne die Tür. Die Nahrungsmittel verbreiten einen üblen Geruch, und die ausströmende Luft ist wärmer als üblich. Ich folgere daraus, dass der Strom eine Zeit lang ausgefallen sein muss, und schließe die Tür. Später am Tag kommt mein Freund vorbei und öffnet den Kühlschrank, um sich eine Flasche Soda zu holen.

»Puh!«, ruft er. »Mit deinem Kühlschrank stimmt etwas nicht.«

»Nein, der Strom ist nur eine Zeit lang ausgefallen«, erwidere ich.

Ich *will* nicht, dass der Kühlschrank kaputt ist. Ich bin mit zu vielen anderen Dingen beschäftigt. Ich möchte weder meine wertvolle Zeit damit vergeuden, einen Reparaturservice anzurufen, noch gestört werden, wenn der Elektriker ins Haus kommt, noch belästigt werden, wenn er ein zweites, ein drittes Mal kommen muss, um die Arbeit zu beenden.

Im Laufe des Abends öffne ich erneut den Kühlschrank. Ich halte einen Moment inne und schlage dann die Tür zu. *Mist, er ist kaputt,* denke ich. Ich empfinde meine ganze Frustration und benutze diese Energie, um vor dem Problem zu kapitulieren und den Kühlschrank endlich reparieren zu lassen.

Es ist ein Unterschied, ob wir mit einem Problem kämpfen oder ob wir dem Widerstand, den es in unserem Leben erzeugt, produktiv begegnen. Wenn wir zum Beispiel einem Alkoholiker gewaltsam einzubläuen versuchen, er solle endlich nüchtern und vernünftig werden, kämpfen wir mit dem Problem. Wenn wir jedoch verletzt und wütend genug sind, um einen gewissen Gegendruck zu entwickeln, führt unsere Frustration irgendwann dazu, dass wir aufgeben, in die Al-Anon-Gruppe oder zu einem Therapeuten gehen und allmählich lernen, wie wir uns innerlich vom Alkoholiker lösen und für das eigene Wohlergehen sorgen können. Und siehe da: Die Situation bessert sich. Wir ringen nicht mehr mit dem Problem, sondern wehren uns dagegen und benutzen diesen Widerstand, um unseren eigenen Weg zu beschreiten.

Kämpfen Sie momentan mit einem Problem, anstatt den Widerstand, den es hervorruft, als Herausforderung zu begreifen und dadurch innerlich zu wachsen? Vergeuden Sie Ihre Energie nicht damit, überflüssige Gefechte auszutragen: Kapitulieren Sie lieber! Benutzen Sie die daraus resultierende Enttäuschung und Verwirrung als Motivation, um sich selbst zu behaupten und positive Maßnahmen zu ergreifen.

Danke, Gott, für den Widerstand in meinem Leben. Hilf mir, dass ich nicht mehr dagegen ankämpfe und die dann frei werdende Energie lieber für die Lösung des Problems aufwende.

Die Lektion
könnte eine Bewährungsprobe sein 6. AUGUST

Manchmal tauchen Probleme und Herausforderungen auf, damit wir in unserem Leben auf die nächsthöhere Stufe gelangen. Und manchmal helfen sie uns, unsere bisherigen Kenntnisse und Überzeugungen auf die Probe zu stellen und zu festigen.

Vielleicht ist das Problem, das Sie momentan in Ihrem Leben beschäftigt, dazu da, Ihnen etwas Neues beizubringen.

Unter Umständen stellt es für Sie eine Möglichkeit dar, sich auf Ihr Wissen zu besinnen und es in der Praxis anzuwenden.

Widersetzen Sie sich dem Problem. Halten Sie Ihre Ideale und Überzeugungen dagegen. Untersuchen Sie Ihre Gedanken, Ansichten und Gefühle. Seien Sie stets offen für Veränderungen. Aber vergessen Sie nicht: Bisweilen müssen Sie gar nicht Ihren Standpunkt ändern, sondern die schwierige Situation zum Anlass nehmen, sich selbst zu bestätigen und Ihren Standpunkt zu verteidigen.

Nicht immer lernen wir etwas Neues. Manchmal besteht die Lektion darin, sich zu erinnern und den eigenen Einsichten zu vertrauen.

Gott, hilf mir, für Veränderungen offen zu sein, zugleich aber für meine Überzeugungen einzutreten, wenn sie richtig sind.

Hören Sie auf,
sich im Nachhinein zu kritisieren 7. AUGUST

Wenn wir vor einem Problem stehen, ist uns oft deutlich bewusst, was wir tun möchten und tun müssen. Die Sache ist klar. Diese Lektion haben wir bereits hinter uns. Unsere innere Stimme gibt uns unmissverständlich zu erkennen, was wir vorhaben und was nicht.

Aber ich sollte offen sein für Veränderungen und neue Ideen,
denken wir. *Vielleicht will ich doch etwas ganz anderes. Kann das,*
was ich will, tatsächlich das Richtige sein? Wahrscheinlich nicht.
Möglicherweise habe ich gar keine Ahnung, wovon ich rede.

Auch Puh der Bär sagt ja: »Oh, welcher Ärger. Oh, welche
Angst.«

Wir selbst bereiten uns diesen Ärger, diese Angst.

Seien Sie offen für neue Ideen. Unsere Überzeugungen sind bisweilen verkehrt. Seien Sie bereit, sie genau zu untersuchen und
nötigenfalls zu ändern. Aber vergeuden Sie nicht Ihre ganze Zeit
damit, sich im Nachhinein ständig zu kritisieren und zu verunsichern. Sonst rauscht das Leben an Ihnen vorbei, ohne dass Sie
etwas zustande bringen. Außerdem landen Sie nach solchen Krit-
teleien vielleicht wieder genau dort, wo Sie angefangen haben.

Hilf mir, Gott, dass ich meine Zeit und Kraft nicht darauf
verschwende, mich im Nachhinein zu verunsichern und zu
kritisieren. Lass mich lernen, dir genauso zu vertrauen wie
mir selbst.

Sie werden beschützt 8. AUGUST

Es ist leicht, dankbar dafür zu sein, dass unsere Gebete erhört
wurden und wir genau das bekamen, was uns vorschwebte. Aber
weniger leicht ist es, sich auf die Dankbarkeit zu besinnen, wenn
unsere Wünsche *nicht* in Erfüllung gehen.

John erstrebte eine leitende Position in der Firma, für die er
arbeitete. Mit größtmöglichem Engagement erledigte er seine
Aufgaben, um befördert zu werden, und betete täglich, dass dies
tatsächlich geschehen möge. Doch als es darum ging, die von ihm
ersehnte Stelle neu zu besetzen, wurde er übergangen. Kurz darauf verließ er die Firma. Inzwischen leitet er sein eigenes Unternehmen – und hat mehr Verantwortung, Erfolg und Freude, als er
es sich bei seinem früheren Arbeitgeber je hätte träumen lassen.

Susan, die gerade von ihrer Suchtkrankheit genas, wollte unbedingt mit Sam zusammen sein. Die beiden verstanden sich prächtig, und zwar immer dann, wenn sie sich bei der Arbeit begegneten. Er war ein gut aussehender, charmanter Mann, der Ihrer Meinung nach keinerlei Drogenprobleme hatte. Sie versuchte monatelang, sich mit Sam zu verabreden, und bat Gott, ihn in ihr Leben zu führen. Aber nichts schien zu klappen, und sie wusste nicht, warum. Susan ging davon aus, dass diese Beziehung vom Schicksal vorherbestimmt war. Doch als sie eines Morgens ins Büro kam, vernahm sie mit Entsetzen, dass Sam in der Nacht an einer Überdosis gestorben war. Er hatte ihr seine Drogenabhängigkeit die ganze Zeit verschwiegen.

Manchmal erhalten wir das, worum wir bitten, manchmal aber auch nicht. Gott erwidert einfach »Nein!«. Seien Sie dennoch voller Dankbarkeit; erzwingen Sie notfalls dieses Gefühl, täuschen Sie es vor, wenn Gott Ihren inständigen Bitten nicht nachgibt.

Beantworten Sie die Zurückweisungen mit einem Lächeln. Benutzen Sie auch Gottes »Absagen«, um glücklich Ihren Weg zu gehen. Vielleicht werden Sie ja gar nicht bestraft, sondern vor sich selbst beschützt.

Danke, Gott, dass du mir nicht immer das gibst, was ich für das Beste halte.

Seien Sie dankbar, wenn Sie beschenkt werden
9. AUGUST

Lieber Gott,
danke für meinen kleinen Bruder, aber ich hatte dich doch um einen kleinen Hund gebeten.

Aus den Briefen von Kindern an Gott

Manchmal schauen wir uns um, beurteilen die Lage und legen fest, was wir unserer Meinung nach brauchen. Dann wenden wir uns an Gott und beginnen zu beten.

Unversehens werden unsere Gebete beantwortet. Aber die Antwort entspricht nicht dem, worum wir baten. *Ich habe doch ganz genaue Angaben gemacht,* denken wir. Und jetzt ist *dieses Ding* angekommen. Wir haben nicht erhalten, was wir wollten. Unsere Gebete wurden zwar erhört, aber nicht in der Weise, wie wir es uns vorstellten.

Seien Sie, wenn eine bestimmte Sache ausbleibt, weder so deprimiert noch so verbittert, dass Sie das Ihnen zuteil gewordene Geschenk gar nicht wahrnehmen. Wünsche und Bedürfnisse sind eng miteinander verbunden. Und all unsere Bedürfnisse – sogar jene, die uns noch nicht wirklich bewusst sind – werden gestillt. Seien Sie froh, dass Gott diese besser kennt als wir.

Manchmal bekommen wir, was wir ersehnen, manchmal aber das, was wir brauchen. Akzeptieren Sie beide Antworten – ob sie »Ja« lautet oder »Das nicht, dafür aber etwas anderes« – mit tief empfundener Dankbarkeit. Vergegenwärtigen Sie sich dann, worin Ihre Lektion besteht, was Ihr Geschenk beinhaltet.

Hilf mir, Gott, stets dankbar zu sein, selbst wenn das Geschenk nicht meinen Erwartungen entspricht.

Alles ist ein Geschenk · 10. AUGUST

Die Menschen sind nicht über das Missgeschick an sich verärgert, sondern über das Missgeschick, das als verletzend empfunden wird. Und das Gefühl, verletzt worden zu sein, resultiert aus dem Gefühl, dass man ihre berechtigte Forderung nicht erfüllte.

C. S. Lewis, *Dienstanweisung für einen Unterteufel*

Oh, wie sehr wir doch schimpfen und klagen, wenn wir das Gefühl haben, dass uns etwas verweigert wurde – eine Belohnung, eine Errungenschaft oder eine Stelle, die wir für uns beanspruchten.

Wie aufgebracht wir sind, wenn uns ein Wunsch, eine Hoffnung, ein Traum oder ein Bedürfnis rundweg abgeschlagen wird.

Und wie schnell neigen wir dazu, jemand anders um seinen Erfolg oder sein Glück zu beneiden, indem wir uns einreden, er oder sie mache etwas geltend, das allein uns rechtmäßig zustehe.

Dem entgegenzuwirken ist ganz einfach.

Denken Sie immer wieder daran, dankbar zu sein. Gott *schuldet* uns überhaupt nichts. Alles, was Er uns zuteil werden lässt, ist ein Geschenk.

Gott, ich danke dir für alles – ganz gleich, was es ist.

Beten Sie für jene, die Sie nicht leiden können
11. AUGUST

Dass ich für jene bete, die ich nicht leiden kann, habe ich bereits in meinem Buch *Playing It by Heart** erzählt. Im Folgenden wiederhole ich diese Anekdote, meine Lieblingsgeschichte zu diesem Thema.

Als ich vor vielen Jahren auf die *Stillwater Gazette*, die älteste amerikanische Tageszeitung in Familienbesitz, aufmerksam wurde, war mir klar, dass ich für dieses Blatt arbeiten wollte. Ich konnte es fühlen – in meinen Knochen und in meinem Herzen. Doch als ich mich dort um eine freie Stelle bewarb, hatte der Besitzer der Zeitung nicht das gleiche Gefühl wie ich. Er suchte zwar einen Reporter, wollte aber jemand anders engagieren. Seiner Meinung nach war Abigail genau die Richtige für diesen Job.

Jeden Tag also betete ich für Abigail. Ich bat Gott, sich um sie zu kümmern, sie zu führen und reichhaltig zu segnen. Ich betete für sie, weil mir beigebracht worden war: Bete für diejenigen, die du nicht leiden kannst. Manchmal betete ich täglich drei oder vier Stunden für Abigail. Und ich betete deshalb so inständig für sie, weil ich sie überhaupt nicht leiden konnte.

---

* Die deutsche Ausgabe erschien 2000 unter dem Titel *Kraft für einen Neubeginn* im Wilhelm Heyne Verlag.

Mein Gott, wie ich Abigail hasste!

Im Laufe der nächsten Monate – fast ein halbes Jahr lang – ging ich einmal wöchentlich zur *Gazette* und bat darum, eingestellt zu werden. Schließlich bekam ich einen Job. Aber es war nicht der, den ich wollte. Abigail – Gott segne sie – hatte ihn bereits.

Sie durfte die interessantesten Reportagen schreiben, arbeitete flink und beherrschte mühelos das journalistische Handwerk.

Also betete ich weiterhin: »Gott segne Abigail«, denn das war das Einzige, worauf ich mich verstand.

Während ich – im Vergleich zu Abigail – die weitaus langweiligeren Themen zu behandeln hatte, beobachtete ich sie bei der Arbeit. Sie schrieb schnell und gut und kam gleich zur Sache. Außerdem war sie eine begabte Interviewerin. Ich zwang mich dazu, ebenfalls besser und schneller zu schreiben. *Wenn Abigail das kann, kann ich es auch,* sagte ich mir. Meine Feindin fing an, mich zu inspirieren. In den folgenden Wochen und Monaten verbrachte ich mehr und mehr Zeit in ihrer Nähe. Ich hörte ihr zu, lauschte ihren Geschichten. Allmählich wurde meine Feindin zu meiner Freundin.

Eines Tages tranken wir zusammen Kaffee. Ich betrachtete sie, schaute ihr direkt in die Augen. Und plötzlich merkte ich, dass ich Abigail nicht mehr hasste. Sie tat ihre Arbeit und ich die meine.

Bald erhielt ich von einem Verleger das Angebot, ein Buch zu schreiben. Da war ich froh, nicht Abigails Arbeit zu haben, denn dann hätte ich keine Zeit für mein Manuskript gehabt. Im Juni 1987 erschien mein Buch sogar erstmals auf der Bestsellerliste der *New York Times*.

Jahre später hielt ich meine Erlebnisse mit Abigail in *Kraft für einen Neubeginn* fest. Als dieses Buch erschienen war, kehrte ich zu Signierstunden nach Minnesota zurück. Und als ich mir in der Toilette einer Buchhandlung die Hände wusch, kam eine Frau auf mich zu.

»Hallo, Melody«, sagte sie. Ich warf ihr einen verwirrten Blick zu. »Ich bin's, Abigail.« Das war nicht ihr richtiger Name, son-

301

dern der, den ich ihr in der Geschichte gegeben hatte. Aufgrund ihrer Äußerung wusste ich nun sofort, dass sie die Geschichte gelesen, sich darin wieder erkannt und meine damaligen Gefühle verstanden hatte.

Kurz scherzten wir darüber. Dann fragte ich sie, wie es ihr seither ergangen sei. Sie antwortete, dass sie das Schreiben aufgegeben habe und Ehefrau und Mutter geworden sei. Woraufhin ich ihr erzählte, dass ich weiterhin schriebe und dass meine Jahre als Ehefrau und Mutter größtenteils hinter mir lägen.

Ressentiments sind – ebenso wie Neidgefühle – ausgesprochen töricht, aber sie können uns innerlich aufzehren. Manchmal kreuzen Menschen unseren Weg, die uns beibringen sollen, wozu wir fähig sind. Und immer wieder kommt es vor, dass diejenigen, die wir als Feinde betrachten, eigentlich unsere Freunde sind.

Gibt es auch in Ihrem Leben jemanden, den Sie beneiden oder nicht leiden können? Wäre es nicht denkbar, dass diese Person dazu da ist, einige Ihrer Charakterzüge zu erhellen, die Ihnen bisher unbekannt waren, oder Sie zu inspirieren? Diese Frage werden Sie erst dann beantworten können, wenn Sie Ressentiments und Neidgefühle aus Ihrem Herzen verbannt haben.

Danke, Gott, für die Menschen, die ich nicht leiden kann oder beneide. Segne Sie reichlich. Öffne ihnen Türen, überhäufe sie mit Gaben. Verhilf mir zu der Einsicht, dass mein Erfolg nicht vom Misserfolg der anderen abhängt, sondern davon, wie inständig ich dich bitte, sie zu beschenken.

Seien Sie dankbar für Ihre bisherigen Erfahrungen 12. AUGUST

Weiter oben habe ich Ihnen vorgeschlagen, Ihre Memoiren zu schreiben. Selbst wenn Sie das nicht tun, möchte ich Ihnen doch empfehlen, das eigene Leben wenigstens in Gedanken Revue passieren zu lassen.

Die Memoiren meiner Mutter zu lesen war für mich eine sehr wichtige Erfahrung, die mich tief berührte und ein Mitgefühl hervorrief, das ich während der ganzen kritischen Auseinandersetzung mit meiner Familiengeschichte nie hatte empfinden können. Als Kind hatte ich einfach zugemacht, wenn meine Mutter von ihren Erlebnissen berichtete, und mich taub gestellt. Ihre Äußerungen waren für mich ein einziges Gejammer. Ich wollte nichts wissen von ihrem Schmerz.

Doch als ich ihr Leben in Form einer Geschichte vor mir sah, reagierte ich anders. Ich war imstande, diese unvoreingenommen zu lesen – nicht als Tochter, die sich schuldig fühlt, weil sie das Leid der Mutter nicht verhindern konnte. Ich merkte, wie diese kummervollen Erfahrungen sie unmittelbar geprägt und zu dem Menschen hatten werden lassen, der sie nun war. Ich entdeckte ihre Sehnsüchte, ihre zerbrochenen Träume, ihre Tragödien – aber auch ihre Kühnheit.

In diesem neuen Licht schwanden meine barschen Reaktionen, die mit dieser ambivalenten und aufreibenden Mutter-Tochter-Beziehung zu tun hatten. Sie war nun nicht mehr eine Mutter mit Problemen, sondern eine Frau, die ihr Leben mit Würde lebte. Wie alle anderen Menschen hatte sie Schwächen, verwundbare Stellen und Stärken.

Es geht hier nicht darum, dass Sie sich mit meiner Mutter beschäftigen. Vielmehr sollen Sie Ihr Leben und sämtliche Erfahrungen, die Sie ertragen, überlebt und schließlich überwunden haben, aus einer neuen Perspektive betrachten.

Als ich selbst anfing, meine Lebensgeschichte in Worte zu fassen, sträubte ich mich zunächst dagegen. Da sie mir oft Kummer bereitet hatte, wollte ich all diese schlimmen Erfahrungen nicht noch einmal durchmachen. Aber während der Niederschrift passierte etwas Eigenartiges – vergleichbar dem, was sich bei der Lektüre der Memoiren meiner Mutter ereignet hatte. Ich sah mich und mein Leben in einem anderen Licht und mit mehr Mitgefühl.

Jedes Erlebnis, jedes Jahrzehnt, jedes Kapitel von *Kraft für einen Neubeginn* brachte mir eine wertvolle Lektion bei. Aus jeder Erfahrung gewann ich neue Einsichten und Kräfte. Vieles, was ich hatte vergessen oder verdrängen wollen, schien gar nicht so unnütz gewesen zu sein, wie ich immer gedacht hatte.

Welch wunderbare Geschichte jeder von uns zu erzählen hat! Ob Sie Ihre Erfahrungen nun zu Papier bringen, gar veröffentlichen oder nicht – sie sind das Buch Ihres Lebens. Sind Sie dankbar für jedes Kapitel, das Sie geschrieben haben? Sind Sie dankbar für jede Erfahrung, die Sie gemacht haben? Und sind Sie dankbar für die Geschichte, die Sie heute erleben?

Die gute Nachricht lautet: Die Geschichte unseres Lebens ist noch nicht zu Ende. Uns erwarten weitere Abenteuer.

Empfinden Sie alle Kümmernisse und alle Freuden, die das Menschsein Ihnen bietet! Und seien Sie dankbar für die Geschichte, die jetzt Wirklichkeit wird.

Gott, hilf mir zu lachen, zu weinen, zu lieben, alles bewusst wahrzunehmen und aus ganzem Herzen dankbar zu sein für jeden Augenblick und jede Erfahrung, die mir zuteil wurden. Ich danke dir für mein Leben.

Danke für die Lektionen   13. AUGUST

Viele Leute sagen, Gott habe für alles einen Plan entworfen, und nichts geschehe zufällig. Auch ich glaube, dass jedem Geschehnis ein Motiv zugrunde liegt und dass Gott tatsächlich die Dinge lenkt. Doch wenn wir aus den jeweiligen Umständen keine Lehren ziehen und unsere Wunden – die von gestern und die von heute – nicht ausheilen lassen, werden die Dinge, die aus einem bestimmten Grund geschehen, sich nur ständig wiederholen.

Aus: *Kraft für einen Neubeginn*

»Heute habe ich etwas gelernt«, sagte mir eine Frau. »Bevor ich eine Person oder eine Sache ganz loslassen kann, muss ich ihr für das danken, was sie mir beigebracht hat.«

Manchmal können wir die letzte dünne Schnur, die uns an eine Person oder eine Sache bindet, jenen Teil unseres Lebens, von dem wir uns so mutig zu befreien versuchen, mit der Schere der Dankbarkeit wirkungsvoll abtrennen.

Hegen Sie weiterhin Groll gegen einen Ex-Geliebten oder eine Freundin aus längst vergangenen Tagen? Sind Sie immer noch enttäuscht wegen eines Jobs oder eines Geschäftsabschlusses, der Ihnen schadete? Fixieren Sie sich nach wie vor auf einen bestimmten Lebensabschnitt, der aufgrund ärgerlicher, bitterer Erfahrungen mehr als schmerzlich war? Halten Sie zwanghaft an der angenehmen Zeit fest, die Sie mit einem geliebten Menschen verbracht haben, weil Sie befürchten, dass alles weniger angenehm sein wird, wenn gewisse Änderungen eintreten und das Gestern mit dem Heute in Einklang gebracht werden muss?

Vielleicht brauchten Sie diese Beziehung, um einige Ihrer Charakterzüge deutlicher wahrzunehmen. Möglicherweise lernten Sie das Mitgefühl kennen oder fanden heraus, was Sie vom Leben eigentlich erwarten. Und obwohl dieser andere Mensch jetzt nicht mehr in der Nähe ist, hat er Ihnen geholfen, einen Aspekt Ihrer Persönlichkeit zu erschließen, den Sie vorher verdrängt hatten und der unbedingt belebt und befreit werden musste. Gerade durch Ihre leidvollen Erfahrungen gewannen Sie einige – wahrscheinlich sogar viele – neue Einsichten. Und was ist mit den beglückenden Erfahrungen? Auch diese müssen Sie loslassen, wenn Sie noch unbetretene Pfade beschreiten wollen.

Verwenden Sie eine Dosis Dankbarkeit. Seien Sie froh um die Erfahrungen, die Sie gemacht haben. Danken Sie innerlich immer wieder dem Ex-Geliebten, der Freundin, dem Chef oder dem Unternehmen. Überlegen Sie sich in aller Ruhe und ganz bewusst, welche Lektionen Sie lernen und welche Geschenke Sie empfangen durften. Wenn Sie sie nicht selber sehen, dann bitten Sie darum, dass sie Ihnen gezeigt werden.

Tun Sie einen Schritt in Richtung Loslassen und Freiheit, indem Sie dankbar dafür sind, wie sehr diese Person oder jene Sache Ihr Leben bereicherte.

*Gott, ich danke dir für die Vergangenheit. Hilf mir, in
Dankbarkeit loszulassen, damit ich heute ein erfüllteres und
freudigeres Leben führen kann.*

Seien Sie dankbar
für Ihren jetzigen Zustand 14. AUGUST

»Daran zu glauben, dass alles aus einem bestimmten Grund
geschieht, erfordert weniger Zuversicht als die Überzeugung,
dass man heute aus einem bestimmten Grund so ist, wie man ist,
und dass man dort ist, wo man sein soll – selbst wenn man diesen Grund nicht kennt und seine Persönlichkeit und seinen
Zustand gar nicht sonderlich mag«, erklärte mir ein Freund.
»Wenn ich das erst mal kapiert habe, werden meine Unzufriedenheit und meine Negativität verschwinden, und ich kann
voller Ruhe und Dankbarkeit weiterleben. Allein das ist es, was
meiner Meinung nach die Spiritualität ausmacht.«

Glaube und Hoffnung sind nicht nur der Zukunft vorbehalten.
Versuchen Sie, beide auch im Hier und Jetzt zu nutzen.

Könnte es sein, dass Sie aus einem bestimmten Grund so sind,
wie Sie sind, und dort sind, wo Sie sein sollen? Danken Sie Gott
dafür, dass Ihr Leben heute genau das richtige ist!

*Gott, gib mir genügend Zuversicht, dass ich an das Heute
glauben kann.*

Legen Sie sich
ein »Dankbarkeitskästchen« zu 15. AUGUST

Jahre nachdem mir die Macht der Dankbarkeit bewusst geworden war, befand ich mich – wieder einmal – in einer Sackgasse,

in der ich keinerlei Dank empfand. Doch nach kurzer Zeit wusste ich, was zu tun war.

Ich ging in ein Geschäft und suchte mir ein wunderschönes Kästchen aus. Es war aus Silber, mit Gravuren versehen, etwa zehn Zentimeter hoch und fünfzehn Zentimeter breit. Dann kehrte ich nach Hause zurück und holte einen Stapel Papier hervor. Die Blätter zerriss ich in winzige Streifen, auf die ich jeweils eine Sache schrieb, die mir zu schaffen machte – ob bei der Arbeit, bei der Liebe oder in finanzieller Hinsicht.

Als ich meine »Problemliste« beendet hatte, erstellte ich eine weitere. Nun notierte ich auf jedem Papierstreifen die Namen der Menschen, für die ich beten wollte, die ich liebte und die Gott segnen sollte.

Nachdem auch das geschehen war, legte ich sämtliche Papierstreifen in das Kästchen.

Ich hielt es in der Hand und dankte Gott für den Inhalt.

Dieses »Dankbarkeitskästchen« besitze ich noch heute. Es hat in meinem Haus einen festen Platz – dort nämlich, wo ich es gut sehen kann. Meine Besucher denken, es handle sich nur um einen hübschen Gegenstand, mir aber bedeutet das Kästchen wesentlich mehr. Sobald ich mich deprimiert fühle, öffne ich es. Ich greife wahllos einen Papierstreifen heraus und bin dankbar für das, was darauf steht. Manchmal ziehe ich den Namen von jemandem hervor, den Gott segnen soll. An diesem Tag besteht meine Aufgabe dann darin, die betreffende Person mit Gebeten zu umgeben.

Die meisten Probleme, die ich dem Kästchen anvertraut habe, sind seit langem gelöst. Doch es bleibt weiter in meiner Nähe, damit ich mich an die Macht der Dankbarkeit erinnere.

Haben Sie heute Probleme, die Ihnen unlösbar erscheinen? Falls Sie noch kein »Dankbarkeitskästchen« besitzen, sollten Sie erwägen, sich eines anzuschaffen. Vergessen Sie nicht: Es ist ein Unterschied, ob Sie lediglich wissen, welche Kraft der Dankbarkeit innewohnt, oder ob Sie sie im Alltag auch tatsächlich anwenden.

Hilf mir, Gott, die Dinge zu tun, von denen ich weiß, dass sie meine Stimmung heben.

Übung: Nehmen Sie sich die Zeit, sich ein »Dankbarkeitskästchen« anzulegen. Legen Sie jeweils einen Papierstreifen für jedes Problem, mit dem Sie sich momentan auseinander setzen, in das Kästchen oder die Schachtel, einen Streifen für jede Person und Sache, um die Sie besorgt sind, sowie für jeden Menschen, den Gott segnen soll. Die Segenswünsche beziehen sich sowohl auf die geliebten Wesen wie auf die Leute, die Sie nicht leiden können. Verbringen Sie dann täglich zwei bis fünf Minuten damit, Gott für alle Personen und Sachen im Kästchen oder in der Schachtel zu danken oder einen Papierstreifen herausgreifen und Gott für das zu danken, was darauf steht. Stellen Sie das Kästchen an einen Platz, wo Sie es stets im Blick haben – um sich daran zu erinnern, dass Ihr Leben sich ändert, sobald Sie Ihre Dankbarkeit zum Ausdruck bringen.

Danke für mein Herz   16. AUGUST

»Letzten Donnerstag fand ich endlich den Mut, eine Beziehung zu beenden, die mir viel Kopfzerbrechen bereitet hatte. Ich wusste, dass sie nicht mehr intakt war; außerdem entdeckte ich bei meinem Partner einige unschöne Charakterzüge, die mir Angst machten. Jetzt habe ich großen Kummer. Dadurch wird mir klar, dass der menschliche Drang, sich mit jemand anders zu verbinden, die Sehnsucht nach Gesellschaft, unglaublich stark sein muss. Aber meine Dankbarkeit ist noch tiefer als meine Trauer.«

Diese kurze Nachricht erhielt ich über das Internet auf der Hazelden-Website. Die Verfasserin der obigen Zeilen brauchte gar nicht mehr zu sagen, denn für mich war die Lektion klar und vollständig: Wir sollten dankbar für unsere Herzen sein.

Danke, Gott, dass ich zur Liebe fähig bin und mich danach sehne. Die Liebe ist eines deiner kostbaren Geschenke.

Verlassen Sie das Nest   17. AUGUST

Das Adlerweibchen bringt den Jungen das Fliegen bei, indem es ein so ungemütliches Nest baut, dass sie gezwungen sind, dieses zu verlassen und sich der unbekannten Luftwelt anzuvertrauen. Genauso macht es Gott mit uns.

Hannah Whitall Smith

Manchmal kommt der Druck von innen, manchmal von außen. Im Beruf geht alles Mögliche schief; die Beziehung funktioniert nicht mehr; Alkohol und Drogen verschaffen keinerlei Erleichterung. *Was soll ich tun?*

Oh, ich verstehe. Gott bringt mir wieder mal das Fliegen bei.

Danke, Gott, dass du mich aus dem Nest wirfst.

Bedanken Sie sich für die Hilfe   18. AUGUST

Wir reden dauernd von »Do-it-yourself« und »Selbsthilfe«. Doch Heilung ist ein Geschenk.

Natürlich tun wir auch selbst etwas für unser Geschenk. Um von Drogen oder anderem Suchtverhalten loszukommen, besuchen wir unsere Gruppentreffen und arbeiten am Zwölf-Schritte-Programm. Und wenn wir uns von der Co-Abhängigkeit befreien oder andere persönliche Probleme zu lösen versuchen, engagieren wir uns in der gleichen Weise.

Ständig protestieren wir: »Ich will das nicht. Ich will nichts mit diesem Problem zu tun haben. Ich will nicht geheilt werden, sondern mein Leben zurückhaben – so wie es war oder wie ich es mir vorgestellt habe.« Wir sträuben uns und kämpfen, aber die Veränderungen treten wie von selbst ein.

Wir leisten jeden Tag unseren Beitrag, was immer das für uns heißen mag. Allmählich wird der nächste Schritt klarer: Der Heilungsprozess beginnt.

Wir erhalten Lob und Auszeichnungen für die Anzahl der Tage, an denen wir nüchtern und clean geblieben oder zur Al-Anon-Gruppe gegangen sind. Oder wir überstehen einen Feiertag, ohne zusammenzubrechen und zu weinen, weil wir uns auf die Menschen konzentrieren, die da sind, und nicht auf den, der nicht da ist.

Angesichts dessen, was wir alles getan haben für das eigene Wohlergehen, können wir uns durchaus gut fühlen. Doch vergessen Sie nicht: Die Heilung ist ein Geschenk – ebenso wie Liebe und Erfolg. Erfreuen Sie sich an Ihrem Einsatz in Sachen Selbsthilfe. Aber ein sanftes Dankeschön ist ebenfalls angebracht.

Danke, Gott.

Genießen und teilen Sie Ihre Geschenke
19. AUGUST

Mein Freund telefonierte mit seiner Schwester. Zwischen beiden bestand eine geschwisterliche Rivalität, die sich allerdings positiv und motivierend auswirkte.

»Ich gehe nach Asien«, sagte er.

»Schön. Und ich war in Afrika und habe dort mitgeholfen, ein Krankenhaus aufzubauen«, erwiderte sie.

Sie plänkelten und verkündeten einander, wo sie überall schon waren und wohin sie demnächst fahren wollten. Dann stellten sie fest, dass eigentlich nur zählte, wie cool die Reise gewesen war, was man gelernt und nach der Rückkehr aus der Erfahrung gemacht hatte.

»Du hast mitgeholfen, dieses Krankenhaus für Kinder aufzubauen. Dafür bekommst du viele Punkte«, sagte er. »Aber für Dänemark kriegst du keinen einzigen Punkt. Da bist du ja bloß von einem Flugzeug ins andere umgestiegen, hast dich nicht mal umgeschaut und keinerlei Sehenswürdigkeiten besucht. In ein paar Jahren müssen wir unser Gespräch wieder aufnehmen, um festzustellen, wie viele Punkte jeder dann hat.«

Weil es so wichtig ist, sei es wiederholt: Es kommt nicht nur darauf an, wohin Sie fahren, sondern vor allem auch darauf, was Sie mit Ihren Kenntnissen hinterher anfangen. Machen Sie großartige Erfahrungen, nur um sie dann für sich zu behalten? Bemühen Sie sich, Ihre Trägheit zu überwinden und die Sehenswürdigkeiten in Ihrer Welt zu betrachten – oder starren Sie dauernd in den Fernseher? Gehen Sie Ihren Weg, allerdings ohne zu neuen Einsichten zu gelangen? Verwerten Sie Ihre Lektionen in sinnvoller Weise – und sei es nur, dass Sie Ihre Erlebnisse, Stärken und Hoffnungen mit einem engen Freund teilen?

Wie viele Punkte haben Sie für wirklich coole Reisen gesammelt?

Dankeschön zu sagen heißt nicht zuletzt auch, andere am eigenen Leben teilhaben zu lassen und im selben Atemzug dieses Leben immer mehr zu genießen. Leben und lieben Sie, lernen und schauen Sie – und geben Sie Ihre Eindrücke dann an andere weiter.

Sagen Sie nicht nur »Danke«. Demonstrieren Sie Ihre Dankbarkeit für das Leben, indem Sie es nach besten Kräften auskosten.

Sorge dafür, Gott, dass ich mich bemühe, das Geschenk meines Lebens sinnvoll zu nutzen und es auch anderen Menschen zugänglich zu machen – selbst wenn das einfach nur bedeutet, zu genießen, was ich gegenwärtig erlebe.

Feiern Sie den Überfluss, der Ihnen zuteil wird

20. AUGUST

Feiern Sie den Überfluss, der Ihnen in Ihrem Leben zuteil wird. Oft verbringen wir so viel Zeit in der »Entbehrungsphase«, dass wir gar nicht wissen, was zu tun ist, wenn sich uns plötzlich ein Leben in »Hülle und Fülle« bietet. Wir gewöhnen uns manchmal derart an das Leiden – ja erwarten es sogar –, dass wir Schuldgefühle haben, sobald wir etwas Angenehmes erleben und endlich all das besitzen, was wir brauchen.

Möglicherweise neigen wir aufgrund unserer bisherigen Erfahrungen zu der Auffassung, dass wir, wenn Wohlstand und Erfolg sich einstellen, etwas falsch gemacht haben müssen. Wir glauben einfach nicht, dass uns dieses Glück zusteht.

Was machen wir jetzt, da wir nicht mehr um jeden Schritt kämpfen und Gott um jede Mahlzeit bitten müssen?

Feiern Sie den Überfluss, und genießen Sie ihn! Er ist ein Geschenk des Universums. Sie müssen lernen, einerseits ein(e) gesunde(r), freundliche(r) Geber(in) zu sein und andererseits auf ebensolche Weise zu empfangen.

Wenn Sie viel bekommen haben, dann seien Sie dankbar dafür. Gehen Sie mit Ihrem Überfluss klug um. Erfreuen Sie sich daran, teilen Sie ihn mit anderen Menschen. Schätzen Sie die Geschenke in Ihrem Leben.

Danke, Gott, für deine Gaben.

Übung: Erstellen Sie eine Liste Ihrer Geschenke. Sie unterscheidet sich von der Liste mit den Dingen, für die Sie dankbar sein sollen. Welche Art von Geschenken haben Sie eigentlich erhalten? Bisweilen sind wir so damit beschäftigt, noch mehr zu bekommen, dass wir ganz vergessen, dankbar zu sein für das, was wir bereits haben.

Stellen Sie Ihre Dankbarkeit
unter Beweis
21. AUGUST

Jeder unserer Erfolge bedarf der Mithilfe anderer Menschen. Immer wieder haben wir das Gefühl, jemand stünde an der Kreuzung und wartete nur darauf, uns den Weg des Herzens zu zeigen.

Das mag ein Freund sein, ein Familienmitglied, ein Pfarrer, eine Vertrauensperson – ja sogar ein Polizist oder ein Richter. Ich denke, es handelt sich dabei um einen Schutzengel, der geschickt wurde, um uns über schwierige Phasen hinwegzuhelfen und uns wieder in die Richtung zu leiten, von der wir abwichen.

Er ist zur richtigen Zeit am richtigen Ort – mit genau den Worten und Hilfsmitteln, die wir brauchen.

Haben Sie ihm schon gedankt?

Stellen Sie Ihre Dankbarkeit unter Beweis. Machen Sie einen Ihrer Schutzengel ausfindig, und sagen Sie ihm, wie wichtig er für Sie ist. Ihm mag gar nicht bewusst sein, welch großen Einfluss er auf Sie ausübte. Und wer weiß: Ihre freundlichen Worte verströmen vielleicht gerade jenes Licht, das er heute braucht, um seinerseits sanft auf den Weg des Herzens geführt zu werden.

Gehen Sie dann noch einen Schritt weiter. Lassen Sie die freundliche, liebevolle Geste, die Ihnen so viel Gutes bescherte, jemand anders zuteil werden.

Gott, erinnere mich daran, dass ich all jenen Menschen meinen Dank abstatte, denen er gebührt.

Seien Sie dankbar für Ihre Familie
22. AUGUST

Eines Nachmittags betrat ich die Küche in der Blue Sky Lodge und warf einen Blick auf meine versammelten Freunde. »Ich fühle mich wirklich beschenkt«, sagte ich. »Ihr wisst, dass wir eher eine Familie als eine Gruppe von Freunden sind.«

Sie stimmten mir zu.

Mein Haus ist erfüllt vom Geist der Freundschaft und – selbst auf die Gefahr hin, kitschig zu werden – vom Geist der Liebe. Fast immer ist jemand da, um auf das Haus aufzupassen – wenngleich wir manchmal vergessen, den Abfall nach draußen zu bringen.

Ich habe mit meinen Freunden häufig gelacht und viel von ihnen gelernt – und hoffe, dass sie ebenfalls etwas von mir lernten. Sind auch Sie dankbar für die Menschen, mit denen Sie zusammenwohnen? Und falls Sie allein leben – sind Sie dankbar für Ihre Freunde? Jemand erzählte mir einmal, Unabhängigkeit habe den großen Vorteil, dass wir uns die Familie aussuchen können. Seien Sie heute dankbar für Ihre Familie, ob es die ist, in der Sie geboren wurden, oder jene, die Sie gewählt haben.

Danke, Gott, für meine Familie.

Feiern Sie das Geschenk der Freundschaft
23. AUGUST

Erfreuen Sie sich am Geschenk der Freundschaft.

Nehmen Sie Papier und Stift zur Hand, und notieren Sie:

1. den Namen eines guten Freundes oder einer guten Freundin.
2. eine Lektion, die Sie durch ihn (sie) gelernt haben.
3. welche seiner (ihrer) Eigenschaften Sie zum Lächeln bringt.
4. seine (ihre) Lieblingsspeise. (Darüber müssen Sie vielleicht ein wenig nachdenken.)
5. eine Tätigkeit, die er (sie) besonders mag.

Greifen Sie jetzt zum Telefonhörer. Rufen Sie diesen Menschen an, und laden Sie ihn ein, mit Ihnen zu feiern. Führen Sie die Tätigkeit aus, die er besonders mag: Unternehmen Sie einen Spaziergang, besuchen Sie ein Fußballspiel, oder bleiben Sie zu

Hause, um sich Videofilme anzuschauen – tun Sie, was immer er bevorzugt. Bereiten Sie dann seine Lieblingsspeise zu – oder führen Sie ihn in das Restaurant, wo er sich am wohlsten fühlt. Erklären Sie ihm genau – und mit innerer Beteiligung –, welche Lektion er Ihnen zu lernen half.

Anschließend sagen Sie ihm, wodurch er Sie zum Lächeln bringt. Legen Sie ihm dar, was Sie an ihm wirklich schätzen – also welche Eigenschaften ihn zu einem einzigartigen Menschen machen.

Die Freundschaft ist ein weiteres wichtiges Geschenk von Gott. Geben Sie Ihren Freunden nicht nur zu verstehen, wie viel sie Ihnen bedeuten. Demonstrieren Sie durch einen Akt der Dankbarkeit, wie sehr Sie ihnen zugetan sind.

Danke, Gott, dass du aus jedem von uns ein unverwechselbares Wesen geschaffen und mir diese wunderbaren Freunde beschert hast.

Feiern Sie sich selbst!   24. AUGUST

Feiern Sie heute den Menschen, der Sie sind. Gewiss, Sie haben mit anderen vieles gemeinsam – zugleich aber sind Sie einzigartig.

Holen Sie sich erneut Papier und Stift, und schreiben Sie das Folgende auf:

1. eine Lektion, die Sie gelernt haben.
2. eines Ihrer Talente, wie seltsam es auch sein mag.
3. Ihre Lieblingsspeise.
4. den Namen eines Freundes, der Sie so respektiert und mag, wie Sie sind.
5. eine Tätigkeit, die Sie besonders mögen.

Greifen Sie jetzt zum Telefonhörer, und rufen Sie Ihren Freund an. Laden Sie ihn ein, mit Ihnen zu feiern. Führen Sie die Tätigkeit aus, die Sie besonders mögen: Unternehmen Sie einen Spaziergang, besuchen Sie ein Sportereignis, oder bleiben Sie zu Hause, um sich Videofilme anzuschauen – tun Sie, was immer Sie bevorzugen. Bereiten Sie dann Ihre Lieblingsspeise zu – oder gehen Sie in ein Restaurant, wo es Ihnen serviert wird. Demonstrieren Sie dem Freund Ihr Talent – eingedenk dessen, dass er Sie so respektiert und mag, wie Sie sind. Wenn Sie also einen Tischtennisball auf Ihrer Nasenspitze balancieren können, dann führen Sie ihm das vor. Nur zu! Zeigen Sie ihm, wie begabt Sie sind. Sprechen Sie mit ihm über die Lektionen, die Sie gelernt haben, und fordern Sie ihn auf, Ihnen mitzuteilen, welche Lektion er durch Sie gelernt hat.

Anstatt darüber besorgt zu sein, wie anders Sie sind, sollten Sie dankbar dafür sein, dass Sie einzigartig sind.

Feiern Sie sich selbst.

Danke, Gott, auch für mich.

Bringen Sie Ihre Dankbarkeit zum Ausdruck
25. AUGUST

Warum warten? Statten Sie heute Ihren Dank ab.

Wenn jemand freundlich zu Ihnen war, so danken Sie ihm sofort. Gewiss, Sie können sich gedulden und diesen Menschen nächste Woche zum Essen einladen. Aber wie wäre es, ihm heute Nachmittag eine E-Mail zu schicken oder eine Nachricht auf seinem Anrufbeantworter zu hinterlassen, um ihm zu sagen, dass Sie seine freundlichen Worte oder Taten sehr schätzen?

Um unsere Dankbarkeit zum Ausdruck zu bringen, müssen wir sie jemand anders zeigen. Dadurch teilen wir unsere Freude mit dieser Person. Selbst wenn wir nur etwas ganz Einfaches tun und zum Beispiel eine Kerze anzünden, um Gott unseren Dank zu erweisen, teilen wir die Freude mit allen, die die Flamme sehen. Dadurch wird deren Glaube gefestigt, werden sie daran erinnert, ihre Dankbarkeit zum Ausdruck zu bringen.

Gewöhnen Sie sich an, Ihre Dankbarkeit zu zeigen und mit anderen zu teilen. Wenn jemand Ihnen etwas Gutes tut, dann teilen Sie Ihr Glück mit diesem Menschen. Schicken Sie ihm eine Karte, oder rufen Sie ihn an. Wenn Sie der Überzeugung sind, dass eines Ihrer Gebete von Gott erhört wurde, so teilen Sie Ihre Dankbarkeit mit Ihm – etwa im Rahmen des Gottesdienstes – oder mit einem Freund. Wenn Sie in Ihrem Heilungsprozess einen Erfolg errungen haben, so statten Sie Ihren Dank ab, indem Sie die anderen Gruppenmitglieder daran teilhaben lassen. Danken Sie ihnen auch für die Hilfe, die sie Ihnen gewährt haben.

Demonstrieren Sie jeden Tag in allen Unternehmungen Ihre Dankbarkeit. Sie ist mehr als nur ein Gedanke und mehr als eine fromme Geste während der kirchlichen Feier am Sonntagmorgen. Beweisen Sie Ihre Dankbarkeit durch Ihr Mitgefühl und Ihre Toleranz. Auf diese Weise vertiefen Sie Ihre Beziehung zu Gott und zu anderen Menschen. Verpflichten Sie sich, Ihre Dankbarkeit bei jeder Gelegenheit dadurch um Ausdruck zu bringen, dass Sie sie mit anderen teilen.

Noch in den unscheinbarsten Handlungen können wir unseren Dank für das Leben bekunden. Entdecken Sie eine Methode, um dem Universum zu danken. Füttern Sie zum Beispiel die Vögel! Erst die Aktion verleiht der Idee Sinn. Wenn wir nach Möglichkeiten suchen, unsere Dankbarkeit zu zeigen, finden wir immer mehr Dinge, für die wir dankbar sind.

Die Dankbarkeit ist eine Art von Bekenntnis, das mit anderen Menschen geteilt werden muss. Wir können keine dankbare Einstellung entwickeln, wenn es keinen Gegenstand gibt, auf den sie sich richtet.

Warum wollen Sie warten? Zeigen Sie heute Ihre Dankbarkeit, indem Sie jemandem mitteilen, wie dankbar Sie sind.

Gott, heute werde ich dir zeigen, wie dankbar ich bin.

Entdecken Sie die Dankbarkeit   26. AUGUST

Das Interessante an der Dankbarkeit ist, dass Sie sich kaum schlecht fühlen können, wenn Sie dankbar sind. Denn in Ihrem Kopf ist jeweils nur für einen Gedanken Platz. Indem Sie sich voll und ganz auf die Dankbarkeit konzentrieren, schließen Sie die Negativität von vornherein aus.

Seien Sie heute dankbar für Ihr Leben. Lassen Sie zu, dass die Dankbarkeit auf Ihre Tätigkeit übergreift und alle Ihre Interaktionen bereichert. Stellen Sie sich bei jeder Handlung, bei jedem Menschen, mit dem Sie in Beziehung stehen, bei jeder Aufgabe, die Sie erledigen, einen Aspekt vor, für den Sie dankbar sind.

Entdecken Sie in Ihrem Leben die Dankbarkeit, und Sie werden merken, dass diese Hand in Hand geht mit der Freude.

Hilf mir, Gott, nach dem Positiven zu suchen.

Verderben Sie sich nicht mehr Ihre Freude   27. AUGUST

Hören Sie auf, Vergleiche zu ziehen und Urteile zu fällen. Diese beiden Denk- und Verhaltensweisen können noch das angenehmste Leben der Freude berauben.

Wir vergleichen diese Zeit unseres Lebens mit einer früheren und gelangen zu dem Schluss, dass wir heute schlechter dran sind und weniger Freude haben. Oder wir vergleichen unser Leben mit dem eines anderen Menschen und finden, dass er glücklicher und erfolgreicher ist als wir.

Der Vergleich beinhaltet ein Urteil. Wir halten dieses für besser oder für schlechter als jenes. Dadurch versagen wir uns die Schönheit des Augenblicks und das Wunder des Lebens, das sich vor unseren Augen ereignet.

Anstatt eine Situation als positiv oder negativ einzustufen, sollten Sie einfach dankbar dafür sein – so wie sie ist. Die meisten Dinge sind weder gut noch schlecht, solange wir keine Urteile über sie fällen. Sie sind einfach so, wie sie sind, hier und jetzt.

Geben Sie sich dem Augenblick hin. Beeinflussen Sie ihn nicht durch Urteile und Vergleiche. Merken Sie eigentlich, wie wunderbar er ist – jetzt und hier, an dieser Stelle? Warum ist Ihnen das nicht schon vorher aufgefallen?

Wenn Urteile und Vergleiche Ihrem Leben alle Freude entziehen, dann fangen Sie an, diese wieder »hineinzupumpen«, indem Sie ein klein wenig Dankbarkeit zeigen.

Hilf mir, Gott, mein Leben wieder erfreulicher zu gestalten, indem ich jeden Moment so lasse, wie er ist, und ihn nicht mit etwas anderem vergleiche.

Seien Sie dankbar für das Alltägliche

28. AUGUST

Übersehen Sie nicht das Wunder, das sich in den gewöhnlichen Dingen offenbart.

Ständig glorifiziert man das Außergewöhnliche, Verblüffende, Phänomenale in Filmen, in den Nachrichten und im Fernsehen. Unsere Sinne werden förmlich bombardiert damit. Wir sind süchtig nach Dramen und richten unsere Aufmerksamkeit nur mehr auf die großen Katastrophen und atemberaubenden Ereignisse.

Betrachten Sie Ihr Leben, Ihre tägliche Welt sowie die Menschen und Aktivitäten darin genauer. Wenn Ihnen das alles auf einen Schlag genommen würde – was würde Ihnen wirklich fehlen? Welche Anblicke, welche Geräusche, welche Gerüche? Würden Sie die Aussicht vom Küchenfenster vermissen? Wenn Sie diese Szenerie nie wieder vor Augen hätten, würden Sie sich ihrer dann wehmütig erinnern und wünschen, sie nochmals zu sehen, und daran denken, wie schön sie war, wie sehr sie Ihnen im Alltag Trost spendete?

Und was ist mit den auf dem Boden verstreuten Spielsachen, was mit dem Baby, das schreit, weil es hungrig ist oder nasse Windeln hat? Und was ist mit den Geräuschen der Stadt, in der Sie wohnen, wenn diese morgens zu neuem Leben erwacht? Was mit dem Duft, den Ihr Kind nach dem Bad verströmt? Oder mit dem Augenblick, wenn es fröstelnd von seinen Spielen draußen im Schnee heimkommt?

Was ist mit dem besonderen Lächeln Ihres Freundes oder mit dieser kleinen Geschichte, die er immer wieder zum Besten gibt und die überhaupt nicht lustig ist, die er aber für lustig hält, weshalb Sie dann trotzdem lachen?

Nehmen Sie Ihren Alltag unter die Lupe. Vergessen Sie nicht, Ihre reine Dankbarkeit darüber, wie wunderbar er eigentlich ist, zum Ausdruck zu bringen. Man übersieht das Alltägliche nur allzu leicht oder betrachtet es als selbstverständlich. Die Sonne geht auf und unter, die Jahreszeiten kommen und gehen – und wir sind uns oft gar nicht bewusst, welch erstaunliche Reichtümer das Übliche enthält.

Danke, Gott, für jedes Detail meiner normalen täglichen Welt.

Schrauben Sie sich in die Höhe   29. AUGUST

Während einer weiteren Flugstunde, in der ich Kurven übte, wandte ich mich an meinen Lehrer, Rob. »Irgendetwas scheint mir nicht ganz in Ordnung zu sein«, sagte ich. »Es sieht so aus, als wäre der Horizont etwas schief.«

»Ja, weil du uns in eine spiralförmige Abwärtsbewegung gebracht hast«, erwiderte er. »Wenn du so weitermachst, werden wir uns immer schneller drehen, bis wir schließlich die Kontrolle verlieren und abstürzen.«

»Aaaah!«, rief ich. »Bitte übernimm du das Kommando. Befreie uns aus diesem Schlamassel.«

Die Abwärtsbewegung hatte gerade erst begonnen. Rob steuerte die Maschine mühelos – mit einer leichten Drehung des Handgelenks – in die Gleichgewichtslage. Ich war zutiefst erleichtert.

Manchmal werden wir ein bisschen selbstgefällig. Wir murren über Kleinigkeiten. Wir fangen an, in unserer Arbeit, unserem Familienleben, unseren Liebesbeziehungen, unseren Freunden nur das Negative zu sehen. Oder wir sind des Alleinseins überdrüssig, treffen aber nicht den Menschen, mit dem wir gerne zusammensein würden. Vielleicht läuft in unserem Beruf alles reibungslos, aber ohne dass er uns den gewünschten Kick verschafft. Also klagen wir darüber, wie unbefriedigend alles sei. Wir stellen fest, dass andere Leute mehr Geld verdienen als wir, mehr Abwechslung haben und eine Tätigkeit ausüben, die uns wesentlich interessanter vorkommt. Nicht, dass alles verkehrt wäre; nur diese eine Sache macht uns zu schaffen.

Dann entdecken wir weitere Eigenschaften, die uns bei unseren Kollegen, unserem Chef, unseren Freunden aufregen. Bald wirkt das Meiste deprimierend und fehl am Platze. Worauf wir den Blick auch richten – es dominiert das Negative.

Das ist ein deutlicher Hinweis darauf, dass auch wir uns in einer spiralförmigen Abwärtsbewegung befinden.

Einige Menschen brauchen eine spezielle Methode, die ihnen hilft, friedlich, freudig und ausgeglichen durchs Leben zu gehen. Ich sage nicht, dass sie für jeden gilt, aber ich weiß, dass sie auf mich zutrifft. Jeden Tag muss ich allem, was ich sehe, ganz bewusst mit einer gehörigen Dosis Dankbarkeit begegnen.

Schauen Sie! Wenn Sie nicht auf den herrlichen Horizont und die Wolken achten, sondern nur auf das Schlechte hier unten, dann sollten Sie in jedem Bereich Ihres Lebens Dankbarkeit und

Demut zeigen. Schon nach wenigen Augenblicken werden Sie wieder in die Gleichgewichtslage kommen.

Hilf mir, Gott, das wirksame Mittel der Dankbarkeit dafür zu benutzen, mein Leben jeden Tag zu verändern.

Geben Sie Ihrem Tag eine andere Wendung
30. AUGUST

Ich stand auf und schaute auf meinen Terminkalender. Das Auto musste zur Inspektion gebracht werden. Ich hasste es, dorthin zu fahren, jemanden zu finden, der mir in seinem Wagen folgte, und dann vor der Werkstatt in der Schlange zu stehen. Außerdem hatte ich viel zu tun. Zum Glück erbot sich mein Freund, hinter mir her zu fahren, und so stieg ich dann in sein Auto um. Es war verdammt heiß. Ich wünschte, zu Hause zu sein, in meiner klimatisierten Blue Sky Lodge.

»Hast du Lust, frühstücken zu gehen?«, fragte ich.

»Nicht wirklich«, antwortete er.

»Aber zu Hause sind die Fensterputzer. Wir könnten warten, bis sie weg sind. Wenn wir jetzt zurückfahren, kann ich sowieso nicht schreiben.«

»Du hast Recht. Wo möchtest du essen?«

»Hast du Bargeld bei dir?«, fragte ich. Er schüttelte den Kopf. »Nun, dann können wir nicht in eines unserer Lieblingsrestaurants gehen. Dort akzeptieren sie weder Schecks noch Kreditkarten.«

Wir wählten ein Restaurant, das wir beide nicht mochten. Die Waffel meines Freundes war zäh. In meinem durchweichten Pfannkuchen biss ich auf Mehlklumpen, weil die vorgefertigte Mischung nicht richtig durchgerührt worden war. Der Ahornsirup hatte einen künstlichen Geschmack, und der Grapefruitsaft war ausgesprochen dünn. Ich schob meine Speisen lustlos über den Teller und hörte dann auf zu essen. Mein Magen rebellierte schon.

Wir gingen zur Kasse, um zu zahlen. Wir warteten und warteten, während der Kassierer sich mit etwas anderem beschäftigte und nicht merkte, dass wir die einzigen Gäste waren, die in der Reihe standen. Schließlich wandte er sich uns zu und lächelte. »Gute Nachrichten«, sagte er. »Sie haben einen Preis gewonnen.«

»Welchen denn?«, fragte ich.

»Einen Eisbecher mit Früchten. Sie erhalten ihn, wenn Sie das nächste Mal hier essen.«

Ich bat ihn, meinen Preis dem nächsten Kind zu schenken, das hereinkäme, als er mir einen finsteren Blick zuwarf. »Wir haben da ein Problem«, sagte er. »Die Maschine nimmt Ihre Kreditkarte nicht an.«

»Das ist unmöglich«, erwiderte ich. »Die Rechnungsbeträge werden jeden Monat ordnungsgemäß von meinem Konto abgebucht. Versuchen Sie es nochmal.«

Er tat es. Die Karte wurde wieder nicht angenommen.

Zu Hause eingetroffen, tat mir der Magen weh. Die Bank hatte einen Fehler gemacht; aus unerfindlichen Gründen war die automatische Überweisung nicht bei meiner Kreditkartenfirma eingegangen, sondern irgendwo anders. Als ich dieses Problem gelöst hatte, musste ich auch schon los, um meinen Wagen abzuholen.

Vor der Werkstatt hatte sich eine lange Schlange gebildet. Im Auto herrschten knapp 30 Grad. Ich wurde fast ohnmächtig. Und jeder vor mir ließ neue Reifen aufziehen. Ich setzte mich auf eine Bank, um innerlich loszulassen. Schließlich kam ich an die Reihe.

»Hier sind Ihre Schlüssel«, sagte der Mann. »Einen Moment noch.« Er fragte den Mechaniker: »Hast du auch die Bremsen überprüft?« Und der antwortete: »Hab' ich vergessen.«

»Tut mir Leid«, sagte der Mann. »Es wird nicht länger als eine halbe Stunde dauern.«

323

Eine Stunde später hielt ich auf dem Heimweg bei der Bank an. Ich brauchte dringend Bargeld. Die Schlange für Privatpersonen war lang und wand sich von den Schaltern bis zur Tür. Die Schlange für Geschäftsleute war nicht ganz so lang. Dort stellte ich mich an. Eine Viertelstunde später war die Reihe an mir. »Diese Schlange ist für Kunden, die bei uns ein Geschäftskonto haben«, schnauzte die Angestellte.

»Das habe ich«, flüsterte ich. »Schauen Sie auf meinen Scheck.«

Im Laufe des Abends, als ich endlich zu schreiben anfing und mein Magen sich allmählich von der scheußlichen Pfannkuchenmischung erholte, kam mir ein Gedanke: »Wie wäre das: zwei Eier, in Butter gebraten, Pilze dazu, und das Ganze über einem kleinen Hackfleischsteak, sowie etwas Toast?«

Einige Minuten später ging mein Freund fort. »Ich mache nur ein paar Besorgungen«, rief er. »Bin gleich wieder da.«

Gegen halb elf saßen wir am Tresen. Die Eier waren perfekt und die Pilze gefüllt mit Rahmkäse. Die Toasts waren weich durch die Butter, die Hackfleischsteaks fein zubereitet und in eine erstklassige Sauce getunkt.

Eine friedliche Stimmung breitete sich in mir aus. Ich war dankbar und glücklich. Mir fiel ein Gespräch ein, das ich vor langer Zeit mit angehört hatte. »Oh, ich merke schon, das wird wieder einer dieser schrecklichen Tage«, hatte eine Frau spitz zu ihrem Chef gesagt. »Nicht, wenn Sie ihn nicht dazu machen«, hatte er erwidert.

Manchmal geht einiges schief. Aber egal, wie spät es ist, es ist nie zu spät, »Danke« zu sagen und einen guten Tag zu haben.

Gott, verhilf mir zu der Einsicht, dass wir mit vereinten Kräften jedem Tag schließlich eine andere Wendung geben können.

Seien Sie ein angenehmer Gast   31. AUGUST

In der Blue Sky Lodge gehen die Gäste ein und aus. Manchmal kommt ein Fallschirmspringer aus einer nahe gelegenen Stadt, um am Wochenende seinen Sport auszuüben, und dann braucht er eine Unterkunft, wo er übernachten und sich duschen kann. Immer wieder treffen Leute aus der ganzen Welt ein, um in Skydive Elsinore zu trainieren und abzuspringen. Es ist uns ein besonderes Vergnügen, den internationalen Gästen ein Bett, ein Bad und die Vorzüge des Hauses anbieten zu können.

Einer dieser Gäste war Martin.

Nach einigen Jahren beim Militär hatte er beschlossen, die dort gelernten Lektionen auf angenehme Weise zu nutzen. Er bildet jetzt angehende Fallschirmspringer aus Großbritannien aus und organisiert Trainingsausflüge zum Lake Elsinore, die jeweils mehrere Wochen dauern. Häufig bringt er seine Frau mit, gelegentlich aber kommt er auch allein. Bei einem dieser Besuche schlugen wir ihm vor, in der Blue Sky Lodge zu wohnen, und waren begeistert, als er unsere Einladung annahm.

Wir sagen jedem Gast das Gleiche: »Fühl dich wie zu Hause. Swimmingpool, Minigolf, Badewanne, Dusche, Lebensmittel, Getränke, DVD-Spieler, Stereoanlage, Bücher, Musikinstrumente, Gebetsraum, fantastische Aussicht auf die Berge – alles ist zu deinem Vergnügen da. Bedien dich einfach!«

»Martin war ein angenehmer Gast«, bemerkte Chip kürzlich. »Er ging schwimmen, nahm heiße Bäder, joggte, saß draußen und genoss die Aussicht.«

Ich pflichtete ihm bei. Es freute uns beide zu sehen, dass Martin sich wie zu Hause fühlte und den Komfort der Blue Sky Lodge zu schätzen wusste. In seinem entzückenden, bescheidenen Auftreten war er respektvoll und dankbar, aber auch selbstbewusst; dank dieser Sicherheit profitierte er von den Annehmlichkeiten, die ihm zur Verfügung standen.

325

Was für eine Art von Gast sind Sie? Fühlen Sie sich auf diesem Planeten wie zu Hause, egal, in welcher Situation Sie gerade sind? Finden Sie tagaus, tagein Gefallen an den Gaben und kostbaren Augenblicken, die Ihnen zuteil werden? Oder sitzen Sie ungemütlich auf der Kante eines Stuhls mit gerader Rückenlehne und fragen sich, ob Sie wirklich zugreifen dürfen?

Jeder Mensch hat zu jedem Zeitpunkt verschiedene Geschenke und Vergnügen, die er auskosten kann. Manchmal müssen wir uns erst einmal klar machen, worin sie eigentlich bestehen. Das Vergnügen mag ganz einfach sein – etwa der Blick vom Küchenfenster auf eine alte Eiche, ein heißes Bad, das Körper und Seele wohl tut, oder ein Spaziergang um den Häuserblock, in dem wir zur Miete wohnen.

Bisweilen bringen wir unsere Dankbarkeit am besten dadurch zum Ausdruck, dass wir demütig und zugleich selbstbewusst jene Geschenke und Vergnügen, die uns offeriert werden, einfach genießen.

Sind Sie ein angenehmer Gast? Fühlen Sie sich wie zu Hause! Die Welt gehört auch Ihnen.

Bring mir bei, Gott, wie ich die Freuden, Geschenke und Talente, die mir zur Verfügung stehen, in vollen Zügen auskosten kann. Sorge dafür, dass ich lerne, mich zu Hause zu fühlen, wo immer ich heute bin.

September

Lernen Sie,
Das bin ich *zu sagen*

Lernen Sie, Das bin ich *zu sagen*   1. SEPTEMBER

Wir hören immer wieder, dass man sich vervollkommnen müsse: »Werde zu einem ganzen Menschen«; »Beschreite den Weg, der zur inneren Ganzheit führt«; »Die große Liebe wirst du erst dann finden, wenn du weißt, dass du ganz bist«. Offen gestanden haben mich derlei Äußerungen oft verwirrt. Aber schließlich gelangte ich zu dem Schluss, dass die persönliche Ganzheit direkt mit Loslösung und Loslassen zusammenhängt.

Es ist bewundernswert, den eigenen Träumen nachzujagen und sich bewusst zu machen, was man erreichen will. Doch nachdem wir das Ziel erkannt haben, müssen wir es loslassen. Wir müssen die Gewissheit in uns tragen, dass wir in Ordnung sind – ob wir je dort ankommen oder nicht.

Ein anderer Freund beschrieb die Sache folgendermaßen. »Es geht um die alte Zen-Weisheit«, sagte er. »Wenn du eins bist mit dir selbst, wird das Leben magisch. Dann kannst du alles haben, was du möchtest.«

Die wirksamsten und magischsten Wörter, die wir in der Sprache des Loslassens benutzen können, lauten: *Das bin ich.*

Dann gehen wir einen Schritt weiter und lernen zu sagen: *So wie ich bin, bin ich ganz.*

Gott, hilf mir, die Macht der Wörter Das bin ich *zu erkennen.*

Hilfsmittel   2. SEPTEMBER

Wir mögen ziemlich unlogisch denken und handeln, um mit tragischen Ereignissen zurechtzukommen – nicht, weil wir dumm sind, sondern weil wir nicht wissen, wie wir sonst überleben sollen.

Wenn uns etwas Schlimmes widerfährt, versuchen wir uns auf einfältige Weise dagegen zu wehren, indem wir uns selbst herabwürdigen.

Als wir aufwuchsen, haben wir vielleicht viele schmerzliche Erfahrungen gemacht. Als Kind schauten wir umher und sagten: »Ja, daran bin ich schuld. Mit mir stimmt etwas nicht.« Oder: »Ich weiß, wenn ich mein Zimmer besser aufgeräumt hätte, dann wäre mein Papa nicht weggegangen.«

Durch geringe Selbstachtung – und durch all jene Verhaltensmuster, in denen sie zum Ausdruck kommt – wappnen wir uns gegen den Kummer. Wir beobachten die anderen, die offenbar nicht so schwerwiegende Probleme haben wie wir, und schließen daraus: »Ich mache alles verkehrt.« Gewiss, indem wir eine Haltung annahmen, die von Minderwertigkeitsgefühlen geprägt war, konnten wir den Schmerz überstehen – aber diese Zeit ist endgültig vorbei. Jetzt müssen wir die geringe Selbstachtung durch neue Perspektiven ersetzen.

Begegnen Sie den unangenehmen Dingen nicht mehr dadurch, dass Sie sich selbst abwerten. Reagieren Sie auf das Leben, indem Sie sich liebevoll und fürsorglich behandeln.

Lieben Sie sich so, wie Sie sind.

Hilf mir, Gott, dass ich mich mit all meinen Stärken und Schwächen liebe.

Übung: Untersuchen Sie einmal Ihre Selbstachtung. Erinnern Sie sich an frühere Erlebnisse in der Kindheit, im Teenageralter und im Erwachsenenleben. Was bereitete Ihnen Kummer? Gaben Sie Ihre Selbstachtung zugunsten bestimmter Personen preis? Wenn ja, dann ist es jetzt an der Zeit, sie zurückzufordern und geltend zu machen. – Schreiben Sie auf, welche Bereiche Ihres Lebens sich positiv gestalten – und was Familienmitglieder und Freunde an Ihnen schätzen.

Steigern Sie Ihre Selbstachtung! 3. SEPTEMBER

»Mit der Selbstachtung ist es ganz schwierig«, sagte Amanda. »Seit Jahren arbeite ich daran, aber je intensiver ich mich bemühe, desto mehr scheint sie abzunehmen.«

Ich denke, wir können unsere Selbstachtung steigern und unser mangelndes Selbstvertrauen kompensieren. Wir können die Bereitschaft entwickeln, uns zu verzeihen. Wir brauchen uns nicht mehr gefallen zu lassen, dass man uns schlecht behandelt. Wir können uns klar machen, wie gefährlich es ist, sich durch Geld, Macht, Besitz, Prestige oder andere Menschen zu definieren, die wir kennen. Schließlich können wir uns viel Gutes tun und aus jeder Erfahrung, die das Leben uns beschert, Nutzen ziehen.

Das Zwölf-Schritte-Programm enthält zwei Schritte, die uns helfen, Selbstachtung, bejahende Einstellung und Selbstliebe stärker zu betonen. Der Sechste Schritt besagt, dass wir bereit sind, unsere Charakterfehler von Gott beseitigen zu lassen. Und der Siebte Schritt drückt aus, dass wir Ihn demütig bitten, unsere Mängel von uns zu nehmen. Diese Arbeit ist nicht leicht, aber sie lohnt den Aufwand.

Im Moment genügt es, die geringe Selbstachtung – sowie all die Verhaltensweisen, in denen sie sich widerspiegelt – bereitwillig loszulassen.

Gott, bitte ersetze meine geringe Selbstachtung durch Selbstbejahung.

Übung: Manchmal zeigen wir in dem einen Lebensbereich eine gesunde Selbstachtung, in einem anderen aber nicht. Zum Beispiel haben wir ein gutes Gefühl in Bezug auf unsere beruflichen Fertigkeiten, doch in unseren zwischenmenschlichen Beziehungen betrachten wir uns als Versager. Oder wir vertrauen auf unser athletisches Können, während wir in finanziellen Angelegenheiten völlig unbegabt zu sein scheinen. Finden Sie heraus, auf welchem Gebiet Sie eine geringe Selbstachtung erkennen lassen. Was beherrschen Sie dagegen so gut, dass es Ihnen Freude bereitet? Außerdem sollten Sie einmal untersuchen, welche Träume Sie aufgrund mangelnden Selbstbewusstseins nicht weiter verfolgt haben.

Woran hängen Sie?
4. SEPTEMBER

Eines Tages rief mich ein Freund an. Sein schönes neues Auto war wieder einmal in der Reparaturwerkstatt. »Ich hätte mir lieber einen Kleinlaster zulegen sollen, der jeden Tag anspringt und mich zur Arbeit bringt«, sagte er. »Wenn ich in Zukunft wieder mal lauthals verkünde, dass ich etwas unbedingt haben muss und ohne dieses Ding nicht mehr leben kann, dann schrei mich bitte so lange an, bis ich aufhöre.«

Wovon hängt Ihre Selbstachtung ab?

Einige Leute brauchen ein bestimmtes Auto, um Stärke zu demonstrieren. Andere fühlen sich nur dann wohl in ihrer Haut, wenn sie in einer Liebesbeziehung sind. Wieder andere brauchen ein Haus in vornehmer Gegend. Und manche verknüpfen ihre Selbstachtung mit künftigen Ereignissen. *Wenn ich das erreichen könnte, wäre ich glücklich.*

Halten Sie einen Moment inne. Betrachten Sie Ihr Leben. Hängt Ihre Selbstachtung von gewissen Umständen ab?

Wir wollen vorbehaltlos geliebt werden, aber leider lieben wir uns selbst nur selten so, wie wir es von jemand anders erwarten. Wir sagen, wir bräuchten zuerst einmal ein fettes Konto, einen Luxuswagen, eine Designertasche – dann würde alles gut.

Haben Sie sich bemüht, einen bestimmten Erfolg zu erzielen? Reden Sie sich ständig ein, dass Sie allein dadurch zu einem ganzen Menschen werden? Lechzen Sie förmlich danach, von einer gewissen Person anerkannt und gewürdigt zu werden?

Wir können mühelos feststellen, woran wir uns allzusehr klammern, indem wir uns die Frage stellen: Welche Sache vermag ich nicht loszulassen? Was bringt mich schier um den Verstand?

Seien Sie nicht zu streng mit sich. Jeder von uns möchte und braucht das für den Alltag Notwendige – Arbeit, Geld, Auto. Und jemanden zu lieben ist ein wunderbares Gefühl, das zum Menschsein dazugehört.

Doch wenn Sie sich einreden, dass Sie ohne diese Person oder Sache nicht glücklich sein können, liegt der Fall anders. Bekräftigen Sie Ihre Ganzheit und Ihre Fähigkeit zum Loslassen. Sagen Sie sich, dass Sie auch in Ihrer jetzigen Verfassung ein ganzer Mensch sind und glücklich sein können. Lassen Sie alles los, woran Sie krampfhaft festhalten. Vielleicht bekommen Sie es zurück, vielleicht aber auch nicht. Falls es Ihnen erneut zuteil wird, können Sie es umso mehr genießen in der Gewissheit, dass Sie es nicht brauchen, um eins zu sein mit sich selbst.

Hilf mir, Gott, meine ungesunden Bindungen zu lösen.

Übung: Woran klammern Sie sich, weil Sie glauben, nicht darauf verzichten zu können? Fürchten Sie, dass die geliebte Person Sie verlässt? Haben Sie sich einer beruflichen Aufgabe oder dem Erfolgsdenken verschrieben? Meinen Sie, dass Sie sich erst dann ganz fühlen können, wenn Sie über eine bestimmte Geldsumme verfügen? Stellen Sie fest, wer oder was Ihnen für das innere Wohlbefinden unabdingbar erscheint. Erstellen Sie in Ihrem Tagebuch eine Liste dieser Personen und Dinge. Schreiben Sie darüber: »Personen und Dinge, die ich loslassen muss, damit meine Selbstachtung nicht mehr von ihnen abhängt.« Sie können diese Personen und Dinge weiterhin um sich haben; hier geht es nur darum, die Gründe, warum Sie sie wollen, zu erkennen.

Lieben Sie sich so, wie Sie sind   5. SEPTEMBER

»Ich habe es satt, meine ganze Kraft dafür zu verwenden, dass ich dünn bin, die neuesten Kleider tragen kann und mein Make-up richtig hinkriege«, sagte mir einmal eine schöne Frau namens Ina. »Ich will einfach so geliebt werden, wie ich bin, mit all meinen Gefühlen.«

Es ist gut, sein Äußeres optimal zu pflegen – aber einige von uns tauschen ihre Selbstachtung ein gegen Kleidung, hohes Einkommen und Besitz.

Eines Tages traf ich eine Frau mit langem Haar und leuchtenden Augen, die mit ihrer Stimme der irischen Volksmusik wunderbaren Ausdruck verlieh. Sie sang und tanzte leidenschaftlich gerne. Wenn sie über ihre Musik sprach, strahlte sie. Ich spürte, wie lebendig und begeistert sie war. Ihre Band trat vor Publikum auf – entweder kostenlos oder für ein geringes Entgelt, wie sie erklärte.

»Aber wir wollen besser werden«, fuhr sie fort. »Eines Tages will ich wirklich jemand sein.«

»Sie sind doch heute schon jemand«, warf ich ein.

Folgen Sie Ihren Träumen. Fahren Sie diesen schicken Wagen. Tragen Sie hübsche Kleider. Lassen Sie sich die Haare zurechtmachen. Aber vergessen Sie nicht, auch ohne diese Dinge sich selbst zu lieben.

Sie sind heute schon jemand.

Hilf mir, Gott, über das äußere Drum und Dran, mit dem ich mich umgebe, hinwegzusehen und in mir wie in den anderen Menschen die wahre Schönheit zu erkennen.

Stellen Sie sich Ihrer Angst, verlassen zu werden

6. SEPTEMBER

»Ich habe eine Beziehung mit einem Mann, der mir nicht gut tut«, erzählte eine Frau. »Mein Freund manipuliert mich, und oft sagt er mir nicht die Wahrheit. Aber jedes Mal, wenn ich bereit bin, ihn hinauszuwerfen, befällt mich die Angst, verlassen zu werden.«

Viele von uns haben diese Angst – und einige werden von ihr sogar beherrscht. Sie tun alles Mögliche, um zu verhindern, dass der Partner weggeht und sie allein lässt.

Auch ich lebte jahrelang mit dieser Angst. Irgendwann aber entledigte ich mich ihrer. Ich hatte es einfach satt, mir ständig den Kopf darüber zu zerbrechen, ob ich für den anderen gut genug sei.

Dann kam mir ein Gedanke, der mich befreite: *Wenn du nicht mein Freund, mein Liebhaber oder mein Chef sein willst, dann will ich dich nicht in meinem Leben haben.*

Keine emotionale Erpressung mehr, kein Stress, keine zwanghaften Spekulationen, was der Partner fühlt und denkt.

Sind Sie ständig besorgt, dass ein bestimmter Mensch Sie verlassen könnte? Haben Sie aufgrund Ihrer Angst das Gefühl, in der Beziehung unterlegen zu sein? Lassen Sie los. Seien Sie standhaft. Und hören Sie auf das, was ich Ihnen sage: Wenn diese Person nicht mit Ihnen zusammensein will, dann lassen Sie sie einfach ziehen. Ersehnen Sie etwa die Gegenwart von jemandem, der mit Ihnen nichts zu tun haben möchte? Natürlich nicht. Lassen Sie ihn von dannen gehen.

Sobald Sie sich diese Auffassung zu Eigen gemacht haben, fällt es Ihnen leicht, unnötigen Beziehungsballast abzuwerfen; der oder die Richtige will ohnehin bleiben.

Hilf mir, Gott, daran zu glauben, dass ich nur wirklich gute Beziehungen verdient habe.

Bejahen Sie sich selbst, wie Sie sind

7. SEPTEMBER

Scott war neunundsechzig, als er zum zweiten Mal in seinem Leben das Fallschirmspringen trainierte. Im Zweiten Weltkrieg war er als Fallschirmjäger in der britischen Armee im Einsatz gewesen. Als sich die Gelegenheit ergab, über einer der früheren Militärbasen einen Demonstrationssprung zu machen, kam er nach Kalifornien, um sich darauf vorzubereiten.

Sein Körper war alt und steif – aber sein Herz war voller Jugend und Freude. Während er langsam die einzelnen Lernschritte ausführte und oft genug absprang, um alle Bewegungen und Handgriffe zu beherrschen, schwanden ihm allerdings die Kräfte. Trotz seiner Entschlossenheit konnte er die hohen Anforderungen, die das Training an ihn stellte, nicht erfüllen, und so musste er kurz vor dem Ziel aufgeben. Bevor er die Heimreise antrat, versprach er jedoch, ein Fitnessprogramm zu absolvieren, wiederzukommen und das Training zu beenden. »Ich komme wieder, ich schaffe es; es dauert nur etwas länger, als ich dachte«, sagte er.

Tim begann das Fallschirmspringertraining zum gleichen Zeitpunkt wie Scott. Er war vorher zwar Ski gefahren, mit dem Mountainbike unterwegs gewesen und gesegelt, aber noch nie mit dem Fallschirm abgesprungen. Er hatte Angst zu versagen, in etwa dreitausend Metern Höhe das Flugzeug zu verlassen, im Notfall falsch zu reagieren und zu vergessen, wie man landet.

Scott unterhielt sich mit Tim. Er lachte über ihn und mit ihm. Tim stieg immer wieder in die Maschine und lernte seine Lektionen. Schließlich bestand er die Abschlussprüfung. »Am liebsten hätte ich nach dem ersten Sprung aufgehört«, gab Tim danach zu. »Aber ich sagte mir: Wenn Scott das kann, kann ich es auch. Zum Glück war er da. Er gab mir das Vertrauen, etwas zu tun, das ich für unmöglich hielt.«

Jeder von uns muss seinen eigenen Weg gehen, ungeachtet der Ängste und Wünsche der Menschen ringsum. Möglicherweise ähneln Sie Scott und nehmen eine Sache in Angriff, die Ihre Kräfte ein wenig übersteigt. Großartig! Vielleicht haben Sie Erfolg damit, vielleicht aber auch nicht. Nur Sie können entscheiden, wie Sie mit den Ergebnissen Ihrer Bemühung umgehen. Scott hätte sich verbittert zurückziehen und Tim ebenfalls zermürben können. Stattdessen aber machte er ihm Mut und trieb ihn an, etwas zu vollbringen, wozu Tim allein wohl nicht fähig gewesen wäre.

Möglicherweise gibt es aber auch gewisse Parallelen zwischen Ihnen und Tim. Sie wollen sich weiterentwickeln, haben jedoch Angst, dabei etwas zu verlieren. Folgen Sie der Stimme des Herzens. Und wenn Sie eine Vertrauensperson finden, die Ihnen bei Ihrer Unternehmung behilflich ist, dann danken Sie ihr für Zuspruch und Rat.

Gehen Sie weiterhin Ihren Weg.

Einige Wege führen zu Anerkennung und Ruhm, andere zum unauffälligen Beistand für die Gefährten. Beschreiten Sie den Weg, der Ihnen bestimmt ist. Lernen Sie die Lektionen, die Ihnen vorbehalten sind.

Gott, ich danke dir für mein Leben.

Seien Sie ein guter Teamgefährte 8. SEPTEMBER

Vielleicht haben Sie folgende Redensart schon mal gehört: »Wenn du nicht Anführer bist, ändert sich die Aussicht nie.«

Aber nicht jeder ist ein Anführer. Nicht jeder ist Firmenchef oder Hauptdarsteller. Und als Schauspieler Arbeit zu haben ist allemal besser, als ein arbeitsloser Star zu sein. So bleibt man wenigstens im Geschäft.

Jeder Mensch, der in dieser Welt eine hervorragende Leistung vollbracht hat und ehrlich ist, wird zugeben, dass er sie nicht allein sich selbst verdankt. Er war Teil eines Teams. Sogar Jesus hatte eine Gruppe Jünger um sich.

Wenn Ihnen die Rolle eines Helfers oder Förderers zukommt, dann akzeptieren Sie diese. Sie können nicht immer die erste Geige spielen – aber als Mitglied des Ensembles dazu beitragen, dass die Inszenierung im Ganzen mehr Qualität hat. Außerdem werden Sie dabei mit dem Teamgeist und der Demut vertraut; das wird Ihnen sehr dienlich sein, wenn Sie selbst einmal die Führung übernehmen sollten.

Betrachten Sie Ihr Leben. Nutzen Sie in Ihrer gegenwärtigen Situation alle vorhandenen Möglichkeiten aus? Oder warten Sie, bis jemand Ihr wahres Talent erkennt, um sich erst dann wirklich ins Zeug zu legen? Wenn Sie eher eine Neben- als eine Hauptrolle spielen, dann vielleicht deshalb, weil das Team gerade Ihre Stärke und Ihre Begabung benötigt – oder weil es eine Art Vorstopper braucht. Im Leben geht es weniger darum, die tragende Rolle zu erhalten, als darum, jede Rolle engagiert auszufüllen.

Es ist gut, sich um die Führungsposition zu bemühen; nichtsdestotrotz sollten Sie sich gestatten, auch auf der jetzigen Ebene Ihren Beitrag zu leisten und Freude zu empfinden.

Hilf mir, Gott, die Rolle zu akzeptieren, die mir zugewiesen wurde, und sie mit Würde sowie nach besten Kräften auszufüllen.

Finden Sie heraus, was Ihnen zuträglich ist
9. SEPTEMBER

»Machen Sie mit bei dieser Abmagerungskur, und nach fünf Tagen haben Sie dreißig Pfund weniger!« – »Besuchen Sie dieses kostenlose Seminar, und werden Sie durch den Kauf von Büchern im Wert von hundert Dollar zum Millionär!«

Es gibt kein Wundermittel, das sofort wirkt, kein Patentrezept, das auf jeden zutrifft. Nur selten stellt sich der Erfolg über Nacht oder innerhalb von fünf Tagen ein. Sogar das Zwölf-Schritte-Programm beinhaltet lediglich eine Reihe von Empfehlungen.

Obwohl es sich vielfach bewährt hat, muss doch jeder selbst entscheiden, wie er es in der Praxis anwendet.

Nur wenige Dinge geschehen über Nacht; sicher ist nur, dass dann ein neuer Tag anbricht.

Hören Sie auf Ihre Vertrauenspersonen, und lassen Sie sich auf etwas ein, das erprobt ist, tatsächlich funktioniert und schon unzähligen Menschen weitergeholfen hat. Das Zwölf-Schritte-Programm gehört zu den zuverlässigen Methoden. Aber fallen Sie nicht auf falsche Versprechungen herein, dass Sie über Nacht Erfolg haben oder sofort die große Erleuchtung erleben werden.

Echte Veränderungen brauchen Zeit und Kraft, zumal wenn wir große Probleme in Angriff nehmen. Manchmal erhalten wir durch Therapeuten, Bücher und Seminare genau den Beistand, den wir brauchen, doch die nützlichsten Hilfsmittel sind kostenlos und jedem zugänglich. Um es zu wiederholen: Das Zwölf-Schritte-Programm gehört dazu.

Finden Sie heraus, was Ihnen zuträglich ist.

Vertrauen Sie darauf, dass Sie auf Ihrem Weg geleitet werden und alles Nötige zur rechten Zeit und in der richtigen Form erhalten werden. Nehmen Sie sich genug Zeit für Ihren Heilungsprozess.

Es gibt keine einfachere, sanftere Methode.

Gott, gib mir genügend Ausdauer, um meine Probleme zu bewältigen.

Seien Sie eins mit sich und Ihrem jetzigen Zustand

10. SEPTEMBER

Zu Beginn meiner Entziehungskur setzte ich mich mit meiner Lebenssituation, meiner Arbeit und meinen Beziehungen auseinander. Alles erschien mir verkehrt. Das chronische Gefühl, zur falschen Zeit am falschen Ort zu sein, überschattete all mein

Tun. Das eigene Leben kam mir wie eine endlose Serie von Irrtümern vor.

Ich hatte von einem brillanten Therapeuten gehört, der sich besonders gut darauf verstehe, zum inneren Kern der Probleme vorzustoßen. Was immer sich in mir abspielen mochte – ich wollte mein Gefühlschaos beseitigen.

Leider lag die Praxis dieses Therapeuten weit draußen in einer ländlichen Gegend. Ich hatte kein Auto und hätte deshalb den Bus nehmen müssen. Außerdem empfing er Patienten nur unter der Woche. Ich aber musste montags bis freitags von 9 bis 17 Uhr arbeiten. Nicht zuletzt überstiegen seine Honorare – auch wenn sie durchaus berechtigt waren – mein bescheidenes Budget.

Ich sparte genug Geld, um eine Sitzung zu bezahlen. Dann vereinbarte ich einen Termin. Ich war sehr aufgeregt.

Der große Tag kam. Ich begann meine Busfahrt (bei der ich dreimal umsteigen musste) um 17 Uhr nach Arbeitsschluss. Gegen 19.30 Uhr traf ich auf dem Anwesen ein, wo der Therapeut lebte und praktizierte. Ich war erschöpft und zugleich in Hochstimmung, als ich schließlich gegenüber diesem menschlichen Teddybär Platz nahm, der so vielen Menschen geholfen hatte, ihr Leben besser zu bewältigen.

Detailgetreu und beflissen erklärte ich ihm meine Situation. Ich erzählte, dass ich in der Entziehungskur sei, mir Mühe gäbe, das Richtige zu tun, dass ich meine Gruppentreffen besuchte und den Schaden wieder gutmache, den ich einigen Leuten zugefügt hätte – aber dass mir trotzdem alles verkehrt erscheine; ich würde mich ständig unwohl fühlen, egal, was ich dagegen unternähme.

Er hörte mir aufmerksam zu und lehnte sich dann zurück.

»Melody«, sagte er mit ruhiger, sicherer Stimme.

»Ja?«

»Sie sind genau dort, wo Sie sein sollen.«

Die Sitzung war beendet.

Ich packte meine Sachen zusammen, ging zu Fuß zur Bushaltestelle und fuhr mit mehreren Bussen zurück zu meinem winzigen Apartment im Süden von Minneapolis. Diese Lektion habe ich niemals vergessen. Wenn wir meinen, dass in unserem Leben alles schief gehe, so besteht die Lösung manchmal nicht darin, sich noch mehr ins Zeug zu legen und verzweifelt nach dem ersehnten Wunder zu suchen. Denn das ereignet sich erst, wenn wir akzeptieren, glauben und darauf vertrauen, dass wir gegenwärtig genau so sind, wie wir sein müssen.

Sparen Sie sich Zeit, Geld und die Reise. Seien Sie lieber Ihr eigener Guru.

Gott, danke für den Zustand, in dem ich mich heute befinde. Hilf mir, darauf zu vertrauen, dass du mich dann in einen anderen Zustand versetzen wirst, wenn es so weit ist.

Lauschen Sie Ihrer inneren Stimme
11. SEPTEMBER

In der Bibel sagt Gott zu uns: »Sei still und wisse, dass ich Gott bin.« Bringen Sie sich bei, das Gerede Ihres Egos durch Gebet, Meditation oder einen langen Spaziergang im Park abzustellen. Finden Sie jenen Ort, wo Sie sich von den Zwängen dieser Welt befreien können, wo Ihr Geist und Ihr Körper miteinander in Einklang sind.

Die beste Methode, den kontrollierenden und manipulierenden Verhaltensweisen der anderen zu entfliehen, besteht darin, sich des eigenen wahren Ichs bewusst zu werden. Sie brauchen nicht das richtige Auto, die richtigen Schuhe, die richtige Freundin, um ein ganzer Mensch zu sein. Sie brauchen nur eines: Seien Sie ganz Sie selbst!

Ihr Geist ist das wahre Selbst. Lassen Sie sich von ihm führen.

Seien Sie still. Lauschen Sie Ihrem Geist, der sagt: *Das bin ich, und ich bin gut genug.*

Im Schweigen vernehmen Sie die Stimme Gottes.

Hilf mir, Gott, so leise zu sein, dass ich dich hören kann.

Untersuchen Sie die Rollen, die Sie spielen

12. SEPTEMBER

In seinem *Buch der Menschlichkeit. Eine neue Ethik für unsere Zeit* schreibt der Dalai Lama, dass unsere Persönlichkeit in den meisten Fällen nicht statisch ist. Wir haben nicht nur eine Seite, sondern viele. Und ebenso viele Rollen spielen wir im Leben.

Ich bin eine Alkoholikerin und Co-Abhängige auf dem Weg der Heilung. Ich bin Mutter und Schriftstellerin. Ich bin mit einem Mann befreundet und Fallschirmspringerin. Ich bin Geschäftsfrau, Unterhändlerin und ein weibliches Wesen. In jeder dieser Rollen drückt sich meine Persönlichkeit auf andere Weise aus. Ich mache dabei von verschiedenen Talenten und Charakterzügen Gebrauch.

Welche Rollen spielen Sie in Ihrem Leben? Die meisten von uns sind sich dessen bewusst, dass sie bei der Arbeit ein bestimmtes Verhalten an den Tag legen, zu Hause ein etwas anderes und beim Spiel manchmal noch ein ganz anderes. Einige neigen deshalb zu Schuldgefühlen. »Wenn die wüssten, wie ich zu Hause bin, würden sie mich als Chef niemals respektieren«, sagte mir einmal ein Mann.

Nehmen Sie sich Zeit, um die unterschiedlichen Facetten Ihrer Persönlichkeit kennen zu lernen. Achten und würdigen Sie sie alle. Jede Einzelne spielt in Ihrem Leben eine wichtige Rolle. Wenn Sie versuchen, einen Schritt nach vorn zu tun, sollten Sie kurz innehalten. Sorgen Sie dafür, dass sämtliche Eigenschaften optimal zusammenwirken.

Sie brauchen sich zu Hause nicht so zu verhalten wie am Arbeitsplatz. Möglicherweise sind Sie in den eigenen vier Wänden ja auch Ehefrau und Mutter. Schätzen Sie all Ihre diversen Rollen, und machen Sie sich klar, dass eine jede wertvoll ist.

Besinnen Sie sich dann darauf, die Grundsätze anzuwenden, die in allen Ihren Handlungen zum Ausdruck kommen sollen.

Unsere Rollen können sich ändern, aber die Ideale und Werte, nach denen wir leben, bleiben bestehen.

Hilf mir, Gott, sowohl die früheren als auch die jetzigen Aspekte meiner Persönlichkeit zu akzeptieren und zu achten. Leiste mir Beistand, damit ich darüber hinaus genügend Freiraum lasse, um sie durch neue Aspekte zu bereichern.

Übung: Nehmen Sie sich etwas Zeit, um in Ihr Tagebuch zu schreiben, welche verschiedenen Rollen Sie momentan spielen. Beschreiben Sie diese so genau wie möglich. Wenn Sie dann einmal nicht recht weiterwissen, nehmen Sie jede Ihrer Rollen einzeln unter die Lupe. Zum Beispiel möchte der oder die Berufstätige in Ihnen eine bestimmte Entscheidung treffen, die der Karriere förderlich ist, während das Elternteil-Ich dagegen vielleicht Einwände erhebt. Begreifen Sie jeden Aspekt Ihrer Persönlichkeit, und lernen Sie, Beschlüsse zu fassen, die dem *ganzen* Menschen zugute kommen.

Wie bezeichnen Sie sich? 13. SEPTEMBER

Als ich eines Tages im Auto zum Fallschirmspringercamp fuhr, gingen mir alle möglichen Gedanken durch den Kopf. Bald würde ich im Flugzeug sitzen, dann zur offenen Tür gehen und hinausspringen. Ganz allmählich stieg die Angst in mir auf. *Ich weiß nicht, ob ich das schaffe. Ja ich weiß noch nicht einmal, ob ich überhaupt Fallschirmspringerin werden möchte und ob dieser Weg für mich der richtige ist.*

»Aber du bist doch schon Fallschirmspringerin«, sagte eine leise Stimme.

Stimmt, dachte ich.

Als ich anfing, von meinen Suchtkrankheiten zu genesen, betrachtete ich mich als Drogenabhängige. »Ich heiße Melody

343

und bin drogenabhängig«, sagte ich leise in der Gruppe. Daraufhin ermahnte mich ein anderes Gruppenmitglied: »Du bist doch auch Alkoholikerin, und darum solltest du dich auch als solche bezeichnen.«

Zunächst sträubte ich mich gegen diese Aufforderung, dann aber beschloss ich, es auf einen Versuch ankommen zu lassen. Bei einem Gruppentreffen sagte ich schließlich mit lauter Stimme: »Ich heiße Melody und bin Alkoholikerin.«

Heute verstehe ich, warum es – nicht für den Mann in der Gruppe, sondern für mich – so wichtig war, dass ich mich als Alkoholikerin zu erkennen gab. Erstens, weil das die Wahrheit war. Um mich ganz auf meinen Heilungsprozess zu konzentrieren, musste ich sowohl bei Drogen als auch bei Alkohol abstinent bleiben. Und zweitens, weil dieser Mann – ob bewusst oder unbewusst – die Macht der Worte *Das bin ich* kannte.

Er wollte ja nicht, dass ich mich selbst erniedrigte oder einschränkte, sondern nur, dass ich mich mit dem Menschen identifizierte, der ich war und bin. Und indem ich dies berücksichtigte und zum Ausdruck brachte, trug ich dazu bei, mir eine neue Rolle zuzulegen und meiner Persönlichkeit eine weitere Facette hinzuzufügen. Heute – zum Zeitpunkt der Niederschrift des vorliegenden Buches und dank der Gnade Gottes – bin ich eine genesende Drogenabhängige und Alkoholikerin.

Die meisten von uns sind nicht einseitig. Wir sind Vater oder Mutter, Student(in), vielleicht jemand, der Drogen und Alkohol abgeschworen hat, und ein erwachsenes Kind. Während wir durchs Leben gehen, schlüpfen wir in immer andere Rollen.

Achten Sie darauf, wann Sie im Gespräch oder in Gedanken *Das bin ich* sagen – oder *Das bin ich nicht*. Überlegen Sie dann, wer Sie eigentlich sind, aber auch, wie Sie gerne sein möchten.

Stellen Sie fest, welche Wirkung die Worte *Das bin ich* auf Ihr Leben haben.

Wie bezeichnen Sie sich und wie nicht?

Geben Sie sich die Chance, ein neuer Mensch zu werden.

Hilf mir, Gott, die überaus bedeutsame Redewendung Das
bin ich *richtig und zum größtmöglichen Nutzen für meine
innere Entwicklung zu gebrauchen.*

Bestätigen Sie sich selbst   14. SEPTEMBER

Als ich mit dem Fallschirmspringen und der Fliegerei anfing,
merkte ich, dass ich mit diesen neuen Rollen oder Aspekten meiner Persönlichkeit nicht richtig zurechtkam. Und ich erinnerte
mich, dass ich zu Beginn meiner schriftstellerischen Arbeit ganz
ähnliche Probleme gehabt hatte. *Ich möchte Schriftstellerin sein,*
dachte ich, *bin es aber nicht – oder zumindest noch nicht. Zunächst einmal muss ich einige Bücher veröffentlichen und eine
gewisse Anzahl von guten Kritiken erhalten.*

Unter Umständen erfordert es mehrere Jahre und viele
Erfolge, bis wir im Hinblick auf eine bestimmte Tätigkeit uns
selbst und anderen Menschen versichern können: *Das bin ich.*
Ich bin Fallschirmspringerin. Ich bin Pilotin. Ich bin Schriftstellerin. Welche Macht doch die Worte *Das bin ich* besitzen!

Wenn Ihr erstes Kind gerade letzte Woche zur Welt kam,
haben Sie wohl kaum Erfahrung mit Kinderpflege und Erziehung, und doch sind Sie eine Mutter. Auch ohne die Auszeichnung für zehn Jahre Abstinenz konnte ich am ersten Tag meines
Heilungsprozesses ehrlich bekennen: »Ich bin eine genesende
Drogenabhängige und Alkoholikerin.«

Wer oder was möchten Sie gerne sein? Eine liebevolle Mutter,
ein treu sorgender Vater? Ein Mensch, der weder trinkt noch
Drogen nimmt? Eine wunderbare Freundin, ein echter Freund,
ein guter Ehepartner? Möchten Sie glücklich, friedlich und auf-
geschlossen sein? Sagen Sie sich nicht erst dann, wenn Ihnen
etwas gelungen ist: *Das bin ich,* sondern schon jetzt – anstatt
immer wieder nur zu betonen: *Das bin ich nicht.* Natürlich müssen Sie noch viel lernen. Selbstverständlich haben Sie noch

einen weiten Weg vor sich. Schließlich sind Sie noch nicht Meister Ihres Fachs. Aber das ist auch gar nicht nötig, damit Sie diese drei unscheinbaren Wörter aussprechen können: *Das bin ich.*

Tragen Sie zu Ihrer Persönlichkeitsentfaltung bei, indem Sie jene wirksame Formel *Das bin ich* benutzen und bekräftigen. Achten Sie dann darauf, wie eine neue innere Facette allmählich zum Vorschein kommt.

Hilf mir, Gott, dass ich meine Kreativität dafür einsetze, ein positiveres und erfüllenderes Leben zu führen. Möge ich die Worte Das bin ich *gebrauchen, um mich selbst so zu formen, wie es dir und mir vorschwebt.*

Übung: Ersinnen Sie Ihre persönlichen Bestätigungsformeln. Jeder muss seinen eigenen Weg gehen; jeder hat zu verschiedenen Zeiten unterschiedliche Bedürfnisse. Greifen Sie einen Lebensbereich heraus, an dem Sie gerade arbeiten. Wählen Sie dann eine Bestätigungsformel, die Ihnen hilft, den gewünschten Zustand herzustellen. Die ersten Worte müssen lauten: *Das bin ich:...* oder *Ich bin...* Sprechen Sie sich diese Formel sieben Mal laut vor, während Sie in einen Spiegel blicken. Wiederholen Sie das dreimal täglich – morgens, mittags und abends vor dem Schlafengehen. Führen Sie diese Übung konsequent an einundzwanzig Tagen hintereinander durch – oder so lange, bis Sie sich die Worte nicht mehr laut vorsagen müssen, eben weil Sie von deren Inhalt vollauf überzeugt sind.

Sie sind ein Kunstwerk 15. SEPTEMBER

Jede Kunst, die wir ausüben, ist nur eine Lehre. Die größte Kunst ist unser Leben.

M. C. Richards

Es besteht ein Unterschied zwischen dem, was Sie *tun*, und dem, was Sie *sind*.

Sie sind weitaus mehr als das, was Sie tun.

Allzu leicht verstricken wir uns in Tätigkeiten und Aufgaben, so dass wir uns nur noch durch sie definieren: Ich bin Mechaniker. Ich bin Parkplatzwächter. Ich bin Arzt. Ich bin Tellerwäscher. Wenn wir uns zu sehr mit der eigenen Arbeit verbinden, berauben wir uns der Möglichkeit, in eine andere Rolle zu schlüpfen. Indem wir glauben, für alle Zeit lediglich das zu sein, was wir gerade sind, beschneiden wir uns selbst.

Es ist äußerst schwierig, die Vorstellung, die wir von uns haben, zu ändern – aber auch sehr lohnend. Wenn uns in Kindheit und Jugend immer wieder eingetrichtert wurde, dass wir ungeschickt seien, werden wir uns später wohl auch dementsprechend verhalten – zumindest so lange, bis wir diese eingefleischte Überzeugung erkannt, losgelassen und durch eine andere ersetzt haben.

Beschränken Sie sich nicht, indem Sie glauben, mit Ihrem Tun identisch zu sein. Sehen Sie sich nicht mehr als ein statisches Wesen. Wie kann ich, wenn ich »nur« Parkplatzwächter bin, je darauf hoffen, jemanden durch meine Worte, meine Kunst, mein Leben zu beeinflussen? Wenn ich hingegen ein lebendiger, entwicklungsfähiger Mensch bin, der zufällig auf die Autos anderer Leute aufpasst, kann jede meiner Handlungen zu einer Symphonie werden. Dann kann ich auf jede Person, der ich begegne, eine positive Wirkung ausüben – und darüber hinaus von ihr ebenso etwas lernen wie sie von mir. Infolgedessen bin ich imstande, jene Einsichten zu gewinnen, die in der gegenwärtigen Lebensphase notwendig sind, und anschließend weitere geistige Fortschritte zu machen.

Gott verlieh uns die Kraft zur inneren Veränderung. Sie sind mehr als das, was Sie tun. Sie sind eine dynamische Seele, die hierher kam, um Erfahrungen zu sammeln, zu wachsen und sich zu wandeln. Formen Sie aus Ihrem Leben ein Meisterwerk.

Hilf mir, Gott, dass ich die Herrlichkeit meiner Seele erkenne. Ich danke dir für meine Fähigkeit, zu lernen und zu wachsen – und auch für meine Sterblichkeit.

Lassen Sie Ihrem schöpferischen Ich freien Lauf 16. SEPTEMBER

Wenn wir ein kreatives Leben führen wollen, dürfen wir keine Angst mehr haben, uns zu irren.

Joseph Chilton Pearce

Kreativität spiegelt sich nicht allein im künstlerischen Schaffen wider.

Kreativ sein heißt nicht nur, Bilder zu malen, Bücher zu schreiben oder Skulpturen aus Lehm zu formen. Die schöpferische Fähigkeit beschränkt sich nicht auf die Künstler.

Kreativität ist eine vitale, universelle Kraft, die jedem Menschen zugänglich ist und ihm hilft, sein Leben zu leben. Um mit dieser Kraft übereinzustimmen, müssen wir nur eines tun: unsere Ängste loslassen.

Brauchen Sie eine neue Idee, wie Sie dieses Zimmer in Ordnung bringen, diesen Aufsatz bewältigen, diese Beziehung klären können – oder wie Sie Ihr Leben in den Griff bekommen können? Dann gestatten Sie sich, kreativ zu sein. Lassen Sie Ihren Vorstellungen freien Lauf. Vertrauen Sie Ihrer Intuition, hören Sie auf Ihre innere Stimme.

Beachten Sie die unscheinbaren Ideen, die Sie haben und so leidenschaftlich lieben. Ignorieren Sie für einen Augenblick Ihren Verstand, und lassen Sie sich in den alltäglichen Angelegenheiten von Ihrer Kreativität leiten. Bitten Sie den Schöpfer um Beistand.

Zeige mir, Gott, wie kreativ ich bin und sein kann. Gib mir den Mut und die Bereitschaft, Fehler zu machen, während ich die Richtung meines Weges festlege.

Erfrischen Sie sich!   17. SEPTEMBER

Auf Ihrem Computer gibt es eine »Refresh«-Funktion, die Sie anklicken können, wenn Sie online sind. Dann arbeitet der Computer effizienter.

Manchmal werden auch wir ein wenig schwerfällig. Wir haben uns allzu sehr angestrengt, immer wieder über die gleichen Themen nachgegrübelt, immer wieder die gleichen Dinge getan. Dann brauchen wir dringend einen Tapetenwechsel. Oder wir müssen unseren Gedanken durch ein Gebet, eine Meditation, einige Freundesworte, ein gutes Buch neuen Schwung geben.

Möglicherweise lechzt unser Körper nach einer Erfrischung – nach einem kühlen Getränk, einem flotten Spaziergang, einem Nickerchen oder einer heißen Dusche.

Unter Umständen brauchen wir jedoch eine wirksamere Erfrischung: ein Wochenende in einem Badekurort oder einen Urlaub. Und wenn unser Budget begrenzt ist, können wir immer noch in der Natur zelten und ihre belebende Schönheit in uns aufnehmen.

Schauen Sie sich um. Die Welt ist voller Erfrischungen. Wenn Sie das nächste Mal stecken bleiben und total erschöpft sind, dann verausgaben Sie sich nicht noch mehr. Tun Sie alles Nötige, um wieder leistungsfähig zu sein und mühelos zu funktionieren.

Erfrischen Sie sich!

Gott, hilf mir einzusehen, wie wichtig es ist, mich in aller Ruhe zu erfrischen – und mir dann darüber nicht mehr den Kopf zu zerbrechen, sondern es einfach zu tun.

Zeigen Sie, dass Sie der Gegenwart gewachsen sind   18. SEPTEMBER

»Sie hätten mich mal sehen sollen, als ich jünger war. Damals war ich ganz anders.« – »Warte nur, bis ich älter und größer bin. Dann werde ich dir zeigen, was ich kann.«

Wenn wir nichts anderes tun, als uns an unsere frühere Stärke zu erinnern, dann verleugnen wir die Kenntnisse und Fähigkeiten, die wir gegenwärtig besitzen. Außerdem übersehen wir die Lektionen, die das Alter uns lehrt: Langsamer machen, zur Ruhe kommen, die Dinge so lassen, wie sie sind. Wenn wir andererseits unser Glück in die Zukunft verlegen, so berauben wir uns der Vitalität und der Freude unseres heutigen Lebens.

Hören Sie auf, ständig in Erinnerungen zu schwelgen oder das Vergnügen so lange aufzuschieben, bis Sie endlich größer und stärker und besser sind als jetzt.

Sie sind heute schon so gut, wie Sie es sein müssen. Seien Sie, wie Sie sind, und genießen Sie das.

Zeigen Sie, dass Sie der Gegenwart gewachsen sind.

Hilf mir, Gott, meine jetzigen Fähigkeiten optimal zu nutzen.

Was erwarten Sie?   19. SEPTEMBER

Der Schlüssel zum Leben und zur Kraft ist einfach. Wir müssen nur wissen, wer wir sind – was wir denken, was wir fühlen, was wir glauben, was wir durchschauen, ja sogar was wir ahnen. Wir müssen verstehen, wo wir waren, wo wir sind und wohin wir möchten. Diese Einsicht unterscheidet sich oft davon, wie wir unserer Meinung nach sein sollten, wie andere uns gerne hätten, was sie uns vorschreiben und was sie uns manchmal tatsächlich einreden.

Melody Beattie, *Nimm dich endlich, wie du bist*

Leicht verhaken wir uns in den Erwartungen, die andere Menschen uns gegenüber hegen. Und noch leichter verhaken wir uns manchmal in den Erwartungen, die sie *unserer Meinung nach* uns gegenüber hegen.

Eine der gefährlichsten Fallen, in die wir tappen können, ist die, dass wir uns in selbst gefertigte Schablonen pressen. Dann bemühen wir uns so intensiv darum, diesem Selbstbild zu entsprechen, dass wir ganz vergessen, wer wir eigentlich sind. Es ist schon schwer genug, sich von den – offensichtlichen oder unterschwelligen – Erwartungen freizumachen, die andere Leute in uns setzen. Aber noch brenzliger wird es, wenn wir uns einreden, so zu sein, wie sie es *unserer Meinung nach* erwarten – ungeachtet dessen, ob sie tatsächlich solche Erwartungen haben oder nicht.

Schauen Sie in den Spiegel. Wenn Sie einen Menschen sehen, der auf gewisse Klischees reduziert wurde, die ihm nicht gerecht werden oder die nicht mehr zutreffen, dann befreien Sie sich davon.

Hilf mir, Gott, mein Ego loszulassen – zugleich aber nicht mehr den von mir selbst gezeichneten Karikaturen zu entsprechen, wie ich meiner Meinung nach sein sollte.

Übung: Widmen Sie sich in dieser Woche zwei Tätigkeiten, die Sie gerne mögen und die andere Leute nicht von Ihnen zu erwarten scheinen. Tun Sie jedoch nichts, was Sie verletzen könnte oder jemand anders in gemeiner Weise schaden würde. Möglicherweise wird es Sie überraschen, wie einfach und lustig es ist, Sie selbst zu sein.

Leben Sie Ihr Leben　　　　20. SEPTEMBER

Sobald man sagt: »Ich will mich ändern« und die dafür nötigen Schritte ins Auge fasst, wird eine Gegenkraft wirksam, die das verhindert. Veränderungen geschehen von selbst. Wenn man sich mit

*der eigenen Persönlichkeit bewusst auseinander setzt und deren
Facetten akzeptiert, dann tritt die Veränderung automatisch ein.
Das ist das Paradox des inneren Wandels.*

Frederick S. Perls

Dr. Frederick S. Perls, der Begründer der Gestalttherapie, hat
mein Leben tief greifend beeinflusst. Während meiner Arbeit in
Therapiegruppen wurde mir Folgendes bewusst: Einem Gefühl
»Gestalt« zu geben bedeutet, dass man sich ihm ganz überlässt,
sich damit identifiziert und es ebenso bedingungslos akzeptiert wie
die betreffende Erfahrung, um auf diese Weise über das Gefühl
hinwegzukommen, davon geheilt oder damit fertig zu werden.

Wie ändern wir uns? Zwingen Sie sich zu nichts. Lassen Sie die
Veränderung einfach geschehen. Seien Sie so, wie Sie sind. Tau-
chen Sie so tief wie möglich in Ihre Erfahrungen, Ihre Gefühle,
Ihr Wesen ein.

Wenn Sie wieder auftauchen, werden Sie anders sein.

Akzeptieren Sie sich dann.

Führen Sie Ihr Leben nicht bloß vom Verstand her. Leben Sie es.

*Hilf mir, Gott, mich selbst, meine heutigen Gefühle und
meine gegenwärtige Situation zu akzeptieren. Sorge dafür,
dass ich morgen das Gleiche tue.*

Würdigen Sie Ihre Beziehungen   21. SEPTEMBER

*Die Dinge verdanken ihr Sein und ihre Natur der wechselseitigen
Abhängigkeit. Allein sind sie nichts.*

Nagarjuna

Wir sind von vielen Menschen und Dingen abhängig – nicht nur
um des Überlebens, sondern auch um der Freude willen. Wir
benötigen auf dieser großen Reise zum Beispiel Nahrung, Wasser und die Gesellschaft unserer Weggefährten.

Aufgrund unserer Einstellung, stets für das eigene Wohl zu sorgen, sind wir relativ unabhängig; trotzdem brauchen wir unsere Umgebung, um zu leben und wirklich lebendig zu sein.

Wir sind ein Teil des Ganzen, der zwar in sich vollständig ist, zugleich aber auch abhängig. Wir sind auf die anderen Teile ebenso angewiesen wie sie auf uns.

Wir werden beeinflusst von den Menschen, die uns nahe stehen, und beeinflussen sie ebenfalls durch unsere Gedanken, Worte und Verhaltensweisen. Wir können die anderen nicht kontrollieren. Man beachte nur einmal, wie sich unsere Beziehungen ändern, je nachdem, ob wir sanft und liebevoll sind oder ob wir herumschreien.

Obwohl es wunderbar ist, das Geschenk des Lebens als solches zu feiern, wird die Welt doch interessanter und lebendiger, wenn wir auch die einzelnen Menschen und Dinge darin genau wahrnehmen. Der Körper kommt nicht ohne Nahrung aus, und unsere seelische Erfahrung wäre äußerst eingeschränkt, wenn wir auf die Gesellschaft anderer Seelen verzichten müssten.

Gewiss, wir brauchen keinerlei Erwartungen zu erfüllen – dürfen indes nicht vergessen, dass unsere Aktionen eine Wirkung auf die Menschen ringsum haben. Und natürlich steht es uns frei, so zu denken, zu fühlen, zu handeln, wie wir wollen – doch jede unserer Gesten macht sich im Leben der anderen bemerkbar.

Wir sind nicht verantwortlich für die anderen, aber wir haben ihnen gegenüber bestimmte Verpflichtungen.

Genießen Sie Ihre Freiheit in vollen Zügen – doch würdigen und achten Sie auch Ihre Beziehungen. Übernehmen Sie die Verantwortung dafür, wie Sie heute jeden Menschen und jedes Ding berühren und wie Sie mit ihnen in Verbindung treten.

Seien Sie ehrfürchtig, mitfühlend und respektvoll gegenüber sich selbst und allen Wesen dieser Welt.

Gott, sorge dafür, dass ich dem Leben Verehrung und Achtung entgegenbringe.

Seien Sie einzig und allein Sie selbst

22. SEPTEMBER

Wir entdecken die Eigenart unseres Charakters, wenn wir nicht mehr versuchen, mit den eigenen Vorbildern oder denen anderer Menschen übereinzustimmen, wenn wir lernen, wir selbst zu sein, und zulassen, dass sich unsere natürlichen Kanäle öffnen.

Shakti Gawain

Wir haben mit anderen Menschen vieles gemeinsam. Und indem wir diese Ähnlichkeiten würdigen, wird unsere innere Entwicklung, werden unsere Veränderung und unser Heilungsprozess noch unterstützt. Zugleich jedoch ist jeder von uns einzigartig. Jeder hat seine Stärken und Begabungen, seine Schwächen und wunden Punkte – infolgedessen also eine besondere Persönlichkeitsstruktur. Das Ziel des geistigen Wachstums besteht nicht darin, die charakteristischen Merkmale auszumerzen, sondern darin, sie zu fördern und zu verfeinern, so dass jeder sie kreativ zum Ausdruck bringen kann.

Wir sollen nicht so sein wie jemand anders. Vergleiche bereiten uns Unbehagen, weil sie dazu führen, dass wir überheblich werden oder aber uns unzulänglich fühlen.

Sie sind Sie. Das Wunder des Lebens ereignet sich dann, wenn Sie Ihren eigenen Rhythmus finden, wenn Sie Ihre persönliche Sichtweise, Ihren Pinselstrich, Ihre Sprache oder Ihre spezielle Kombination entdecken.

Es gibt eine alte Geschichte über einen Schriftsteller, der seinen Lehrmeister aufsucht und erklärt: »Meister, sämtliche Geschichten wurden bereits erzählt. Es ist nicht nötig, dass ich schreibe. Alles, was gesagt werden muss, wurde schon aufgeschrieben.«

»Stimmt, es gibt keine neuen Geschichten«, erwiderte der Lehrer. »Die großen, allgemeinen Lektionen finden seit jeher statt. Und seit Urgedenken stand die Menschheit unter dem Einfluss der immer gleichen Themen. Aber niemand sieht die

Dinge mit deinen Augen. Und niemand sonst in der Welt wird eine Geschichte genau so erzählen, wie du es tust. Geh jetzt zu deinem Schreibtisch zurück, nimm deinen Stift zur Hand, und erzähle der Welt, was du siehst.«

Die Schönheit der Welt offenbart sich sowohl in unseren Ähnlichkeiten als auch in unseren Unterschieden. Betrachten Sie diese Schönheit, die durch Sie hindurch strahlt, aus Ihrer Perspektive, und verleihen Sie ihr dadurch einen eigentümlichen Reiz.

Ego und Persönlichkeit sind nicht dasselbe. Ignorieren Sie das Ego, und lassen Sie Ihre Persönlichkeit mit all ihren Reichtümern, Schwächen und Schrullen zum Vorschein kommen.

Respektieren Sie, dass Sie mit anderen Menschen vieles teilen. Seien Sie dann aber einzig und allein Sie selbst.

Danke, Gott, dass du mich zu einem einzigartigen Menschen gemacht hast.

Sie verfügen über große Kraft   23. SEPTEMBER

Wenn du den Buddha siehst, dann bring ihn um.

Zen-Koan

In den ersten Jahrhunderten nach dem Tod Buddhas existierten keinerlei Bildnisse von ihm. Nur sein Dharma – seine Lehre – wurde von der einen Generation an die nächste weitergegeben. Schließlich wollten die Menschen jedoch ein Bild haben, das sie an Ihr Ideal erinnerte; von da an und aus diesem Grund wurden Buddha-Statuen geschaffen.

Diese haben den positiven Effekt, dass sich die Anhänger des Buddhismus immer wieder jene Grundsätze vergegenwärtigen, die sie im Leben zu verwirklichen suchen. Problematisch ist nur, dass sie möglicherweise dazu verführt werden, die Statuen abgöttisch zu verehren, und vergessen, den Bewusstseinszustand zu erstreben, in dem der Buddha sich befand.

Wir neigen dazu, Lehrer, Ratgeber und andere Menschen, die zu unserer inneren Entwicklung beitragen, zu Idolen zu machen. Wir betrachten sie und denken, sie besäßen den Schlüssel zum Erfolg, zur Freude, zur Erleuchtung.

Hören Sie auf, andere auf einen Denkmalssockel zu stellen. Schauen Sie in den Spiegel.

Sie besitzen alle wesentlichen Eigenschaften, um Ihre Lektionen zu lernen, weiter zu wachsen und Erfolge zu erzielen. Sie haben den nötigen Mut, um zu scheitern und es dann noch einmal zu versuchen. Sie besitzen im Innern all das, was Sie brauchen, um zu leben und Ihren eigenen Weg zu gehen.

Sie sind nicht nur genau dort, wo Sie sein müssen – Sie können von hier aus auch jeden anderen Ort erreichen, den Sie ins Auge fassen. Sie und ich, wir verfügen beide über die erforderliche Kraft, um jene Einsichten zu gewinnen, derentwegen wir in diese Welt gekommen sind.

Bringe mir bei, Gott, dass ich alles, was ich brauche, in meinem Innern finde.

Stellen Sie einen bewussten Kontakt her 24. SEPTEMBER

Gott muss in unserem Bewusstsein aktiv werden.

Joel S. Goldsmith

Gott ist von dieser wunderbaren Welt, die er hervorbrachte, nicht getrennt. Vielmehr ist er die kreative Energie hinter allem, was wir tun. Er ist der Sonnenaufgang, der Mondaufgang, die Gezeiten, die Sonnenfinsternis. Er erschuf uns aus dem Nichts, und wir sind nur deshalb so besonders, weil wir existieren. Wenn wir das Gefühl, isoliert zu sein, loslassen und die Tatsache akzeptieren, dass wir zum Universum dazugehören, geschieht etwas Verblüffendes: Wir erkennen, dass wir ein Teil seiner Pracht sind.

Gott ist mehr als ein großer Vater, der von oben seine Urteile fällt und auf seine Schöpfung mit einer Mischung aus Liebe und Wut herabblickt. Wir wurden nach Gottes Bild geformt. Wir sind ein Teil von Ihm, und ein Teil Seines Geistes ist in jedem von uns. Wir haben teil am universellen Bewusstsein.

Ganz gleich, ob Sie heute deprimiert und traurig oder unbeschwert und froh sind – erübrigen Sie etwas Zeit, um mit jenem göttlichen Geist in Berührung zu kommen, der Ihnen innewohnt. Sie sind ein Teil von etwas, das Ihre unbedeutenden Siege und Niederlagen übersteigt. Genießen Sie Ihre Einzigartigkeit, und bejahen Sie auch Ihre Universalität. Finden Sie in allem Trost und Demut.

Entdecken Sie Gott in Ihrem Leben und in der Welt. Beten und meditieren Sie.

Stellen Sie einen bewussten Kontakt zu Ihrem Gott her.

Hilf mir, Gott, heute ganz bewusst mit dir in Verbindung zu treten.

Füllen Sie die Leerstellen aus   25. SEPTEMBER

Die Magie einer Geschichte liegt im Raum zwischen den Worten.

Wenn wir einen Roman lesen, stellen wir oft fest, dass der Autor die Szenen nur spärlich konturiert – aber dass unsere Vorstellungskraft aufgrund der eigenen Erfahrungen, Hoffnungen und Wünsche die Leerstellen ausfüllt. Er braucht uns nicht alle Details zu liefern.

Im Leben ist es nicht anders. Häufig erkennen wir lediglich den Umriss des Weges, dem wir folgen sollen – doch wenn wir zur Ruhe kommen und der inneren Stimme lauschen, vernehmen wir die Einzelheiten, die uns Schritt für Schritt mitgeteilt werden. Wir brauchen sie nicht alle im Voraus zu erfahren. Sonst gäbe es ja keinen zwingenden Grund, die Reise zu machen. Wir könnten einfach ein Buch darüber lesen.

Erheben Sie sich.

Gehen Sie Ihren Weg mit innerer Anteilnahme.

Füllen Sie die Leerstellen selbst aus.

Gott, gib mir die Stärke herauszufinden, wie die Geschichte endet, indem ich sie bis zum Ende auslebe – anstatt den Wunsch zu hegen, dass sie mir nur vorgelesen wird.

Verbinden Sie sich 26. SEPTEMBER

Was sagte der buddhistische Mönch zum Hot-Dog-Verkäufer? Können Sie mir einen mit allem machen? Oder: Können Sie mich mit allem vereinigen? (Can you make me one with everything?)

Ich legte den Sicherheitsgurt in der kleinen Cessna an und bereitete mich auf meinen Übungsflug vor, als mein Lehrer Rob sich an mich wandte.

»Ich nehme mir beim Anschnallen immer einen Augenblick Zeit, um mir zu sagen, dass ich mit dem Flugzeug eins werde«, erklärte Rob. »Das hat mir am Anfang, als ich noch nervös war und mich von der Maschine völlig getrennt fühlte, sehr geholfen.«

Was für eine großartige Idee, dachte ich. An diesem Tag verbrachte ich eine meiner angenehmsten Flugstunden. Sie erinnerte mich an eine Lektion, die ich eine Weile zuvor gelernt hatte.

Die meiste Zeit meines Lebens hatte ich den Eindruck gehabt, getrennt zu sein von mir selbst, von den anderen Menschen, vom Leben. Dieses Gefühl verfolgte mich. Eben deshalb versuchte ich so verzweifelt, mich auf co-abhängige Weise an Leute, Orte und Dinge zu binden.

Im Laufe der Jahre wurde mir allmählich klar, dass ich einer Täuschung erlegen war. Die gleiche Energie, die gleiche Lebenskraft, die das gesamte Universum erfüllt, strömt auch durch Sie und mich hindurch.

Wir sind miteinander verbunden, ob wir es wissen oder nicht. Niemand braucht Sie mit allem zu vereinigen. Sie sind es bereits.

Lassen Sie die falsche Vorstellung los, getrennt zu sein. Verbinden Sie sich.

Gott, verhilf mir zu der Einsicht, dass ich mit der Welt eins bin. Offenbare mir, wie tief verbunden ich mit allem bin, damit ich keine Beziehungen eingehe, die nicht funktionieren.

Nehmen Sie Ihr Leben in Besitz 27. SEPTEMBER

Sind Sie bereit, für diese Matte die Verantwortung zu übernehmen, sie zu besitzen? Das heißt nicht, dass die Matte nicht auch allen anderen gehörte. Wenn Sie stark genug sind, sie als die Ihre anzuerkennen, dann sind Sie zugleich stark genug, sie den anderen zu überlassen.

George Leonard

In seinem Buch *The Way of Aikido* [Die Methode des Aikido] befasst sich George Leonard mit der Vorstellung, *die Matte in Besitz zu nehmen.* Im Zusammenhang mit dem Aikido verweist er auf eine Art Besitzergreifung, auf eine bestimmte Präsenz, die er sowohl während der Ausübung seiner Kampfsportart auf der Matte als auch im Leben zu demonstrieren lernte.

Viele subtile Einstellungen und frühere Konditionierungen – etwa Schuldgefühle, die Zwangsvorstellung, Opfer zu sein, Faulheit, der Umgang mit herrschsüchtigen, wütenden oder gemeinen Menschen – können uns daran hindern, das eigene Leben und die Welt, in der wir uns bewegen, in Besitz zu nehmen.

Einmal war ich bei meiner Tochter zu Besuch. Kurz zuvor hatte sie sich einen neuen Hund namens Stanley zugelegt. Anstatt herumzuhüpfen und mich zu begrüßen, wie sein Vorgänger es getan hatte, verkroch sich Stanley schüchtern in der Ecke.

»Er kommt aus dem Tierheim«, erklärte Nichole. »Seine früheren Besitzer haben ihn schlimm misshandelt. Er fürchtet sich davor, allzu viel herumzulaufen und dafür geschlagen zu werden. Also sitzt er ganz still da in der Hoffnung, niemanden zu stören.«

Ich dachte: *Dieser Hund erinnert mich an mich.*

Befreien Sie sich von Ihren negativen Prägungen. Egal, was Ihnen widerfuhr – heute ist ein neuer Tag. Außerdem ist das Ihr Glückstag: Sie haben gerade eine Erbschaft gemacht. Sie besitzen jetzt Ihre eigene Welt – Ihr Leben, Ihre Gefühle, Ihre Finanzen, Ihre Beziehungen, Ihre Entscheidungen. Betreten Sie selbstbewusst die Matte Ihres Lebens. Heißen Sie andere Menschen herzlich willkommen, denn auch ihnen gehört die Welt. Ob Sie an Ihren Arbeitsplatz gehen oder einen Einkaufswagen durch die Gänge des Supermarkts schieben – stehen Sie aufrecht, handeln Sie aus Ihrer inneren Mitte heraus, und seien Sie für alles offen.

Willkommen in Ihrer Welt!

Bringe mir bei, Gott, was es heißt, zu leben und leben zu lassen.

Übung: Betrachten Sie jeden Bereich Ihres Lebens: Beruf, zwischenmenschliche Beziehungen, Gefühle, Finanzen, Freizeit, Ihren Körper und Ihre geistige Entwicklung. Haben Sie in einem dieser Bereiche Ihren Besitzanspruch eingebüßt oder aufgegeben? Wenn ja, dann ist heute ein guter Tag, um diesen Anspruch wieder geltend zu machen.

Sie sind für sich selbst verantwortlich

28. SEPTEMBER

Wir können Aufgaben delegieren, nicht aber die Verantwortung, die uns obliegt.

Es ist völlig normal, manche Aufgaben auf andere Menschen zu übertragen. Wir engagieren Leute, die bestimmte Dinge für uns tun. Wir gehen zu einem Therapeuten oder einem Heiler, damit er uns hilft, einige innere Probleme zu lösen. Aber die Verantwortung dafür, welche Ratschläge wir befolgen und welche Entscheidungen wir anschließend treffen, tragen letztlich allein wir.

Es ist nicht schwer, in Trägheit zu verfallen. Wir können dazu übergehen, unsere Entscheidungen von einem Freund, einem Angestellten oder sogar von einem erfahrenen Therapeuten treffen zu lassen. Wir können unserem Gegenüber zuhören und seinen Rat blind befolgen. Dann brauchen wir keine Verantwortung für unser Leben zu übernehmen. Wenn die Sache nicht klappt, können wir immer noch sagen: »Du hast dich geirrt. Schau nur, in welche Schwierigkeiten du mich gebracht hast! Ich bin wieder einmal das Opfer.«

Das stimmt. Doch im Grunde sind Sie das Opfer Ihrer selbst.

Wir haben die Möglichkeit, auf die Ratschläge anderer Menschen zu hören und uns von ihnen helfen zu lassen; aber wenn sie etwas für uns tun, wofür wir einstehen müssen, so tragen am Ende doch wir die Verantwortung für die Entscheidung und für deren Konsequenzen.

Sichern Sie sich die Unterstützung zu, die Sie benötigen. Delegieren Sie Ihre Aufgaben. Aber begeben Sie sich nicht Ihrer Stärke, Ihres Einflusses. Vergessen Sie nicht: Sie können denken, fühlen, für das eigene Wohl sorgen und Probleme lösen.

Seien Sie nicht faul. Entledigen Sie sich nicht der Verantwortung für Ihr Leben.

Gott, erinnere mich daran, dass ich für mich verantwortlich bin.

Vergessen Sie nicht, für das eigene Wohl zu sorgen   29. SEPTEMBER

Jenna traf sich mit einem neuen Mann. Wie viele andere Frauen war sie ein wenig frustriert wegen all der Versager, die bisher ihren Weg gekreuzt hatten. Sie nahm sich vor, ihn auf die Probe zu stellen. Sie wollte herausfinden, ob er sie wirklich gut behandeln würde.

Als er anrief und sie fragte, worauf sie Lust hätte, sagte sie, dass er mit ihr doch eine kleine Reise machen solle.

»Hawaii wäre schön«, erklärte sie. »Du besorgst die Tickets. Und such dort auch ein nettes Plätzchen aus, wo wir wohnen können. Ich will nicht in einem schäbigen Hotel übernachten.«

Er hatte genügend Geld. So stellte sie sich vor, dass es eine exquisite, luxuriöse Reise werden würde: Erster-Klasse-Flug, Limousinen und eine Villa mit Dienstmädchen und Koch.

Am Tag der Abreise fuhren sie im Taxi zum Flughafen. Nachdem beide in die Maschine gestiegen waren, führte er sie zu den hinteren Sitzreihen. Als der Steward kam und fragte, wer einen Film ansehen wolle, schüttelte der Freund den Kopf und vertiefte sich wieder in sein Buch. Sie musste vier Dollar hervorkramen, um für den Film zu bezahlen.

Während des gesamten Flugs nach Hawaii saß sie zusammengesunken da und war verstimmt. Dort angekommen, brachte er sie in eine Eigentumswohnung, die er für diesen Aufenthalt gemietet hatte, fuhr sie dann in einem Leihwagen zum Lebensmittelgeschäft und sagte: »Such dir aus, was du kochen möchtest.«

Fast die ganze Zeit über schmollte sie, doch als sie wieder zu Hause waren, beschloss sie, ihm noch eine Chance zu geben.

Als er sie anrief und fragte, was sie am nächsten Freitagabend unternehmen wolle, antwortete sie, dass ein Film genau das Richtige wäre. Sie legte auf, zog ihre besten Sachen an und machte sich das Haar zurecht. Sie dachte, dass er sie in ein schönes Kino führen würde.

Er holte sie ab und fuhr dann zur nächsten Videothek. »Geh rein und such dir einen Film aus«, sagte er. »Willst du ihn bei dir oder bei mir anschauen?«

Die Moral der Geschichte ist zugleich einfach und doppeldeutig. Die erste Lektion lautet: Wenn Sie genau wissen, was Sie wollen, müssen Sie es klar und deutlich zum Ausdruck bringen. Und die zweite Lektion lautet: Sie sollten besser nicht darauf warten, dass andere Leute für Ihr Wohl sorgen. Auch wenn jemand sich dazu bereit erklärt, sind Sie vielleicht nicht einverstanden mit seiner Vorgehensweise.

Obwohl es angenehm ist, Menschen um sich zu haben, die einen lieben und unterstützen, sollten wir die nötigen Vorbereitungen treffen, selbst für unser Wohl zu sorgen.

Gott, möge ich nicht vergessen, dass es meine eigene Aufgabe ist, auf mich Acht zu geben.

Bekennen Sie sich zu Ihrer Stärke
30. SEPTEMBER

Wieder einmal befand ich mich in einem Flugzeug, das gen Himmel stieg. Wie gewohnt fummelte ich an meiner Ausrüstung herum. Brady Michaels, ein Stuntman und Fallschirmspringer, den ich kennen und schätzen gelernt hatte, saß mir gegenüber auf der anderen Seite des Ganges.

»Wie geht es dir, Melody?«, fragte er in sanftem Ton, so als wollte er das wirklich wissen.

»Ich habe Angst«, antwortete ich.

»Glaubst du an Gott?«

»Ja.«

»Nun, dann geh zu dieser Tür, spring hinaus, und zieh die Reißleine, wenn es so weit ist«, sagte er. »Und vergiss nicht, dabei auch Spaß zu haben.«

Sich zur eigenen Stärke zu bekennen kann eines der schwierigsten Probleme sein, mit denen wir im Heilungsprozess zu tun haben. Wie groß ist mein Beitrag? Wann leiste ich ihn? Wie groß ist Gottes Beitrag? Für welche Bereiche meines Lebens bin ich selbst verantwortlich, über welche bestimmt das Schicksal?

Man kann jahrelang eine Therapie machen und über seine Gefühle sprechen – aber sie wirklich loszulassen, die Ängste zu

363

überwinden und dann weiter voranzuschreiten, ist ganz etwas anderes. Man kann auf die Universität gehen, um sich auf den Beruf vorzubereiten, den man später ausüben möchte. Man kann eine Wunschliste unter das Kopfkissen legen und jede Nacht darauf schlafen – doch das ist nicht damit zu vergleichen, dass wir auf den Plan treten und die Aufgabe tatsächlich in Angriff nehmen: ob wir nun einen Roman schreiben, ein Unternehmen gründen, das Kuchenbacken erlernen oder eine Staffelei kaufen und darauf ein Bild malen. Man kann sämtliche Reiseführer in der Bücherei lesen – aber das heißt noch lange nicht, dass man ins Flugzeug steigt, um an einen Ort zu fliegen, den man immer schon sehen wollte.

Wir können eine Million Mal die Gruppentreffen im Rahmen des Zwölf-Schritte-Programms besuchen – doch das lässt keine Rückschlüsse darauf zu, ob wir konkret an jedem einzelnen Schritt arbeiten.

Wie Andy, mein Lieblingslehrer beim Fallschirmspringen, mir erklärte, darf man drei Dinge nicht vergessen:

Die Schwerkraft wirkt immer. Die Erde geht dir nicht aus dem Weg. Und Gott zieht nicht deine Reißleine.

Wir haben unser Leben und unseren Willen Gott anvertraut. Jetzt ist es an der Zeit zu begreifen, was es heißt, mit der eigenen Stärke übereinzustimmen und sich zu ihr zu bekennen.

Hilf mir, Gott, dass ich mich zu meiner Stärke bekenne und auf diese Weise mein Wohlbefinden gewährleiste. Bring mir bei, diese Sache gut zu machen.

Oktober

Sagen Sie: Das sehe ich

Sagen Sie: Das sehe ich   1. OKTOBER

Kurz nachdem ich mit dem Fallschirmspringen begonnen hatte, kam mir – mitten in der Absprungzone – eine Idee. *Ich weiß, dachte ich, dass ich mir hier draußen eine Hütte kaufen werde – auf einem Berg gelegen, mit einer Badewanne, einem Kamin und Balken aus duftendem Zedernholz. Wäre es nicht schön, hoch oben auf einem Berg zu leben und nachts auf die funkelnden Lichter hinabzuschauen, die Stadt und den See zu überblicken?*

Ich machte mir darüber keine großen Gedanken mehr, bis dann die kalte, regnerische Jahreszeit anfing. Obwohl ich mich gezwungen hatte, den Traum von der Hütte zu vergessen, tauchte er erneut auf, so als würde er meinem tiefsten Innern entspringen.

Ich rief meinen Freund Kyle an und fragte ihn, ob er beschäftigt sei. Er verneinte. Also bat ich ihn, mit mir im Auto ein wenig herumzufahren.

»Ich will mir nur die Gegend ansehen«, sagte ich. »Vielleicht finden wir die passende Hütte. Lass uns einfach dahin fahren, wo mich meine Intuition hinführt.«

Wir fuhren den Highway 15 entlang, als eine Ausfahrt kam. Sie zu nehmen, erschien mir genau richtig. Wir bogen ab und bewegten uns nun in westlicher Richtung. Ich blickte nach rechts und verspürte plötzlich den Drang, den Hügel hinaufzufahren. Also folgten wir der ansteigenden Straße und passierten ein Haus nach dem anderen. Am Ende dieser Straße, oben auf dem Berg, lag eine kleine Hütte. Die Fassade war aus grobem Zedernholz. Auf der Stirnseite befand sich ein Kamin aus Ziegelstein, im hinteren Garten stand eine Badewanne – und im Vorgarten ein Schild mit der Aufschrift »Zu verkaufen«.

Die Geschichte geht noch weiter. Chip war ebenfalls sehr angetan von meinem Traum. Irgendwann sprachen wir nicht mehr von der »Hütte«, sondern von der »Blue Sky Lodge«. Pat und Andy halfen mir, den Traum zu verwirklichen. Die »Blue Sky

Lodge« sollte ein gemütlicher Ort werden für Menschen, die sich gerne im Freien betätigen. Wir wollten zusätzliche Betten haben. Die Lodge sollte zwar kein Hotel sein, aber jedem Gast offen stehen, der seine Flügel ausbreiten und fliegen lernen wollte.

Während der Renovierungsarbeiten zelteten wir neben der Lodge. Alles dauerte länger, als wir dachten, aber schließlich erwies sie sich als der Ort unserer Träume.

Es gibt darin einen Billardtisch, eine Dart-Scheibe, ein versponnenes Gästezimmer (»Clownszimmer«), ein behagliches Gästezimmer, ein Wohnzimmer mit einem massiven Kamin und einem Großbildfernseher. Dann ist da noch das Blaue Zimmer: mein Schlafzimmer mit einer blauen Wolltapete. Es beherbergt das größte, bequemste Bett der Welt – das »Wolkenbett« – sowie meinen Schreibtisch.

Die Decke ist von rötlichen Zedernholzbalken durchzogen. Chip hat seinen Schreibtisch in der Diele; darauf befinden sich Fotoapparate, Videokameras und Computer. Überall im Haus liegen Bücher herum, CDs, Reisetaschen, Fallschirme, Helme und Kletterseile.

Die Blue Sky Lodge ist der beste Beweis dafür, dass Träume Wirklichkeit werden können.

Ob Ihnen Ihre Träume in kleinen Ausschnitten und innerhalb eines längeren Zeitraums bewusst werden oder ob Sie Visualisierungsübungen machen, um sie zu erkennen und sich darauf zu konzentrieren: Träume sind nur ein weiteres Medium, durch das Gott mit uns kommuniziert.

Sie geben Ihnen zu verstehen: »Schau, was du alles haben kannst.«

Zur Sprache des Loslassens gehört vor allem auch, dass wir lernen zu sagen: »Ich sehe, was ich haben kann, wer ich bin, wo ich bin und was ich im Moment habe.«

Hilf mir, Gott, mein Bewusstsein zu schärfen.

Formen Sie Ihre Wirklichkeit 2. OKTOBER

In der Absprungzone gibt es gewöhnlich ein kleines Büro, in das der Fallschirmspringer vor dem Start geht. Hier werden die Pläne konkret. Man muss sein Ticket vorlegen und für einen bestimmten Flug eingetragen sein. Manchmal geschieht zwar etwas Unerwartetes. Der Wind kann so stark werden, dass der geplante Flug ausfällt. Oder der Himmel bewölkt sich. Irgendein Wetterumschwung oder ein anderer Zwischenfall könnte den Fallschirmspringer davon abbringen, ins Flugzeug zu steigen. Doch im Grunde gilt: Wer sich im Büro gemeldet hat, wird auch starten, an die offene Tür des Flugzeugs treten und aus einer Höhe von 12 500 Fuß in die Tiefe schauen, während die anderen Fallschirmspringer ihm zuschreien, er solle doch endlich springen.

Wenn Sie nicht an dieser Tür stehen und den Versuch wagen wollen loszulassen, selbst wenn Sie sich dabei fragen, wie Sie überhaupt an diese offene Tür gekommen sind, dann sollten Sie gar nicht erst im Büro erscheinen.

Wie die Vorgänge in der Welt der Fallschirmspringer konkret werden, ist leicht nachzuvollziehen. Aber es ist gar nicht so leicht zu sehen, wie sie in unserem täglichen Leben konkret werden.

»Wie bin ich denn bloß hierher gekommen?«, fragen wir uns, während wir die Stadt betrachten, in der wir leben, oder den Menschen, den wir geheiratet haben, oder die Arbeit, die wir verrichten. Natürlich haben zu einem guten Teil unsere Höhere Macht und das Schicksal bestimmt, wo wir jetzt stehen.

Wir aber auch.

Unsere eigenen Entscheidungen leiten uns, tragen dazu bei, unser Schicksal zu formen. Unsere Gedanken, Vorstellungen und Absichten prägen unsere gegenwärtige Situation mehr, als wir uns je vorstellen könnten.

Das Problem liegt darin, dass zwischen unseren Absichten oder ursprünglichen Verhaltensweisen und ihrer Konkretisierung beziehungsweise Auswirkung meistens eine Kluft besteht.

Wenn ein bestimmtes Ereignis eintritt, haben wir schon wieder vergessen, dass B deshalb geschah, weil wir A taten. Die progressive Wirkung der zahlreichen Entscheidungen, die wir im Laufe eines Tages treffen, ist nicht ohne weiteres zu ermessen.

Ich behaupte nicht, dass wir alles, was uns passiert, selbst verursachen. So viel Macht haben wir nicht. Aber Gott ist nicht allein verantwortlich für den ganzen Kram, mit dem wir konfrontiert sind. Der geht zum großen Teil auf unser Konto.

Achten Sie darauf, welche Worte Sie benutzen, zumal auf jene, die mit heftigen Gefühlen oder einem starken Willen verbunden sind. Wenn Sie ein Projekt in die Praxis umsetzen wollen, dann sollten Sie Ihre Sache auch gut machen.

Gott, zeig mir, welche schöpferischen Kräfte ich besitze, zumal die Kraft, in meinem Leben neue Tatsachen zu schaffen. Bring mir bei, diese Kräfte so einzusetzen, dass die Welt harmonischer und schöner wird.

Seien Sie sich Ihrer Absichten bewusst 3. OKTOBER

Ihr inneres Selbst ist klar und versteht keine Zweideutigkeit. Wann immer Sie es auffordern, Ihren Wünschen Ausdruck zu verleihen, müssen Sie ihm also absolut klare Anweisungen geben … Ihr natürliches Selbst ist ziemlich angetan davon, jene Aufgaben zu erledigen, die Sie ihm zuteilen. Gern stellt es seine Fähigkeiten unter Beweis, um Ihnen und anderen Menschen wertvolle Dienste zu leisten. Es kann (im Rahmen von Möglichkeit und Wahrscheinlichkeit) fast alles verwirklichen, was Sie sich vorstellen können.

Enid Hoffman

Seien Sie sich über Ihre Absichten im Klaren.

Absichten sind mehr als bloße Wünsche. Eine Absicht ist eine Mischung aus Willen, Gefühlen und Wünschen. Zum Beispiel kann ich hier sitzen und mir wünschen, dass das Haus sauberer sein soll. Wenn ich nun alles Übrige beiseite schiebe, meine Frustration angesichts der Unordnung in Tatkraft umwandle und mich von meinen Wunsch nach Ordnung leiten lasse, bin ich imstande zu sagen: »Ich werde jetzt mal eine Stunde lang aufräumen.«

Manchmal teilen wir unsere Absichten anderen Leuten mit. Vielleicht sind wir seit kurzem mit jemandem zusammen und haben vor, diesen Menschen irgendwann zu heiraten. Doch wenn wir unsere Absichten nicht deutlich machen, können sie in Manipulation ausarten. Und wenn wir gar den freien Willen unseres Gegenübers missachten, können unsere Absichten zu äußerst schädlichem Kontrollverhalten führen.

Am besten beginnen wir damit, uns selbst unsere Absichten klar zu machen. Was möchten Sie gern tun? Welche Absichten haben Sie im Hinblick auf Ihre allgemeine Lebenssituation, Ihre Arbeit, Ihre Finanzen?

Bisweilen laufen unsere guten Absichten gleichsam Amok. Vielleicht wollen wir eine bestimmte Person vom Trinken abbringen, aber diese zeigt keinerlei Bereitschaft aufzuhören. Wir können viele schmerzliche Manipulationen vermeiden, indem wir uns über die eigenen Absichten klar werden.

Beobachten Sie, wie Sie durchs Leben gehen und auf die unterschiedlichen Situationen reagieren. Verfolgen Sie einen Plan? Wissen Sie überhaupt, worin er besteht? Manchmal sind die Absichten unter der Oberfläche verborgen und uns nicht wirklich bewusst. Möglicherweise beabsichtigen Sie zu heiraten und einen Versorger zu haben, damit Sie sich nicht selbst versorgen müssen. Oder könnte es sein, dass die Absichten eines anderen Menschen die Ihren beeinflussen?

Halten Sie einen Augenblick inne, kommen Sie zur Ruhe, sobald Sie irgendein Projekt, eine neue Beziehung oder einfach

371

einen weiteren Tag beginnen. Machen Sie sich und den anderen klar, welche Absichten Sie haben. Vertrauen Sie Ihre Absichten dann Gott an.

Bitte hilf mir, Gott, meine Absichten und Wünsche mit deinem höchsten, guten Willen hinsichtlich meines Lebens in Einklang zu bringen.

Achten Sie Ihre Träume   4. OKTOBER

Ich wollte schon immer Schriftstellerin sein. Vor langer Zeit sprach ich mit Gott darüber und bat ihn, mir zu verstehen zu geben, ob Er mir diesen Traum eingegeben habe. Innerhalb der nächsten vierundzwanzig Stunden hatte ich meinen ersten Auftrag von einer Lokalzeitung. Man zahlte mir fünf Dollar pro Geschichte, und seither schreibe ich.

Manchmal sehen wir im Geiste, wie wir eine bestimmte Tätigkeit ausführen. Wir haben eine dunkle Ahnung oder einen Traum von einer Sache, mit der wir uns künftig beschäftigen. Oder es überkommt uns das Gefühl, dass wir bald schwanger werden. Wir träumen, dass wir in ein anderes Haus einziehen. Oder wir fahren durch eine Gegend und sind uns plötzlich sicher, dass es gut wäre, dort zu wohnen. Vielleicht sind wir auch von der Vorstellung durchdrungen, dass in unserem Berufsleben einschneidende Veränderungen bevorstehen.

Einige Menschen vertreten die Ansicht, dass sich unsere Seele durch diese unscheinbaren Fingerzeige oder Träume daran erinnert, was sie hier im Leben eigentlich tun soll.

Wir haben eine Eingebung – einen Traum, eine Vision oder ein Vorgefühl, was als Nächstes geschehen wird. Vielleicht sind Ihre Wunschträume wichtiger, als Sie denken.

Zeig mir, Gott, welche Tätigkeiten und Erfahrungen du für mich vorgesehen hast. Möge ich dann bewusst genug sein, um innerlich loszulassen und zu erkennen, worauf du mich aufmerksam machst.

Übung: Widmen Sie in Ihrem Tagebuch eine Seite dem Thema *Das sehe ich*. Achten Sie an den folgenden Tagen ganz besonders auf die Träume, die Ihnen in den Sinn kommen. Gewiss, die nächtlichen Träume sind ebenfalls wichtig, denn oft geben sie uns nützliche Hinweise – auch darüber sollten Sie in Ihr Tagebuch schreiben. An dieser Stelle aber spreche ich von den Tagträumen, Gefühlen und Ahnungen – von Dingen, die wir gerne hätten oder die wir gerne tun würden. Haben Sie irgendeinen Traum aus der Kindheit oder dem Erwachsenenleben begraben, ein Ziel, das Sie wirklich verfolgen wollten, unterwegs jedoch vergaßen? Sagen Sie sich, dass es jetzt an der Zeit ist, sich daran zu erinnern. Lassen Sie es dann los. Nehmen Sie genau wahr, worauf sich Ihre Aufmerksamkeit richtet. Schreiben Sie darüber, auch wenn es nur ein oder zwei Sätze sind. Lassen Sie anschließend den Traum erneut los. Versuchen Sie nicht, die Zukunft zu kontrollieren; sie wird von selbst kommen.

Stellen Sie sich den gewünschten Zustand erst einmal vor   5. OKTOBER

»Vergegenwärtige dir, was du während des Sprunges tun wirst«, erklärte mir mein Lehrer, als ich mit dem Fallschirmspringen anfing. »Setz dich alleine irgendwo hin und geh in Gedanken jede Bewegung durch – von dem Augenblick, wo du ins Flugzeug steigst, bis zum Zeitpunkt deiner Landung.«

Die Visualisierung war und ist für mich ein nützliches Hilfsmittel – nicht nur beim Fallschirmspringen, sondern auch in vielen anderen Lebensbereichen.

In den achtziger Jahren schrieb Shakti Gawain einen Bestseller mit dem Titel *Stell dir vor. Kreativ visualisieren.* Darin zeigt sie, welch tief greifende Wirkungen es hat, wenn man seine geistigen Kräfte einsetzt, um sich eine Tätigkeit, die man ausführen möchte, zunächst einmal vorzustellen.

Die Visualisierung als Methode zur Selbsthilfe gibt es aber schon länger. Zahlreiche Menschen in ganz unterschiedlichen Berufen – von Therapeuten bis zu Profisportlern – sind sich einig, dass sie ihre jeweiligen Aufgaben am besten bewältigen, wenn sie sie vorher gedanklich durcharbeiten.

Wir können die Visualisierung benutzen, um geistige Energie zu materialisieren, indem wir uns einfach während unserer Meditation in aller Ruhe auf das konzentrieren, was wir gerne möchten, und *sehen*, dass wir es haben, es tun, es berühren und fühlen.

Eine Frau berichtete mir, wie sie sich der Visualisierung bediene, um zu antizipieren, wie sie ihren Partner loslässt. »Ich werde ganz ruhig und sehe deutlich, wie ich glücklich ohne diesen Menschen lebe, den ich für unentbehrlich hielt«, sagte sie. »Außerdem wird mir dabei bewusst, was in meinem Innern vorgeht. Wie unbeschwert ich mich fühle; wie dankbar ich bin für die Lektionen, die er mir beigebracht hat; wie gründlich ich mich befreit habe von der Last, zwanghaft an ihn zu denken. Das hilft mir wirklich, Abstand zu gewinnen.«

Die Visualisierung stellt ein wichtiges Hilfsmittel dar. Es ist beglückend zu sehen, wie man etwas Bestimmtes macht, und sich dieser Sache dann tatsächlich auch zu widmen.

Die Visualisierung funktioniert allerdings nur, wenn Sie sie praktizieren. Und eben das sollten Sie regelmäßig tun.

Stellen Sie sich bildlich vor, wie Sie einen Ihrer Träume ausleben, wie Sie etwas unternehmen, das Ihr Herz höher schlagen lässt. Nehmen Sie sich ein paar Augenblicke Zeit und vergegenwärtigen Sie sich das Szenario in allen Einzelheiten, bis Sie *sehen*, wie Sie ruhig, sicher und erfolgreich zu Werke gehen, ohne auf irgendwelche Hindernisse zu stoßen.

Hilf mir, Gott, die Visualisierung regelmäßig als Hilfsmittel zu benutzen. Lass mich aktiv daran mitwirken, positive Situationen zu schaffen, indem ich sie mir zuerst einmal bildlich vorstelle.

Übung: Werden Sie zu einem Experten in Sachen Visualisierung. Gehen Sie in die Bibliothek oder in eine Buchhandlung, und besorgen Sie sich ein paar Bücher zu diesem Thema. Lesen Sie sie, und beginnen Sie dann, die Methode der Visualisierung im täglichen Leben anzuwenden.

Sehen Sie, dass es auch einfacher geht · 6. OKTOBER

»Das überfordert mich«, sagte ich zu meinem Lehrer. »Dass ich aus einem Flugzeug springen soll, kann ich schlichtweg nicht begreifen.«

»Dann vereinfache die Sache«, erwiderte er. »Unterteile sie in einzelne Abschnitte: die Phase des Aufstiegs, in der du übst, dich zu entspannen, den Absprung, den freien Fall. Dann öffnest du deinen Fallschirm; dann stellst du fest, ob er sich ordnungsgemäß entfaltet hat oder ob du zu Plan B übergehen musst; dann triffst du die nötigen Vorbereitungen für die Landung. Sobald du dich dem Boden näherst, ziehst du an den Steuerleinen und schwebst herab.«

Die einzelnen Schritte konnte ich bewältigen, aber der Vorgang im Ganzen überstieg meine Vorstellungskraft. Aus dem Flugzeug zu springen, während des freien Falls den Körper im Gleichgewicht zu halten, die Reißleine zu ziehen und schließlich über den Boden zu schweben – das waren einfache Aufgaben, die ebenso lösbar wie einleuchtend erschienen.

Vielleicht springen Sie niemals mit einem Fallschirm ab. Doch im Leben gibt es viele Dinge, die uns offenbar überfordern, wenn wir sie alle auf einmal erfassen und in den Griff bekommen wollen. Ich hätte nie gedacht, dass ich siebenundzwanzig Jahre lang weder trinken noch Drogen nehmen würde. Aber dank der Hilfe Gottes und des Programms glaubte ich, wenigstens vierundzwanzig Stunden lang abstinent leben zu können. Am nächsten Tag stand ich dann auf und bekräftigte meinen Glauben erneut.

Es gab Zeiten, in denen ich mir nicht vorstellen konnte, noch einmal von vorn zu beginnen. Doch ich konnte mich morgens erheben und tun, was ich an diesem Tag für das Beste hielt.

Sind Sie momentan mit einem Problem konfrontiert, das Sie zu erdrücken scheint? Wenn ja, dann vereinfachen Sie es. Brechen Sie es auf in einzelne Teile, bis Sie sehen, dass es gar nicht so schwierig ist.

Gott, wenn ich eine Aufgabe komplizierter mache als nötig oder so sehr vergrößere, dass sie nicht mehr zu bewältigen ist, dann hilf mir, sie zu vereinfachen.

Sagen Sie sich, dass es ganz einfach ist
7. OKTOBER

Hier ist ein weiteres Beispiel für die durchschlagende Wirkung der Vereinfachung.

Immer wieder hatte ich vom Wandern gehört. Es erschien mir irgendwie fremd, schwierig und geheimnisvoll. Ich unternahm zwar keine Versuche in dieser Richtung, dachte aber mit einer gewissen Sehnsucht daran. Eines Tages fragte mich ein Freund, ob ich ihn auf einer Wanderung begleiten wolle. »Sicher«, antwortete ich. Als der Tag näher rückte, fing ich an, nachzugrübeln und ein wenig nervös zu werden. Was, wenn ich dabei nicht gut genug bin? Was, wenn ich gar nicht weiß, wie man wandert?

Mach dich nicht lächerlich, warf ich mir vor. *Du machst die Sache viel komplizierter, als sie eigentlich ist. Wandern ist nichts anderes als Gehen, und das tust du seit deinem zehnten Lebensmonat.*

Am nächsten Morgen stand ich um 6 Uhr auf, und wir begaben uns auf den Weg. Ich folgte meinem Freund, als er den steilen Abhang hochstieg.

Geh einfach nur, sagte ich mir nach den ersten zehn Schritten. *Setz einen Fuß vor den anderen. Geh so, wie du es dein ganzes Leben lang getan hast.*

Ich erreichte zwar nicht den Gipfel des Berges, kam aber fast bis zur Hälfte.

Gibt es etwas, das Sie immer schon tun wollten, aber aufgeschoben haben, weil es Ihnen zu ungewohnt oder zu schwierig vorkam? Lehnen Sie etwas ab, das Sie eigentlich gerne bejahen würden, das sich aber zu entziehen und außer Reichweite zu sein scheint? Versuchen Sie, diese Tätigkeit oder Aufgabe auf die einfachste Form zu bringen.

Ich habe einen Freund, der jahrelang ohne Partnerin war. Eines Tages fragte ihn ein Mädchen, das er mochte, ob er mit ihr ins Kino gehen würde. Er reagierte ängstlich und nervös.

»Ins Kino gehen heißt schlicht und ergreifend, sich hinsetzen und auf die Leinwand schauen, dann aufstehen und nach Hause gehen, wenn alles vorbei ist«, sagte ich. »Ich denke, dass du das kannst.«

»Du hast Recht«, erwiderte er. Er ging ins Kino und verlebte einen wunderbaren Abend.

Manchmal trauen wir uns vor lauter Angst nicht, die einfachsten Dinge zu tun. Gewiss, Wandern ist mehr als nur Gehen, und eine Verabredung beinhaltet etwas mehr, als sich hinzusetzen und auf die Leinwand zu schauen – aber nicht sehr viel mehr. Vereinfachen Sie die Dinge. Gestalten Sie sie so, dass sie Ihnen leicht von der Hand gehen. Anstatt sich das Leben auszureden, sollten Sie lernen, sich ihm hinzugeben.

*Gott, gib mir den Mut, mein Leben in vollen Zügen zu genie-
ßen. Hilf mir, dass ich mich den Dingen bewusst zuwende,
anstatt vor ihnen zu fliehen.*

Bewegen Sie sich in Ihrem eigenen Tempo
8. OKTOBER

Dieser Abschnitt des Weges war steil und der Höhenunterschied
beträchtlich. Ich schnappte nach Luft und versuchte, trotz der
Schmerzen in meinen Beinen nicht das Gesicht zu verziehen,
während mein Wandergefährte vor mir höher und höher stieg.

Er hielt an und drehte sich um. Ich trottete wirklich nur hinterher. Wenn seine Beine genauso schmerzten wie meine, dann
war das seinem Gang nicht anzumerken. Ich wusste, wie unangenehm es ist, sich dem langsameren Tempo von jemand anders
anpassen zu müssen. Meine schlechte Kondition war kein
Grund, ihm das zuzumuten.

»Geh voraus«, rief ich.

Das schien ihm nicht zu behagen.

»Geh so schnell, wie du magst. Ich gehe so, wie ich kann.«

Ich überzeugte ihn davon, dass er mich zurücklassen könne.
Dass wir zusammen hergekommen waren, hieß ja noch nicht,
dass wir auch im gleichen Tempo wandern mussten – oder gehen, wie ich lieber sagte. Mein Freund ging also voraus und war
bald außer Sicht. Ich setzte meinen Weg fort, ruhte aus, ging
weiter, ruhte erneut aus. Irgendwann nahm ich meinen Rucksack ab, legte mich hin und machte ein Nickerchen.

Am Ende des Tages trafen wir uns wieder. Den Abstieg unternahmen wir gemeinsam, Seite an Seite.

Auch wenn wir die Dinge vereinfachen, sind sie meistens
schwieriger, als wir denken. Es ist wichtig, jeden Menschen in
seinem eigenen Tempo gehen zu lassen. Ob es darum geht, ein
Problem durchzuarbeiten, oder darum, ein Projekt in Angriff zu

nehmen – finden Sie das Tempo, das für Sie am besten ist. Und gestatten Sie den anderen Leuten, das Gleiche zu tun.

Vergleichen Sie sich nicht mit den Personen in Ihrer Umgebung. Lassen Sie sich von deren Rhythmus inspirieren, aber respektieren Sie auch Ihren eigenen.

Gott, verhilf mir zu der Einsicht, dass jeder von uns seinen eigenen Rhythmus hat, um das Leben zu meistern. Sorge dafür, dass ich die Rhythmen, die mir gut tun, achte und genieße.

Schrauben Sie
Ihre Erwartungen herunter   9. OKTOBER

Wenn Sie sich zum ersten Mal einer schöpferischen Aufgabe widmen oder anfangen, eine Kunst oder ein Handwerk zu erlernen, möchte ich Ihnen empfehlen, Ihre Maßstäbe herabzusetzen, bis sie ganz verschwinden. Das ist genau das Richtige. Zu Beginn brauchen Sie überhaupt nicht gut zu sein. Also können Sie sich auch ein befreiendes Geschenk machen – nämlich fröhlich damit zu rechnen, dass Sie schlecht sind.

Barbara Sheer und Annie Gotlieb, *Wishcraft*

Als ich anfing, für Zeitungen und Magazine zu schreiben, brauchte ich für einen kurzen Artikel ein bis drei Monate. Nach einigen Jahren journalistischer Arbeit stellte ich in meinem Arbeitszimmer eine Stoppuhr auf. Ich sagte mir, dass ich wüsste, was ich zu tun hätte, und nun lernen würde, es schneller zu tun. Bald schon konnte ich einen Artikel, der vorher Monate in Anspruch genommen hätte, in zwei Stunden schreiben. Die hier maßgeblichen Schlüsselwörter lauten: *mit der Zeit.*

Als ich zum ersten Mal eine Entziehungskur machte, brauchte ich acht Monate, um zu verstehen, was andere in sechs Wochen verstanden. Aber irgendwann wurde ich Drogenberaterin. Und später schrieb ich Bücher zu diesem Thema. Auch hier lauten die Schlüsselwörter: *mit der Zeit.*

Als ich anfing, meine Co-Abhängigkeit zu überwinden, konnte ich nicht zwischen Kontrollverhalten und dem Setzen gesunder Grenzen unterscheiden. Ich wusste nicht, wann ich für mein eigenes Wohl sorgte – ja nicht einmal, was das eigentlich bedeutete. Ich hatte keine Ahnung, ob ich manipulierte oder vielmehr den ehrlichen Versuch unternahm, meine Gefühle zum Ausdruck zu bringen. Aber dann schrieb ich über diese Problematik einen Bestseller. Die Schlüsselwörter lauten erneut: *mit der Zeit.*

Beginnen Sie an dem Punkt, wo Sie gerade sind, und mit dürftigen Mitteln. Machen Sie einfach einen Anfang. Gestatten Sie sich herumzustümpern, ungeschickt und verwirrt zu sein. Wenn Sie bereits genau wüssten, wie Sie vorgehen, wäre das Ganze keine wichtige Lektion. Außerdem könnten Sie, wenn Sie in zwei, fünf oder zehn Jahren zurückblicken, nicht den erregenden Triumph auskosten und sagen: »Wow. Darin bin ich mit der Zeit immer besser geworden.«

Nichts ist unmöglich für den, der den Glauben hat, verkündet die Bibel. Genießen Sie die unbeholfenen Anfänge, feiern Sie sie. Denn sie sind der Schlüssel zu Ihrem Erfolg.

Hilf mir, Gott, das Leben nicht mehr aufzuschieben aus Angst, meine Sache schlecht zu machen. Hilf mir, meine Erwartungen herunterzuschrauben und dadurch Platz zu schaffen für unbeholfene Anfänge.

Übung: Was haben Sie aufgeschoben oder vermieden aus Angst, schlecht abzuschneiden? Erstellen Sie eine Liste aller Leistungen, die Sie erzielt haben – ob es sich dabei nun um einen Hauptschulabschluss handelt oder ein Universitätsdiplom, um das Erlernen einer neuen Fertigkeit oder um die Erziehung Ihrer Kinder. Schreiben Sie in Ihr Tagebuch, wie Sie sich zu Beginn fühlten. Erstellen Sie dann eine weitere Liste der Tätigkeiten, denen Sie sich gerne widmen würden. Neben das jeweilige Ziel notieren Sie: *Ich erlaube dir, das am Anfang schlecht zu machen.* Halten Sie Ihre Errungenschaften immer wieder schriftlich fest. Tun Sie dies so lange, bis Sie merken, wie erfolgreich Sie waren und sind.

Achten Sie darauf, wie es sich anfühlt, etwas richtig zu machen 10. OKTOBER

Auch beim Fallschirmspringen gibt es den Ausdruck *Trockenübung.* In der Absprungzone sieht man Leute bäuchlings auf Brettern liegen, die wie Skateboards aussehen. Sie führen am Boden alle notwendigen Bewegungen aus, so als würden sie frei durch die Luft fallen. Sie üben sich und ihren Körper darin, *es richtig zu machen.* Sie erleben, wie sich das anfühlt.

Versuchen auch Sie gerade zu lernen, wie man etwas macht? Bemühen Sie sich, einen anderen Menschen loszulassen? Unternehmen Sie etwas zum ersten Mal – überwinden Sie Ihre Flugangst, oder schreiben Sie ein Buch? Haben Sie demnächst eine geschäftliche Verabredung, die Sie ziemlich belastet? Vielleicht müssen Sie zu Ihrem Chef und ihn um eine Gehaltserhöhung bitten?

Stellen Sie sich vor, dass Sie das tun. Kommen Sie zunächst einmal zur Ruhe, indem Sie bewusst Körper und Geist vollkommen entspannen. Malen Sie sich dann aus, dass Sie zur Tat schreiten, in welcher Angelegenheit auch immer. Achten Sie darauf, wie es sich anfühlt, etwas richtig zu machen. Nehmen Sie genau wahr, wie Sie sich fühlen würden, wenn Ihnen das gelänge.

Falls Sie bei Ihrer Visualisierung auf ein Hindernis stoßen, fragen Sie Ihre Höhere Macht oder Ihr Selbst, wie Sie es beseitigen können. Handelt es sich um ein Angstgefühl? Ist es schon älter oder ganz neu? Möglicherweise sind Sie besorgt darüber, dass

Ihnen jemand vor langer Zeit vorwarf, einfach unfähig zu sein. Befreien Sie sich von dieser negativen Energie, und beginnen Sie noch einmal von vorn. Setzen Sie die Visualisierung so lange fort, bis Sie den jeweiligen Vorgang von Anfang bis Ende mühelos durchspielen können.

Wenn Sie sich trotz aller Anstrengung nicht vorstellen können, etwas Bestimmtes zu machen, und schon gar nicht, wie es sich anfühlt, es richtig zu machen, so mag das daran liegen, dass diese Sache nicht gut für Sie ist. Bitten Sie auch hier Ihre Höhere Macht um Unterweisung.

Die Visualisierung ermöglicht es uns, ungefährdet Trockenübungen zu absolvieren und Ungeschicklichkeiten, Ängste, Blockaden, Probleme zu bewältigen. Indem wir uns ohne jede Hast vorzustellen versuchen, wie es sich anfühlt, etwas richtig zu machen, empfangen wir manchmal die Botschaft, dass dies für uns eine gute Gelegenheit, eine passende Tätigkeit ist – oder eben nicht.

Hilf mir, Gott, meine geistigen Kräfte einzusetzen, um die erfreulichsten Situationen zu schaffen, die ich mir vorstellen kann.

Benutzen Sie Ihre Vorstellungskraft 11. OKTOBER

In einem Katalog entdeckte ich eine Anzeige für ein elektrisches Gerät, das die Zähne mit Zahnseide reinigt. »Ich selbst habe weder die Zeit noch die Kraft dazu«, erklärte der abgebildete Mann. »Deshalb brauche ich dieses Gerät, das es für mich erledigt.«

Ist der Arme etwa zu beschäftigt und zu erschöpft?

Einige von uns beklagen sich darüber, dass sie so viel für ihre geistige Gesundheit tun müssen – beten, meditieren, Selbsthilfegruppen besuchen. All das erfordert Zeit und Kraft, obwohl sich die Investition wirklich lohnt.

Trotzdem wollen wir jetzt in Betracht ziehen, auf unsere ohnehin schon volle Liste eine weitere Tätigkeit zu setzen – nämlich Zeit und Kraft für die Visualisierung aufzubringen und dadurch unser Leben positiver zu gestalten.

Als jemand mir zum ersten Mal vorschlug, die Visualisierung als Hilfsmittel zu benutzen, reagierte ich ähnlich wie der Mann in der Anzeige: *Ich habe nicht die Zeit. Ich bin zu beschäftigt und zu erschöpft.*

Doch wir denken ständig über etwas nach und erzeugen Bilder in unserem Kopf. Gewöhnlich stellen wir uns vor, dass das Schlimmste eintreten wird. Warum also benutzen wir nicht die dafür notwendige Zeit und Kraft, um uns stattdessen auszumalen, dass alles wie am Schnürchen läuft? Wenn wir genügend Zeit und Kraft haben, um das Negative zu sehen und ängstlich zu fragen: Was ist, wenn…, dann haben wir auch Zeit dafür, das Positive zu sehen.

Bei der Visualisierung handelt es sich keineswegs um eine weitere Form von Kontrolle. Sich vorzustellen, dass etwas klappt, heißt noch lange nicht, dass es tatsächlich klappt. Aber wenn wir es uns vorstellen können, ist die Wahrscheinlichkeit, dass es klappen wird, höher, als wenn wir es uns überhaupt nicht vorstellen können.

Hilf mir, Gott, die Kraft des Denkens und der Vorstellung so schöpferisch einzusetzen, wie ich nur kann.

Sehen Sie es, und lassen Sie es dann los

12. OKTOBER

Der folgende Text dient als Gedächtnisstütze. Während Sie Ihre Vorstellungskraft benutzen, Ihre Träume achten und Zeit dafür erübrigen, sich positive Ergebnisse vorzustellen, dürfen Sie eines nicht vergessen – nämlich loszulassen.

Sorgen Sie sich nicht darüber, was im Einzelnen geschehen wird. Ihre Aufgabe besteht darin, das zu sehen, was für Sie am besten ist. Dann beschäftigen Sie sich wieder mit Ihren täglichen Angelegenheiten.

Es ist völlig ungefährlich, loszulassen und Gott machen zu lassen. Nur weil wir über eine schöpferische Imagination verfügen, müssen wir noch lange nicht alles kontrollieren. Sagen Sie: *Das sehe ich*, und lassen Sie es dann los.

Lassen Sie Gott an der Verwirklichung arbeiten.

Gott, sorge dafür, dass ich dir meine Träume und Vorstellungen anvertraue, nachdem ich sie mir vergegenwärtigt habe.

Lassen Sie auch das los, was Sie nicht sehen können 13. OKTOBER

Lassen Sie dem Leben freien Lauf, selbst wenn Sie das Gute, das Sie ersehnen, nicht sehen können. Sind Sie besorgt, was als Nächstes kommen wird? Fand bei Ihrer Arbeit oder in Ihrer Beziehung eine Veränderung statt, die Sie nervös macht?

Lassen Sie dem Leben freien Lauf. Schränken Sie es nicht ein – weder durch Ihre früheren Erfahrungen noch durch Ihre heutigen Vorstellungen. Verdrängen Sie nicht, dass Sie entmutigt oder ängstlich sind. Lassen Sie zu, dass dieser Tag sich ungehindert entfaltet. Tun Sie morgen das Gleiche. Wenn Sie wegen irgendeiner Sache bekümmert sind, nicht sehen, wie diese bereinigt werden könnte, und im Moment einfach machtlos sind, dann sollten Sie sich entspannen und die Dinge einfach geschehen lassen.

Manchmal sind die unerwarteten Wendungen besser als das, was wir uns ausmalen. Selbst wenn wir das Gute nicht erkennen können – Gott kann es.

Gott, verhilf mir zu der Einsicht, dass das, was heute unsichtbar ist, zur rechten Zeit deutlich werden wird.

Sehen Sie die Dinge ganz spontan 14. OKTOBER

Einmal sprach ich mit einem Freund darüber, dass Visualisierung eine geeignete Methode ist, Gegenwart und Zukunft so zu gestalten, wie wir es uns wünschen. Indem wir unser Denk- und Vorstellungsvermögen als Hilfsmittel benutzen, können wir die Wirklichkeit entscheidend beeinflussen.

»In dieser Richtung unternehme ich nicht sehr viel«, sagte er. »Visualisierung ist nichts für mich.«

Später redeten wir über ein Projekt, an dem wir gemeinsam arbeiteten. Er fing an, die nächsten Schritte zu erörtern. »Ich sehe uns in folgender Weise zusammenarbeiten«, erklärte er. Anschließend beschrieb er bis in alle Einzelheiten, wie er sich den weiteren Fortgang vorstellte.

Ich hörte ihm zu. Nachdem er geendet hatte, sagte ich: »Du hast vorhin betont, dass du Visualisierung nicht als Hilfsmittel verwendest. Aber gerade eben hast du sie doch ganz spontan benutzt, ohne nachzudenken, als du beschrieben hast, wie wir die nächste Stufe unseres Projekts in Angriff nehmen wollen.«

Nach kurzem Nachdenken meinte er, ich hätte wohl Recht.

Reden Sie sich die Visualisierung nicht aus. Die meisten von uns benutzen ihre Einbildungskraft, um gegenwärtige oder kommende Ereignisse ins Auge zu fassen. Seien Sie sich bewusst, was Sie innen sehen und was Sie sagen, damit Sie diese wirksame Methode anwenden und all das beeinflussen können, was Sie auch außen sehen möchten.

Achten Sie darauf, wie Sie im täglichen Leben mit Ihren Vorstellungen umgehen, wie oft Sie ganz spontan zum Ausdruck bringen, was sie an Positivem sehen. Wenn Sie aber feststellen, dass Sie Ihre Einbildungskraft benutzen, um etwas Negatives zu kreieren, hören Sie sofort damit auf! Vergessen Sie dieses Szenario, und entwerfen Sie ein neues.

Hilf mir, Gott, dass ich mir bewusst mache, wie ich die Dinge ganz spontan sehen kann. Hilf mir, meine Einbildungskraft als wirkungsvolles Hilfsmittel zu benutzen und zu schätzen.

Achten Sie darauf, wohin Sie gehen
15. OKTOBER

»Ich übernehme das Steuer!«, sagte Rob, mein Fluglehrer. Er ergriff es und wich einem näher kommenden Flugzeug aus. »Hast du es gesehen oder über Funk gehört?«, fragte er.

»Nein«, antwortete ich. »Ich habe mich zu sehr auf das Instrumentenbrett konzentriert, um nach anderen Flugzeugen Ausschau zu halten.«

»Das Flugzeug will fliegen«, erklärte Rob. »Entwickle ein Gespür dafür, was ein ordnungsgemäßer Flug ist, damit du nicht dauernd auf die Instrumente zu starren brauchst. Du musst nach draußen schauen und auf andere Flugzeuge achten.«

Manchmal sind wir derart in Gedanken versunken, dass wir ganz vergessen, den Blick nach außen zu richten. Unter Umständen sind wir so beschäftigt mit den kleinsten Details eines Projekts, an dem wir gerade arbeiten, dass wir das große Problem, das auf uns zukommt, schlichtweg übersehen – bis es uns dann zerschmettert. Möglicherweise sind wir so sehr auf die eigenen Gefühle fixiert, dass wir unser übriges Leben vernachlässigen. Oder wir sind derart in Anspruch genommen von unseren Plänen – weil wir versuchen, jemand anders für uns einzunehmen, eine bestimmte Stelle zu bekommen, ein neues Haus zu kaufen, ein Ergebnis zu manipulieren –, dass wir die Warnschilder ignorieren und nicht merken, dass dieser Mensch, dieser Job, dieser Ort für uns gar nicht der richtige ist.

Lernen Sie, Ihr Leben zu fühlen und intuitiv zu begreifen, wann Sie auf dem richtigen Weg sind. Schärfen Sie Ihr Bewusstsein. Manchmal können wir eventuelle Schwierigkeiten schon im Ansatz und aus der Ferne erkennen. Wenn Sie dazu in der Lage sind, müssen Sie wohl nur noch kleinere Korrekturen vornehmen, um Konflikte zu vermeiden.

Vergessen Sie nicht: Das Flugzeug will fliegen, aber wenn Sie sicher durch die Lüfte schweben wollen, dürfen Sie nirgendwo anstoßen. Entspannen Sie sich, und achten Sie darauf, wohin Sie gehen. So bleiben Sie auf Kurs.

Hilf mir, Gott, dass ich drohende Gefahren erkenne, bevor es zu spät ist.

Sie werden dorthin gehen, wo Sie hinschauen
16. OKTOBER

Im Landebereich für die Fallschirmspringer stand nur ein einziger Baum. Die Winterwinde hatten die meisten seiner Blätter weggeweht. Ich wollte nicht dagegenstoßen, aber leider geschah genau das.

Mein Fallschirm öffnete sich direkt über dem Landebereich der Schüler – ein Segen für eine unsichere Anfängerin wie mich. Ich flog am Feld entlang, schwenkte in das Zielgebiet ein und bereitete sorgfältig die Landung vor, wie es mir beigebracht worden war. Plötzlich tauchte er auf, der Baum, und streckte mir seine dürren Äste entgegen. Von da an sah ich nur noch ihn. Wie ein Magnet zog er meinen Blick an. Einen Augenblick lang dachte ich, ich könnte ihm ausweichen. »KEINE WENDEN ÜBER DEM BODEN, KEINE WENDEN ÜBER DEM BODEN«, schrie mir eine Stimme ins Ohr, während ich tiefer und tiefer sank, direkt auf den Baum zu.

Ich beobachtete mich, wie ich mitten ins Astwerk fiel.

Aus dem Bereich, wo die anderen ihre Fallschirmschirme verpackten, kamen Gelächter und Applaus.

Später zog mich eine Fallschirmspringerin zur Seite und fragte: »Weißt du, warum du in den Baum gestürzt bist?«

»Ja«, antwortete ich. »Er stand mir im Weg.«

»Das ist nicht der einzige Grund«, sagte sie. »Du hattest reichlich Zeit, ihm auszuweichen. Stattdessen hast du dir zugeschaut, wie du direkt darin gelandet bist. Man geht immer dorthin, wo man hinschaut. Betrachte eine Sache lange genug, um dir die möglichen Probleme klar zu machen, aber fixier dich nicht darauf. Wenn du nicht auf einem bestimmten Objekt landen willst, dann hör auf, es so intensiv anzustarren.«

Manchmal konzentrieren wir uns so sehr auf das, was wir nicht möchten und wovor wir Angst haben, dass wir nichts anderes mehr sehen. Wir denken zwanghaft daran und machen uns Sorgen. Unsere Gedanken, Empfindungen und Äußerungen kreisen dann nur noch um diese Sache. Wenn wir schließlich dagegenprallen, fragen wir uns, was wir falsch gemacht haben. Wir hatten uns doch mit aller Kraft bemüht, gerade das zu vermeiden.

Die Moral dieser Geschichte ist einfach und angenehm: Schauen Sie, wohin Sie gehen, aber vergessen Sie nicht, dass Sie dorthin gehen, wo Sie hinschauen.

Machen Sie sich klar, was Sie nicht möchten. Befreien Sie sich von der Angst. Seien Sie stets auf der Hut vor den Gefahren, die in Ihrem Blickfeld auftauchen. Ihr Geist ist stärker, als Sie vielleicht glauben. Wenn Sie all Ihre Konzentration und Kraft auf einen Punkt richten, werden Sie genau dort landen.

Hilf mir, Gott, wachsam zu bleiben und meine Aufmerksamkeit auf jenen Zustand zu richten, den du für mich vorgesehen hast.

Die Schönheit
ist leicht zu entdecken

17. OKTOBER

Es ist gut, ein Ziel zu haben, zu dem man unterwegs ist; aber letztlich ist es der Weg selbst, der zählt.

Ursula K. Le Guin

Bei Reisen mit dem Auto habe ich eines gelernt: Ein Ziel zu haben, ist wichtig, aber genauso wichtig ist es, darauf zu achten, was die Reise selbst einem beschert, anstatt nur zu hoffen, dass sie einem das beschert, was man erwartete.

Kürzlich unternahmen ein Freund und ich einen Ausflug zum Santuario de Chimayo in New Mexico. Wir wollten die Kirche besichtigen und etwas heilende Erde von diesem heiligen Ort mit nach Hause nehmen. Wir planten, unterwegs andere schöne Orte im Südwesten des Landes zu besuchen, und hatten eine Art Pilgerfahrt im Sinn. Als wir aufbrachen, waren wir bereit, eine Erleuchtung zu erleben.

Es kam anders. In der heißen Luft von Arizona unterbrachen wir die Reise und suchten nach einer besonderen Erfahrung vor Ort. Doch die Ruinen der Indianerstätten waren überlaufen von Touristengruppen, und das herrliche Areal mit den energiegeladenen roten Felsen hatte sich in Einkaufszentren und Ferienwohnungen verwandelt. Bislang also erwies sich unsere geistige Suche als eine einzige Enttäuschung. Wir waren unruhig, verärgert und fühlten uns im Stich gelassen.

Dann sahen wir ein Schild: *Zum Meteorkrater nächste Straße rechts.* Wir bogen ab, weil wir von dem miesen Kitsch die Nase voll hatten.

Mit einem Umfang von etwa 1600 Metern und einer Tiefe von etwa 150 Metern existiert dieser Krater seit über 50 000 Jahren inmitten der Wüste von Arizona. Ein Mann kaufte das Land, und er und seine Familie wurden zu Experten für Meteore – und zugleich zu Marketingexperten, denn sie verlangen jetzt zehn Dollar dafür, dass man in ein gewaltiges Erdloch schauen kann. Trotzdem waren sie ziemlich nett; zum ersten Mal auf dieser Reise lächelten wir.

Ich hatte immer schon den Petrified Forest, den »Versteinerten Wald«, sehen wollen, obwohl ich befürchtete, dass die Wirklichkeit auch hier hinter Kommerz und Reklame verschwinden würde. Dem war nicht so. Es gab zwar nur wenige dieser riesigen, zu Stein gewordenen Baumstämme, doch dem Ort eignete eine überwältigende Zeitlosigkeit. Der Himmel strahlte hellblau, und ich lag auf einer hohen Sandwelle, während Chip herumlief und Fotos schoss, die mit Sicherheit überbelichtet waren.

Später am Abend passierten wir die Grenze nach New Mexico. *Chelle's – Ein nettes Restaurant* stand auf dem Schild, das an einem Gebäude in Gallup angebracht war. Und es stellte sich heraus, dass dieser Hinweis stimmte.

Manchmal suchen wir derart verzweifelt nach Freude und Erleuchtung, dass wir die wunderbaren Dinge vor unseren Augen völlig übersehen. Dann sollten wir uns darauf besinnen, leichter und heiterer zu werden. Um Puh den Bären zu paraphrasieren: Wenn du nach Erleuchtung suchst und nur das Gewöhnliche findest, so versuche, das Gewöhnliche zu betrachten und es so zu lassen, wie es ist. Auf diese Weise findest du vielleicht etwas, das du nicht erhofft hast, das aber vielleicht genau das ist, was du am Anfang gesucht hast.

Ihre Hoffnungen und Erwartungen dürfen nicht so groß sein, dass Sie die Schönheit ringsum nicht mehr wahrnehmen. Im Grunde ist es gar nicht so schwierig, der Freude und der Erleuchtung teilhaftig zu werden.

Hilf mir, Gott, meine Erwartungen aufzugeben und das zu genießen, was da ist.

Schauen Sie noch einmal hin
18. OKTOBER

Es ist erstaunlich, welche Bedeutung
ein Stück Himmel haben kann.

Shel Silverstein

Morgens trinken wir auf der hinteren Veranda der Blue Sky
Lodge Kaffee und beobachten, wie die Welt erwacht. Eines Morgens ging ich von dort nach draußen und sah, wie Frank – ein
befreundeter Fallschirmspringer aus Großbritannien, der bei
uns wohnte – eifrig Fotos von der Umgebung machte.

»Frank, warum fotografierst du das alles?«, fragte ich ihn.
»Wenn du willst, können wir dich zu einigen Stellen fahren, die
landschaftlich schöner sind.«

»Auf gar keinen Fall«, erwiderte er. »Daheim wird mir niemand glauben, dass ich an einem Ort mit einer solchen Aussicht
war!«

Ich schaute mich um und versuchte, die Umgebung mit seinen Augen zu sehen. Die welligen Hügel Südkaliforniens waren
in goldenes Frühlicht getaucht, während sich fünf Kilometer
westlich ein hellblauer Dunst um die Höhenzüge der Ortega
Mountains wand. San Jacinto erhob sich in den östlichen Himmel – eine schwache Silhouette in der Morgensonne.

Ich lächelte und nahm zum ersten Mal wieder die reine
Schönheit der Landschaft in mich auf. In letzter Zeit hatte ich
lediglich die im Garten verstreuten Blätterhaufen und Stapel mit
Baumaterialien gesehen – oder die Autos, die über die Straße im
Tal unter uns fuhren. Ich war umgeben gewesen von Schönheit,
hatte mich aber schon so daran gewöhnt, dass ich sie nicht einmal mehr bemerkte.

Oftmals brauchen wir keinen Tapetenwechsel, sondern einen
unverfälschten Blick auf das, was bereits vorhanden ist. Betrachten Sie Ihr Leben von neuem – Ihren Wohnort, Ihre Familie,
Ihre Arbeit, Ihre Freunde und all die anderen Geschenke. Vielleicht sind diese Aussichten erfreulicher, als Sie denken.

*Gott, erneuere meinen Geist. Hilf mir, mein Leben aus einer
anderen Perspektive zu betrachten. Falls ich das, was ich
sehe, nicht mag, so sorge dafür, dass ich noch einmal hin-
schaue.*

Schauen Sie ganz allein   19. OKTOBER

Ich habe einen Freund, der gerne Wandertouren mit Rucksack
unternimmt. Jedes Mal macht er wunderbare Aufnahmen von
den Orten, die er besucht. Nach einem solchen Ausflug berichtete er mir über ein Camp hoch oben in den kalifornischen Sier-
ras, während er mir ein Foto von einem atemberaubenden Sonnenuntergang zeigte. Er hatte den Berggipfel erklommen und
war dann abends ins Camp zurückgekehrt.

»Als ich dort ankam, stellte ich fest, dass alle anderen gepackt
und das Camp verlassen hatten. Auf einer Höhe von 3600
Metern war ich völlig allein. Die Stille war so gewaltig, dass ich
sie fast berühren konnte. Du hättest den Sonnenuntergang an
diesem Abend sehen sollen. Er war noch viel schöner als der auf
dem Bild hier.«

»Warum hast du ihn nicht fotografiert?«, fragte ich.

»Ich dachte, dass sich außer mir niemand dafür interessiert,
die abendliche Welt aus diesem Blickwinkel zu sehen, und so
behielt ich diese Erfahrung ganz für mich«, erklärte er. »Wer
nicht mit dabei war, hat etwas verpasst.«

In diesem Sommer sah ich, wie die Sonne über einem See in
New Mexico unterging, und verbrachte die Nacht in einem
Schlafsack unter den Sternen. Sie waren so klar, so nah, so
leuchtend, dass ich das Gefühl hatte, sie berühren zu können.
Nein, ich machte kein Foto davon. Wenn Sie nicht mit dabei
waren, so haben Sie einfach etwas verpasst.

Sie können ein Meditationsbuch lesen, eine Liste schöner
Erlebnisse aufstellen und sogar mit Leuten reden, die ihr Leben

in vollen Zügen genießen – aber wenn Sie nicht selbst die Reise machen, sehen Sie nicht, was das Leben alles zu bieten hat.

Gibt es eine Aufnahme, die Sie vor lauter Betriebsamkeit eine Zeit lang nicht mehr angeschaut haben? Brechen Sie aus dem Alltag aus. Entdecken Sie etwas Neues – oder betrachten Sie den Alltag aus einer neuen Perspektive. Werfen Sie nicht nur einen flüchtigen Blick darauf, sondern schauen Sie genau hin. Schließen Sie das Bild dann in Ihr Herz ein. Wenn Sie nicht an jenem herrlichen Ort sind, versäumen Sie etwas. Einige Dinge müssen Sie einfach alleine sehen.

Hilf mir, Gott, mein Leben bis zum Äußersten auszukosten und die Schönheit in der Welt wahrzunehmen und zu schätzen.

Konzentrieren Sie sich auf das Hier und Jetzt
20. OKTOBER

Nehmen Sie sich Zeit – aber nicht zu viel –, um zu sehen, wohin Sie gehen möchten. Ziehen Sie aus der Vergangenheit Ihre Lehren. Lassen Sie dann das Gestern los. Sorgen Sie sich nicht um das Morgen. Selbst die beste Vorhersage, was künftig geschehen wird, ist nicht mehr als eine bloße Vermutung, egal, wie sehr wir uns dabei Mühe geben. Wenn Sie lediglich das Ziel im Auge haben, verpassen Sie all die Wunder und schönen Dinge entlang des Weges. Erreichen Sie das Ziel dann endlich, erinnern Sie sich vielleicht nicht mehr, wo Sie eigentlich waren. Die Hetze kann zu einer solchen Gewohnheit werden, dass Sie Ihre Zukunft, sobald sie Gegenwart ist, gar nicht mehr genießen.

Seien Sie ganz bewusst dort, wo Sie jetzt sind. Richten Sie Ihren Blick auf das, was vor Ihren Augen liegt – nicht auf das, was Sie sich wünschen. Nehmen Sie sich Zeit, um das Hier und Jetzt zu sehen, auszukosten und zu schätzen. Schreiten Sie gegebenenfalls zur Tat. Oder genießen Sie einfach die Aussicht. Sie haben hart gearbeitet, um bis hierher zu kommen. Haben Sie Freude daran!

Gewiss, die Vergangenheit ist ebenso wichtig wie die Zukunft, aber es gibt keine Zeit – keine so reale Zeit – wie die Gegenwart. Lernen Sie, hier zu sein, jetzt.

Gott, schärfe mein Bewusstsein und meinen Sinn für jeden Moment meines Lebens.

Entwickeln Sie Ihre Bewusstheit   21. OKTOBER

Oft werden die Begriffe »Bewusstsein« und »Bewusstheit« als Synonyme benutzt ... Bewusstsein ist die pulsierende Schwingung, die das Wesen aller Dinge ausmacht. Bewusstheit ist das individualisierende »ICH BIN« in jedem von uns. Überall dort, wo ich bin, ist auch meine Bewusstheit. Wenn ich mich bewege, begleitet sie mich. Wenn ich sie auf einen Gegenstand richte, nehme ich diesen wahr. Durch meine Sinnesorgane kann ich bewusst sehen, hören, schmecken, riechen und tasten. Durch geistige Wahrnehmung werde ich mir dessen bewusst, was darüber hinausgeht.

Enid Hoffman

Benutzen Sie all Ihre Sinne – ob Sie nun die Zukunft visualisieren oder sich freudig Ihren momentanen Zustand bewusst machen. Schauen Sie die Blume nicht nur an; berühren Sie sie, riechen Sie an ihr, fühlen Sie sie.

Starren Sie die Ihnen nahe stehenden Menschen nicht nur an; hören Sie sie, fühlen Sie ihre Kraft und ihre Gegenwart.

Verlangsamen Sie Ihr Tempo. Bewegen Sie sich nicht so schnell – sonst verpassen Sie etwas Wichtiges. Entwickeln Sie Ihre Bewusstheit. Wenden Sie sich mit all Ihren Sinnen dem Zentrum Ihres Lebens zu.

Bewusstheit hat nichts mit Schauen zu tun, sondern mit geistigem Sehen. Wenn wir einen Menschen oder eine Sache suchen – eine Freundin oder ein Haus –, sehen wir oft nur unsere Projektionen: unsere Hoffnungen, Ängste, Sehnsüchte, die aus der eigenen Vergangenheit gespeist werden.

Entspannen Sie sich. Projizieren Sie Ihre Person nicht mehr auf die Welt. Hören Sie auf, Urteile zu fällen. Lassen Sie Menschen und Dinge so sein, wie sie sind.

Entwickeln Sie Ihre Bewusstheit, indem Sie sämtliche Sinnesorgane einsetzen.

Lernen Sie zu sehen, was ist.

Hilf mir, Gott, langsamer zu machen und bewusster zu werden.

Seien Sie sich Ihrer Vorbilder bewusst

22. OKTOBER

Vorbilder und Ratgeber können uns inspirieren und lehren, aus unserem Leben etwas Besonderes zu machen. Sie können uns helfen, die richtige Richtung einzuschlagen, wenn wir unsicher sind. Sie können uns genau zur rechten Zeit die passende Botschaft übermitteln. Meistens haben wir die Möglichkeit, jemanden zu finden, der den Weg vor uns gegangen ist und uns als leuchtendes Beispiel dient. Schwierig wird es erst, wenn dieser Mensch für uns nicht mehr nur ein Ratgeber ist, sondern ein Idol. Verehren wir ein Individuum allzu sehr, kann es geschehen, dass wir die ursprüngliche Botschaft vergessen.

Werfen Sie einmal einen Blick auf die Menschen, die Sie sich als Ratgeber, Vorbilder, Vertrauenspersonen oder Lehrer ausgesucht haben. Seien Sie dankbar für den Beistand, den sie Ihnen gewähren. Aber machen Sie sich zugleich bewusst, dass sie nicht auf alle Fragen eine Antwort haben – ja gar nicht haben können.

Auch sie sind Menschen. Auch sie haben Schwächen und Vorurteile, müssen ihre eigenen Lektionen lernen und werden gewiss Fehler machen. Doch wenn sie der Wahrheit verpflichtet sind, werden sie auf den richtigen Weg zurückkehren. Und wenn *Sie* der Wahrheit verpflichtet sind, werden *Sie* vielleicht das Licht sein, das sie dorthin führt.

Hören Sie auf Ihre Ratgeber. Respektieren Sie sie so, wie sie sind. Seien Sie froh um die Inspiration und die Unterweisung, die Ihnen durch sie zuteil werden. Aber vergöttern Sie Ihre Vorbilder nicht.

Lernen auch Sie, eigenständig zu denken.

Hilf mir, Gott, mich daran zu erinnern, dass es auf die Botschaft ankommt, nicht auf den Boten. Ich danke dir für meine Vorbilder, Lehrer und Ratgeber – aber mache mir immer wieder bewusst, dass ich sie nicht auf einen Sockel stellen darf.

Finden und respektieren Sie Ihren eigenen Rhythmus
23. OKTOBER

Versuche nicht, in die Fußstapfen der Älteren zu treten; suche das, was sie suchten.

Basho

Wenn wir in die Fußstapfen eines Vorbildes treten, besteht die Gefahr, dass wir geneigt sind, ihm allzu sehr nachzueifern, anstatt unseren eigenen Weg zu gehen.

Im Alter von vierundzwanzig Jahren gab John seinen Job auf und gründete eine Firma. Fünf Jahre später verkaufte er sie für mehrere Millionen Dollar. Wir wollen genau so sein wie John, also gründen auch wir eine Firma – und gehen bankrott. Wie konnte das passieren? Ist das Schicksal gegen uns? Nein. Wir haben nur übersehen, dass es einen Unterschied macht, ob man von einem Vorbild lernt oder in seine Fußstapfen zu treten versucht. Johns Weg führte offenbar zur Gründung einer Firma; Ihr Weg mag Sie in die gleiche Richtung führen – aber eben nicht zum gleichen Zeitpunkt.

Wir können weiterhin viel von unseren Vorbildern und den Menschen, die wir bewundern, lernen. Allerdings müssen wir uns dabei klar machen, dass ihr Weg oder ihr Zeitrahmen vielleicht von dem unseren abweicht.

Wenn der Moment günstig ist, eine Firma zu gründen, eine neue Fertigkeit zu erlernen, eine Beziehung anzufangen oder sich einen anderen Herzenswunsch zu erfüllen, dann wird das auch geschehen. Die Erfahrung ist für Sie bereit, wenn Sie bereit dafür sind. Jedenfalls haben Sie Ihr ganz persönliches Timing.

Ich kenne Leute, die sich nur zwei Wochen kannten, heirateten und mehr als dreißig Jahre lang eine glückliche Ehe führten. Ich kenne aber auch Leute, die schon seit Jahren zusammen sind und immer noch nicht wissen, ob sie sich das Jawort geben sollen. Mein Freund fasste seinen Entschluss, vom Mittleren Westen nach Kalifornien zu ziehen, innerhalb weniger Monate. Ich brauchte dafür mehrere Jahre.

Jeder hat seinen eigenen Rhythmus, geht seinen eigenen Weg. Und obwohl wir oft ähnliche Lektionen lernen, ist doch jeder Mensch einzigartig. Wenn wir dauernd unser Vorbild nachahmen wollen, anstatt einer bestimmten Idee zu folgen, werden wir bestenfalls zu seinem Abziehbild – und schlimmstenfalls finden wir niemals unseren eigenen Weg. Sein Rhythmus ist für uns zu schnell oder zu langsam, und wir lernen nicht die eigentliche Lektion: unserer inneren Instanz zu vertrauen.

Gautama Buddha wurde zum Erleuchteten, als er unter einem Feigenbaum saß; Milarepa erlebte das Gleiche, als er in einer Höhle des Himalaja ein Eremitendasein führte. Man erlangt den Zustand der Erleuchtung nicht dadurch, dass man einem Menschen blind folgt, sondern dadurch, dass man auf die Stimme des Herzens hört.

Gott, hilf mir, weder von mir noch von anderen Perfektion zu erwarten. Hilf mir, die von dir übermittelten Botschaften zu empfangen und dann meine eigene Wahrheit zu erkennen.

Was Sie sehen, ist nicht immer, was Sie bekommen
24. OKTOBER

Als ich durchs Einkaufszentrum ging, sah ich einen Stand, an dem man sich fotografieren lassen konnte. Eine große grüne Leinwand diente als Hintergrund, vor dem die Fotografin die einzelnen Personen in verschiedenen Posen ablichtete. Nachdem sie das Foto geschossen hatte, scannte sie es in eine Szenerie ein. Dann sah man aus wie jemand, der mit einem Alligator kämpft, wie ein Snowboarder oder ein verzweifelter Abenteurer, der von seinem eigenen Jeep überfahren wird.

Was Sie sehen, ist nicht immer, was Sie am Ende bekommen. Die Menschen sind nicht immer so, wie sie wirken. Es ist leicht, ein ungenaues Bild von sich zu zeichnen, um so die anderen zu beeindrucken oder zu einem bestimmten Verhalten zu zwingen. Obwohl viele, ja sogar die meisten Menschen in unserem Leben ehrlich sind, müssen wir doch damit rechnen, dass einige eine Maske tragen. Sie behaupten, über reiche Erfahrungen zu verfügen, die wir nie gemacht haben, das Geheimnis zu kennen, wie man ein erfülltes Leben führt, jemand zu sein, der sie gar nicht sind. Mit ihrem exaltierten Gebaren und ihrer scheinbar starken Position versuchen sie, uns zu kontrollieren und zu manipulieren.

Seien Sie auf der Hut vor Leuten, die derlei bei Ihnen versuchen, indem sie sich in einen falschen Hintergrund einpassen. Nehmen Sie nicht alles für bare Münze, und nehmen Sie sich genug Zeit, um herauszufinden, wie der wahre Hintergrund aussieht.

Die meisten von uns lassen sich ab und zu blenden oder täuschen. Manchmal werden wir einfach hereingelegt, dann wieder betrügen wir uns selbst. Seien Sie nicht mehr so naiv.

Gott, wenn ich manipuliert oder hinters Licht geführt werde, dann hilf mir bitte, die Wahrheit zu erkennen.

Hören Sie auf, sich selbst zu betrügen   25. OKTOBER

Auch die Besten unter uns werden bisweilen hereingelegt. Jemand taucht auf und beeindruckt uns durch seine Zauberei. Später wird uns klar, dass wir einer Täuschung erlegen sind.

Manchmal besteht das Problem nicht darin, dass andere uns hinters Licht führen, sondern dass wir selbst uns etwas vormachen. Wir sehen, was wir sehen wollen – ohne Rücksicht auf die Wirklichkeit. Wird uns die Realität dann allmählich bewusst, reden wir uns ein, dass sie sich ganz bestimmt ändern werde, wenn wir nur lange genug den Atem anhalten, unsere Gefühle verdrängen und die Hoffnung nicht verlieren.

Wir sollten nicht wütend auf uns sein, wenn wir hereingelegt wurden – auch dann nicht, wenn wir uns selbst an der Nase herumgeführt haben. Vielmehr müssen wir den Tatsachen ins Auge sehen.

Lassen Sie nicht zu, dass die Verlegenheit, die Sie angesichts einer solch misslichen Situation empfinden, Ihr Selbstbild trübt. Manchmal müssen Sie nicht mehr tun, als die Wahrheit anzuerkennen – auch die Wahrheit Ihrer Gefühle. In einigen Tagen oder Wochen wird sich eine Lösung abzeichnen.

Erst wenn alle Illusionen verschwunden sind, kommt die wahre Magie zum Vorschein. Sie werden auf Ihrem Weg stets geleitet werden.

Gott, erinnere mich daran, dass mir, wenn ich die Wahrheit eingestehe und akzeptiere, Kraft und Einsicht zur Veränderung zuteil werden.

Seien Sie sich Ihrer Gefühle bewusst
26. OKTOBER

Was ist heute geschehen? Wie fühlten Sie sich?

Die Gefühle, die wir momentan unterdrücken oder verdrängen, verschwinden ebenso wenig wie jene, die noch aus der Kindheit stammen und mit denen wir damals nicht zurechtkamen. Sie bleiben so lange in unserem Energiefeld, bis wir ihnen die nötige Beachtung schenken. Manchmal hindern sie uns daran, die Wahrheit zu erkennen.

Viele von uns sind es seit langem gewohnt, sich den eigenen Gefühlen zu widersetzen. Deshalb sollten Sie sich Zeit nehmen, den heutigen Tag noch einmal Revue passieren zu lassen. Aber sagen Sie sich nicht nur, was Sie getan und gemocht haben, sondern auch, was Sie bei jeder Begebenheit empfanden.

Vielleicht machen Sie dabei eine Entdeckung, die sogar Sie überrascht. Sie brauchen nicht unbedingt einer anderen Person Ihre Gefühle mitzuteilen, aber Sie können es tun, wenn Ihnen danach ist. Auf jeden Fall müssen Sie sich selbst Bericht erstatten.

Dieser Tag erinnert Sie einfach an das, was Sie bereits wissen. Machen Sie sich die inneren und äußeren Vorgänge stets bewusst. Und achten Sie auf Ihre Gefühle.

Gott, lass mich nicht vergessen, dass es gut ist, so zu sein, wie ich bin, und meine Gefühle zu empfinden, egal welche. Erinnere mich daran, dass sie der Schlüssel zu meiner Stärke sind – zumal dann, wenn sie mir lästig erscheinen.

Seien Sie sich darüber im Klaren, dass Kontrolle eine Illusion ist
27. OKTOBER

Nehmen Sie genau wahr, was in Ihrem Innern vorgeht, wenn Sie jemand anders kontrollieren wollen.

»Einmal fuhr ich hinter einem Wagen her, der meiner Meinung nach viel zu langsam fuhr«, erzählte mir ein Freund. »Ich schrie und tobte und zog über den anderen Fahrer her, um ihn dadurch mental zu zwingen, mir Platz zu machen. Ich wollte, dass er zur Seite fuhr und mich vorbei ließ.

Während der Fahrt beobachtete ich mich selbst. Und plötzlich musste ich lachen. Ich war ja gar nicht wütend über meinen Vordermann, sondern ich war wütend, weil ich versuchte, etwas zu kontrollieren, auf das ich keinen Einfluss hatte.«

Seien Sie sich all Ihrer Gefühle bewusst. Aber denken Sie auch daran, dass manchmal nicht die andere Person Sie zur Raserei bringt, sondern Sie selbst.

Gott, hilf mir, die selbst inszenierten Dramen in meinem Leben zu durchschauen und mein Bedürfnis nach Kontrolle loszulassen. Gib mir den Mut, zu meinen Gefühlen zu stehen. Aber lass mich auch erkennen, wenn mein Wille verrückt spielt.

Lassen Sie die Einsicht reifen
28. OKTOBER

Je angestrengter wir versuchen, eine Lektion zu begreifen, desto verlorener und verwirrter fühlen wir uns manchmal. »Was bedeutet das?«, fragen wir, argwöhnisch über ein bestimmtes Problem nachdenkend.

Entspannen Sie sich. Lassen Sie Ihre Erwartungen ebenso los wie Ihre voreiligen Interpretationen. Versuchen Sie nicht mehr, auf Teufel komm raus zu verstehen.

Die Lektion lautet vielleicht nur: Denk dran, in deinem Alltag das Heilige zu sehen und dir selbst genauso mit Mitgefühl zu begegnen wie anderen Menschen. Bisweilen ist das, was wir durchmachen, Teil einer größeren Lektion, die wir möglicherweise erst nach Jahren begreifen und abschließen. Nur zu leicht gelangen wir zu der irrigen Auffassung, wie müssten eine bestimmte Lektion erzwingen und unbedingt etwas lernen. Aber dem ist nicht so.

Wir müssen lediglich sehen, was wir jetzt sehen, und wissen, was wir heute wissen.

Leben Sie Ihr Leben.

Alles Weitere wird Ihnen zur rechten Zeit offenbart.

Üben Sie, in aller Ruhe und ohne Vorurteile zu sehen.

Hilf mir, Gott, jede Situation bewusst wahrzunehmen, ohne allzu viel in sie hineinzulesen – und darauf zu vertrauen, dass meine Lektion zu gegebener Zeit verständlich sein wird.

Bitten Sie um Einsicht, damit Sie sehen, was Ihnen gerade gezeigt wird   29. OKTOBER

Ich war in einem kleinen Einkaufszentrum, um einen Film abzugeben und entwickeln zu lassen. Als ich zu meinem Wagen zurückkehrte, stellte ich fest, dass ich die Autoschlüssel im Innern hatte liegen lassen und daher die Tür nicht öffnen konnte. Mein ungläubiges Staunen verwandelte sich schnell in eine bejahende Einstellung. Ich ging zur nächsten Polizeiwache, die nur wenige Häuser entfernt war. Leider hatte ich auch meinen Geldbeutel eingeschlossen, und ohne eine Vierteldollarmünze konnte ich nicht telefonieren.

Der Polizist verständigte den Automobilclub und sagte mir, dass Hilfe unterwegs sei. Ich schlenderte nach draußen und setzte mich auf den Bordstein. Von dort aus sah ich ein kleines Küchengeschäft auf der gegenüberliegenden Straßenseite. Mein Blick klebte förmlich an den Scheiben. Dann beschloss ich, mich in dem Laden umzuschauen, obwohl ich kein Geld bei mir hatte.

Monatelang hatte ich in ganz Südkalifornien nach Töpfen und Pfannen von einer bestimmten Firma gesucht und schon fast aufgegeben. Obwohl es sich nur um ein kleines Geschäft handelte, wollte ich nachfragen, ob sie diese Marke führten.

»Aber ja«, sagte der Angestellte. »Natürlich führen wir die.«

Manchmal ist ein Zwischenfall einfach nur lästig. Dann wieder hilft er uns, langsamer zu machen, auf die Erde zurückzukehren und die Dinge genau wahrzunehmen. Möglicherweise aber dient er auch der Höheren Macht dazu, uns auf etwas aufmerksam zu machen, das wir sehen sollen. Gelegentlich entpuppt sich ein unerwartetes Problem sogar als ein besonderer Segen.

Mit Unterbrechungen und Unannehmlichkeiten können Sie ohne weiteres fertig werden. Anstatt wütend zu werden, sollten Sie versuchen, in aller Ruhe zu reagieren und das Bewusstsein zu schärfen. Finden Sie heraus, ob Ihnen gerade etwas Wichtiges gezeigt wird.

Hilf mir, Gott, die Augen zu öffnen und zu sehen, worauf du mich aufmerksam machst.

Gott ist sich Ihrer bewusst 30. OKTOBER

Lieber Gott,
Bist du wirklich unsichtbar, oder ist das bloß ein Trick?
Aus den Briefen von Kindern an Gott

Manchmal sehen wir nur wenige Meter des vor uns liegenden Weges. Aber er existiert trotzdem. Wir müssen lediglich einen

Fuß vor den anderen setzen, bis wir aus der Dunkelheit herauskommen und ins Licht treten. Machen Sie einfach jeweils einen
kleinen Schritt.

Fügen Sie sich Ihren Lebensumständen. Empfinden Sie Ihre
Gefühle. Seien Sie sich Ihres Leidens und Ihres Kummers
bewusst, falls Sie gerade eine schwierige Phase durchleben.
Doch vergessen Sie nicht: Selbst wenn Sie Gott nicht sehen können – er sieht Sie.

Und Gott passt auf Sie auf.

*Hilf mir, Gott, dass ich heute deine aktive Gegenwart und
Liebe fühle.*

Seien Sie sich
der Gegenwart Gottes bewusst   31. OKTOBER

Ich erinnere mich noch an den Augenblick, als ich bereit war,
wieder verletzlich zu sein. Ich ging durch eine Stadt am Meer
und redete mit meiner Freundin. Ich sprach über mein wohl-
behütetes kleines Leben damals in Stillwater, Minnesota, wo
ich glaubte, alles unter Kontrolle zu haben. Ich hatte die Groß-
städte gemieden in der Überzeugung, dass das Leben in einer
Kleinstadt sicher sei. Ich arbeitete für die dortige Tageszeitung,
und mir wurde alles zuteil, was das Leben nur bieten kann. Ich
erlebte den großen Durchbruch, der mich, eine unbekannte
Autorin, auf die Bestsellerliste der *New York Times* katapul-
tierte. Dann starb mein Sohn. Die Kleinstadt war weder so
beengend, wie ich befürchtet hatte, noch so sicher, wie ich
gehofft hatte.

Ich erzählte meiner Freundin auch, wie ich viele Jahre später
den Nahen Osten bereist hatte. Von dort aus rief ich mit dem
Handy meine Tochter an. Sie hatte das ihre bei sich, während sie
im Auto durch das Zentrum von Los Angeles fuhr.

»Hast du da, wo du bist, keine Angst?«, fragte sie. »Ist dein Leben nicht in Gefahr?«

In diesem Moment pöbelte ein Mann sie an. Ich hörte ihn durchs Fenster brüllen: »Wenn du nicht sofort deinen Wagen wegfährst, bringe ich dich um!«

»Völlige Sicherheit ist eine Illusion«, sagte ich zu meiner Freundin. »Vielleicht sind wir nur dann wirklich sicher, wenn wir bereitwillig anerkennen, wie verletzlich wir im Grunde sind – egal, was wir gerade tun –, und damit einverstanden sind.«

»Bitte Gott, bei mir zu sein«, sagte ich zu einer älteren Frau, die damals meine Mentorin war.

»Dummes Kind«, erwiderte sie. »Du brauchst Gott nicht darum zu bitten, bei dir zu sein. Er ist immer schon da, wo immer du auch bist.«

Gott, sorge dafür, dass ich mich sicher, wohl und mit dir verbunden fühle, wo immer ich heute bin.

November

Lernen Sie, Ich kann *zu sagen*

Lernen Sie, Ich kann *zu sagen*   1. NOVEMBER

»Das ist für dich«, sagte mein Freund an meinem Geburtstag.

Ich öffnete die winzige Schachtel mit jenem Gefühl, das die meisten Frauen empfinden, wenn sie wissen, dass sie Schmuck geschenkt bekommen. Ich hatte Recht. Ich nahm die Halskette und hielt sie in der Hand.

»Lies auch die beiliegende Broschüre«, forderte mein Freund mich auf.

Ich entfaltete den kleinen Prospekt. Die Halskette war nicht nur irgendein Schmuckstück, sondern ein antikes Symbol, das Selbstbewusstsein repräsentierte – jene schwer zu fassende Eigenschaft, die unsere Fähigkeit, ein frohes und friedliches Leben zu führen, entweder steigert oder – wenn es an ihr mangelt – beeinträchtigt.

Das war genau die Gedächtnisstütze, die ich brauchte.

Am nächsten Tag fuhr ich zum Flughafen, um eine weitere Flugstunde zu nehmen. Ich war nicht gerade begeistert, fürchtete mich aber auch nicht davor. Ich lebte einfach jeden Moment aus. Und so würde ich jetzt auf dem Pilotensitz Platz nehmen und das Flugzeug fliegen.

Mit meiner Kette um den Hals fuhr ich über die Startbahn und schob den Gashebel nach hinten. Die Maschine stieg mühelos nach oben. Sanft brachte ich uns auf eine Höhe von 5500 Fuß. Robs Anweisung befolgend, bog ich scharf nach links. Anschließend machte ich eine scharfe Drehung nach rechts. Ich unternahm einen Sackflug bei eingeschaltetem Motor, der mich vorher in Angst und Schrecken versetzt hatte, dann einen Sackflug bei ausgeschaltetem Motor. Das Flugzeug funktionierte, und ich konnte fliegen!

An diesem Tag erlebte ich einen Durchbruch. Bis dahin hatte ich nur so getan als ob, hatte ich die Handgriffe mechanisch ausgeführt, um mich zum Fliegen zu zwingen. Jetzt aber bereitete mir der Aufenthalt in der Luft wirklich Vergnügen.

Es lag nicht an der Halskette. Die Kraft kam vielmehr aus der Besinnung auf mich selbst, aus meinem Glauben an mich selbst.

Allzu leicht verlieren wir unser Selbstvertrauen. Vielleicht übertragen wir es gleichsam den Leuten, die uns früher dazu verleitet haben, nicht an uns selbst zu glauben – oder auf die Fehler, die wir begangen haben und die nun ein umfangreiches »Beweismaterial« gegen uns bilden, das auf schmerzlichen Lernerfahrungen und falschen Urteilen gründet. Vielleicht haben wir unser Selbstvertrauen auch wegen eines traumatischen Erlebnisses eingebüßt – wegen Scheidung, Tod eines geliebten Menschen oder irgendeinem anderen Verlust.

Geraten Sie nicht in Panik.

Atmen Sie tief durch.

Sagen Sie nicht mehr: *Ich kann nicht.*

Zur Sprache des Loslassens gehört auch, dass wir zu sagen lernen: *Ich kann.*

Schenken Sie sich Selbstvertrauen.

Gott, ich glaube an dich. Hilf mir jetzt, auch an mich selbst zu glauben.

Doch, Sie können   2. NOVEMBER

Wir kamen zu dem Glauben, dass eine Macht, größer als wir selbst, uns unsere geistige Gesundheit wiedergeben kann.
                    Zweiter Schritt des Zwölf-Schritte-Programms

O nein. Das schaffe ich auf gar keinen Fall.

Ich könnte es ja mal versuchen.

Ich denke, dass ich das kann, aber nicht sehr gut.

Ich mache es, aber ich habe große Angst davor.

Oh, ich hab' die Sache schon besser im Griff.

Ups! Mir ist ein Fehler unterlaufen. Wahrscheinlich schaff' ich es doch nicht.

Na gut. Ich versuche es nochmal.

Siehst du! Auch diesmal klappt es nicht.

Okay, ich versuche es noch *ein* Mal. Höchstens zweimal.

Hey, schau doch! Ich bin ziemlich gut!

Ich denke, dass ich es schließlich schaffen werde.

Wow! Das macht wirklich Spaß.

Immer wenn wir etwas Neues lernen, befinden wir uns in einem ständigen Auf und Ab. Wir wissen einfach nicht, wie wir vorgehen sollen – doch am Ende machen wir unsere Sache gut.

Ein guter Grund, eine Höhere Macht zu haben, ist der, dass sie an uns glaubt, auch wenn wir es nicht tun. Wir müssen nicht nur an Gott glauben, sondern auch an uns selbst.

Verwandeln Sie Ihr *Ich kann nicht* in ein *Ich kann*. Nehmen Sie sich dafür so viel Zeit wie nötig. Genießen Sie den inneren Entwicklungsprozess, durch den Sie zu der Überzeugung gelangen, dass Sie es können. Haben Sie Geduld. Akzeptieren Sie Ihre momentane Position auf der Lernkurve.

Gott, bitte verleih mir jene bescheidene Zuversicht, die es mir erlaubt, das Geschenk des Lebens zu genießen, auch mich selbst und all die Dinge, die zu tun du mir aufgegeben hast.

Sie lernen etwas Neues 3. NOVEMBER

»Wonach sollen wir suchen?«, fragte Stanley.

»Man sucht überhaupt nichts. Man gräbt, um seinen Charakter zu festigen.« …

Stanley warf einen hilflosen Blick auf seine Schaufel. Nicht sie war unzulänglich, sondern er.

Louis Sachar, *Holes*

Wenn wir vor einer schwierigen Aufgabe stehen – weil wir mit einer neuen Arbeit beginnen, die Schule wechseln oder sonst etwas Ungewohntes tun –, fühlen wir uns manchmal schnell überfordert und neigen dazu, sehr schlecht über uns zu denken. Wir sagen uns: *Vielleicht bin ich wirklich nicht imstande, den Anforderungen gerecht zu werden. Vielleicht sollte ich einfach da bleiben, wo ich bin – ob mir dieser Zustand behagt oder nicht.*

Eine der wunderbaren Eigenschaften des Menschen ist seine Fähigkeit, sich an neue Situationen anzupassen. Und eine weitere, sich zu ändern und die eigene Persönlichkeit weiter zu entfalten.

Mit welcher neuen Situation sind Sie gerade konfrontiert? Ob Sie einen Heilungsprozess beginnen, eine andere Arbeit annehmen, den Magister machen, ob Sie lernen, ein glücklicher Ehepartner zu werden, oder, im Gegenteil, sich mit der Scheidung abzufinden – Sie sind all dem, was das Leben von Ihnen verlangt, durchaus gewachsen.

Es ist wichtig, jeweils bei Null anzufangen – was allerdings oft zur Folge hat, dass man sich für die bevorstehende Aufgabe schlecht vorbereitet fühlt. Das ist gut so. Denn wenn Sie völlig sorgenfrei wären, würden Sie sich wahrscheinlich nicht weiterentwickeln und etwas dazulernen.

Achten Sie darauf, wie Sie mit sich selbst sprechen, ob Sie sich sagen *Ich kann* oder aber *Ich kann nicht.* Dieses *Ich kann* soll von froher Zuversicht durchdrungen sein. Machen Sie sich jedes Gefühl bewusst, das Sie davon abhält, an sich selbst zu glauben. Lassen Sie es dann los. Befreien Sie sich von der Angst und dem Gefühl, überfordert zu sein.

Sie können die neue Aufgabe bewältigen. Sie können mit Ihrem neuen Chef gut auskommen. Sie können lernen, Ihr Wohlbefinden zu steigern. Sie können es, und Sie werden es auch schaffen. Sie können und werden in diese neue Rolle hineinwachsen.

Sie sind nicht unzulänglich, und Ihre Schaufel ist es auch nicht. Nehmen Sie sie einfach in die Hand, und fangen Sie an zu graben.

*Gott, gib mir die Stärke und die Zuversicht, etwas dazuzuler-
nen, immer besser zu werden und die Wunder dieser Welt
wahrzunehmen.*

Akzeptieren Sie Ihr Unbehagen   4. NOVEMBER

»Es scheint, als würde alles, was du zum Vergnügen tust, dir
Angst und Schrecken einjagen«, sagte mein Freund Andy eines
Tages. »Was hat es damit nur auf sich?«

Ich dachte über seine Frage nach. Er hatte Recht. Das Fliegen
machte mir Angst. Zum ersten Mal aus diesem Flugzeug zu
springen war eine erschreckende Aussicht. Ich fühlte mich überhaupt nicht wohl, fing an zu hyperventilieren und glaubte, einen
Herzanfall zu bekommen.

An dem Tag, da ich mich entschloss, nie mehr zu trinken und
keine Drogen mehr zu nehmen, war ich gezwungen, mein ganzes
Leben zu ändern. Diese Vorstellung entsetzte mich.

Als die Scheidung vom Vater meiner Kinder besiegelt war,
fühlte ich mich kurzzeitig in Hochstimmung; dann aber hatte ich
eine Panikattacke, derentwegen ich den Notarzt rufen musste.

Als ich zum ersten Mal an meinem Schreibtisch in der Zei-
tungsredaktion saß und auf den leeren Bildschirm starrte, während der Abgabetermin für die Titelgeschichte, die ich zu schreiben hatte, immer näher rückte, war ich vor Angst wie gelähmt.

»Nicht, dass ich ein Adrenalinjunkie wäre«, sagte ich zu meinem Freund. »Zumindest ist das nicht das Hauptproblem. Es ist
einfach so, dass jede neue, lohnenswerte Tätigkeit, die ich bisher
in Angriff genommen habe, mir zunächst Unbehagen bereitet
und manchmal sogar einen Schrecken eingejagt hat. Ich musste
durch eine Mauer der Angst gehen.«

Ich genieße es, mich behaglich einzurichten mit Daunenpols-
tern und Daunendecken, die mir das Gefühl geben, in den Wolken zu schlafen. Indem wir lernen, uns zu entspannen, und he-

413

rausfinden, was uns angenehm ist, leisten wir einen wichtigen Beitrag zu unserem Wohlbefinden.

Aber manchmal müssen wir diesen hübschen, gemütlichen und kuscheligen Ort verlassen.

»Ich kann das nicht. Mir ist unwohl dabei«, sagte ich immer wieder zu meinem Fluglehrer Rob, als er darauf bestand, dass ich das Steuer übernahm.

»Doch, du kannst«, erwiderte er dann, um mich zu beruhigen. »Atme einfach tief durch und entspann dich.«

Bisweilen hat die Angst auch etwas Gutes. Sie warnt uns vor drohenden Gefahren und gibt uns zu verstehen: »Tu das nicht« oder »Misch dich da nicht ein«.

Gelegentlich empfinden wir einfach Angst und Unbehagen, eben weil wir etwas Neues lernen. Demnach rate ich Ihnen: Werden Sie lockerer. Atmen Sie tief durch! Tun Sie es trotzdem. Sie *sollen* sich so fühlen.

Basiert Ihre Angst auf dem intuitiven Bedürfnis, sich selbst zu schützen, oder hängt sie mit dem Neuen und Unbekannten zusammen? Wenn Ihre Angst nicht von einer echten Bedrohung herrührt, können Sie sich mit Ihrem Unbehagen getrost anfreunden.

Gehen Sie durch Ihre Mauer der Angst.

Führen Sie aus, was Ihnen Angst macht. Entwickeln Sie sich. Überprüfen Sie Ihre Angst, und tun Sie es dann erneut.

Gott, bring mir bei, wie man seine Angst überwindet. Hilf mir, reifer zu werden, und lass mich die Unlustgefühle, die mit innerem Wachstum einhergehen, nicht mehr als unangenehm empfinden.

Ein Wunder geschieht 5. NOVEMBER

Eines Abends saß ich mit meinen Kindern am Esstisch. Shane erzählte von seinen Plänen für den nächsten Tag. Nichole hatte vor, eine Pyjamaparty zu veranstalten. Ich arbeitete damals an einem bestimmten Projekt, das mir ab und zu durch den Kopf ging; trotzdem genoss ich es, den Kindern zuzuhören.

Es war ein angenehmes, entspanntes Abendessen. Später brachte ich die Kinder zu Bett und ging leise in mein Zimmer, um mich in aller Ruhe für die Nacht zurückzuziehen.

In diesem Augenblick wurde es mir bewusst. Es traf mich wie der sprichwörtliche Blitz aus heiterem Himmel.

Als ich mein Leben als allein erziehende Mutter begonnen hatte, war ich voller Angst gewesen. Nach zehn Jahren Ehe hatte ich mich vor Kleinigkeiten gefürchtet – zum Beispiel davor, ohne Mann im Haus einzuschlafen und die ganze Nacht allein im Bett zu verbringen.

Manchmal legte ich mich mit dem Telefon schlafen, bereit, die Notrufnummer zu wählen. In diesem neuen Leben überforderte mich buchstäblich alles. Ich fühlte mich der Aufgabe einfach nicht gewachsen. Doch irgendwann war ich zu der Überzeugung gelangt, dass ich es schaffen könne. Den genauen Zeitpunkt wusste ich nicht anzugeben. Die Veränderung trat nicht schlagartig ein, sondern vollzog sich langsam, Schritt für Schritt.

»Juchhu!«, rief ich nun, als ich in meinem Zimmer einen Siegestanz aufführte.

»Ich habe nicht geglaubt, dass ich das könnte. Aber ich kann es, ich kann es wirklich!«

Feiern Sie das Wunder der Veränderung in Ihrem Leben – was immer Sie werden, tun oder lernen wollen. Lassen Sie die Veränderung so schnell oder so langsam geschehen wie nötig.

Tag für Tag, Monat für Monat und dann Jahr für Jahr wird ein Gefühl stiller Zuversicht allmählich an die Stelle der übermächtigen Angst treten. Jene Aufgabe oder Arbeit, die Sie anfangs völ-

415

lig zu überfordern schien, wird Ihnen immer vertrauter. Mit der Zeit fühlen Sie sich so wohl, dass Ihnen gar nicht bewusst ist, wann diese wundersame Veränderung eigentlich stattfand.

Genießen Sie den momentanen Zustand im Rahmen Ihres Entwicklungsprozesses. Vielleicht sehen oder erkennen Sie es noch nicht – aber vor Ihren Augen ereignet sich ein Wunder.

Ich danke dir, Gott, für das, was ich in meinem Lern- und Entwicklungsprozess bisher erreicht habe. Verhilf mir zu der Einsicht, dass ein Wunder stattfindet – ob ich mir dessen bewusst bin oder nicht.

Entwickeln Sie die innere Bereitschaft
6. NOVEMBER

Man darf ruhig auf die Nase fallen. Aber einfach liegen zu bleiben – das ist eine Schande.

Edmund Vance Cook

Manchmal besteht das Problem nicht darin, dass wir an uns zweifeln, sondern darin, dass wir einfach nicht wollen – egal, vor welcher Herausforderung wir gerade stehen.

Als ich den Weg der Heilung beschritt und mit dem Schreiben anfing, wollte ich genau das tun. Diese Aufgabe inspirierte mich. Ich wollte mich wieder aufrappeln. Ich wollte weiterkommen. Ich wollte am Spiel teilnehmen.

Als mein Sohn Shane durch einen tragischen Unfall ums Leben kam, wollte ich mich nicht wieder aufrappeln.

Ich wollte die Herausforderung nicht annehmen. Sie inspirierte mich überhaupt nicht. Ich wollte diesen Verlust nicht erleiden, und ich wollte nicht von meinem Kummer genesen.

In den ersten Jahren jener schmerzlichen, schlimmen Zeit bekam ich eines Tages Besuch von einem Freund. Wir kannten uns seit langem. Auch er lebte mit einem nicht wieder gutzumachenden Verlust; seit er sich im Teenageralter eine Kinderlähmung zugezogen hatte, konnte er seine Beinmuskeln nicht mehr bewegen.

Damals wussten die Leute nicht, wie sie mir helfen sollten. Sie sahen ohnmächtig zu, wie ich mich abquälte. Sie hatten versucht, Mitgefühl zu zeigen, und das war auch gut. Aber in meiner Situation konnte ich damit nicht viel anfangen.

»Du musst dir einen Ruck geben«, sagte mein Freund mit lauter Stimme. »Du musst wieder auf die Beine kommen und dich dem Leben stellen.«

Manchmal wirken Probleme und Herausforderungen anregend, manchmal jedoch nicht. Ganz gleich, was uns widerfährt – wir müssen uns wieder aufrappeln.

Lassen Sie die Trauer zu. Seien Sie, wenn Sie nicht anders können, wütend über Ihren Verlust. Aber dann sollten Sie sich erheben, egal ob dieser Verlust Ihnen recht ist oder nicht. Sie brauchen nicht zu wollen, ja nicht einmal zu glauben, dass Sie es schaffen. Bisweilen müssen wir nur die *Bereitschaft* entwickeln, zu wollen und dann zu glauben, dass wir es schaffen.

Hilf mir, Gott, an das Leben zu glauben.

Was können Sie schaffen? 7. NOVEMBER

Mr. Potter feierte seinen 100. Geburtstag, indem er von einem 65 Meter hohen Turm einen Bungeesprung unternahm. Als ihm sein langjähriger Arzt davon abriet, suchte er sich einfach einen neuen.
Stella Resnick, *The Pleasure Zone*

Ich halte fast den örtlichen Rekord im Tandemspringen mit dem Fallschirm. So bezeichnet man Sprünge, die zusammen mit dem Lehrer ausgeführt werden. Durch das Gurtzeug ist man an dessen Vorderseite festgehakt; man muss nicht mehr tun, als sich fallen zu lassen. Ich habe mein Training zum großen Teil mit solchen Tandemsprüngen absolviert, um meinem Körper die notwendigen Bewegungen einzuprägen und mehr Sicherheit zu gewinnen.

Der Frau, die hier in der Gegend den Rekord hält, bin ich persönlich noch nicht begegnet. Ich habe aber von ihr gehört. Auf meinem Konto stehen 28 Tandemsprünge, bei ihr sind es weitaus mehr. Zu diesem Zweck nimmt sie sogar an Veranstaltungen von Fallschirmspringerteams teil.

Auf dem Boden ist sie beidseitig gelähmt, in der Luft aber kann sie fliegen.

Gewiss, es gibt Dinge, die wir weder tun noch haben können, obwohl wir es gerne möchten. Machen Sie sich darüber keine Sorgen mehr; die Liste der Dinge, die Sie de facto tun und haben können, ist noch länger.

Was erscheint Ihnen verlockend?

Ungeachtet Ihrer Beschränkungen oder Behinderungen, ungeachtet dessen, was Sie nicht haben können, sind Sie in der Lage, Ihre Ziele zu erreichen und dabei einigen Spaß zu haben.

Wenn Mr. Potter und die Rekordhalterin im Tandemspringen das können, können Sie es auch.

Gott, bitte zeig mir, was ich alles schaffen kann.

Nehmen Sie den Deckel von der Kiste
8. NOVEMBER

Die Welt schrumpft oder dehnt sich aus – je nachdem, wie mutig man ist.

Anaïs Nin

Zuerst sind Sie gekrabbelt; dann haben Sie Laufen gelernt, und die Welt wurde ein wenig größer. Sie haben Radfahren gelernt, und sie dehnte sich noch weiter aus. Dann haben Sie Autofahren gelernt und sich ein Flugticket gekauft. Plötzlich hatte der Horizont keine Grenzen mehr. Doch dann begannen sich Zweifel einzuschleichen: *Ich kann nicht nach L. A. gehen, weil ich mich dort nie zurechtfinden würde.* Die Welt schrumpfte ein wenig. *Ich sollte diese Reise lieber nicht dieses Jahr machen; ich habe zu viele Verpflichtungen.* Und sie schrumpfte noch mehr. Sie müssen nur genug Entschuldigungen und rationale Erklärungen vorbringen, dann sitzen Sie irgendwann in einer kleinen, fest verschlossenen Kiste.

Keine Erfahrungen, keine Lektionen, kein Leben.

Kisten können bequem sein. Ich selbst habe einige Zeit darin verbracht. Doch egal, wie gemütlich Sie sie einrichten – eine Kiste bleibt eine Kiste. Es gibt sie in allen Größen und Formen. Wann immer wir uns von unbegründeten Ängsten hemmen und unterdrücken lassen, können wir ziemlich sicher sein, dass wir in eine weitere Kiste klettern. Früher oder später werden wir dann gegen deren Wände stoßen.

Entdecken Sie in einem Ihrer Lebensbereiche ein kleines *Ich kann nicht,* und nehmen Sie den Deckel von dieser Kiste. Schauen Sie sich um. Die Welt da draußen ist groß. Wenn sie Ihnen klein vorkommt, dann deshalb, weil Sie sie so gemacht haben. Versuchen Sie etwas Unmögliches. Bewerben Sie sich um diesen Traumjob. Das Schlimmste, was Ihnen passieren kann, ist, dass Sie etwas Neues über sich erfahren. Wenn Sie den Job nicht bekommen, finden Sie vielleicht heraus, welche Voraussetzungen dafür nötig sind. Wenn Sie dann nicht mehr auf ein Wunder warten, sondern versuchen, Ihre Träume selbst zu verwirklichen, wird die Welt wieder ein Stück weiter. Oder nehmen Sie ein paar Prospekte über diese Fotosafari mit, auf die Sie immer schon gehen wollten. Lernen Sie eine Fremdsprache. Eine meiner Bekannten litt unter Klaustrophobie. An ihrem diesjährigen Geburtstag machte sie sich ein besonderes Geschenk: Zum ersten Mal fuhr sie in einem Aufzug. Das machte ihr Mut, und sie fuhr gleich noch einmal.

Nur zu! Stoßen Sie den Deckel von der Kiste. Strecken Sie den Kopf ins Freie. Lassen Sie den Blick schweifen. Sehen Sie? Die Welt ist ein wunderbarer, erstaunlicher Ort.

Verwandeln Sie Ihre Angst in eine Leiter. Steigen Sie aus der Kiste des Zweifels und der Unsicherheit, um in jene Freiheit aufzubrechen, die auf Mut und Selbstvertrauen gründet.

Gott, gib mir den Mut, aus meiner Kiste zu klettern.

Erleichtern Sie Ihr Herz 9. NOVEMBER

Am letzten Tag meiner Klausur sagte ich dem für die Gäste zuständigen Meister, dass ich wohl nicht so bald wiederkommen könne, weil mir dazu die Zeit fehle. Er erwiderte mir sofort: »Nicht die ZEIT ist das Problem, sondern die SCHWERE.« Er drehte sich um, ging nach unten und kehrte dann mit einem kleinen Teppich zurück. »Hier, nimm ihn. Es ist ein Zauberteppich. Wenn du dich darauf setzt und deine Schwere loslässt, kannst du gehen, wohin du willst. Die Zeit spielt keine Rolle.« Ich habe festgestellt, dass das stimmt. Aber wenn ich den Leuten davon erzähle, werde ich ausgelacht. Lachen Sie mich ebenfalls aus? Na gut. Dann bleiben Sie eben da.

Theophan der Klausner,
Geschichten aus einem magischen Kloster

Oft ist nicht die Zeit unser Problem, sondern die Schwere.

Wir sind nicht zu beschäftigt. Im Grunde sind wir zu besorgt, zwanghaft, unschlüssig und ängstlich.

Befreien Sie sich von dieser ganzen Schwere, die Ihren Geist und Ihr Herz belastet. Lassen Sie sie von sich abfallen, damit Sie wieder frei durchatmen können. Dann erst sind Sie imstande, Ihren Alltag mühelos zu durchqueren, ja über ihn hinweg zu fliegen. Dann beschließen Sie selbst, wie Sie leben möchten, anstatt sich von den jeweiligen Umständen beherrschen zu lassen.

Entdecken Sie, was Sie schwer macht, die übermächtige Sorge, die Sie gefangen hält, und lassen Sie sie dann los. Befürchten Sie, Ihren Job zu verlieren? Ob es so weit kommt oder nicht – die Sorge lähmt nur Ihre Kreativität.

Finden Sie den inneren Ballast, und werfen Sie ihn ab. Begeben Sie sich anschließend auf Ihren Zauberteppich, und schweben Sie durch den Tag.

Hilf mir, Gott, meine Last leichter zu machen, indem ich Sorgen, Zweifel und Ängste loslasse. Zeig mir, wie wirksam die stille Zuversicht ist. Lehre mich zu sagen: Ich kann.

Finden Sie eine Möglichkeit, um Ich kann *zu sagen*

10. NOVEMBER

Allmählich erkannte ich, dass viele der Kisten, in denen ich mich wiederfand, von mir selbst gezimmert worden waren. Ich neigte dazu, Kisten zu bauen und hineinzukriechen, und suchte dann nach einem Schuldigen, der mich in diese missliche Situation gebracht hatte. Wer hat mir das angetan? fragte ich mich, manchmal sogar laut. Irgendwann vernahm ich die Antwort: Du selbst, Melody. Du hast dich in diese Kiste verkrochen. Nun ist es an dir, da wieder herauszukommen.

Melody Beattie, *Nimm dich endlich, wie du bist*

Jeder von uns hat sein Maß an Freiheit. Es gibt bestimmte Dinge, die wir tun können, und andere, die wir nicht tun können. Manchmal verschieben sich diese Grenzen – je nachdem, in welcher Lebensphase wir uns gerade befinden. Bisweilen sind wir durch unsere Pflichten gegenüber anderen Menschen gebunden. Dann wieder ergeben sich finanzielle Einschränkungen. Und nicht zuletzt sind wir abhängig davon, was unser Körper zu leisten imstande ist.

Alkoholiker, die wissen, dass sie nicht trinken dürfen, weil sie sonst die Kontrolle verlieren, sind sich ihrer Fähigkeiten durchaus bewusst. Sie dürfen keinen Tropfen Alkohol zu sich nehmen und müssen deshalb ihr Leben auf andere Weise in den Griff bekommen.

Gesunde, glückliche Menschen wissen ziemlich genau, was sie tun können und was nicht – zumindest nicht ohne unerwünschte Folgen. Doch bisweilen erlegen wir uns zu viele Beschränkungen auf. Da wir uns schon so an unsere Grenzen gewöhnt haben, sagen wir uns automatisch: *Das kann ich nicht tun, also kann ich auch sonst nichts tun.*

Ich habe das Haus von George Sand besucht (und dort die gesammelten Steine berührt), die vor vielen Jahren in Südfrankreich wohnte, als die Frauen nur wenige Rechte besaßen. Sie legte sich einen männlichen Vornamen zu, um schreiben und ihre Bücher verkaufen zu können. Diese haben ebenso überlebt wie ihre Legende.

Finden Sie heraus, was Sie rechtmäßig nicht tun können oder was Sie in eine günstigere, stärkere Position brächte, wenn Sie es nicht täten. Lernen sie, innerhalb dieser Grenzen zu leben. Auf diese Weise machen Sie Ihre Stärke geltend.

Doch gehen Sie noch einen Schritt weiter. Schauen Sie sich um, und erkennen Sie auch, was Sie tun können. Lassen Sie dabei Ihre Phantasie spielen. Die Einsicht in das, was Sie wirklich nicht tun können, führt oft zur Entdeckung dessen, was Sie tun können.

Hilf mir, Gott, meine Stärke anzuerkennen, indem ich akzeptiere, was ich nicht tun kann – und sie dann noch etwas mehr anzuerkennen, indem ich herausfinde, was ich tun kann.

Bahnen Sie sich
von innen heraus einen Weg
11. NOVEMBER

»Ich habe meine familiären und beruflichen Ziele erreicht«, sagte eine erfolgreiche Frau Ende dreißig. »Jetzt ist es an der Zeit, dass ich mich um mich selbst kümmere. Ich beginne damit, dass ich jede Woche eine Stunde lang konsequent das tue, wozu ich Lust habe.«

Nur eine Stunde? Wie wenig Zeit für das, was man gerne tun möchte! Lassen wir uns nicht allzu leicht dazu verleiten, die eigenen Bedürfnisse zu verdrängen? Vielleicht sagen wir uns, dass Gott es so will. Wir mögen tatsächlich in einer Situation sein, wo unsere Verpflichtungen – auch und vor allem gegenüber anderen Menschen – viel Zeit beanspruchen. Und manchmal müssen wir erst etwas Unangenehmes erledigen, ehe wir erreichen können, was wir wollen.

Zur Falle wird die Sache erst, wenn sich das ganze Leben nach und nach in den Bereich dessen verlagert, was man tun »sollte«. *Das sollte ich beruflich unternehmen. Das sollte ich für meine Familie tun. Dort sollte ich leben. So sollte ich meine Freizeit verbringen. Das sollte ich in Sachen Religion oder Spiritualität tun. So sollte ich mit meinem Geld, meiner Zeit und meiner Energie umgehen.*

Wer hat das eigentlich gesagt?

Halten Sie einen Moment inne. Untersuchen Sie, wessen Zwänge Ihr Leben beherrschen. Ist das, was Sie sich da vorschreiben, wahrer Ausdruck Ihrer persönlichen Ziele und Verpflichtungen? Oder haben Sie sich von sich selbst so weit entfernt, dass Ihr Leben gar nicht mehr genau widerspiegelt, wer Sie sind und was Sie sich tief im Herzen ersehnen?

Wie viele Stunden pro Woche verbringen Sie damit zu tun, was Sie tun möchten oder tun müssen, um sich einen Wunsch zu erfüllen – ob es dabei um Ihre Abstinenz geht, um die Familie oder den Beruf, der zu Ihnen passt? Und wie viele Stunden pro

423

Woche tun Sie, was Sie Ihrer Meinung nach tun *sollten*, ob es nun nötig ist oder nicht?

Um das Gewünschte zu bekommen oder zu erreichen, müssen wir Verantwortung tragen. Wir haben einen Beitrag zu leisten für die Freiheiten, die uns aus Beruf, Nebenbeschäftigung oder Familienleben erwachsen. Aber wir dürfen nicht vergessen, auch für unsere eigene Freiheit zu sorgen. Vielleicht tun Sie die Dinge, über die Sie klagen, im Grunde ja doch ganz gern – und sind sich dessen nur nicht mehr bewusst. Dann sollten Sie aufhören zu murren und Gott danken. Vielleicht wird Ihnen, wenn Sie Ihr Leben kritisch betrachten, aber auch plötzlich klar, dass Sie Dinge tun, die unnötig sind, die Sie ablehnen, die Sie nicht in die erhoffte Richtung führen. Sie zwingen sich zwar dazu, aber das ist völlig überflüssig.

Beginnen Sie den heutigen Tag damit, dass Sie eine Stunde lang tun, was Ihr Herz begehrt. Möglicherweise verspüren Sie bald das Bedürfnis, diese Zeit auf zwei Stunden täglich auszudehnen. Schließlich werden Sie in einen Zustand gelangen, wo Sollen und Wünschen sich überschneiden. Dann haben Sie sich von innen heraus einen Weg gebahnt, den Sie nun beschreiten.

Hilf mir, Gott, mit dem Herzen meinen Weg zu finden. Und hilf mir, den Weg, auf dem ich mich befinde, mit dem Herzen zu gehen.

Nutzen Sie Ihre Verbindungen   12. NOVEMBER

Als ich eines Morgens ein Magazin für Schriftsteller durchblätterte, wurde mir bewusst, wie wichtig diese Zeitschrift für mich gewesen war. Als ich in den späten siebziger Jahren zu schreiben begann, hatte ich keine Freunde, die Schriftsteller waren. Ich war mit meinem Traum allein und arbeitete nur ziemlich oberflächlich daran. Doch die Lektüre dieses monatlich erscheinenden Magazins, das sich an angehende Schriftsteller richtet, bewies mir, dass ich nicht allein war. Andere hatten schon vor mir den Weg beschritten, den ich gehen wollte, und waren genau an der Stelle aufgebrochen, wo ich mich jetzt befand. Insofern festigte das Magazin meinen Glauben, *dass ich es kann.*

Von Zeit zu Zeit brauchen wir alle solche Verbindungen, die uns Mut machen. Wenn wir anfangen, von der Drogensucht oder Co-Abhängigkeit zu genesen, helfen uns die Gruppentreffen, daran zu glauben, dass wir es schaffen werden. Wenn wir eine neue Tätigkeit erlernen – zum Beispiel Fallschirmspringen oder Flugzeuge zu steuern –, bringt manchmal das Gespräch mit jemandem, der noch in guter Erinnerung hat, wie unsicher, ungeschickt und unerfahren man sich zunächst fühlt, viel mehr als das Gespräch mit jemandem, der darauf pocht, immer schon ein Meister seines Fachs gewesen zu sein.

In der Absprungzone begegnete ich einmal einem Mann, der schon mehr als zehntausend Mal aus einem Flugzeug gesprungen war. »Ich habe vor jedem Sprung wahnsinnig Angst«, sagte ich. »Ist das normal?« Der professionelle Fallschirmspringer, der sehr sicher wirkte und von allen respektiert wurde, schaute mich an und lächelte. »Bei meinen ersten hundert Sprüngen hatte ich eine solche Angst, dass ich gar nicht mehr atmen konnte!«

Wenn Sie zu der Überzeugung gelangen wollen, dass Sie Ihre Aufgabe bewältigen können – sei es, dass Sie die nächsten vierundzwanzig Stunden lang nüchtern und clean bleiben wollen, sei es, dass Sie für das eigene Wohlbefinden sorgen, die Kinder allein erziehen oder eine intakte Beziehung aufbauen wollen, sei es, dass Sie lernen wollen, zu schreiben, zu tippen oder aus einem Flugzeug zu springen –, dann sollten Sie enge Verbindungen zu Menschen, Orten und Dingen herstellen, die Ihnen dabei Kraft geben.

Und wenn Sie auf jemanden treffen, der jenen Weg geht, den Sie schon hinter sich haben, dann besinnen Sie sich darauf, wie es anfangs war, und teilen Sie ihm das mit – damit auch er zuversichtlich ist, es schaffen zu können.

Danke, Gott, dass du mir die Verbindungen bescherst, die ich brauche. Lass auch mich hilfsbereit sein, wann immer sich die Gelegenheit dazu ergibt, indem ich aufrichtig bin und aus meinem Innern heraus spreche, um so meinerseits als »Schaltstelle« zu fungieren.

Übung: Erstellen Sie eine Liste Ihrer Verbindungen. In welchen Lebensbereichen möchten Sie zu der Überzeugung gelangen, dass Sie mit den jeweiligen Schwierigkeiten fertig werden? Möchten Sie Ihre Abstinenz aufrecht erhalten, sich auf das eigene Wohlergehen konzentrieren, die Kinder ohne Ehepartner erziehen? Möchten Sie lernen, wie man Bücher schreibt oder eine intakte Beziehung aufbaut, eine Scheidung durchmacht, den Verlust eines geliebten Wesens heil übersteht, die eigenen finanziellen Angelegenheiten regelt, eine Fremdsprache erlernt? Nachdem Sie festgehalten haben, wozu Sie fähig sind, listen Sie genau auf, welche tatsächlichen oder möglichen Verbindungen Ihnen dabei helfen. Wenn Sie von einer Suchtkrankheit genesen, gehören zu solchen Verbindungen beispielsweise Zwölf-Schritte-Gruppen, das Große Buch der Anonymen Alkoholiker, ein Buch mit Meditationen für jeden Tag des Jahres, ein Therapeut, einige ebenfalls genesende Leidensgenossen oder die Auszeichnung, die Sie für Ihre Abstinenz erhalten haben – ob diese nun eine Stunde oder einen Tag lang anhielt. Wenn Sie eine neue Tätigkeit erlernen – etwa das Schreiben –, stehen Ihnen unter anderem folgende Verbindungen zu Gebote: ein Lehrer, ein Freund, ein Buch, das besonders nützlich und ermutigend ist, ein einschlägiges Magazin und ein Text, den Sie bereits verfasst haben und der entweder veröffentlicht oder im privaten Kreis gelobt wurde. Diese Liste dient allein dazu, den Glauben an Ihre Fähigkeiten zu bekräftigen. Sobald Sie die Liste Ihrer Verbindungen abgeschlossen haben, sollten Sie sie immer dann benutzen, wenn Sie eine hohe Dosis dieses magischen *Ich kann* brauchen.

Stellen Sie die Schalter selbst ein 13. NOVEMBER

Als ich mich gerade fertig machte, um zusammen mit meinem Fallschirmlehrer abzuspringen, hieß er mich wieder Platz zu nehmen und schlug mir eine bestimmte Übung vor.

»Bevor ich springe«, sagte er, »gehe ich in meine innere Schaltzentrale und stelle die Schalter so ein, wie ich es mir wünsche.« Er erklärte, dass er seinen Schalter für Aufmerksamkeit und Bewusstheit auf etwa acht stelle. Würde er einen höheren Wert wählen oder gar bis zehn gehen, wäre er zu angespannt, zu wachsam.

Viele Jahre lang haben wir vielen Menschen erlaubt, unsere inneren Knöpfe zu drücken. Warum versuchen wir jetzt nicht, es selbst zu tun?

Entwerfen Sie Ihre eigene innere Schalttafel. Jeder Schalter repräsentiert ein Problem, an dem Sie gerne arbeiten möchten. Sie können zum Beispiel einen Schalter der Angst zuordnen. Machen Sie ihn nicht ganz aus. Sie brauchen ein bisschen Angst, um drohende Gefahren besser zu erkennen. Vielleicht stellen Sie den Angstschalter auf zwei oder auf ein Niveau, das Ihnen behagt. Wenden Sie sich dann dem Schalter zu, auf dem »bescheidene Zuversicht« steht. Diesen stellen Sie möglicherweise auf acht. Anschließend konzentrieren Sie sich auf den Schalter für Vergnügen und Spiel. Wie wäre es, wenn Sie ihn auf zehn hochdrehen würden?

Ersinnen Sie Schalter für jeden Aspekt Ihrer Persönlichkeit, jeden Bereich Ihres Lebens, den Sie hoch- oder herunterdrehen möchten. Gehen Sie dann von Zeit und Zeit in Ihre innere Schaltzentrale, und schauen Sie nach, ob die Schalter weiterhin richtig eingestellt sind und der Stromkreisunterbrecher wirklich funktioniert.

Hilf mir, Gott, meine Stärke geltend zu machen.

Das Loslassen
hat etwas Befreiendes

14. NOVEMBER

Manchmal erlangen wir mehr Freiheit nicht nur dadurch, dass wir uns selbst loslassen, sondern vor allem dadurch, dass wir jemand anders helfen, uns loszulassen.

Ein Mädchen biegt auf seinem kleinen roten Fahrrad um die Ecke. Dabei löst sich ein Stützrad und rutscht scheppernd über den Bürgersteig, während das andere hoch in die Luft fliegt. Der Vater ruft die Kleine und sagt ihr, dass heute ein besonderer Tag sei: Ab heute bräuchte sie keine Stützräder mehr, würde sie lernen, Fahrrad zu fahren wie die großen Kinder! Auf die frohe Nachricht folgen erst einmal Tränen.

»Aber was ist, wenn ich hinfalle? Oder das Gleichgewicht verliere? Ich bin noch nicht so weit!«, klagt das Kind.

Nach vielen Versicherungen des Vaters, er werde immer neben ihr hergehen, ist die Kleine schließlich bereit, ohne Stützräder zu fahren.

Anfangs hält er das Fahrrad eisern fest; das Kind sitzt steif auf dem Sattel, beide Hände um die Lenkstange gekrallt, und ist außerstande, in die Pedale zu treten.

»Ganz locker«, sagt er. »Alles o. k. Ich bin da, direkt an deiner Seite.«

Das Kind entspannt sich. Dann bewegt es die Pedale. Der Vater lockert seinen Griff ein wenig. Schließlich lässt er los und läuft nebenher. Das Kind schaut zu ihm auf und lacht. »Papa, lass nicht los! Ich falle hin!« Und dann geschieht das Unvermeidliche: Es fällt hin.

Aber das Mädchen steht wieder auf. Der Vater hält ein zweites Mal fest, ein drittes Mal. Bis zum Abendessen läuft er neben dem Fahrrad her, lässt los, verlangsamt den Schritt und beobachtet, wie sein kleines Mädchen auf zwei Rädern wegfährt.

Gibt es in Ihrem Leben eine Person oder eine Sache, die Sie loslassen müssen, damit Sie sich weiterentwickeln können? Ist da jemand, dem Sie helfen müssen, Sie loszulassen? Manchmal erscheint es uns verlockend, andere Menschen in einem Abhängigkeitsverhältnis zu halten. Dadurch haben wir das Gefühl, gebraucht zu werden und stark zu sein. Ja, das tut uns gut. Doch so behindern wir nicht nur sie, sondern auch uns selbst.

Nur zu! Es ist Zeit. Schrauben Sie die Stützräder ab. Lassen Sie sie Richtung Sonnenuntergang rollen. Brechen auch Sie auf in die Freiheit!

Hilf mir, Gott, dass ich der Versuchung widerstehe, andere Leute allzu fest an mich zu binden. Gib mir den Mut, ihnen zu zeigen, wie sie mich loslassen können.

Bringen Sie den anderen bei, dass auch sie es können
15. NOVEMBER

Eine gute Methode, sich selbst davon zu überzeugen, dass man es kann, besteht darin, anderen beizubringen, dass auch sie es können.

Einige von uns sprechen in diesem Zusammenhang von »zu Diensten sein«.

In Zwölf-Schritte-Programmen wiederum sagt man: »die Botschaft weitergeben«. Egal, wie viel Zeit uns für die Heilung zur Verfügung steht – wir können unsere Erfahrung, Stärke und Hoffnung mit anderen teilen. Wir können ihnen erzählen, auf welche Weise wir befreit wurden, wie wir uns anfangs fühlten und wie es uns heute geht, damit sie ebenfalls zu der Überzeugung gelangen, es schaffen zu können.

Selbst beim Fallschirmspringen habe ich festgestellt, dass es mir hilft, meine Erfahrung, Stärke und Hoffnung mit den noch blutigeren Anfängern zu teilen. Wenn ich ihnen sage, dass alles in Ordnung ist, dass sie es hinkriegen können, sage ich im Grunde auch mir, dass ich es hinkriegen kann.

Wenn ich im Alltag den anderen deutlich mache, was sie tun müssen oder lernen können, so nenne ich dabei oft genau die Dinge, die ich mir selbst deutlich machen muss. Wiederholung festigt die innere Überzeugung. Indem wir den anderen gut zureden, werden sie sicherer – und dadurch haben auch wir mehr Selbstvertrauen.

Einige Leute meinen: »Der Lehrer taucht dann auf, wenn der Schüler bereit ist.« Das mag wohl stimmen. Aber manchmal taucht der Schüler deshalb auf, weil der Lehrer ebenfalls bereit ist, die Lektion zu lernen.

Gelegentlich helfen wir uns dadurch, dass wir anderen helfen. Wenn wir etwas weggeben, haben wir oft umso mehr in der Hand.

Hilf mir, Gott, den anderen Menschen gute Dienste zu tun. Erinnere mich immer wieder daran, wie wertvoll das ist – dass es sie aufrichtet und stärkt und zugleich mich selbst beglückt und weiterbringt.

Seien Sie ausdauernd 16. NOVEMBER

Weiter vorne habe ich davon gesprochen, wie kleine Regentropfen im Laufe der Jahre Steine aushöhlen und zerklüften können. Ich benutzte diese Analogie, um zu zeigen, wie negative Einflüsse unsere Entschlossenheit untergraben können.

Als ich zum ersten Mal in der Entziehungskur war und überhaupt nichts an mir mochte, nannte mir einer der behandelnden Therapeuten eine gute Eigenschaft, die ich besäße: »Sie sind ausdauernd«, sagte er.

Ja, dachte ich. *Du hast Recht. Das bin ich.*

Außerdem dachte ich: Wenn ich auch nur die Hälfte der Energie, die ich für destruktive Aktivitäten aufwende, positiv kanalisiere, gibt es nichts auf dieser Welt, was ich nicht schaffen kann.

Die meisten von uns sind ausdauernd. Beharrlich grübeln wir nach. Nachhaltig haben wir versucht, das Unabänderliche zu ändern – einen bestimmten Umstand oder das Verhalten eines anderen. Jetzt aber benutzen wir diese Energie, diese Ausdauer, diese fast obsessive Entschlossenheit, um uns unermüdlich dem zu widmen, was wir tun können.

Forcieren Sie nichts.

Sorgen Sie sich nicht mehr um die scheinbar unlösbaren Aufgaben in Ihrem Leben. Seien Sie sanft und beständig wie der Regen, um Ihren liebevollen Geist ohne übertriebene Hast die Hindernisse aus dem Weg räumen zu lassen.

Das Leben ist angenehmer, wenn wir im Fluss sind.

Aber manchmal braucht es eine starke Strömung, um die Dinge zu ändern, die wir ändern können.

Eine hinreichende Menge Wasser, die beharrlich auf den Stein einwirkt, kann ihn bezwingen.

Gott, gib mir den Mut, nicht aufzugeben, und die Stärke, nicht locker zu lassen.

Machen Sie Ihre Fehler wieder gut
17. NOVEMBER

»Wir setzten die innere Inventur bei uns fort, und wenn wir Unrecht hatten, gaben wir es sofort zu.« Das ist der Zehnte Schritt im Zwölf-Schritte-Programm der Anonymen Alkoholiker – und zudem eine Methode, die viele kluge Menschen, die *nicht* an einem der Programme teilnehmen, ebenfalls anwenden.

Manchmal machen wir nur geringfügige Fehler. Wir sagen etwas, das unser Gegenüber verletzt. Oder wir legen ein Verhalten an den Tag, das uns selbst unangemessen erscheint und dessentwegen wir ein schlechtes Gewissen haben. Dann wieder sind die Fehler größer. Wir haben eine Arbeit übernommen oder eine

Beziehung angefangen, überzeugt davon, dass sie genau das Richtige für uns sei, und müssen dann feststellen, dass wir uns geirrt haben.

Welche Gründe für uns zum damaligen Zeitpunkt auch ausschlaggebend waren – wir haben einen Fehler begangen. Wir schlugen die verkehrte Richtung ein und gehen nun dorthin, wo wir weder sein sollen noch sein möchten. Oder wir sind bereits in einer Sackgasse gelandet.

Der Zehnte Schritt ist ein Teil, ein Zwölftel des Programms, da einer von dessen Begründern wusste, dass wir diesen Schritt brauchen – vielleicht in einem Zwölftel der uns zur Verfügung stehenden Zeit. Und die Wendung *Es tut mir Leid* befindet sich deshalb in unserem Wortschatz, weil wir ein Bedürfnis danach verspüren.

Wenn wir nicht Wiedergutmachung leisten, kann das unseren Beziehungen schwer schaden. Sobald Hochmut oder Scham uns daran hindern, verschließen wir unser Herz – gegenüber Gott, uns selbst und den geliebten Menschen.

Geben Sie Ihren Fehler zu. Unternehmen Sie alles Nötige, um die Situation zu klären – den Beteiligten und Ihnen selbst zuliebe.

Öffnen Sie einfach Ihr Herz, und sagen Sie folgende sieben Worte: *Es tut mir Leid. Ich hatte Unrecht.*

Haben Sie den Mut, alle notwendigen Maßnahmen zu ergreifen, um wieder auf den richtigen Weg zu kommen. Lassen Sie die Sache dann los, und gehen Sie weiter Ihren üblichen Beschäftigungen nach.

Sorge dafür, Gott, dass ich es mir selbst, dir und anderen Menschen eingestehe, wenn ich im Unrecht bin und einen Fehler begangen habe – ob er nun klein ist oder aber eine gravierende Richtungsänderung in meinem Leben bewirkt. Hilf mir dann, Wiedergutmachung zu leisten und auf den richtigen Weg zurückzukehren.

Improvisieren Sie

18. NOVEMBER

Fürchte dich nicht vor Fehlern; es gibt keine.

Miles Davis

Das Leben gleicht einer Jazzmelodie. Manchmal ist es rau, manchmal deprimierend, aber immer voll unerwarteter Wendungen, wobei hier und dort ein herrlicher neuer Sound entsteht. Von einem verbürgten klassischen Standpunkt aus betrachtet, sind wir vielleicht geneigt, diese fremdartige Klangstruktur als Fehler zu bezeichnen, aber in der Welt der frei fließenden Jazzmusik wird sie einfach zu einem weiteren Bestandteil des melodischen Ganzen.

Sie haben also den falschen Job angenommen, eine bestimmte berufliche Laufbahn nur deshalb eingeschlagen, weil Sie sich an den Erwartungen anderer Menschen orientierten, anstatt an Ihren eigenen. War das ein großer Fehler? Nur dann, wenn Sie die ganze Zeit darüber nachgedacht haben, dass Sie lieber anderswo wären, und die Chance verpasst haben, sich selbst besser kennen zu lernen.

Geben Sie Ihre Fehler zu. Sagen Sie *Tut mir Leid*, wenn Sie im Unrecht sind.

Doch fühlen Sie sich aufgrund Ihrer früheren Fehler nicht in die Enge getrieben – und behindern Sie sich jetzt nicht durch die Vorstellung, auch künftig Fehler zu machen. Sicherlich werden wir weiterhin einiges »vermasseln«. Aber unterwegs erfinden wir vielleicht eine neue Note – oder auch zwei.

Hilf mir, Gott, aus meinen Fehlern zu lernen und meine Schnitzer in Erfolge umzuwandeln.

Respektieren Sie
übermächtige Kräfte
19. NOVEMBER

Von meinem Fenster aus beobachtete ich, wie der Mann seinen Kajak mühsam aufs Meer hinaus zog. Gerade als er einsteigen und losfahren wollte, raste eine hohe, schaumige Welle über ihn hinweg. Der Kajak flog zur Seite; dann sah ich ein Paddel aus dem Wasser auftauchen. Der Mann ging zu seinem Boot zurück, unternahm einen weiteren Versuch, nur um dann erneut von einer Welle herumgewirbelt zu werden. Schließlich kam die Welle, die ihn mitsamt seinem Kajak ergriff und weit zurück an den Strand schleuderte. Nachdem sich der Mittdreißiger erhoben hatte, schaute er zum Himmel auf und breitete die Arme aus.

Er nahm eine Körperhaltung ein, die seine Kapitulation zum Ausdruck brachte, so als wollte er sagen: *Was kann ich anderes tun, als mich den übermächtigen Kräften zu fügen?* – eine Frage, die einige von uns sehr gut kennen.

Gewiss, wir lernen, an uns selbst zu glauben und zu sagen: *Ich kann.* Aber Selbstvertrauen und Selbstachtung rühren vor allem auch daher, dass wir lernen, den übermächtigen Kräften mit Demut und Respekt zu begegnen. Setzen Sie sich Ihre Ziele. Jagen Sie Ihren Träumen nach. Sagen Sie, was Sie möchten, und bringen Sie sich bei, es zum richtigen Zeitpunkt zu sagen. Tragen Sie den Kopf hoch, aber lernen Sie auch, sich zu läutern.

Manchmal müssen Sie einfach nur die Arme in die Luft werfen und vor den übermächtigen Kräften kapitulieren.

Hilf mir, Gott, meine Arroganz abzulegen und jene Wohltaten zu empfangen, die die Demut beschert.

Seien Sie vorbereitet 20. NOVEMBER

Hatten Sie früher den einen oder anderen Lehrer, der zu Beginn des Schuljahres darauf hinwies, dass er manche Kurzarbeiten nicht ankündigen werde und die Schüler also stets vorbereitet sein sollten? Das mochten wir vielleicht nicht, aber immerhin waren wir dankbar für die Warnung. Wir wussten, dass wir in dieser Klasse unsere Hausarbeiten pünktlich abzuliefern hatten, wenn wir eine gute Note bekommen wollten. Wir blieben aufmerksam. Uns war klar, dass wir uns keine Ausrutscher leisten konnten.

Als die Kurzarbeit dann kam, hatten wir uns entweder durch fleißiges Lernen oder zumindest innerlich darauf vorbereitet. Wir waren ja gewarnt worden. Es führte kein Weg an ihr vorbei.

Als ich beschloss, weder zu trinken noch Drogen zu nehmen und ein abstinentes, heilsames Leben zu führen, wurde ich viele Male auf die Probe gestellt. Leute drückten mir Flaschen oder Drogen in die Hand. In den ersten Monaten nach meiner Kehrtwendung bestand ich die Probe einmal nicht und fühlte mich danach schrecklich. Allmählich lernte ich die wichtige Lektion, dass das Leben meine Entscheidung ab und zu anzweifelt. Ich musste nicht nur darauf vorbereitet sein, ja zu sagen zur Nüchternheit, sondern auch darauf, diese Entscheidung tagtäglich zu verteidigen.

Als ich mir vornahm, Schriftstellerin zu werden, ging in den ersten paar Jahren alles gut, dann aber stieß ich auf Hindernisse. Ich geriet in eine Schreibkrise. Kein Wort mehr floss aus mir heraus. Mit solch dürftigem Resultat hatte ich nicht gerechnet. Es war Zeit festzustellen, ob ich hinter meiner Entscheidung stehen oder aber aufgeben wollte.

Ohne Vorwarnung werden wir bei fast allen Entscheidungen, die wir treffen, bei fast allen Grenzen, die wir ziehen, auf die Probe gestellt. Jedes Mal, wenn wir sagen: *Das schaffe ich*, müssen wir einen Test bestehen. Und aufgrund meiner persönlichen

Erfahrung kann ich behaupten, dass wir ihn uns nie ausgesucht hätten; er ist oft unangenehm, lästig und trifft uns an unserer schwächsten Stelle.

Fühlen Sie sich angesichts dieses Tests nicht als Opfer, das man unnötig quält. Seien Sie vielmehr darauf vorbereitet. Erfahren Sie durch ihn etwas über sich selbst – über Ihre Wünsche und darüber, wie dringend sie sind. Benutzen Sie den Test als Widerstand, an dem Sie sich reiben können, um klarer zu erkennen, wer Sie sind und was Sie wollen. Bisweilen wollen wir nämlich gar nicht, was uns zunächst so verlockend erschien, dann wieder schon. Wir sind nicht mehr in der Schule, zumindest nicht mehr in der, die Noten verteilt. Wir machen den Test nicht dem Lehrer zuliebe, sondern in eigener Sache – damit wir begreifen, wie viel wir gelernt haben.

Seien Sie unbesorgt. Mir wurde gesagt, dass wir nur vor Bewährungsproben gestellt werden, die wir auch meistern können.

Bereiten Sie sich darauf vor. Sie wurden gewarnt.

Seien Sie achtsam.

Die Bewährungsprobe kann jeden Augenblick beginnen.

Hilf mir, Gott, meinen Widerstand gegenüber jenen kleinen Bewährungsproben aufzugeben, die das Leben mir stellt, und sie als Gelegenheit zu begreifen, mich und dich besser kennen zu lernen. Sorge dafür, dass ich mein Bestes gebe.

Ihnen wird nicht mehr aufgebürdet, als Sie bewältigen können 21. NOVEMBER

... Der Herr ist ein treuer Gott. Er lässt nicht zu, dass du über die Maßen versucht wirst; sondern mit jeder Versuchung zeigt Er auch einen Ausweg auf, damit du sie ertragen kannst.

Aus der Bibel

»Ich kümmere mich um meinen Zimmergenossen und sorge mich um drei meiner Patienten. Es heißt immer, dass man nie mehr zugemutet bekommt, als man erledigen kann. Aber das stimmt nicht, wenn man versucht, die Probleme anderer Leute in den Griff zu kriegen. Die können einen wirklich überfordern«, sagte mir einmal ein befreundeter Therapeut.

Die meisten von uns haben irgendwann schon einmal gehört, dass uns nie mehr aufgeladen wird, als wir (er)tragen können. Die Bürde wird nicht allzu schwer sein. Wir können an ihr wachsen und unsere Aufgabe schaffen.

Allerdings wurde nie behauptet, dass die Bürde leicht sei oder die Aufgabe keinerlei Mühe erfordere. Außerdem war nie die Rede davon, dass uns die Gnade und die Kraft zuteil würde, eines anderen Last zu tragen.

Manchmal hat man einfach das Gefühl, dass einem alles zuviel wird. Auch ich kenne das sehr gut.

Aber das stimmt nicht.

Wir sind jedweder Aufgabe gewachsen, ob wir daran glauben oder nicht.

Gott, gewähre mir bitte alles, was ich heute brauche, einschließlich der Freude.

Üben Sie das Grundlegende immer wieder
22. NOVEMBER

Nicht mehr co-abhängig sein? Das ist eine Entscheidung, die ich jeden Tag von neuem treffen muss.

Anonym

Vergessen Sie nicht, Ihre wesentlichen Fähigkeiten ständig einzuüben.

Eine gängige Redensart besagt: *Eine Lektion verschwindet erst, wenn wir sie wirklich gelernt haben.* Wir können uns bewegen, ducken oder verstecken, wir können rennen oder flüchten, um ihr auszuweichen, aber sie wird uns verfolgen, wohin wir auch gehen.

Es gibt noch eine weitere Redensart, die allerdings nicht in aller Munde ist. Immerhin enthält sie eine wichtige Einsicht, an die wir uns im täglichen Leben erinnern sollten: *Eine Lektion verschwindet nicht einfach deshalb, weil wir sie gelernt haben. Manchmal taucht sie in anderer Form und in anderem Zusammenhang wieder auf.*

Ich dachte, ich hätte eine einmal gelernte Lektion sicher »in der Tasche«. Der Schmerz, der mit ihr einherging, würde aufhören, sobald mir die Ursachen klar wären. Dann könnte ich das Zeugnis über diese bestandene Prüfung in die Schublade tun und meinen Weg frohgemut fortsetzen.

Es dauerte eine Weile, bis ich erkannte, dass dem nicht unbedingt so ist. Ich lernte die jeweilige Lektion, weil ich diese Fertigkeit, dieses Erwachen, diesen Wert, diese Disziplin oder Übung als Hilfsmittel für mein weiteres Leben benötigte.

Wenn Sie eine entscheidende Lektion »in der Tasche« haben, dann herzlichen Glückwunsch! Aber legen Sie die dafür erhaltene Urkunde noch nicht zur Seite, sondern lieber dorthin, wo sie deutlich zu sehen ist.

Als ich mit dem Fallschirmspringen begann, dienten die ersten etwa fünfzig Sprünge der Grundausbildung. Ich lernte, mein Leben zu retten. Danach erweiterte ich mein Repertoire durch neue Fertigkeiten. Ich konnte meinen Körper hin und her bewegen und in der Luft einigen Spaß haben. Ich lernte allmählich zu fliegen. Doch jedes Mal, wenn ich heute zur offenen Tür des Flugzeugs gehe und mich fertig mache für den Sprung, muss ich mir immer noch alle wesentlichen Handgriffe vergegenwärtigen, die ich anfangs lernte, um mir nicht das Genick zu brechen.

Üben Sie Ihre wesentlichen Handgriffe jeden Tag oder so oft wie nötig ein. Ob Sie im Heilungsprozess sind, ein Handwerk betreiben, an einer Beziehung arbeiten oder ein Flugzeug fliegen – erinnern Sie sich Ihrer Grundsätze, und wenden Sie sie in Ihrem täglichen Leben an.

Breiten Sie die Flügel aus. Lernen Sie zu fliegen. Amüsieren Sie sich. Dringen Sie ein in die magischen Geheimnisse, die das Universum zu bieten hat. Finden Sie heraus, wie gut Sie sein können. Aber vergessen Sie nicht, was Sie ganz am Anfang gelernt haben.

Besinnen Sie sich darauf, Ihr Leben zu retten.

Hilf mir, Gott, jeden Tag die grundlegenden Dinge zu tun, die für mein Wohlbefinden notwendig sind.

Zeigen Sie, dass Sie es ernst meinen
23. NOVEMBER

Kevin war unglücklich. Er tat nicht mehr, was er im Leben eigentlich tun wollte, und befand sich in jener öden, langweiligen Routine, die seine Arbeit kennzeichnete. Diese hatte sich gleichsam gegen ihn verschworen. Früher war er – in seinen Augen und in denen der anderen – ein brillanter junger Mann mit Zukunft gewesen. Eine Gelegenheit nach der anderen hatte sich ihm geboten. Nun aber war es damit vorbei.

Er fragte sich: »Was ist nur passiert? Was ist verkehrt gelaufen? Warum bekomme ich keine Chance mehr?«

Sein Freund empfahl ihm: »Vielleicht musst du selbst etwas unternehmen. Vielleicht musst du mit dazu beitragen, dass die Gelegenheit, die du herbeisehnst, auch tatsächlich kommt.«

Kevins erste Reaktion war: »Das kann ich nicht. Ich war nie eine Führungskraft. Ich musste nie die Initiative ergreifen. Ich habe mich einfach zurückgelehnt, und alles Gute geschah wie von selbst.«

»Offenbar haben sich die Dinge geändert. Wahrscheinlich musst du zuallererst einmal in eigener Sache aktiv werden«, erwiderte der Freund.

Kevin gelangte zu der Überzeugung, dass sein Freund Recht hatte. Er unternahm einige Schritte, um den von ihm gewünschten Posten bei einer anderen Firma zu bekommen. Die Bezahlung war nicht besonders, aber immerhin lag die Arbeit ihm mehr am Herzen. Allmählich schlüpfte er in eine Führungsrolle hinein.

Von ihm wurde äußerster Einsatz verlangt. Er musste viel reisen, organisieren und entscheiden. Und er musste einen Teil seines Geldes ausgeben, um das, was ihm vorschwebte, in die Tat umsetzen zu können. Er war nicht genau dort, wo er sein wollte, aber seinem Ziel näher als vorher.

Etwa drei Monate nachdem Kevin beschlossen hatte, die Zügel in die Hand zu nehmen, kam er eines Abends von der Arbeit nach Hause. Auf seinem Anrufbeantworter war eine Nachricht gespeichert. Einige Leute, die eine Firma besaßen, boten ihm eine freie Stelle an. Sie hätten von Kevin gehört und sich gefragt, ob er an einem Vorstellungsgespräch interessiert sei, vielleicht sogar in ihr Unternehmen eintreten wolle.

Es handelte sich um eine Führungsposition, in der Kevin genau das tun konnte, worauf er gehofft hatte. Bezahlung und Vergünstigungen waren großartig. Er brauchte nur einen Augenblick, um zu erkennen, dass dies die Gelegenheit seines Lebens war.

Manchmal genügt es einfach nicht zu sagen: *Ich kann*. Man muss sich selbst und dem Universum zeigen, dass man auch meint, was man sagt. Wenn uns das Gute nicht zuteil wird, müssen wir vielleicht einen Schritt darauf zu machen. Sobald wir uns in Bewegung setzen, kann das Universum uns führen.

Ob es darum geht, ein Buch zu schreiben, einen Freund zu treffen, umzuziehen, eine Vertrauensperson zu finden, einen Berufswechsel vorzunehmen oder eine neue Fertigkeit zu erwerben – es könnte an der Zeit sein, dem Universum zu verstehen zu geben, dass Sie es ernst meinen. Tun Sie diese ersten Schritte, so unbeholfen und schwerfällig sie auch sein mögen. Arbeiten Sie mit den Rohmaterialien Ihres Lebens, die Ihnen heute zur Ver-

fügung stehen – selbst wenn sie nicht ideal sind. Tun Sie Ihr
Bestes. Ergreifen Sie zumindest eine konkrete Maßnahme, um
Ihren Traum zu verwirklichen. Lassen Sie sich dann vom Universum und von Ihrer Höheren Macht leiten. Wenn etwas nicht
einfach vom Himmel fällt, so heißt das nicht, dass Sie es nicht
haben können.

Haben Sie darauf gewartet, dass ein Traum, eine Vision oder
ein Ziel auf wundersame Weise Wirklichkeit wird? Könnte es
sein, dass Sie, anstatt untätig herumzusitzen, einige Schritte in
diese Richtung machen müssen? Ihre ersten Bemühungen werden wohl noch nicht sehr ergiebig sein. Aber von da an werden
Sie dem näher gebracht, was Sie gerne tun möchten.

Manchmal bedeutet Loslassen mehr, als sich zurückzulehnen
und passiv zu sein. Manchmal besteht ein wichtiger Teil Ihrer
notwendigen Arbeit darin, die Initiative zu ergreifen. Gerade
dadurch, dass Sie dem Universum und sich selbst demonstrieren, dass Sie es ernst meinen, lernen Sie, Ihre Stärke unter
Beweis zu stellen.

Gott, zeig mir die Schritte, die ich heute unternehmen kann,
und hilf mir loszugehen, damit du mich dann auf meinem
Weg leiten kannst.

Übung: Nehmen Sie heute die Liste Ihrer Ziele hervor. Haben
Sie darauf gewartet, dass ein Traum, eine Vision oder ein Ziel
sich wie durch Zauberhand manifestiert? Könnte es sein, dass
Sie sich dafür erst einmal engagieren müssen? Ergreifen Sie jetzt
die Initiative. Fangen Sie an, die Macht der Wörter *Ich kann* in
eigener Sache zu nutzen.

Agieren Sie von Ihrem inneren Zentrum aus

24. NOVEMBER

Alles, was du tun kannst, das tue nach deinem Vermögen.

Prediger Salomo 9,10

Beweg dich von deinem inneren Zentrum her – diese Lektion habe ich beim Aikido gelernt. Aber sie gilt nicht nur für Kampfsportarten, sondern beinhaltet eine uralte Einsicht, wie wir leben sollen.

Versuchen Sie es einmal mit folgender Übung. Gehen Sie durchs Zimmer mit dem Wunsch, irgendwo anders zu sein – in Ihrem Sessel, in Ihrem Auto, bei Ihrem Freund. Machen Sie dann fünf Minuten lang etwas anderes – zum Beispiel Geschirr spülen –, und konzentrieren Sie sich darauf, was Sie lieber machen würden oder worüber Sie besorgt sind. Kehren Sie anschließend an Ihren Ausgangspunkt zurück.

Gehen Sie jetzt erneut durchs Zimmer, und seien Sie sich jedes Schrittes, jeder Bewegung vollauf bewusst. Beachten Sie, wo Sie sich gerade befinden und wie jeder Schritt sich anfühlt. Seien Sie gewillt und entschlossen, genau dort zu sein, wo Sie gerade sind. Waschen Sie das Geschirr ab, und spüren Sie das heiße Wasser, riechen Sie das Spülmittel, nehmen Sie den Boden unter Ihren Füßen wahr. Seien Sie aufmerksam und hellwach. Nehmen Sie sich fest vor, dieses Geschirr zu spülen. Geben Sie sich ganz dem Augenblick hin. Vergegenwärtigen Sie sich Ihr Tun, bis das Geschirr schließlich unter klarem Wasser nachgespült und sauber ist. Seien Sie froh und dankbar für die Aufgabe. Widmen Sie sich ihr mit Eifer und Fleiß.

Auf diese Weise agieren wir von unserem inneren Zentrum aus. Wir sind vollkommen da, konzentriert und bewusst. Wir wollen nirgendwo anders sein. Und wir legen großen Wert auf das, was wir gerade tun, egal, wie groß oder wie klein die Aufgabe ist. Unser Leben wird um vieles reicher, wenn wir alles geben.

Die Farben sind leuchtender, die Erfolge süßer, die Verluste herber und die Lektionen wahrer.

Nähern Sie sich noch den gewöhnlichsten Aufgaben und Augenblicken des Lebens von Ihrer inneren Mitte her. Lassen Sie all Ihre Leidenschaft in Ihre Beziehungen mit einfließen. Entwickeln Sie am Arbeitsplatz die besten Ideen. Keine Sorge – das Universum hat noch mehr davon in petto. Um sich dessen zu vergewissern, brauchen Sie Ihr Auto nur einmal abends am Straßenrand zu parken und den Sonnenuntergang zu beobachten.

Was immer Sie in Angriff nehmen – tun Sie es nach Ihrem Vermögen, mit all Ihrer Kraft.

Gott, erinnere mich daran, mein Leben täglich voll auszuleben.

Bringen Sie Ihre Stärke auf sanfte Weise zum Ausdruck   25. NOVEMBER

Demonstrieren Sie Ihre Stärke so natürlich und behutsam, wie es nur geht.

Als ich anfing zu begreifen, was es heißt, auf mich selbst Acht zu geben und meine Stärke anzuerkennen, hob ich die Stimme, sagte meine Meinung und schrie manchmal auch, um mir Gehör zu verschaffen und Grenzen zu setzen. Auf diese Weise machte ich meinen Standpunkt klar – zeigte ich, dass ich jedes Wort ernst meinte.

Dazu musste ich *laut* sprechen.

Etwa fünf Jahre nachdem ich diesen Lernprozess begonnen hatte, traf ich einen Bären namens Puh (Winnie the Pooh). Ich lernte ihn durch das Buch *Tao Te Puh. Das Buch vom Tao und von Puh dem Bären* kennen. Ein Licht nach dem anderen ging mir auf. Die Saat der neuen Lektionen begann zu keimen.

Um meine Stärke geltend zu machen, konnte ich auch mit leiser Stimme sagen, was ich meinte. Je mehr ich mir über meine Äußerungen bewusst war, je besser ich mich kannte, desto weniger brauchte ich zu schreien. Meine Kraft zur Geltung zu bringen musste ich weder bewusst planen noch zwanghaft bedenken.

Je intensiver ich mich um mein Wohlbefinden kümmerte und mit meiner Innenwelt in Beziehung trat, je klarer ich dann sah, desto selbstverständlicher und leichter war es, die eigene Stärke zu akzeptieren und unter Beweis zu stellen. Häufig erschien sie mir als ein natürlicher, anmutiger, passender Ausdruck meiner selbst – während ich zum Beispiel Grenzen setzte, »Nein« sagte, mich nicht manipulieren ließ oder offen bekannte, dass ich meine Meinung geändert hatte.

Es gibt weiterhin Phasen, in denen wir gezwungen sind, standhaft, manchmal sogar energisch zu sein und laut zu wiederholen, was wir gesagt haben. Aber gewöhnlich gilt: Je ruhiger und entspannter wir reagieren, um unsere Einstellung zu bekunden, desto wahrscheinlicher ist es, dass wir an uns selbst glauben.

Lassen Sie Ihre Stärke, ja all die unterschiedlichen Facetten Ihrer Persönlichkeit und auch Ihre Grenzen ganz natürlich zum Vorschein kommen.

Lernen und beachten Sie, wie wertvoll es ist, so sanft und zugleich so entschieden zu reagieren wie möglich.

Sorge dafür, Gott, dass deine Kraft durch mich hindurchströmt. Bring mir bei, gut auf mich aufzupassen – in einer Art und Weise, die zeigt, dass ich mit mir, und so weit als möglich auch mit den Menschen ringsum, in Einklang bin.

Öffnen Sie die Tür   26. NOVEMBER

Ich aß mit einem Freund in einem Restaurant zu Mittag, als ihm plötzlich auffiel, dass er seine Schlüssel entweder verlegt oder im Auto eingeschlossen hatte. Zum Restaurant hatten wir meinen Wagen genommen. Der seine stand vor meinem Haus.

Mein Freund verdrängte die Sache zunächst, dann machte er allzu viel Aufhebens davon – wie es eben die meisten Menschen tun, wenn sie merken, dass sie sich ausgeschlossen haben.

»Vielleicht habe ich sie mit in dein Haus genommen und auf dem Tisch liegen lassen«, sagte er nachdenklich. »Aber das macht nichts. Ich habe einen Zweitschlüssel in meiner…« Er durchsuchte seine Hosentaschen. »… anderen Hose.«

Ende des Spiels.

Sein Essen konnte er nicht sonderlich genießen.

Als wir später bei mir eintrafen, suchten wir die Schlüssel kurz im Haus und eilten dann zu seinem Auto. Natürlich lagen sie dort – direkt auf dem Armaturenbrett. Ein paar Mal umkreisten wir den Wagen.

»Vielleicht sollte ich den Automobilclub rufen«, sagte er. Ich bot ihm an, einen Kleiderbügel zu holen. Wir gingen erneut ums Auto und schauten sehnsüchtig durch die Scheiben. Die Schlüssel waren so nah, dass man sie fast berühren konnte.

Ich wollte gerade ins Haus gehen und den Kleiderbügel holen, als ich das Geräusch einer sich öffnenden Autotür hörte. Ich drehte mich um und sah, wie mein Freund triumphierend neben seinem Wagen stand, die Schlüssel in der Hand hielt und dumm grinste.

»Die Tür war gar nicht verschlossen«, sagte er.

So oft fühlen wir uns als Außenseiter. Wir wollen auf ein neues Gebiet vorstoßen, in eine bestimmte Gruppe aufgenommen werden, glauben aber, dass wir noch nicht genug wissen, dass man uns wohl nicht mögen wird, dass wir wahrscheinlich versagen werden. Also stehen wir abseits, schauen den anderen verson-

445

nen zu, erfüllt von dem Wunsch, diese Tür öffnen und uns der Gruppe anschließen zu können.

Die Tür ist nicht zugesperrt.

Sie gehören hierher.

Öffnen Sie sie und treten Sie ein.

Gott, erinnere mich daran, dass nur ein Mensch mich zum Außenseiter stempelt – nämlich ich selbst. Hilf mir, die Tür zu öffnen und mich zu den anderen zu gesellen. Verhindere, dass ich mein kostbares Leben durch unnütze Sorgen vergeude.

Spannen Sie Ihre Flügel   27. NOVEMBER

Als ich in den südkalifornischen Bergen spazieren ging, kam ich auf eine hoch gelegene Wiese, über der Hunderte von Motten ihre flirrenden Bewegungen vollführten. Einige Augenblicke stand ich nur da, um dieses Schauspiel zu genießen und zu beobachten, wie sie federleicht um mich herum tanzten. Es gab ihrer so viele, dass ich in der stillen Luft die Flügel schlagen hörte.

Ich marschierte weiter und sah eine Raupe über den Boden kriechen. Als ich sie genauer betrachtete, stellte ich fest, dass auf ihrem Rücken zwei kleine, überflüssige Flügel vorstanden. Zunächst dachte ich, dass es sich dabei um eine Missbildung handelte, dass dieser arme Wurm sein Erdenleben kriechend verbringen musste und niemals fliegen konnte, obwohl er doch Flügel hatte. Als ich dann meinen Weg fortsetzte, entdeckte ich noch so eine Raupe – diesmal mit etwas größeren Flügeln. Langsam spannte sie ihr neues Anhängsel und schaute ängstlich zum Himmel. Diese Motten bildeten ihre Flügel allmählich und ohne Kokon aus, der ihnen während der gesamten Metamorphose als Schutzhülle dienen würde. Sie entwickelten sie also nicht im Verborgenen, sondern vor aller Augen.

Jeder von uns hat unterschiedliche Vorstellungen von Freiheit. Die Kiste, die mir relativ geräumig erscheint, mag für Sie viel zu klein sein. Wenn Sie später einmal auf Ihr Leben zurückblicken, werden Sie wahrscheinlich erstaunt feststellen, in welche Formen der Freiheit Sie auf ganz natürliche Weise hineingewachsen sind. Und vielleicht betrachten Sie heute die Freiheit der anderen mit Ehrfurcht und Neid und sagen: »Das könnte ich nie.«

Doch, Sie können es.

Und Sie schaffen es bestimmt auch.

Spüren Sie die Flügel an Ihrem Rücken? Sie sind vorhanden. Und sie wachsen jeden Tag – ob Sie schon fliegen oder nicht.

Robert Thurman schrieb: »Das Großartige am Horizont der Unendlichkeit ist, dass er dir keinerlei Grenzen setzt, wie wunderbar du werden kannst.«

Hilf mir, Gott, meine Flügel zu spannen, und zeig mir, wie vorteilhaft ich mich entwickeln kann.

Es ist eine Gelegenheit   28. NOVEMBER

Um einen ausgeprägten Sinn für die Kostbarkeit des menschlichen Lebens zu entwickeln, muss man es mit dem eigenen Glaubenssystem in Verbindung bringen. Das Glaubenssystem muss nicht die buddhistische Lehre vom Karma sein, aber eines, das sich der Einzigartigkeit und der besonderen Wesensart dieser Lebensform genauestens bewusst ist.

Robert Thurman, *Circling the Sacred Mountain*

Erkennen Sie es? Merken Sie, was für eine besondere, kostbare Gelegenheit jeder Tag Ihres Lebens ist?

Schauen Sie einmal näher hin. Vergegenwärtigen Sie sich all die Lektionen, die Sie lernen können. Finden Sie heraus, wie Sie sich Ihre innere Entwicklung zunutze machen. Achten Sie darauf, wie behutsam Gott Ihre Hand hält, Sie in die richtige Richtung führt, Ihnen die richtigen Worte und Möglichkeiten zur richtigen Zeit bietet und die richtigen Menschen auf Ihren Weg schickt.

Sie können berühren und fühlen. Sie können sich verzweifelt den Kopf zermartern und fröhlich kichern. Sie können Witze machen. Sie können über einen Film weinen. Sie können nachts im Bett bittere Tränen vergießen – und am nächsten Morgen erfrischt aufstehen.

Sie können eine Orange, eine Zitrone, eine Mango schmecken und die Geschmacksunterschiede detailliert beschreiben. Sie können den Duft eines Kiefernwaldes riechen. Sie können die Hand Ihres Freundes halten und spüren, wie er vor Angst zittert.

Sie können stolpern und hinfallen und sich verlassen fühlen; dann aufstehen und plötzlich, in einem einzigen Augenblick, jene Lektion begreifen, die Sie so mühsam zu lernen versuchten. Sie können mit einem Fallschirm aus dem Flugzeug springen, über den glatten Rücken Ihres Liebhabers streichen und Ihr Kind an die Brust drücken.

Sie können warten und Gott später danken.

Aber Sie können es auch jetzt tun.

Vielleicht bringen Sie Ihren Dank am besten dadurch zum Ausdruck, dass Sie heute Ihr Leben in vollen Zügen genießen.

Hilf mir, Gott, diese Gelegenheit, dieses Leben, das mir geschenkt wurde, täglich nach besten Kräften auszunutzen.

Das Magische ist auch für Sie da   29. NOVEMBER

Ich betrachtete ein Foto meines Freundes Chip. Darauf sitzt er neben seinem alten, verbeulten VW und sieht fast genauso mitgenommen aus wie das Auto. Aber er lächelt.

Als ich ihm zum ersten Mal begegnete, lächelte er auch. Er erzählte mir die Geschichte zu diesem Foto, das deutlich sichtbar auf seinem Schreibtisch stand.

»Es wurde aufgenommen am Ende des Weges nach White Mountain. Höhe 3600 Meter. Die letzten 25 Kilometer der Straße bestehen nur aus zwei Reifenspuren, aber ich wollte diese Wanderung da oben unbedingt machen. Du hättest die Gesichter der Forscher in ihren Jeeps mit Vierradantrieb sehen sollen, als ich in meiner *Carmen* da aufkreuzte [so hatte Chip seinen VW getauft]. In dieser extremen Höhe konnte der Vergaser kaum atmen. Ich glaube nicht, dass ich die letzten 25 Kilometer schneller als 15 Stundenkilometer gefahren war. Als ich da oben eintraf, war der Tank leer, und die nächste Tankstelle lag 75 Kilometer entfernt.

Nach meiner Wanderung schaltete ich in den Leerlauf und fuhr den Berg hinunter. Der reine Wahnsinn! Bis ich unten ankam, waren die Bremsen hin, und als ich in die Tankstelle rollte, gab der Motor seinen Geist auf. Was für ein Ausflug!«

Sie können etwas schaffen, wenn Sie davon überzeugt sind, dass Sie es schaffen. Sie können einen gepackten Rucksack in Ihr altes Auto werfen und mit wenig Geld in der Tasche diese Reise unternehmen. Sie können neue Orte besuchen, ungewöhnliche Dinge sehen und andere Menschen ebenso in Erstaunen versetzen wie sich selbst. Sie können jene berufliche Laufbahn einschlagen, jene Beziehung haben, die Sie sich wünschen, und ans Ziel Ihrer kühnsten Träume gelangen. Sie können überall dort sein, wohin Sie von hier aus gerne gehen würden.

Dazu braucht es nichts als Glauben, Sehnsucht und ein klein wenig Vertrauen in die magische Kraft des Universums.

»Oh, diese Magie funktioniert aber nur bei anderen, bei mir nicht«, habe ich andere Leute ungläubig protestieren gehört.

An Chip gefällt mir unter anderem eine Äußerung, die er immer wieder tut und wirklich so meint – ob er gerade 5 Dollar in der Tasche oder 3000 Dollar auf der Bank hat. Er sagt diese Worte in guten Zeiten, aber auch in solchen, die die meisten von uns als schlecht bezeichnen würden.

»Ich kann es nicht fassen, was für ein glücklicher Mensch ich bin. Ich kann es nicht fassen, wie wunderbar die Welt ist. Und ich kann es nicht fassen, warum ich so gesegnet werde.«

Die Magie des Universums erwartet jeden von uns.

Schauen Sie sich um. Erkennen Sie, wie glücklich und gesegnet Sie sind. Werfen Sie dann einen Blick auf die Hindernisse in Ihrem Leben, und fangen Sie an, sie nacheinander zu beseitigen. Fahren Sie Ihren Trampelpfad entlang, an dessen Ende Sie um viele Erfahrungen reicher sein werden. Folgen Sie ihm mit Leidenschaft.

Aber bevor ich's vergesse: Überprüfen Sie zuerst, ob noch genug Benzin im Tank ist.

Gott, ich bitte dich noch einmal: Zeig mir die magische Wirkung der beiden Wörter Ich kann.

Glauben Sie an die magische Kraft des Lebens
30. NOVEMBER

Lausche erst den Neinsagern
Und hör mir dann gut zu:
Alles kann gescheh'n, mein Kind,
Möglich ist alles im Nu.

Shel Silverstein

Tagtäglich sind wir umgeben von Leuten, die uns einreden wollen, dass wir es nicht schaffen. Sie haben sich nicht weiterentwickelt und geändert, also sagen sie uns, dass auch wir uns nicht weiterentwickeln und ändern können. Solche Denkmuster sind sehr zählebig, aber große Ideen sind noch zählebiger. 1899 schlug der damalige Leiter des Patentamts der Vereinigten Staaten vor, seine Behörde zu schließen. Er sagte: »Alles, was erfunden werden kann, ist bereits erfunden.«

Wenn wir heute diese Bemerkung hören, lachen wir darüber – aber wie oft vertreten wir selbst eine ganz ähnliche Ansicht? *Ich kann nicht zurück auf die Schule, weil ich schon fast fünfzig bin. Ich sollte jetzt nicht den Beruf wechseln, weil ich sonst einen Teil meiner Rente verliere. Sicher, so ein Boot ist schön, aber ich werde es mir nie leisten können, weil ich einfach nicht reich genug bin. Vielleicht schafft er es, nüchtern zu bleiben, aber ich kann mein Leben nicht ändern.*

Als Kinder sind wir voller Erstaunen angesichts der Welt ringsum. Alles ist möglich, wirklich alles. Aber schon sehr bald spüren wir das heimliche Gewicht jener Phrasen »Ich sollte nicht«, »Das ist unmöglich«, »Ich werde nicht« auf den Schultern, das uns dazu zwingt, die Erwartungen herunterzuschrauben und einseitig zu denken.

Die Welt ist eine Scheibe. Wenn du bis zum Rand segelst, stürzt du ins Nichts. Alles, was erfunden werden kann, ist bereits erfunden. Der Mensch wird niemals auf dem Mond landen.

Glauben Sie an sich selbst! Glauben Sie an einen wunderbaren Gott. Glauben Sie an die Programme und Hilfsmittel, die Ihnen täglich zur Verfügung stehen. Sagen Sie, was Sie wollen, welche Lektionen Sie lernen möchten, welche Ziele Sie anvisieren, welche Beziehungen Sie sich wünschen – und gehen Sie dann hinaus, und lassen Sie zu, dass das Universum sie in Ihrem Leben zum Vorschein bringt.

Die Neinsager sitzen an der Seitenlinie und wissen genau, was nicht sein kann. Schließen Sie sich ihnen an – oder versuchen Sie in aller Ruhe und auf eigene Faust das Unmögliche?

Glauben Sie an die magische Kraft des *Ich kann*. Teilen Sie den Neinsagern und Miesmachern mit: *Auch ich* kann es schaffen. *Und du ebenfalls.*

Warum gehen Sie heute nicht in den Park, setzen sich auf eine Bank und erinnern sich an Ihre Kindheit? Welche Träume, welche Hoffnungen hatten Sie damals? Sind diese tatsächlich außerhalb der Reichweite? Vergessen Sie nicht: Alles kann geschehen – und ziemlich oft geschieht es auch.

Danke, Gott, für meine bislang so herrliche Reise. Sei bei mir, während ich mehr darüber erfahre, was ich durch dich alles schaffen kann.

Dezember

Wie schön es doch ist

Sagen Sie: Wie schön es doch ist! 1. DEZEMBER

Viele von uns suchen gewissenhaft nach dem Sinn des Lebens – zumindest nach dem des *eigenen* Lebens. Ich glaubte, ihn gefunden zu haben, als ich anfing, von meiner Drogensucht loszukommen. *Aha, dachte ich, der Sinn des Lebens besteht darin, clean zu bleiben.* Dann kam die Co-Abhängigkeit, und ich hatte das dringende Bedürfnis, die damit zusammenhängenden Probleme in den Griff zu kriegen. Sicher würde die Suche nach Erleuchtung an dieser Stelle ihren Höhepunkt erreichen.

Nein, noch nicht.

Es war, als stünde ich vor einer großen, verschlossenen Metalltür. Dahinter verbarg sich das höchste Wissen darüber, warum wir hier sind, jener schwer fassbare Zustand, der »Erleuchtung« genannt wird. Ich befand mich diesseits der Tür, ausgesperrt, auf der Suche nach dem Schlüssel.

Im Laufe der Jahre war ich bei Ärzten, Therapeuten und Heilern. Ich beschäftigte mich mit Homöopathie, Kinesiotherapie, Akupunktur und Akupressur. In meiner Jugend habe ich Alkohol und Drogen ausprobiert – in der festen Überzeugung, sie seien die Lösung. Ich versuchte die Antwort auf die Frage nach dem Sinn des Lebens in Beziehungen zu finden. Dann wollte ich zu dieser tieferen Einsicht gerade dadurch gelangen, dass ich jede Bindung, jede Liebesbeziehung strikt vermied. Ich habe Erfahrungen gemacht mit Gestalttherapie, Transaktionsanalyse, Schlaftherapie, Gebet und Meditation. Um der Wahrheit näher zu kommen, habe ich in den letzten 27 Jahren an mehreren Zwölf-Schritte-Programmen aktiv teilgenommen.

Pflichtbewusst habe ich mich durch die mühsame Auseinandersetzung mit der eigenen Familiengeschichte gequält. Hurra, ich habe schließlich auch mein inneres Kind gefunden und geheilt. Auf dem Boden neben meinem Bett sitzt jetzt sogar ein struppiger Teddybär. Nach dem Tod meines Sohnes verharrte ich so lange in meinem Kummer, bis ich ihn allmählich verarbeiten konnte – eben dadurch, dass ich akzeptierte, trotz dieses schrecklichen Verlustes mein Leben weiterleben zu müssen.

Ich las aufmerksam das Buch *Ein Kurs in Wundern* und erfuhr mit Hilfe von Marianne Williamsons Büchern (*Rückkehr zur Liebe* und *Verzauberte Liebe*) von der magischen Kraft der Liebe in all ihren unterschiedlichen Erscheinungsformen. Endlich öffnete ich mein Herz. Aber die Weisheit entzog sich mir noch immer. Ich war nicht deprimiert, aber mein Geist schmerzte.

Ich begann zu reisen, zuerst durch die Vereinigten Staaten und dann durch die Welt. Ich besuchte die heißen Quellen von Sedona, das aus alter Zeit stammende Dorf der Anasazi-Indianer im Chaco Canyon und das Sanctuario de Chimayo, die heilige Kirche in New Mexico. Ich hätte leuchten müssen in der Dunkelheit. Gelegentlich erhaschte ich auch einen schwachen Schimmer des Lichts. Aber mir war immer noch nicht klar, worum es im Leben eigentlich ging. *Vielleicht werde ich morgen diesen Schlüssel finden,* dachte ich. Es schien, als wäre die Erleuchtung stets um einen Tag, einen Schritt, einen Therapeuten, einen Heiler, ein Buch entfernt. Vor mehr als zwanzig Jahren, als ich bereits in meine Suche vertieft war, sagte mir ein enger Freund, dass das Geheimnis des Lebens einfach sei: Es existiere gar nicht. Vielleicht hatte er Recht. Vielleicht suchte ich nach etwas, das es nicht gab.

Irgendwann hörte ich auf zu suchen. Nicht, dass ich aufgegeben hätte. Ich fügte mich. Ich wartete nicht mehr darauf, die geistige Lotterie zu gewinnen, versuchte nicht mehr, erleuchtet zu werden, bemühte mich nicht mehr um den idealen Seelengefährten. Stattdessen ergab ich mich jedem Augenblick meines Lebens, so wie er war, und kostete ihn aus.

In diesem Zustand entdeckte ich die Freude. Oder sie entdeckte mich.

Der Schlüssel zur Erleuchtung mag einfacher zu finden sein, als wir denken. Wir sind da, um uns zu freuen. Betrachten Sie jedes Detail Ihres Lebens, und lernen Sie zu sagen: *Wie schön es doch ist!*

Hilf mir, Gott, Freude zu erfahren.

Die Lektion besteht in der Freude 2. DEZEMBER

An einem kalten Januartag im Jahre 1991 saß ich bei einer Therapeutin in Minnesota. Wir sprachen über meine gegenwärtige Situation und spekulierten darüber, welche Lektionen wohl bevorstünden. Sie ergriff meine Hand, fixierte mich und schaute mir direkt in die Augen. »Eins weiß ich sicher«, sagte sie. »Sie haben genug Leid durchgemacht. Jetzt werden Sie die Freude kennen lernen.«

Eine Woche später starb mein Sohn Shane.

In meinen Kummer mischte sich Wut. Ich war äußerst aufgebracht gegen diese Therapeutin. Erneut hatte ich mir Hoffnungen gemacht, schließlich doch noch glücklich zu werden. Nun fühlte ich mich betrogen und im Stich gelassen.

Die Jahre dehnten sich in die Länge. Ich verlor fast alles, auch meinen Wunsch zu schreiben. Nichole schloss die High School ab, zog von zu Hause aus und übersiedelte nach New York. Das Leben nahm seinen Lauf und änderte sich – ohne Rücksicht auf das, was in meinem Innern passierte.

Auf einmal bemerkte ich in einem bestimmten Jahr, dass Shanes Todestag vorbeigegangen war, ohne dass ich Depressionen gehabt hatte. Und noch etwas fiel mir auf: Ich wurde allmählich vitaler, wacher und empfand wieder eine tiefe Ehrfurcht vor dem Leben. Es war nicht die naive Vorstellung, ich könnte nun alles bekommen, was ich wollte. Vielmehr entdeckte ich abermals die Fähigkeit, mich jedem Augenblick zu fügen und das zu genießen, was mir zuteil wurde. Ich lernte Menschen kennen, mit denen ich Freundschaft schloss, während die Beziehungen zu alten Freunden sich wandelten. Vor allem aber inspirierte mich meine neue Beziehung zum Leben. Ich suchte nicht mehr nach äußeren Umständen, die mir Glück bescheren sollten. Ich erkannte allmählich, dass ich selbst den Schlüssel dazu besaß.

Wenn Sie gerade etwas durchmachen, das Sie nicht eingeplant haben, bahnt sich eine innere Transformation an. Obwohl wir sie lieber schnell hinter uns bringen würden, vollzieht sie sich eher langsam. Dazu bedarf es einer ganzen Reihe von Augenblicken, die manchmal kein Ende nehmen. Aber eines Tages, wenn Sie es am wenigsten erwarten, erhebt sich ein Phönix neugeboren aus seiner Asche, und das sind Sie.

Einige von uns müssen viel Leid ertragen, andere weniger. Wenn ich Ihnen jetzt gegenübersäße, würde ich Ihnen in die Augen schauen und Folgendes sagen: »Ich weiß, dass Sie viel mitgemacht haben. Doch ein neuer Zyklus steht bevor. Sie werden erfahren, was Freude ist.«

Das Leben schickt Sie auf eine Reise, bei der Sie Ihre ganz persönliche Transformation erleben. Einige Dinge müssen Sie vielleicht loslassen. Aber keine Sorge, manche davon erhalten Sie wieder zurück. Und nicht immer ist das, was wir verloren glauben, völlig verschwunden. Es befindet sich nur an einer anderen Stelle. Kein Gewinn ohne Verlust, sagt man – auch aufgrund der Einsicht, dass der Verlust nicht mehr oder kaum noch schmerzt, sobald die Lektion gelernt ist. Dann aber geschieht etwas Merkwürdiges, so als würde ein Schloss zuschnappen: Nach und nach geht es uns besser – nicht weil wir etwas bekommen, sondern weil wir uns fügen. Wir scheinen vor dem Schmerz zu kapitulieren, im Grunde aber gehorchen wir Gottes Willen.

Da draußen, vor Ihrer Tür, ist eine ganze Welt. Und der Schlüssel, der diese Tür öffnet, liegt in Ihrer Hand. Die wichtigste Lektion ist, dass Sie lernen müssen, sich zu freuen. Vergessen Sie Ihre Ängste. Leben Sie Ihr Leben, was immer Sie jeweils darunter verstehen. Das Wunder kann heute geschehen, morgen, nächste Woche oder in zehn Jahren – aber Sie können es nicht erzwingen. Sie werden Ihren Hut in die Luft werfen, sich umschauen und rufen: »O mein Gott, wie schön das Leben doch ist!«

Hilf mir, Gott, jede meiner Lektionen zu bewältigen. Versetze mich dann in jenen Zustand, der mir Freude gewährt.

Genießen Sie die Leere   3. DEZEMBER

Wir schlagen einen bestimmten Weg ein – widmen uns der inneren Heilung, fangen eine neue Arbeit oder Beziehung an. Angesichts der vor uns liegenden Aufgaben sind wir sehr rege und fühlen uns manchmal sogar überfordert. Wir arbeiten viel, setzen unseren Weg fort und entwickeln uns weiter. Eines Tages treten gewisse Veränderungen ein – bei der Arbeit, in der Beziehung. Oder wir sind weit genug fortgeschritten, um mehr als nur die nächste Minute der Abstinenz zu überschauen – und starren plötzlich ins Leere.

Wir bekommen es mit der Angst zu tun. Der Anblick des Nichts bestürzt uns. Es gibt keine Möglichkeit mehr, die Zukunft zu planen. Wir sind außerstande, geeignete Maßnahmen zu ergreifen. Wir müssen verschiedene Entscheidungen treffen, aber keine einzige erscheint uns richtig.

Entspannen Sie sich. Kosten Sie auch diesen Moment aus. Versuchen Sie nicht mehr, ihn irgendwie auszufüllen. Sie befinden sich in der Leere, an jenem magischen Ort, wo jede Schöpfung beginnt. Atmen Sie die frische Luft ein, betrachten Sie die Blumen, spüren Sie die Sonnenstrahlen auf der Haut. Oder machen Sie ein Feuer, an dem Sie sich wärmen können. Es gibt keinen Grund, sich vor diesem Ort zu fürchten, und es gibt nichts, was Sie tun müssen. Gehen Sie einfach weiter; die kreative Lösung wird Ihnen bald einfallen.

Hilf mir, Gott, meine Sorgen loszulassen, wenn ich in einem Zwischenstadium bin. Steh mir bei, damit ich in aller Ruhe einen Fuß vor den andern setze und mir vom Universum den Weg zeigen lasse, dem ich folgen soll. Mach, dass ich mich in diesem Zustand entspanne und Kraft sammle für die vor mir liegende Reise.

Das Wunder der Wiedergeburt   4. DEZEMBER

Die Geburt ist ein atemberaubendes Ereignis. Betritt man, kurz nachdem ein Kind das Licht der Welt erblickt hat, die Entbindungsstation, lässt sich die Energie und die Emotion dieses Augenblicks fast mit Händen greifen.

Die Wiedergeburt ist ebenso intensiv. Wenn wir an einer beeindruckenden religiösen Zeremonie teilnehmen, allein auf einem hohen Hügel stehen oder den Spuren einer uralten Zivilisation folgen, findet im Innern eine geistige und gefühlsmäßige Transformation statt. »Was habe ich nur getan, dass ich das verdiene?«, flüstern wir. Und das Universum flüstert zurück: »Das soll dich weiterbringen auf deinem Weg und dich lehren, dein Leben zu leben.« Aus dieser Erfahrung gehen wir neugeboren hervor.

Manchmal jedoch geschieht genau das Gegenteil. In einem einzigen Augenblick kann uns alles genommen werden, was uns vertraut und teuer war: Das geliebte Wesen stirbt, wir werden geschieden oder verlieren unseren Job. Plötzlich sind wir dem Universum auf Gedeih und Verderb ausgeliefert. »Warum ist mir das widerfahren? Was habe ich getan, um derart bestraft zu werden?«, rufen wir. Und das Universum antwortet: »Das soll dich weiterbringen auf deinem Weg und dich lehren, dein Leben zu leben.« Auch dann steigen wir irgendwann neugeboren aus der Asche empor.

Geben Sie sich diesen aufregenden und zutiefst schöpferischen Momenten in Ihrem Leben hin – den berauschenden ebenso wie den herzzerreißenden. Empfinden Sie die Energie und die Emotion, die darin enthalten sind.

Vertrauen Sie darauf, dass Sie auf Ihrem Weg weitergeführt werden und lernen, das Leben zu meistern.

Seien Sie bereit zur Wiedergeburt.

Bitte hilf mir, Gott, all die grundlegenden Veränderungen in meinem Leben zu akzeptieren. Hilf mir, das Wunder der Wiedergeburt zu erkennen und deine Lektionen zu lernen.

Seien Sie jetzt *glücklich*   5. DEZEMBER

»Zeit ist das, was verhindert, dass alles gleichzeitig passiert«, stand auf dem Autoaufkleber vor mir.

Vielleicht, dachte ich. Ich raste gerade vom Computergeschäft nach Hause, machte hastig meine Besorgungen, versuchte, die Dinge auf die Reihe zu bekommen. Von der Schnellstraße aus sah ich rechts ein Restaurant und ein Einkaufszentrum. Es hatte schon seit fast einem Jahr meine Neugier erregt. Anstatt wie üblich daran vorbeizufahren, bog ich diesmal ab und fuhr auf den Parkplatz. Die nächsten drei Stunden schaute ich mich dann in den Geschäften um: Antiquitäten, Modeschmuck und Feinkostwaren. Dann genoss ich im Restaurant noch ein geruhsames Mittagessen – einen saftigen Hamburger und ein Schokolade-Malz-Getränk –, bevor ich wieder nach Hause fuhr. Die Geschäfte gab es schon seit langem, nur war ich immer daran vorbeigefahren. An diesem Tag aber hatte ich angehalten, meine Neugier befriedigt und meine Freude gehabt.

Nur zu gern arbeiten wir wie besessen auf ein Ziel hin – in der festen Überzeugung, wir wären wirklich glücklich, wenn wir es denn erreicht hätten. Doch nur das Heute zählt. Wir haben nur den heutigen Tag zur Verfügung. Wenn wir unser Glück immer wieder auf morgen verschieben, entgehen uns all die schönen Dinge direkt vor unseren Augen.

Entwerfen Sie Pläne und setzen Sie Ziele.

Aber genießen Sie das Glück im Hier und Jetzt.

Hilf mir, Gott, dass ich die unmittelbar vor mir liegenden Freuden bewusst wahrnehme, anstatt darauf zu warten, dass mir der morgige Tag Glück beschert.

Feiern Sie
6. DEZEMBER

Betrachten Sie Ihr Leben. Schauen Sie zurück auf den Weg, den Sie bislang gegangen sind. Feiern Sie diese Leistung!

Wenn man auf den Gipfel eines Berges steigt, bereitet einem der Blick auf die zurückgelegte Strecke besondere Genugtuung. Es ist wunderbar, dort oben zu stehen und den winzigen Pfad zu sehen, der sich in der Ferne verliert.

Feiern Sie voller Ehrfurcht, wie weit Sie schon gekommen sind in Ihrer Abstinenz, Ihrem Vertrauen und Ihrer Bereitschaft, die eigenen Ängste loszulassen. Feiern Sie jene ersten zögernden Augenblicke, da Sie begriffen haben, was es heißt, für das eigene Wohl zu sorgen. Und mit jedem Schritt, den Sie nun machen, finden weitere tief greifende Veränderungen statt. Begeistern Sie sich daran!

Drehen Sie sich um. Lassen Sie den Blick schweifen. Stellen Sie fest, wie weit Sie gekommen sind. Feiern Sie die Reise, die Sie bisher unternommen haben.

Und freuen Sie sich dann auf die Abenteuer, die vor Ihnen liegen.

Hilf mir, Gott, all meine Triumphe auszukosten. Danke, dass du mich stets begleitet hast, auch dann, wenn ich das Gefühl hatte, allein zu gehen.

Genießen Sie Ihre Erfolge
7. DEZEMBER

Wenn Sie genügend Energie in ein Projekt investieren, wird es auch vollendet. Dann ist das Haus gebaut, das Bild gemalt, der Bericht abgeschlossen. Gestatten Sie sich nun etwas Ruhe und Entspannung. Nehmen Sie sich Zeit, um das Gefühl, etwas geschafft zu haben, wirklich zu genießen. Es wird nicht lange andauern. Zahlreiche weitere Ideen und Aufgaben erwarten Sie hinter der nächsten Ecke.

Erfahrungen zu sammeln und aus Misserfolgen Lehren zu ziehen – das ist ein wichtiger Bestandteil unserer Reise. Aber auch der Erfolg hat vieles für sich und will ausgekostet sein.

Wenn Sie kürzlich eine besondere Leistung vollbracht haben, dann nehmen Sie sich ein paar Tage frei. Feiern Sie Ihren Erfolg. Aber feiern Sie auch die kleineren Siege. Lehnen Sie sich zurück, betrachten Sie Ihr Werk, und sagen Sie sich: »Es ist gut.« Gehen Sie ins Restaurant, machen Sie Urlaub oder einen Ausflug an den Strand.

Denken Sie über Ihre früheren Erfolge nach. Vergessen Sie einfach Ihre Fehlschläge und Irrtümer. Vergegenwärtigen Sie sich, was Ihnen gelungen ist, was funktioniert hat, welche Gebete erhört wurden. Grübeln Sie nicht nur über Ihre Probleme und Missgeschicke nach. Konzentrieren Sie sich immer auch auf das, was in Ihrem Leben genau richtig ist.

Strecken Sie alle viere von sich, und sagen Sie dann: »Wie schön es ist!«

Danke, Gott, für all die Herausforderungen, die ich mit deiner Unterstützung bestehen konnte, für all meine Triumphe und für all jene Momente, in denen du meine Gebete beantwortet und meine Bedürfnisse gestillt hast. Sorge dafür, dass ich mich ausruhe und das Gute in meinem Leben feiere.

Genießen Sie das Alltägliche   8. DEZEMBER

Vor einiger Zeit tobte draußen auf dem Pazifik ein gewaltiger Sturm. Kurz darauf schlugen die Brecher gegen die kalifornische Küste. Die Flut stieg und stieg. Jedes Mal, wenn die Gischt auf die Stützpfeiler unter dem Haus traf, bebte es.

Ich ging zu Bett, konnte aber nicht einschlafen. Also stand ich auf und schlenderte nach draußen, um nach dem Kajak zu schauen. Er war noch da, aber das Wasser stand hoch unterm Haus und drohte ihn mit sich fortzureißen. Ich kehrte zurück in mein Bett und sank irgendwann in Schlaf, ungeachtet der lärmenden, wütenden See.

Am nächsten Tag war die Dünung wieder ganz normal. Als ich dann abends im Bett lag, wiegte mich das sanfte Rollen der Wellen in den Schlaf. Bald vergaß ich den Sturm – wie laut, wie ungestüm die Brandung gewesen war. Wieder einmal betrachtete ich das leise, angenehme Geräusch der Wellen als etwas Selbstverständliches.

Wir neigen dazu, so manches in unserem Leben als gegeben anzusehen: die Gesundheit, die Gegenwart eines geliebten Menschen, Freunde, Nahrung, ja sogar Abstinenz und innere Heilung. Wenn alles reibungslos läuft, fällt es uns nicht schwer, derlei einfach vorauszusetzen.

Betrachten Sie Ihren Alltag. Wie würden Sie sich fühlen, wenn er Ihnen genommen würde? Seien Sie nicht nur für die großen Erfolge dankbar, sondern auch für die kleinen, ganz normalen Dinge, und feiern Sie diese.

Hilf mir, Gott, nicht alles als selbstverständlich zu betrachten. Bring mir bei, in dieser Welt das Gewöhnliche zu erkennen, zu schätzen und zu feiern. Gewähre mir Einblick in dessen verborgene Schönheit und tiefere Bedeutung.

Entdecken Sie Ihren Sinn für das Wunderbare und Ehrfurchtgebietende

9. DEZEMBER

Nach dem Mittagessen im Paradise Cove, einem meiner Lieblingsrestaurants, unternahmen mein Freund und ich einen Spaziergang am Strand. Plötzlich bückte er sich und hob einen kleinen violetten Ball mit unzähligen Stacheln auf. »Schau«, sagte er, »ein Seeigel!« Die Hülle war leer, aber das Violett leuchtete so stark, dass es an einen Amethyst erinnerte. Keiner von uns hatte je einen Seeigel am Strand liegen sehen. Wir berührten ihn und überlegten, ob wir ihn mit nach Hause nehmen und auf ein Regal legen sollten.

»Warum lassen wir ihn nicht einfach hier«, sagte er. »Irgendwelche Kinder werden ihn finden und mitnehmen. Wir haben daheim schon genug Zeug herumliegen.«

Nachdem er den kleinen Schatz auf dem Sand platziert hatte, sahen wir, wie eine Mutter mit zwei Kindern um die vor uns liegenden Felsen bog. Das ältere der beiden, ein etwa zwölfjähriges Mädchen, war ebenso neugierig wie entzückt, als wir es zu uns riefen und ihm den kleinen violetten Ball überreichten. Kurz darauf standen auch ihre Mutter und ihr Bruder bei uns. Er konnte es nicht abwarten, die winzigen Stachel des Seeigels zu berühren. Als mein Freund und ich zum Auto zurückkehrten, lächelten wir sanftmütig.

Zwei der schönsten Erfahrungen im Leben bestehen darin, etwas Neues zu entdecken und es mit jemandem zu teilen. Achten Sie auf die neuen, aufregenden Dinge, die Ihnen beschert werden. Diese müssen nicht großartig sein, damit Sie sich daran erfreuen können. Genießen Sie sie, lernen Sie von ihnen, spielen Sie mit ihnen. Und lassen Sie dann einen Freund daran teilhaben, um so eine noch wichtigere Erfahrung zu machen.

Hilf mir, Gott, meinen Sinn für das Wunderbare und Ehrfurchtgebietende wieder zu entdecken – und dieses Gefühl dann mit jemand anders zu teilen.

Staunen Sie über das, was Sie sehen
10. DEZEMBER

Wir waren auf einer Reise durch New Mexico und bogen irgendwo um eine Ecke. »Lake Albiquiu« stand auf dem Schild. Der Campingplatz lag auf einem Felsvorsprung, der auf einen von Menschen geschaffenen See hinausging. Diese Aussicht gefiel uns so gut, dass wir beschlossen, hier die Nacht zu verbringen. Wir wählten genau die Stelle aus, von der aus man morgens den Sonnenaufgang am besten betrachten konnte. Wir wollten sehen, wie das Licht auf die roten Felsen in der Ferne traf.

Als wir am Rand des Felsvorsprungs entlang wanderten, entdeckten wir im Schatten eines vom Wind zerzausten Baumes einen winzigen Kaktus, der mit leuchtend roten Blüten übersät war. Wir ruhten eine Weile aus, kletterten dann zum See hinunter und setzten uns auf einen großen Felsen, der ins Wasser ragte. Wir schwammen. Das Wasser war kalt, aber erfrischend, und die Frühsommersonne tat unserer Haut wohl.

Später bereiteten wir auf dem kleinen Gaskocher das Abendessen zu. »Sollen wir das Zelt aufstellen?«, fragte ich, begierig darauf, das neue Zelt in der Wildnis zu sehen.

»Das Wetter ist mild«, sagte mein Freund. »Lass uns einfach nur die Schlafsäcke ausrollen und im Freien schlafen.«

Das war eine großartige Idee! Ich hatte noch nie unter freiem Himmel geschlafen. Wir lagen in der zunehmenden Dunkelheit und beobachteten, wie ein Stern nach dem anderen sanft zu funkeln begann. Ich schloss die Augen und döste.

Wenige Augenblicke später sang ein Vogel von einem nahe gelegenen Baum aus ein Gutenachtlied. Ich öffnete die Augen und sah eine ganze Schar von Sternen. Die Milchstraße zog sich quer über den Nachthimmel, und da waren so viele mir unbekannte Sterne, dass ich die einzelnen Sternbilder kaum voneinander unterscheiden konnte. Ich wollte die Augen nicht schließen, um kein Detail dieses überwältigenden Anblicks auszulassen.

In einem staatlichen Naturschutzpark zu zelten mag für eingefleischte Naturmenschen nicht der Rede wert sein. Aber jeder von uns hat seine Art von Freiheit. Sie besteht darin, ungewohnte Dinge kennen zu lernen, neue Erfahrungen zu machen und die eigenen Träume zu verwirklichen, wie unbedeutend diese auch sein mögen.

Erinnern Sie sich an eine magische Phase Ihres Lebens, als alles neu und aufregend war. Finden Sie heraus, was im Bereich Ihrer Möglichkeiten liegt. Staunen Sie dann über das, was Sie sehen.

Gott, gib mir ein Gespür dafür, was in meinem Leben möglich ist. Lass mich dann verblüfft feststellen, wie schön das Leben sein kann.

Fühlen Sie Ihr Leben, und kosten Sie es aus   11. DEZEMBER

Heute Abend versank die Sonne wie ein roter Ball hinter dem Hügel westlich des Hauses. In wenigen Tagen wird eine Sonnenfinsternis sein, und der Ozean weiß es. Er kann den Mond fühlen, stemmt sich aus seinen Hüften hoch in die Luft, bereit, in die Tiefe zu stürzen, und rollt dann langsam vorwärts. Die Wellen strecken sich, türmen sich auf, bis ihr Kamm sich kräuselt, bis die Wucht in ihrem Rücken sie dazu treibt, in einem gewaltigen Wasserfall zu explodieren. Sie donnern gegen die Stützpfeiler, erschüttern das ganze Gebäude. Der Himmel ist rosa, blauviolett und schwarz. Im Haus hängt der durchdringende Geruch von Nudeln und Fleischsauce, der aus den Kochtöpfen steigt. Im Kamin brennt ein Zedernholzscheit und wärmt den Raum.

Das sind meine momentanen Wahrnehmungen. Ich erlebe einen bezaubernden Augenblick, während die Welt ruht und doch äußerst lebendig ist.

Die bewusste sinnliche Erfahrung ist das Privileg des Menschen. Ich kann die Spaghetti schmecken. Ich kann das Meersalz riechen. Ich kann spüren, wie das brennende Zedernholzscheit die Luft erwärmt. Ich kann lieben. Ich kann leiden. Welch köstliche Empfindungen! Und ich kann Gott danken für jeden Augenblick und jedes Gefühl, die jede Erfahrung für mich bereithält.

Genießen Sie Ihr Leben? Oder gehen Sie buchstäblich daran vorbei, ohne auf die Schönheit zu achten, die Sie jeden Tag umgibt? Wir sind nicht hier, um die ganze Zeit zu schlafen. Sobald wir abstinent leben oder von der Co-Abhängigkeit genesen, fragen wir uns manchmal, was wir mit all der freien Zeit anfangen sollen – und mit all den Gefühlen, denen wir jetzt direkt ausgesetzt sind, da Alkohol und inszenierte Dramen nicht mehr betäubend wirken.

Kosten Sie jede Erfahrung aus. Berühren, fühlen und probieren Sie alles, womit Sie zu tun haben. Vergegenwärtigen Sie sich dann, wie vorzüglich, wie wunderbar es ist.

Welche Erfahrung machen Sie gerade?

Sorge dafür, Gott, dass ich die Schönheit ringsum bewusst wahrnehme – also auch die elementare Kraft, die das Universum durchströmt. Erinnere mich daran, wie eng ich dank meiner Erfahrungen mit dieser Schönheit und dieser Kraft verbunden bin.

Führen Sie
ein außergewöhnliches Leben   12. DEZEMBER

Eines Tages traf ich einen Freund auf der Straße. Ich fragte, wie es ihm gehe. Nicht sehr gut, antwortete er. Aber wenn er in der Lotterie gewinnen könnte – er zeigte mir ein paar Lose –, dann wäre er glücklich. Ich fragte weiter, ob das Geschäft flau sei. Ja, sagte er, zu geringe Einkünfte, zu hohe Rechnungen. Er bräuchte einen Volltreffer, um die Bilanz auszugleichen.

Wir plauderten eine Weile. Ich fragte ihn, wie viel er in der Stunde verdiene. 100 Dollar, erwiderte er, aber die meisten Patienten wollten nur eine halbstündige Sitzung. Er ist Therapeut, und die beruflichen Aussichten waren momentan nicht gerade viel versprechend.

»Mann!«, entfuhr es mir, nachdem ich die Stunden pro Woche zusammengezählt hatte. »Wenn du jeden Tag viermal eine halbe Stunde arbeitest, macht das 1000 Dollar in der Woche und 4000 Dollar im Monat. Ein ziemlich gutes Einkommen, zumindest für mich.«

»So hab' ich die Sache noch nie gesehen«, gestand er.

»Warum arbeitest du nicht unbekümmert und mühelos viermal eine halbe Stunde am Tag, anstatt zu versuchen, in der Lotterie zu gewinnen oder den großen Durchbruch zu erzielen? Dann musst du nicht in der Lotterie gewinnen, um die Bank zu sprengen, und stehst sofort ganz gut da.«

Es ist leicht, sich den Hauptgewinn zu wünschen oder darauf zu warten, dass das Problem, mit dem man gerade zu kämpfen hat, durch einen unverhofften Glücksfall gelöst wird. Der Hauptgewinn muss nicht unbedingt finanzieller Natur sein. Gerne übertragen wir nämlich dieses Denkmuster auf unsere Beziehungen und unsere Arbeitssituation.

Kaufen Sie also ein Los, wenn Ihnen danach ist. Aber vielleicht sollten Sie die Dinge einmal aus einer anderen Perspektive betrachten. Was wäre, wenn Sie nicht mehr auf den Hauptge-

469

winn schielten, sondern versuchten, viele kleine Dinge gut zu machen? Sie könnten sich zum Beispiel bemühen, der beste Freund zu sein, den es überhaupt gibt – oder jenem Menschen näher zu kommen, mit dem Sie jetzt zusammen sind. Anstatt sehnsüchtig auf den idealen Seelengefährten oder die ideale Seelengefährtin zu warten, sind Sie einfach der beste Freund oder die beste Freundin in der Beziehung, die bereits besteht. Und anstatt darauf zu hoffen, in der Lotterie zu gewinnen, verwandeln Sie all die gewöhnlichen Augenblicke des heutigen Tages in etwas Wunderbares.

Sie sind reicher, als Sie denken.

Erinnere mich daran, Gott, dass viele gewöhnliche Augenblicke – sofern sie richtig ausgelebt werden – am Ende ein außergewöhnliches Leben ergeben.

Lassen Sie quälende Gefühle los 13. DEZEMBER

Befreien Sie sich von negativ aufgeladenen Gefühlsströmen.

Eines Tages spazierte ich durch einen Nationalpark, bis ich irgendwann an einen Bach kam. Ohne ihm weiter Beachtung zu schenken, beschloss ich, ins Wasser zu steigen und zur anderen Seite zu waten. Doch bei näherem Hinsehen hielt ich den Atem an und trat ein paar Schritte zurück. Das Wasser war trüb und dickflüssig. Damit wollte ich nicht in Berührung kommen.

Die meisten früheren und heutigen Lehrmeister – vom Dalai Lama bis zu Emmet Fox – stimmen in einem Punkt überein: Halte dich von trüben, belasteten Gefühlsströmen fern. Vermeide sie um jeden Preis.

Da draußen gibt es viele solcher Ströme: Gier, Neid, Negativität, Trauer, Groll, Rache, Ressentiments, Arroganz, Schikanen, Hartherzigkeit, Bitterkeit, Manipulation, Hass und lähmende Angst, um nur einige zu nennen. Wenn wir uns ihnen überlassen, beeinträchtigen sie jeden unserer Gedanken, jede unserer Handlungen.

Es handelt sich dabei nicht nur um ein einzelnes Gefühl, sondern um eine Haltung, eine Einstellung, ein Denk- und Verhaltensmuster, das uns und unser Leben allmählich vergiftet. Halten Sie die Augen offen. Seien Sie auf der Hut. Steigen Sie nicht achtlos in einen von Schmerz und Leid gekennzeichneten Gefühlsstrom. Wenn Sie aus Versehen hineingerutscht sind, dann gehen Sie sofort wieder hinaus.

Innere Unruhe, Gereiztheit, Unzufriedenheit – das ist zweifellos ein »infizierter« Gefühlsstrom. Falls Sie sich darin befinden, müssen Sie unverzüglich einen befreienden Schritt in Richtung Dankbarkeit tun.

Hilf mir, Gott, meine Emotionen loszulassen, bevor sie sich zu einer äußerst ungünstigen Grundhaltung verdichten. Leite mich in meinem Denken und meiner Einstellung zum Leben. Bewahre mich vor unguten Gefühlsströmen.

Sie sind kein Überlebender mehr   14. DEZEMBER

Vor vielen Jahren fragte ich einen Therapeuten, was das Hauptcharakteristikum jenes unheilvollen Zustandes sei, den man gemeinhin als *Co-Abhängigkeit* bezeichnet.

»Das Drama-Dreieck nach Karpman«, antwortete er. »Man rettet jemanden, indem man etwas tut, das man eigentlich nicht tun möchte oder das einen im Grunde nichts angeht. Dadurch ist man wütend auf diese Person, und zur Strafe schikaniert man sie. Schließlich zieht man sich von ihr zurück, weil man sich als Opfer fühlt. Wieder einmal.«

Da ging mir ein Licht auf. Ich sah, wie ich stets um dieses Dreieck kreiste und dabei ebenso wenig von der Stelle kam wie eine Wüstenspringmaus in ihrem Tretrad. Ich rettete diese oder jene Person, weshalb ich dann wütend auf sie war und mich am Ende als Opfer all meiner widrigen Umstände betrachtete.

Das heißt: Ich selbst verursachte das Leid und das Drama in meinem Leben.

Nach einigen Jahren hörte ich auf, Alkoholiker zu retten. Viele von uns haben dieses qualvolle Rad hinter sich gelassen. Wir wissen, dass wir die Sucht, die Depression, die Probleme, das Leben eines anderen Menschen nicht unter Kontrolle haben. Aber vielleicht sind wir danach in eine noch subtilere Drehbewegung geraten, die ebenfalls um hausgemachte Dramen kreist.

Kürzlich säuberte und ordnete ein Freund sein Haus von oben bis unten – auch die Wandschränke, die Schubladen, die Garage. Hinterher musste er einen Kombiwagen mieten, um die ausrangierten Gegenstände abtransportieren zu können.

»Unfassbar, was ich alles angehäuft und behalten habe«, stöhnte er. »Das meiste war unnützes Zeug, das ich von Anfang an gar nicht wollte. Das kam wohl daher, dass ich arm war und so lange nichts hatte. Ich dachte, wenn etwas gratis oder billig ist, nehm' ich's mit und schlepp's nach Hause.«

Irgendwann einmal waren so manche von uns Überlebende. Entweder hatten wir tatsächlich keine Wahl – oder wir redeten uns das nur ein. Also klammerten wir uns an jede Person, die uns über den Weg lief, und an jede Sache, die uns in die Hände fiel.

Auch wenn Sie schwierige Phasen überlebt haben – heute sind Sie kein Überlebender mehr. Sie brauchen sich an keinem Rettungsanker festzuhalten. Sie leben im Hier und Jetzt. Sie sind frei und genießen in vollen Zügen.

Wählen Sie, was Sie möchten.

Sorge dafür, Gott, dass ich meinen Weg jenseits destruktiver Abhängigkeiten gehe.

Verlieben Sie sich in das Leben   15. DEZEMBER

Ich saß im Schönheitssalon, ließ mir das Haar schneiden und lauschte meiner redseligen Kosmetikerin. Sie zeigte mir ein Foto einer ihrer Freundinnen, die geheiratet und kürzlich ein Mädchen zur Welt gebracht hatte.

»Seit der Geburt ist sie so verliebt«, sagte sie und zeigte mir ein weiteres Foto, auf dem man das lächelnde Gesicht der frischgebackenen Mutter sah.

»In ihren Mann?«, fragte ich.

»Nein«, antwortete sie. »Nun, das auch. Aber vor allem ist sie ins Leben verliebt.«

Waren Sie je verliebt? Schlug Ihr Herz schneller, wenn Sie den Anruf des oder der Geliebten erwarteten? Hatten Sie dann das Gefühl, dass die Sonne wärmer auf Ihr Gesicht scheint, der Himmel blauer leuchtet, die Wolken flaumiger sind und dass der Sonnenuntergang noch großartiger ist?

Was wäre, wenn Sie sich in Ihr Leben verlieben würden und diese Gefühle jeden Tag hätten? Ich sage nicht, dass Liebesbeziehungen schlecht sind, ganz im Gegenteil. Sie gehören zum Menschsein mit dazu und helfen uns, die eigenen Bedürfnisse zu stillen. Aber könnten Sie nicht Ihre ganze Leidenschaft darauf richten, sich ins Leben zu verlieben?

Vielleicht meint der Ausdruck »allumfassende Liebe« genau das. Vielleicht ist das der Teil, den wir dem Universum zurückerstatten.

Verlieben Sie sich heute in Ihr Leben!

Gott, hilf mir, dass ich mich für mein Leben und all die Möglichkeiten begeistere, die sich vor mir auftun.

Der Augenblick ist voller Energie 16. DEZEMBER

»Das Fallschirmspringen an sich ist schon eine großartige Sache«, sagte mir ein Freund. »Aber einer meiner bevorzugten Augenblicke ist der, wenn wir die Tür öffnen und ich den ganzen Himmel vor mir ausgebreitet sehe.«

Ich erinnere mich, dass ich ein ähnliches Gefühl hatte, als man mich vor die Wahl stellte, entweder in die Entziehungskur oder ins Gefängnis zu gehen, als ich meinen ersten Auftrag für eine Reportage erhielt oder als meine Tochter ihr erstes Kind zur Welt brachte. Es ist dieser Bruchteil einer Sekunde, in dem etwas Paradoxes geschieht: Das Jetzt erstarrt und dehnt sich zur Ewigkeit. Einen Augenblick lang rauscht all das durch uns hindurch, was war, und all das, was vielleicht in einen einzigen Zeitpunkt gebannt ist, und damit auch die gesamte Energie des Universums.

Empfinden Sie jeden Tag dieses Gefühl – mal stärker, mal schwächer –, um sich an die ungeheure Wirkkraft des Hier und Jetzt zu erinnern.

Gewiss, wir können uns eine rosige Zukunft ausmalen, die dann beginnt, wenn das große Projekt sich ausgezahlt hat, wenn wir fünfzehn Jahre nüchtern geblieben sind, wenn wir in den Ruhestand treten. Aber was ist mit den Augenblicken, da der Pfarrer verkündet, dass Sie nun Mann und Frau sind, da Sie den Eltern Ihre Homosexualität eingestehen, da Sie jemanden im Stich lassen oder aber im Stich gelassen werden?

Die Energie ist nicht irgendwo da draußen am fernen Horizont. Fühlen Sie die pulsierende Macht des Augenblicks! Er beinhaltet Ihr ganzes Leben. Und Sie besitzen all die Kraft, die Sie *jetzt* brauchen.

Hilf mir, Gott, jene drängende Energie, die mir hier und jetzt zur Verfügung steht, tatsächlich auch zu erschließen.

Betrachten Sie Ihren Alltag
noch einmal genauer
17. DEZEMBER

Wie herrlich der ganz normale Alltag doch ist!

Ich wache auf, drehe mich zur anderen Seite und beobachte durch die Schiebetür aus Glas, wie die Sonne über die fernen Hügel steigt.

Heute stehen einige Besorgungen an. Wir haben keine Milch mehr im Haus, also werden wir schnell zum Lebensmittelladen fahren, wahrscheinlich aber mit zuviel Schokolade und ohne Milch nach Hause zurückkehren. Die Filme von der letzten Reise müssen ins Fotogeschäft gebracht werden. Um 14 Uhr haben wir eine Flugstunde. Später werden wir mit unserem Freund Andy in der »Blue Sky Lodge« zu Abend essen. Voraussichtlich gibt es etwas Einfaches, zum Beispiel selbst gegrillte Hamburger.

Kurzum: ein ganz normaler Tag.

Ich erinnere mich noch an eine Zeit, da der Alltag gleichbedeutend damit war, sich einen weiteren Schuss zu setzen und Geld für Drogen aufzutreiben. Nicht zuletzt deshalb bin ich dankbar für das normale Leben, das ich heute führe.

»Wenn wir Zahnschmerzen haben, wissen wir, dass das Glück darin besteht, keine Zahnschmerzen zu haben. Doch wenn wir dann keine Zahnschmerzen mehr haben, wissen wir diesen Zustand gar nicht mehr richtig zu schätzen«, erklärt uns Nhat Hanh Thich auf behutsame Weise in seinem Buch *Das Herz von Buddhas Lehre*.

Betrachten Sie Ihren Alltag noch einmal genauer.

Erkennen Sie, wie herrlich er ist.

Hilf mir, Gott, jeden Augenblick meines Lebens zu würdigen.

Kosten Sie jeden Moment aus   18. DEZEMBER

Genießen Sie jeden Moment, wie er kommt.

Es ist leicht, gerade jenen letzten Moment zu schätzen, da wir ein Projekt beenden und an die dafür zuständige Stelle schicken. Ohne weiteres können wir uns einreden, dass allein die Höhepunkte wirklich zählen.

In Benjamin Hoffs Buch *Tao Te Puh. Das Buch vom Tao und von Puh dem Bären* spricht Puh der Bär über die Vorfreude, seinen Honig zu essen. Der Augenblick, wenn der Honig deine Lippen berührt, ist gut, sagt er. Aber der Augenblick kurz davor, der Augenblick der Vorfreude, ist vielleicht genauso gut, wenn nicht noch besser.

Versuchen Sie, Ihre Träume zu verwirklichen. Erstreben Sie jene Augenblicke höchster Leistung und höchsten Vergnügens. Der Tag etwa, an dem Sie Ihre Auszeichnung für zehn Jahre Abstinenz erhalten, ist ein guter Tag. Der berufliche Erfolg, den Sie erzielt haben, markiert einen wirklich wunderbaren Augenblick. Auch die Höhepunkte in der Liebe sind unbeschreiblich köstliche Erfahrungen und Erinnerungen.

Obwohl einige Leute behaupten, ständig in Hochstimmung zu sein, wissen doch die meisten von uns, dass solche Phasen eher die Ausnahme bilden. Wenn wir allein die Höhepunkte oder die Augenblicke kurz davor genießen, nehmen wir vieles Wichtige in unserem Leben gar nicht mehr wahr.

Besteigen Sie die Gipfel. Aber öffnen Sie auch Ihr Herz, um für die reine, raue Schönheit eines jeden Augenblicks empfänglich zu sein. Wenn Sie sich nicht mehr so sehr auf die außergewöhnlichen Erlebnisse fixieren, entdecken Sie vielleicht, wie wunderbar und beglückend jeder einzelne Moment ist.

Genießen Sie ihn.

Hilf mir, Gott, all das loszulassen, was meine Freude beein-
trächtigt – also auch die Überzeugung aufzugeben, dass ich
nur dann Glück und Vergnügen finden kann, wenn ich auf
dem Gipfel eines Berges stehe.

Verbringen Sie
eine herrliche Zeit
19. DEZEMBER

Sorge dafür, dass jeder Augenblick zählt.

Diese Worte hörte ich zum ersten Mal, als ich mit meinem Sohn Shane in einem fast leeren Kino saß. Damals war er elf Jahre alt. Wir hatten uns davongeschlichen, um zusammen einen Film anzuschauen. Das gehörte zu unseren bevorzugten Mutter-Sohn-Aktionen, zumal am Sonntagabend.

Bis etwa ein Jahr zuvor war ich sehr auf meine Ziele fixiert gewesen. Ständig hatte ich in die Zukunft geblickt, mich auf die nächste Stufe meines Lebens zubewegt. Anfangs galt es, mit der Armut fertig zu werden, dann gab ich mir alle Mühe, die finanziellen Nöte einer allein erziehenden Mutter zu überwinden. Anschließend arbeitete ich auf meinen nächsten beruflichen Erfolg hin. Ich hatte stets versucht, meine Welt und das Leben meiner Kinder positiver zu gestalten.

Als ich nun im Kino saß und auf die Leinwand starrte, wurde mir blitzartig meine Sterblichkeit bewusst – zumindest dachte ich, dass es um die meine ging. *Ich werde nicht immer hier sein,* dachte ich. *Irgendwann wird diese Zeit vorbei sein und nur noch in der Erinnerung existieren.*

Shane legte seine Füße auf die Lehne des Vordersitzes. Ich wollte ihn ermahnen, besann mich aber eines Besseren. Da saß niemand, und er tat ja nichts Schlimmes. Ich brauchte um eine solche Lappalie keinen Wirbel zu machen.

Sorge dafür, dass jeder Augenblick zählt, lauteten die Worte, die ich in meinem Innern hörte.

Nur allzu leicht verfangen wir uns in der Hektik des Lebens. Dann richten wir unsere ganze Aufmerksamkeit auf ein bestimmtes Ziel, überzeugt davon, dass wir, sobald es erreicht ist, glücklich sein werden. Dabei vergessen wir allerdings, im Hier und Jetzt glücklich zu sein und die Schönheit eines jeden Augenblicks zu würdigen. Oft merken wir nicht einmal, dass wir *in diesem Moment* den besten und schönsten Teil unserer Reise verbringen.

Als allein erziehende Mutter hatte ich viele Sorgen. Ich schrieb Artikel für die *Stillwater Gazette* und bekam für jeden 25 Dollar. *Werde ich damit durchkommen? Schreibe ich gut genug? Nein, ich habe keine Zeit, um mit Männern auszugehen. Bin ich eine gute Mutter? Mein Gott, es braucht viel Kraft und Engagement, diese Kinder großzuziehen.* Doch rückblickend betrachtet war das eine der glücklichsten Phasen meines Lebens.

Egal, wie Sie sich gerade fühlen, egal, welche Probleme Sie haben – diese Augenblicke sind die besten Ihres Lebens.

Warten Sie nicht mehr darauf, in der Lotterie zu gewinnen. Oder kaufen Sie ein Los, falls Sie nicht anders können. Legen Sie es dann beiseite, vergessen Sie es. Seien Sie *heute* glücklich. Warten Sie damit nicht bis später, wenn Sie auf diese Zeit einmal zurückschauen.

Sagen Sie sofort: *Wie schön es ist!* Sorgen Sie dafür, dass jeder Augenblick zählt.

Gott, bring mir bei, jetzt glücklich zu sein.

Jetzt *ist es schön*   20. DEZEMBER

Es war von Anfang an eine merkwürdige Freundschaft. Ich stand in einem hiesigen Geschäft, um einige neue Steine zu kaufen – einen Kristall, vielleicht auch einen Lapislazuli –, eben etwas Schönes, das die Energie in meinem Haus positiv beeinflussen würde. »Kyle kann Ihnen bei der Auswahl behilflich sein«, sagte der Angestellte. »Er weiß alles über unsere Steine.«

Kyle unterhielt sich mit mir eine Weile darüber, welche Steine zu mir passen könnten. Dann verließ ich das Geschäft. Einige Tage später kam ich zurück, und wir redeten ein bisschen weiter.

Nach etwa einem Jahr waren wir zu ziemlich guten Freunden geworden. Zu jener Zeit hatten weder er noch ich eine Liebesbeziehung. Wir verabredeten uns, gingen in Restaurants oder in Kinos und telefonierten miteinander – nichts weiter.

Zwei Jahre vergingen, dann drei und schließlich fünf. Gemeinsam eröffneten wir eine Buchhandlung, und gemeinsam schlossen wir sie wieder.

Heute ist Kyle mit jemandem zusammen, ich auch. Wir sind weiterhin eng befreundet, aber das Rad des Lebens hat sich erneut gedreht. Gerade kürzlich führten wir ein Telefongespräch.

»Trotz all unserer Szenen und Klagen und Verstimmungen haben wir doch auch schöne Zeiten miteinander verbracht«, sagte ich. »Stimmt«, bestätigte er. »Das war eine der besten Zeiten meines Lebens.«

Die gewöhnlichen Augenblicke erscheinen im Rückblick oft als äußerst intensiv und beglückend. Warum also verlassen wir uns nicht auf diese deutliche Erinnerung, diese tiefe Einsicht, um zu erkennen, dass wir gegenwärtig die beste Zeit unseres Lebens verbringen?

Gott, diesen Tag hast du erschaffen. Ich werde mich an ihm erfreuen und heiter sein.

Befreien Sie sich von Ihren allzu hohen Erwartungen
21. DEZEMBER

Sie begegnen jemandem, sind ganz vernarrt in diesen Menschen, gehen mit ihm aus und malen in Gedanken ein völlig übertriebenes Bild von ihm. Bald gelangen Sie zu der Überzeugung, dass er

Ihr *Seelengefährte*, Ihre *Seelengefährtin* ist. Sie können nicht mehr ohne ihn leben. Er bedeutet Ihnen sehr viel. Dann aber – etwa nach drei oder sechs Monaten – macht er einen Fehler. Und schon erfüllt er nicht mehr Ihre Erwartungen.

In Ihren Augen büßt er damit den Status des Seelengefährten, der Seelengefährtin ein.

»Du bist einfach nicht der Mensch, für den ich dich gehalten habe«, sagen Sie und gehen zur Tür hinaus.

Natürlich ist er das nicht. Er ist ein lebendiges Wesen, kein Produkt Ihrer Fantasie. Seien Sie nicht so streng. Lassen Sie jeden so sein, wie er ist.

Ob wir mit jemandem befreundet oder liiert sind – der Erfolg der Beziehung (oder deren Scheitern) hängt maßgeblich von unseren Erwartungen ab. Wenn jemand sich anders verhält, als wir es erwarten, werden wir wütend. Wir fühlen uns betrogen und sind enttäuscht. Wir setzen all unsere Chips auf eine Zahl, und wenn sie nicht kommt, drehen wir durch.

Befreien Sie sich von Ihren allzu hohen Erwartungen. Wenn Sie die Gesellschaft einer bestimmten Person genießen, dann tun Sie das ohne Vorbehalte und ohne Erwartungen. Menschen sind Menschen. Sie werden stolpern und sich dann wieder aufrichten – oder auch nicht. Sie können sie nicht kontrollieren. Sie können lediglich von ihnen lernen, sie lieben und sich an ihrer Gegenwart erfreuen.

Verabschieden Sie sich von Ihren Erwartungen. Gestatten Sie den anderen, so zu sein, wie sie sind. Schätzen Sie sie dafür. Ihre Liebe soll aus dieser Wertschätzung erwachsen – und nicht aus den Erwartungen, die Sie in Ihrem »Affengeist« (Natalie Goldberg) hegen.

Erinnere mich daran, Gott, dass ich vielleicht gerade dann, wenn ich meine Erwartungen loslasse, die wahre Liebe finde.

Sagen Sie: Wie schön es doch ist! 22. DEZEMBER

Dauernd wird davon geredet, wie man die »große Liebe« findet. Aber vielleicht können wir alles, was wir über die Liebe wissen müssen, von unseren Freunden lernen.

Wir erwarten von unseren Freunden nicht, dass sie all unsere Angelegenheiten ins Lot bringen und unser Leben ändern, sondern nur, dass sie sie selbst sind, und so akzeptieren wir sie dann. Das ist einer unserer Freundschaftsbeweise.

Außerdem erwarten wir nicht, jede ihrer Eigenschaften zu mögen. Wir wissen, dass sie Fehler und Schwächen haben. Sie tun Dinge, die uns gelegentlich irritieren oder gar ärgern.

Darüber hinaus erwarten wir nicht, dass sie uns die ganze Zeit unterhalten, erheitern und zum Lachen bringen. Wir lassen sie ihre Höhen und Tiefen durchleben. Manchmal sitzen wir einfach nur schweigsam mit ihnen zusammen, und jeder behält seine Gedanken für sich.

Mit unseren Freunden fangen wir keinen Streit an, inszenieren wir keine Dramen, um die Leidenschaft wach zu halten. Gewöhnlich unternehmen wir, was in unserer Macht steht, um solche Zwistigkeiten zu vermeiden. Wir möchten, dass unsere Freundschaft ein ruhiger, sicherer, friedlicher Ort ist, ein Hafen, in dem wir Zuflucht finden können.

Wir erwarten auch nicht, dass Freunde unser Leben auf den Kopf stellen und uns in die Irre führen. Falls einer dennoch versucht, in unserem Leben ein Chaos anzurichten, nehmen wir Reißaus.

Wir würden nie zulassen, von einem Freund geschlagen zu werden. Und er würde uns nie irgendwelche Gemeinheiten an den Kopf werfen. Wenn ein Problem auftaucht, wägen wir meistens sorgfältig ab, wie wir es am besten zur Sprache bringen.

Wir erwarten nicht, dass Freunde stets gesund und munter sind. Wir wissen, dass sie auf ihrem Weg mit Hindernissen konfrontiert sind, die sie beseitigen müssen. Dazu ermutigen wir sie, beten wir für sie. Doch wir betrachten ihre Hindernisse nicht als die unseren, und nehmen es nicht persönlich, wenn sie etwas Zeit brauchen, um sich auf die eigene innere Entwicklung zu konzentrieren.

In Freundschaften hält keiner sämtliche Zügel in der Hand. Ungeachtet der unterschiedlichen Lebenssituationen versuchen wir, einander als Gleichberechtigte zu begegnen.

Wir sind tolerant, was die einzelnen Phasen der Freundschaft betrifft, denn uns ist klar, dass jede Person spezielle Bedürfnisse hat und bestimmte Erfahrungen machen muss. Bisweilen bleibt mehr Zeit und Kraft für die Freundschaft, dann wieder weniger.

Schließlich erwarten wir nicht, dass unsere Freunde rund um die Uhr bei uns sind. Wir verbringen einige Zeit gemeinsam und schätzen das auch, danach aber geht jeder seines Weges. Wir erzwingen keine enge Bindung, ja drängen nicht einmal darauf, dass die Beziehung schnell zu einer Freundschaft wird. Vielmehr gestehen wir uns und unserem Gegenüber zu, auf ganz natürliche Weise durchs Leben zu gehen – in der festen Überzeugung, dass gerade dadurch ein Zusammengehörigkeitsgefühl entsteht.

Ich bin keine Expertin in Sachen Eheglück, doch unsere Chancen, die »große Liebe« zu finden, sind vielleicht besser, wenn wir den geliebten Menschen wie einen Freund behandeln.

Hilf mir, Gott, zwischen völlig unrealistischen Erwartungen und gar keinen Erwartungen den goldenen Mittelweg zu wählen. Hilf mir, meine Beziehungen zu achten und zu pflegen und das große Drama nicht mit großer Liebe zu verwechseln.

Übung: Machen Sie sich einmal in aller Offenheit klar, welche Erwartungen Sie auf Liebesbeziehungen projizieren. Erwarten Sie etwa, dass der geliebte Mensch oder Ehepartner Ihr Leben ändert, oder suchen Sie nach einem Freund, mit dem Sie die zusätzlichen Elemente – nämlich Romantik und Sex – teilen können?

Wie schön und kostbar
die Augenblicke sind   23. DEZEMBER

Alles war mir so normal, so selbstverständlich erschienen. Er wohnte im Haus und stand mir zur Seite. Ich musste Vorbereitungen für eine Beerdigung treffen und Abschied nehmen. Außerdem wollte meine Mutter in die Stadt kommen. Ich hatte alle Hände voll zu tun.

Dann gingen die hektischen Tage und Nächte über in den ruhigen Rhythmus der kalifornischen Winter – kurze Tage, abends Feuer im Kamin, ein Topf mit Spaghettisauce auf dem Herd. Der Januar am Strand ist eine Zeit, da man zu Hause bleibt, sich wohl fühlt und friedliche Stunden verbringt.

Manchmal bereitete er leckere Speisen zu – zum Beispiel Lendensteak-Sandwiches mit geschmolzenem Rahmkäse. Dann wieder bestellten wir Pizzas, die wir hier verzehrten. Ab und zu las ich. Oder ich telefonierte, werkelte im Haus herum.

Abends dann, kurz bevor die Müdigkeit mich übermannte, legte er eine CD von Sarah McLaughlin auf, um einen weiteren Tag zu einem guten Abschluss zu bringen. Sie sang, dass sie in den Armen von Engeln ruhe, und wiegte mich mit ihrer Stimme sanft in den Schlaf.

Schließlich war es so weit. Er bereitete seine Abreise vor. Unsere gemeinsame Zeit neigte sich dem Ende entgegen. Dann soll es so sein, dachte ich. Was kommt, bleibt nicht. Es kommt, um vorüberzugehen.

Als er aus der Tür trat, winkte ich zum Abschied. Dann schoss eine Welle von Gefühlen durch mich hindurch und überschwemmte mein Herz. Alles war mir so normal, so selbstverständlich erschienen. Und so war es auch. Aber bevor das Ende näher rückte, bevor er das Haus verließ, wusste ich nicht, wie reichhaltig und wunderbar das Normale war.

Hm, dachte ich, während ich ihn fortgehen sah. Vielleicht ist diese Zeit doch noch nicht vorbei.

Wie schön und kostbar die Augenblicke unseres Lebens sind, zumal die ganz normalen. Lassen Sie sie nicht unbemerkt, nicht teilnahmslos vorübergehen – denn sie können leicht zur erfülltesten Phase Ihres Lebens werden.

Erinnere mich daran, Gott, dass mein Leben dann voller Staunen und Ehrfurcht ist, wenn ich mich jedem Augenblick hingebe und ihn auskoste und ihm gestatte, einfach so zu sein, wie er ist.

Lassen Sie die anderen Familienmitglieder gewähren   24. DEZEMBER

Timothy besuchte eines dieser Seminare, in denen die Persönlichkeitsentfaltung im Vordergrund steht und die Teilnehmer ermutigt werden, ihre Innenwelt aufzuschließen. Nach der Sitzung war er derart bewegt von dem, was er da gehört hatte, dass er seinen Vater anrief. Jahrelang hatte er nicht mehr mit ihm gesprochen. Bei Timothys Auszug von zu Hause war zwischen den beiden ein Streit ausgebrochen. Keiner wollte den ersten Schritt machen oder dem anderen die harten Worte verzeihen, die gefallen waren. Nun machte Timothy diesen ersten Schritt. Seither sind sich Vater und Sohn wieder sehr nahe.

Jessica hatte ihr Teil an Problemen mit der Mutter. Im Laufe der Jahre hatte es immer wieder Phasen gegeben, in denen sie sich nahe standen, andere Phasen, in denen sie nicht miteinander sprachen, und solche Phasen, in denen Jessica nur das Nötigste tat, hauptsächlich weil sie sich dazu verpflichtet und obendrein schuldig fühlte. Als Jessica älter wurde, hatte sie wegen der gestörten Beziehung zu ihrer Mutter zunehmend ein schlechtes Gewissen. Aufgrund ihrer Auseinandersetzung mit der eigenen Familiengeschichte wusste sie, dass ihre Mutter früher oft gelitten hatte. Diese Frau war auch nur ein Mensch. Warum also sollte Jessica ihr nicht verzeihen und den ganzen Ärger einfach vergessen? Sie organisierte eine große Reise für sie beide, einen Mutter-Tochter-Urlaub, der die Irritationen und Konflikte aus all den Jahren auf einen Schlag beseitigen sollte. An dem Tag, als sie ihre Mutter am Flughafen traf, war Jessica voller Hoffnung. Doch als sie dann neben ihr im selben Hotelzimmer saß, um zwei glückliche Wochen zu verbringen, merkte sie, dass sie sich in der Gegenwart ihrer Mutter genauso fühlte wie vorher: gereizt, beschämt und nicht gut genug.

Als Clarence noch ein Junge war, mochte er seinen Vater. Aber je älter er wurde, desto dringender wünschte er, von zu Hause auszuziehen. Sein Vater hatte Probleme, Clarence ebenfalls. Nach seinem Auszug redete er jedes Jahr nur wenige Minuten mit ihm. Doch als Clarence Anfang dreißig war, gelangte er zu der Auffassung, dass sie beide nun Freunde werden sollten. Er plante eine Reise zu seinem Vater und konnte das innige Gespräch mit ihm gar nicht abwarten. Clarence wollte von den Schwierigkeiten berichten, ein Mann zu sein und die eigene Entwicklung voranzutreiben, und sicherlich würde sich sein Vater mit ihm identifizieren. Aber als die beiden – allein im Haus – zusammentrafen und Clarence sein Herz ausschüttete, hatte ihm sein Vater nur gesagt: »Kannst du mit nach draußen kommen und mir helfen, den Autoreifen zu wechseln?«

Eltern und andere Familienmitglieder gibt es in allen Variationen. Setzen Sie sich mit Ihrer eigenen Familiengeschichte auseinander. Seien Sie dankbar für all das Gute, das von den Vorfahren an Sie weitergegeben wurde. Strecken Sie die Hand aus, wenn Ihre innere Stimme Sie dazu auffordert. Seien Sie der beste Sohn/die beste Tochter, der/die Sie sein können – was immer Sie darunter verstehen. Aber quälen Sie sich nicht, wenn die Beziehung zu Ihren Eltern nicht so ist, wie Sie es erhofften. Gestehen Sie jedem Menschen in der Familie das Recht zu, er selbst zu sein. Lieben Sie alle, so sehr Sie nur können. Doch wenn Sie früher mit ihnen nicht wirklich zurechtgekommen sind, ist es vielleicht auch heute noch nicht anders – obwohl Sie vielleicht ganz offen sind.

Lächeln Sie, lachen Sie. Sie brauchen nicht zu reagieren. Sie wissen, wie Sie selbst für Ihr Wohl sorgen können.

Gott, heile meine Gefühle gegenüber all den anderen Familienmitgliedern. Hilf mir, jede Person so zu akzeptieren, wie sie ist, und dann auch mich selbst wirklich zu akzeptieren.

Richten Sie Ihre Aufmerksamkeit auf das Gute
25. DEZEMBER

Nennen Sie drei Dinge, die Sie mögen.

Nachdem ich meine Tochter besucht hatte, rief ich sie einen Tag später an. Während des Gesprächs zählte ich die drei Dinge auf, die ich bei unserem gestrigen Zusammensein am meisten gemocht und genossen hatte.

Sie hielt den Atem an, denn sie wusste, dass ich ehrlich war. »Wirklich?«, rief sie.

»Hundertprozentig«, sagte ich. »Ich meine jedes Wort so, wie ich es sage.«

Haben Sie den Wunsch, die Beziehung zu Ihrer Freundin, Ihrem Kind, Ihrem Liebhaber, Ihrem Angestellten, Arbeitskollegen oder Chef neu zu beleben? Anstatt all das zu kritisieren, was Sie an der anderen Person nicht mögen, sagen Sie ihr, was Sie an ihr am meisten schätzen. Die meisten Leute empfinden eine gewisse Unsicherheit in Bezug auf ihr Ich, ihre Beziehungen und ihre Leistungsfähigkeit. Denken Sie nicht mehr, dass Sie der Einzige sind, der sich unsicher fühlt, und teilen Sie anderen etwas mit, das dazu beiträgt, dass diese mit sich selbst zufrieden sind – und mit ihrer Beziehung zu Ihnen.

Drei ist eine gute Zahl, nicht wahr?

Gehen Sie in sich, und finden Sie drei Eigenschaften, die Sie bei Ihrem Gegenüber wirklich mögen. Sagen Sie ihm dann klar und deutlich, welche es sind.

Hilf mir, Gott, in den Menschen, die ich liebe, immer mehr das Gute zu sehen.

Sie selbst besitzen magische Kraft 26. DEZEMBER

Manchmal legen wir uns selbst ein bisschen herein.

Wir kommen einem Menschen sehr nahe und denken: *Ich darf nicht loslassen.* Oder wir sind äußerst geschickt darin, unsere Ideen in die Tat umzusetzen, und sagen uns: *Ich darf nicht locker lassen.* Wenn wir etwas wollen, geschieht es auch.

Jedes Mal, wenn wir vergessen loszulassen, hilft das Leben unserem Gedächtnis nach. In dieser Welt gibt es nichts, woran wir uns klammern können. Letztlich wird jede Person, jede Sache, die wir als kostbar erachten, uns in irgendeiner Form dazu zwingen, sie loszulassen. Dieses Kind wird größer werden und schließlich zu Hause ausziehen. Und diese Liebesbeziehung, die so harmonisch verläuft? Zum gegebenen Zeitpunkt wird ein neuer Zyklus anbrechen. Diese Freundschaft wird sich ändern. Und diese Stelle, die Sie schon in der Tasche zu haben glaubten? Ups, die Firma fusioniert mit einer anderen Firma. Die Stelle wird gestrichen oder neu definiert.

Obwohl langjährige Beziehungen, sichere Arbeitsplätze und angenehme häusliche Verhältnisse uns froh stimmen, müssen wir doch erkennen, dass sie keine wahre Sicherheit bieten.

Gehen Sie Bindungen ein. Pflegen Sie vertrauten Umgang mit diesem Mann, dieser Frau. Genießen Sie es, mit dem besten Freund befreundet zu sein, den Sie je hatten. Seien Sie zu 100 Prozent ein liebevoller Vater, eine treu sorgende Mutter. Stürzen Sie sich mit Leib und Seele in diese Arbeit.

Doch Ihre Sicherheit und Ihre Freude sind weder in der anderen Person noch in dem Job begründet, sondern in Ihrem eigenen Innern. Hierin liegt die ganze Magie.

Werden Sie nicht wütend, wenn es an der Zeit ist loszulassen. Öffnen Sie sich Ihrem Gegenüber mit den Worten: »Danke, dass du mir beigebracht hast zu lieben und mir geholfen hast, meine Persönlichkeit zu entfalten.«

Lassen Sie diesen Menschen dann los, ohne Groll gegen ihn zu hegen. Auch wenn eine bestimmte Phase vorüber ist – die Liebe selbst kann nicht verloren gehen. Und ungeachtet dessen, dass Ihre bisher schönste Zeit abrupt zu Ende geht – achten Sie einmal darauf, wo Sie sich jetzt befinden. Schätzen Sie auch diesen Zustand.

Er wird Ihnen die Zeit bescheren, die für Sie dann abermals die schönste sein wird.

Vergessen Sie nicht: Die Liebe ist ein Geschenk Gottes.

Hilf mir, Gott, den Kopf nie hängen zu lassen, mein Herz immer wieder zu öffnen und einzusehen, dass ich auf meinem Weg stets geführt werde.

Seien Sie froh um den Lichtschimmer

27. DEZEMBER

Ich kenne Menschen, die äußerst schwierige Zeiten durchmachen mussten. Eine Frau verlor bei einem Brand ihren Mann und ihre beiden Kinder. Eine andere fand ihr halbwüchsiges Kind an einem Sonntag im Frühling auf der hinteren Veranda des Hauses: Es hatte sich aufgehängt. Ich bin Leuten begegnet, die unter chronischen Depressionen litten; die auf einen Schlag ihr ganzes Vermögen verloren hatten; die eben noch aktiv und gesund waren, tags darauf aber infolge eines Unfalls für den Rest ihres Lebens an den Rollstuhl gefesselt wurden.

Nach dem Tod meines Sohnes durchlebte auch ich eine lange Phase des Kummers. Jahr für Jahr hämmerte der Schmerz unaufhörlich in meinem Innern, als würde er niemals nachlassen.

Hören Sie mir bitte aufmerksam zu. Ich bete, dass Ihnen ein derartiges Unglück erspart bleibt. Aber wenn es Ihnen widerfährt, dann sorgen Sie dafür, dass dennoch jeder Augenblick zählt. Achten Sie besonders auf jene Momente, da der Schmerz abklingt, und sei es auch nur für ein paar Sekunden oder Stunden. Betrachten Sie diese Linderung als ein Geschenk, als einen Lichtschimmer. Schließen Sie ihn in Ihr Herz ein.

Schreiben Sie ins Tagebuch, wie sehr Sie leiden. Empfinden Sie all den Schmerz. Doch halten Sie zugleich die kurzen Zeitspannen fest, in denen sich ein Hauch von Freude bemerkbar macht.

Sie wissen: Zwei plus zwei macht vier, vier plus vier macht acht. Diese Augenblicke summieren sich.

Vielleicht sind Sie gerade nicht in einer angenehmen Phase; trotzdem sollten Sie versuchen, einige Augenblicke zu finden, die es Ihnen erlauben, Atem zu holen, sich umzuschauen und zu sagen: *Wie schön es doch ist!*

Hilf mir, Gott, wenigstens eine Sache zu entdecken, die mir Wohlbehagen und Vergnügen bereitet, wenn auch vielleicht nur für einen Moment.

Riskieren Sie es, lebendig zu sein   28. DEZEMBER

»Ich weiß, dass nichts ewig dauert«, sagte Charlie. »Aber der Schlüssel zum Leben und zum Glück liegt darin, so zu tun, als würde alles ewig dauern.«

Bei vielen von uns wurde der Glaube an Sicherheit und Dauerhaftigkeit schwer erschüttert. Je länger wir leben, desto schmerzlicher müssen wir erfahren: Nichts hält ewig. Wir können dieses und jenes planen – aber fest steht nur eines, nämlich dass die Dinge sich ändern.

In einer früheren Lebensphase haben wir uns vielleicht vom Gegenteil zu überzeugen versucht. Wir widmeten uns mit Leib und Seele einer Arbeit, einem Projekt oder einer Beziehung, nur um dann mit ansehen zu müssen, wie die ganze Sache scheiterte.

Nach einer Reihe solcher Zyklen, die einen Anfang, eine Mitte und ein Ende haben, gelangten einige von uns vielleicht zu der Überzeugung, dass man damit am besten fertig wird, wenn man sich keinem Menschen, keinem Umstand vorbehaltlos hingibt und nie wirklich anwesend ist, nie den Augenblick auskostet.

Wir denken: Wenn ich mich nicht völlig darauf einlasse, leide ich auch nicht, wenn es dann vorbei ist. Vielleicht stimmt das. Aber auf diese Weise empfinden wir auch nicht das Vergnügen und die Freude, die Würze, die Süße, die Erfülltheit eines jeden Augenblicks.

Gut, jetzt sind Sie also klüger. Sie wissen, dass nichts bleibt, dass in den Anfang das Ende mit eingeschrieben ist. Menschen werden geboren und sterben. Eine Arbeit, eine Aufgabe beginnt, und irgendwann geht sie zu Ende. Doch dazwischen liegt ein verlockender Bereich, der dazu einlädt, sich hineinzustürzen und zu erkennen, wie schön das Leben sein kann. Außerdem: Wenn das Ende naht, werden Sie über genügend Weisheit, Mut und Würde verfügen, um auch damit zurechtzukommen.

Worauf warten Sie?

Nur zu. Zögern Sie nicht mehr. Springen Sie.

Leben Sie Ihr Leben!

Gott, festige meinen Glauben und verleihe mir viel Kraft zum Loslassen, damit ich jeden Moment bewusst wahrnehmen und genießen kann.

Lassen Sie sich
vom Abenteuer überwältigen
29. DEZEMBER

Unser Abenteuerdrang erwacht manchmal nur langsam. Wenn jene alten Winde der Veränderung wehen, kehren wir ihnen zunächst einmal den Rücken zu: Wir sträuben uns, leisten ihnen Widerstand. Es soll einfach alles beim Alten bleiben. Allmählich aber wird unser Bedürfnis nach Kontrolle schwächer. Wir lassen zu, dass die Dinge sich ändern – und dass damit auch wir uns ändern.

Wir akzeptieren den Wandel.

Dann biegen wir um die Ecke und entdecken dort eine wunderbare Lektion, eine zweite, eine dritte. Bald stellen wir fest, dass wir uns sogar darauf freuen, den nächsten Schritt zu tun, dass wir unbedingt wissen wollen, was uns erwartet. Wohin wird mein Weg mich führen? Wem werde ich begegnen? Was werde ich lernen? Welche wichtige Einsicht wird mir gerade zuteil?

Und das Abenteuer überwältigt uns.

Nach und nach wurden Sie einen Weg entlang geführt, der Ihnen hinter jeder Biegung mehr Wunder, mehr Gutes bescherte. Sie lernten, die Veränderung hinzunehmen. Lernen Sie jetzt, sie ganz und gar zu bejahen.

Das Abenteuer ist nicht etwas, das Sie tun – es ist Ihr Leben. Erkennen Sie, *wie schön es ist*. Lassen Sie den Wind der Veränderung wehen.

Hilf mir, Gott, einen Sinn für das Abenteuer zu entwickeln.

Machen Sie langsamer, und lassen Sie los

30. DEZEMBER

Als ich vor einiger Zeit mit dem Auto einen Ausflug entlang der kalifornischen Küste unternahm, versuchte ich zu Hause anzurufen, doch leider waren die Batterien in meinem Handy leer. Das beunruhigte mich. Was ist, wenn jemand mich unbedingt sprechen muss? Was, wenn es Probleme mit dem Haus gibt? Was, wenn meine Familie mich nicht finden kann und sich Sorgen macht?

Ich nahm die Ausfahrt zu dem Strand, den ich immer schon hatte sehen wollen.

Meine innere Unruhe wurde stärker.

Ich parkte vor einem Restaurant mit Pazifikblick, um zu frühstücken. Drinnen fragte ich, ob sie einen Münzfernsprecher hätten. Fehlanzeige. Die atemberaubende Aussicht, das Geräusch und den Geruch der Brandung nahm ich kaum wahr, und ich kann mich nicht einmal daran erinnern, Eier mit Toast gegessen zu haben.

Ich beschloss, mir die Umgebung beim nächsten Ausflug anzuschauen, fuhr auf die Schnellstraße und kehrte früh nach Hause zurück.

Dort angekommen, fand ich keine Nachrichten vor. Niemand hatte mich gebraucht; niemand hatte überhaupt bemerkt, dass ich weg war. Ich aber hatte die Sehenswürdigkeiten auf meiner Reise verpasst. Ich war derart aufgewühlt gewesen, dass ich nun kaum mehr sagen konnte, wo ich eigentlich gewesen war.

Übersehen auch Sie die Wunder Ihrer Reise, weil Sie es allzu eilig haben? Lassen Sie los. Atmen Sie tief durch. Solange Sie unterwegs sind, können Sie sich genauso gut entspannen und die Fahrt genießen.

Hilf mir, Gott, dass ich meinen gegenwärtigen Zustand auskoste.

Die Reise selbst ist das Abenteuer 31. DEZEMBER

Wir waren auf dem Weg zur Absprungzone, als Chip sich mir zuwandte.

»Lass uns nach San Francisco fahren und eine Pfeifente sehen.«

»Eine Pfeifente?«, fragte ich. »Okay. Machen wir.«

»Die Regeln sind folgende«, sagte er, als er die Autobahn verließ und die Ausfahrt in die entgegengesetzte nördliche Richtung nahm. »Wir halten zu Hause kurz an. Aber wir dürfen nichts mitnehmen außer dem, was wir jetzt dabei haben. Wir müssen darauf vertrauen, dass wir alles Weitere, was wir brauchen, unterwegs bekommen.«

»Einverstanden«, sagte ich. »Topp, die Wette gilt.«

Ich hatte keine Ahnung, was eine Pfeifente ist.

Vier Stunden später gingen wir barfuß über den Morro Beach südlich von Big Sur. Ein großer Felsen, der aussah wie die fossilen Überreste eines über das Wasser gebeugten Dinosauriers, erregte unsere Aufmerksamkeit ebenso wie der bevorstehende Sonnenuntergang. Ich wusste immer noch nicht, was eine Pfeifente ist, war aber froh, dass wir nach einer suchten.

»Du solltest Andy anrufen«, warf ich ein, während ich die Wellen beobachtete, die heftig gegen den Dinosaurier-Felsen schlugen. »Ihr wolltet morgen auf Klettertour gehen.«

Chip nahm das Handy, das ich ihm reichte.

»Ich hab' eine Idee«, sagte ich. »Schlag ihm vor, den nächsten Flieger nach San Francisco zu nehmen, am Flughafen auf uns zu warten und dann mit uns zusammen die Pfeifente zu suchen.«

Chip rief Andy an. Etwa dreißig Minuten später rief Andy zurück: »Bin um 21.34 Uhr am San Francisco Airport, Ausgang der United Airlines. Bis gleich!«

Chip und ich schauten uns an. Es war genau 18.34 Uhr. Wir befanden uns 320 Kilometer südlich von San Francisco und hatten bereits die A 1 durch Big Sur genommen – einen kurvenreichen, zweispurigen Highway, der auf hohe Steilhänge führte, immer wieder eine atemberaubende Aussicht bot und langsam und vorsichtig befahren werden musste.

Eine halbe Stunde später sahen wir auf den Kilometerzähler. Wir hatten nicht mehr als knapp zwanzig Kilometer zurückgelegt.

Chip bog in eine Straße Richtung Osten ein, die plötzlich auftauchte. Sie war ein wenig breiter als eine einspurige Straße und wand sich zwischen den Bergen hindurch; hier mussten wir nicht mehr das auf der Bundesautobahn übliche Tempolimit von 100 Stundenkilometern einhalten. Chip fuhr wie ein Berserker. Aber nach einer Dreiviertelstunde hatten wir gerade einmal zwanzig Kilometer geschafft.

Konzentriere dich. Konzentriere dich auf das Ziel, nicht auf die Reise. Einfach nur ankommen, darauf kommt es an.

Um 22.35 Uhr, eine Stunde nach Andys Ankunftszeit, stoppten wir vor der Gepäckausgabe. Ein fast einsneunzig großer blonder Typ aus Texas saß auf einer Bank und las ein Buch. Wir riefen ihn. Er schaute auf, winkte, schlenderte zum Auto und ließ sich auf den Rücksitz gleiten.

»Was ist eine Pfeifente?«, fragte er.

Am nächsten Morgen brachen wir auf zur »Ace Aviation«, der Heimat der Pfeifente. Wir wussten nicht, wo genau sie sich befand, und fuhren einfach in der Richtung, die uns richtig erschien. Plötzlich deutete Chip auf ein Schild. »Wasserflugzeuge!« Wir bogen von der Straße ab und standen schließlich in einem Büro.

»Haben Sie schon einmal von der ›Ace Aviation‹ gehört?«, fragten wir.

»Jawohl«, antwortete die Frau.

»Gibt es dort eine Pfeifente?«

»Jawohl.«

»Sagen Sie uns, wo wir sie finden können!«

Sie erklärte uns den Weg.

Eine Stunde später erreichten wir den Parkplatz der »Ace Aviation«. Während der nächsten Stunde umkreisten wir die Pfeifenten – Amphibienflugzeuge mit einem seltsamen, doch unmittelbaren und unbestreitbaren Charme. Auf einem stand der Name »Da Plane«. Es war das Wasserflugzeug aus *Fantasy Island*.

Am letzten Abend der Reise fanden wir ein Motel mit heißen Quellen. Draußen in der heißen Wanne sitzend, kam mir vieles bemerkenswert vor: der fast volle Mond am Abendhimmel, die beruhigende Wirkung des Wassers und die Zahnpasta für Hotelgäste. Während der gesamten Reise waren unsere Wünsche wie auf magische Weise in Erfüllung gegangen – angefangen bei dem Restaurant an einem einsamen Strand über die Toilette inmitten eines Waldes bis zur Pfeifente (einer amerikanischen Entenart) in einer Tierklinik.

Ich habe es bereits gesagt, und ich wiederhole es: Es ist gut, ein Ziel zu haben, aber die Reise selbst ist das Abenteuer.

Halten Sie einen Moment inne. Vergegenwärtigen Sie sich, was Sie in diesem Jahr erlebt haben. Seien Sie dankbar für all Ihre Erfahrungen sowie für die Menschen, die in Ihr Leben getreten sind. Gehen Sie in sich. Hegen Sie keinen Groll mehr. Denken Sie in Ruhe über Ihre Erfolge nach. Seien Sie dankbar dafür – und auch für all die gewöhnlichen Augenblicke. Werfen Sie einen Blick auf Ihre Liste mit Zielen. Einige davon haben Sie erreicht, andere noch nicht. Geben Sie niemals auf. Lassen Sie los. Morgen können Sie eine neue Liste erstellen.

Danke, Gott, für dieses Jahr. Reinige mein Herz, damit ich morgen mit einer leeren Tafel beginnen kann.

DANKSAGUNG

Mein Dank und meine besondere Anerkennung gelten:
Lawrence Haas für sein schöpferisches Wesen und seine hervorragenden Ideen, Rebecca Post für ihre ausgezeichnete redaktionelle Arbeit und liebevolle Loslösung – und allen Angestellten bei Hazelden für die pflichtbewusste Erledigung zahlreicher unsichtbarer Aufgaben, wodurch elektrische Funken und Ströme in ein Buch verwandelt werden, das schließlich in die Hand des Lesers gelangt.

Lobend erwähnt seien:
Kyle, Nichole, Julian, Andy, Pat, Old Dude, Peg, Martin, Frank, Rob (der Fluglehrer), Alex, Betsy, Lob, John und natürlich Karl, der coolste Pilot der Welt. Sie alle haben teil an meinem Leben, meinen Lektionen und an diesem Buch. Dafür danke ich ihnen von Herzen.